Vom Runden Tisch zum Parlament

Herausgegeben
und mit einem
Einleitungsessay von
Helmut Herles
und Ewald Rose

1990

BOUVIER VERLAG · BONN

67 0001725 3   TELEPEN

CIP-Titelaufnahme der Deutschen Bibliothek

Vom Runden Tisch zum Parlament / hrsg. von Helmut Herles
u. Ewald Rose. - Bonn : Bouvier, 1990
(Bouvier-Forum ; 5)

ISB N 3-416-02257-2   or 15.10.90

NE: Herles, Helmut [Hrsg.]; GT

Inhalt

Von der „Volkskammer" und dem „Runden Tisch" zu einer Kammer des Volkes

von Helmut Herles und Ewald Rose

Dieses Buch „Vom Runden Tisch zum Parlament" dokumentiert den dritten und vierten Akt des Dramas der deutschen Revolution und Einigung. Nun steht noch der fünfte und letzte aus. Er kann spannend genug werden: Die Einigung nach Artikel 23 des Grundgesetzes, die Erfüllung seiner Präambel und des Volkswillens der deutschen Revolution: „Das gesamte Deutsche Volk bleibt aufgefordert, in freier Selbstbestimmung die Einheit und Freiheit Deutschlands zu vollenden."

Dieser Band ist die Fortsetzung der „Parlaments-Szenen einer deutschen Revolution", welche die beiden Herausgeber im vergangenen Dezember im gleichen Verlag herausbrachten. Diese Parlaments-Szenen waren der zweite Akt nach dem ersten Akt des deutschen Dramas: der Oktoberrevolution in der DDR. Damals dokumentierten wir, wie der Bundestag nach Öffnung der Berliner Mauer und der Grenzen reagierte, wie die parlamentarische Routine in Bonn aufgebrochen wurde und die Volkskammer in Ost-Berlin sich plötzlich parlamentarisch zu verhalten begann, noch ehe sie ein wirklich gewähltes Parlament war. Mit einer vier Jahrzehnte lang nicht gekannten Lebendigkeit wurde debattiert und das Machtmonopol der SED aus der Verfassung gestrichen. Da die Volkskammer keinen dem Bundestag vergleichbaren Stenographischen Dienst hatte — bislang war er nicht nötig, da nur vorgefertigte Erklärungen verlesen wurden, Zwischenruf und Widerspruch verpönt waren, also alles fehlte, was den Bundestag lebendig macht — hielt der damalige Leiter des Stenographischen Dienstes des Bundestages, Friedrich-Ludwig Klein, anhand von Tonbandaufnahmen die ersten parlamentarischen Szenen der Volkskammer fest. Es waren die Sitzungen vom 13. November und 1. Dezember 1989. Der Verleger schenkte dieses Buch allen Volkskammer-Mitgliedern zu Weihnachten. Bundeskanzler Kohl brachte es zu seinem ersten Gespräch mit Ministerpräsident Modrow nach Dresden, und die Herausgeber freuten sich, daß sie mit Hilfe des Stenographen und des Verlages der Volkskammer helfen konnten. Denn der Volkskammer-Bericht über diese Sitzungen kam erst Anfang März heraus, als unser Buch schon die zweite Auflage erlebte. Auch diesmal half Friedrich-Ludwig Klein, der, unterdessen im Ruhestand, weiter als Verhandlungs-

1

stenograph gefragt ist. Nun aber ist die Volkskammer schon soweit auf dem Weg als wirkliches Parlament vorangeschritten, daß sie neben Klein und den von ihm ausgewerteten Tonbandaufzeichnungen für den jetzt vorgelegten weiteren Band in der Lage war, ihre ersten Sitzungen von Anfang April selbst am Ende des Monats vorlegen zu können. Offiziell ist es die 10. Wahlperiode der Volkskammer; angesichts des Hintergrunds der vierzigjährigen Unterdrückung der parlamentarischen Demokratie in der DDR in Wirklichkeit die erste Sitzung der ersten Wahlperiode, die diesen Namen verdient.

Bevor das Volk mit der Wahl vom 18. März 1990 zum erstenmal frei über das Parlament entscheiden konnte, kam ein Gremium besonderer Art zusammen, halb Ratgeber, halb Kontrolleur der noch herrschenden SED, die mit der Übergangsregierung Modrow den Übergangs-Generalsekretär nach Honecker, Krenz, beerbt hatte. Vermutlich dachte Krenz dialektisch, hoffte mit dem Runden Tisch wie zuvor mit der Öffnung von Mauern und Grenzen für das Ancien Regime der SED zu retten, was zu retten ist. Aber auch er unterschätzte die Kraft der Revolution und des Willens des Volkes zur Einigung mit der Bundesrepublik. Der Einigungsprozeß verlief mit wachsender Dynamik umgekehrt zur ersten Zeile der dritten Strophe des Deutschlandliedes: „Einigkeit und Recht und Freiheit für das deutsche Vaterland": Recht − Freiheit − Einigkeit! Der Protest begann wegen der ständigen Rechtsverletzungen und um der Freiheit willen und mündete in den immer lauter werdenden Ruf: „Deutschland einig Vaterland."

Daß diese Übergangszeit zwischen Sturz des alten Regimes und Begründung einer wirklichen demokratischen Republik nicht im Chaos versank, ist auch das Verdienst jenes Runden Tisches, zu dem die Kirchen einluden. Zuerst ins Bonhoeffer-Haus und dann ist das Staatliche Konferenzzentrum beim Schloß Niederschönhausen, dem ehemaligen Amtssitz des ersten und einzigen Präsidenten der DDR, Wilhelm Pieck, im Berliner Stadtbezirk Pankow. Am Runden Tisch waren etablierte und oppositionelle Parteien und Gruppierungen paritätisch vertreten. Während die jeweiligen Sitzungsteilnehmer häufig wechselten, blieben die drei kirchlichen Moderatoren dieselben: Oberkirchenrat Martin Ziegler, Leiter des Sekretariates des Bundes der Evangelischen Kirchen in der DDR; Monsignore Karl-Heinz Ducke, Direktor der Studienstelle der Katholischen Berliner Bischofskonferenz und der methodistische Pastor Martin Lange, Sekretär der Arbeitsgemeinschaft von 21 christlichen Kirchen in der DDR. (Kurzbiographien und Gespräche mit ihnen auf den Seiten . . .)

2

Zu den ironischen dialektischen Pointen der DDR, die man auch als Deutsche Dialektische Republik übersetzen könnte, gehört es, daß ein Staat in seiner Agonie als Antithese zu seiner ursprünglich atheistischen und kirchenfeindlichen Staatsräson am Ende Zuflucht bei kirchlichen Moderatoren suchte, daß sein Zwingherr, der Mauerbauer Erich Honecker, zuletzt auf die Barmherzigkeit eines Pfarrers angewiesen war und die PDS-Fraktion (SED) genauso geschlossen zum Eröffnungs-Gottesdienst der neuen Volkskammer schritt wie früher zum Jubel für die ruhmreiche Sowjetunion, Ulbricht und Honecker. Die drei Moderatoren des Runden Tisches leiteten jenen ökumenischen Gottesdienst.

Der Runde Tisch, der am 7. Dezember 1989 zum erstenmal im Bonhoeffer-Haus zusammentrat, um nach 16 Sitzungen am 12. März aufgehoben zu werden, ist nicht ohne Vorbilder. In Polen gab es dieses verfassungsrechtliche „Zwischending" von Parlament, Regierung, Kirchen und gesellschaften Organisationen schon 1987 ebenso in Ungarn. Dessen Vorbild waren mutmaßlich die britischen Round-table-Konferenzen, zu denen London zwischen 1930 und 1932 Regierung, Opposition und verschiedene Kräfte aus Indien eingeladen hatte, um über die Zukunft dieses Dominiums und späteren unabhängigen Staates im Commonwealth zu beraten. Noch heute gibt es im angelsächsischen Raum viele verbindlich-unverbindliche Round-table-Gespräche, die weniger Entscheidungen treffen als Entscheidungen vorbereiten, als Katalysatoren wirken. Vielleicht ist der „Vater" dieser Institution der sagenhafte König Artus, der in der Mitte des 6. Jahrhunderts die besten Geister seines Reiches an seinem Runden Tisch empfing. In der Sagendichtung des Mittelalters besteht die Runde nach üblicher Annahme aus zwölf Personen, die er an der runden Tafel bewirtete, um damit Rangunterschiede aufzuheben. Die Helden der Tafelrunde galten als vollendete Urbilder höfischen und ritterlichen Handelns. So fühlten sich die am Ende 43 zählenden „Ritter" der DDR-Runde nicht.

An König Artus werden sie und ihre kirchlichen Moderatoren wohl kaum gedacht haben, wohl eher an das christliche Bild der Tischgemeinschaft. Die deutsche Volkssprache hat in ihren Märchenbildern, Sprichworten und Redensarten manches festgehalten, was zu jenem Runden Tisch der DDR paßt. Dort sollte nichts unter den Tisch fallen, „nichts unter den Tisch gekehrt werden", es sollte vielmehr „reiner Tisch gemacht werden" mit der Stasi-Vergangenheit, und nicht nur mit ihr. Manchmal schien aber auch das Tischtuch zwischen alten und neuen Kräften zerschnitten, haute mancher energisch auf den Tisch, verstieg sich die

3

Runde zu einem „Tischlein-Deck-Dich"-Utopia bei ihren Forderungen an die Bundesrepublik.

Vielleicht war manchem auch bewußt, daß die SED in den fünfziger Jahren, als sie noch hoffte, eines Tages mit Hilfe der Sowjetunion über ganz Deutschland herrschen zu können, das Gegenteil von ihrer späteren Abgrenzungspolitik tat, wenigstens sagte und auch damals das Bild vom Tisch gebrauchte. So hieß es auf dem 4. Parteitag der SED im Frühjahr 1954, Deutschland könne nur wiedervereinigt werden, wenn die Deutschen selbst gemeinsam dafür kämpften. Das „höchste Gebot" sei und bleibe daher: „Deutsche an einen Tisch!"

Der Runde Tisch hat sein „Selbstverständnis" im ersten seiner Beschlüsse, die wir in diesem Band exklusiv wiedergeben, so definiert: „Die Teilnehmer des Runden Tisches treffen sich aus tiefer Sorge um unser in eine Krise geratenes Land, seine Eigenständigkeit und seine dauerhafte Entwicklung. Sie fordern die Offenlegung der ökologischen, wirtschaftlichen und finanziellen Situation in unserem Land. Obwohl der Runde Tisch keine parlamentarische oder Regierungsfunktion ausüben kann, will er sich mit Vorschlägen zur Überwindung der Krise an die Öffentlichkeit wenden. Er fordert von der Volkskammer und der Regierung, rechtzeitig vor wichtigen rechts-, wirtschafts- und finanzpolitischen Entscheidungen informiert und einbezogen zu werden. Er versteht sich als Bestandteil der öffentlichen Kontrolle in unserem Land. Geplant ist, seine Tätigkeit bis zur Durchführung freier, demokratischer und geheimer Wahlen fortzusetzen."

Jene Präambel des Selbstverständnisses verweist zugleich auf die Überwindung dieses Anspruchs durch die rasante Entwicklung. Ursprünglich wollte der Runde Tisch die „Eigenständigkeit" der DDR erhalten, nun bereitete er mit der Durchsetzung früherer Wahlen die Überwindung der DDR vor. Er machte sich selbst überflüssig. Auch das gehört zur dialektischen Wirklichkeit der „Deutschen Dialektischen Republik". Die Bewegung für die ging über den Runden Tisch hinweg. Der Runde Tisch war der beste Ausdruck der neuen Foren, auf denen sich überall die Menschen in der DDR trafen, die das alte Regime überwinden wollten. Danach aber ging der größte Teil von ihnen in die Parteien, entschied sich für den Parlamentarismus, der zwar auch vom Kompromiß lebt, aber anders als ein Forum nach Mehrheit und Minderheit entscheidet.

Am Ende des Runden Tisches wurde das Selbstverständnis so definiert: „Seine Initiatoren waren verantwortungsbewußte Vertreter jener neuen politischen Kräfte und der Kirchen, die die friedliche Revolution auf den Weg gebracht haben. Die Teilneh-

4

mer trafen sich aus tiefer Sorge um das in die Krise geratene Land und seine Eigenständigkeit . . . Der Runde Tisch hebt die für seine Arbeit charakteristisch gewordene Kultur des politischen Streites hervor, die vor allem darin zum Ausdruck kommt, die Meinung des Andersdenkenden zu respektieren, gemeinsam nach konstruktiven Lösungen zu suchen und durch Bürgernähe Vertrauen zu schaffen."

Diese „politische Kultur" am Runden Tisch war für westliche Fernsehzuschauer ebenso erkennbar wie für Gäste aus der Bundesrepublik, die die Sitzungen aufsuchten. Tatsächlich gab und gibt es „Runde Tische" auch in DDR-Bezirken, Kreisen und Städten. Auch in der Bundesrepublik wurde diese Form populär, von der Fußballkrise bei Borussia Mönchengladbach bis zur Forderung nach einem deutschlandpolitischen Runden Tisch in der Bundesrepublik durch Oppositionsführer Jochen Vogel. Man spürte stets den gegenseitigen Respekt, selbst wenn Schärfen fühlbar wurden. Da die Demokratie in der DDR zur Zeit erst eingeübt wird, mußte sich der Runde Tisch, wie später die Volkskammer, manche Zeit für Geschäftsordnungsfragen nehmen, was ihm bei der dem Parlamentarismus traditionell nicht sehr zugeneigten deutschen Bevölkerung den Spitznamen „Palaver-Club" einbrachte. Aber schon die Paulskirche war als „Quatschbude" diffamiert worden. Ministerpräsident Modrow schien zunächst diese Versammlung der demokratischen „Neuarbeiter" nicht ernstzunehmen. Er kam entweder nicht oder schickte schlecht vorbereitete Regierungsmitglieder. In einer dramatischen Nachtsitzung am 28. Januar änderte er jedoch seine Einstellung. Er suchte in einer „großen Koalition" mit der Opposition den Übergang zu konsolidieren. Das kontrollierende Organ Runder Tisch entsandte aus seiner Mitte Minister der Opposition und der neuen Parteien, die allerdings keinen festen Geschäftsbereich erhielten.

Der Runde Tisch war ungemein fleißig. In den 160 Sitzungsstunden produzierte er mehr als hundert Gesetzentwürfe, darunter das Wahl- und das Parteiengesetz sowie einen Verfassungsentwurf und eine „Sozialcharta". Als Modrow im Februar nach Bonn reiste, hatte er zu seiner Rückendeckung auch einen Teil der „Tischlein-Deck-Dich"-Utopia des Runden Tisches mit in seinem Gepäck.

In den Schlagzeilen spiegelte sich der Runde Tisch, der sowohl architektonisch als auch politisch eckig und kantig war, so wider: F. A. Z. vom 4. Januar 1990: „Gereiztheiten am Runden Tisch in Ost-Berlin. Modrow macht der Opposition Angebote." Und in derselben Zeitung am 9. Januar: „Opposition mißtrauisch, Macht-

5

haber verstockt. Am Runden Tisch in Ost-Berlin geht es nicht vor-
an." Die Zeit am 12. Januar 1990: „Geht die friedliche Revolution
zu Ende? Die Situation in der DDR spitzt sich zu: Am Runden
Tisch in Ost-Berlin wird immer heftiger gestritten." Rheinische
Post 14. März 1990: „Kontrollorgan ohne Befugnisse – Der Runde
Tisch in ungeklärter Doppelrolle." DDR-Information 13. März
1990: „Der Runde Tisch ist ein Kapital, das die DDR in den Vereinigungsprozeß einbringen kann." Neue Osnabrücker Zeitung
vom gleichen Tag: „Pionierarbeit geleistet." Stuttgarter Zeitung
13. März 1990: „Einführungskurs in Sachen Demokratie." Süd-
deutsche Zeitung 12. März 1990: „Beratergremium und Kontroll-
instanz – Der Runde Tisch trug trotz seiner Zitteraufgabe zur Stabilität der DDR bei." Die Welt vom gleichen Tag: „Viel Wehmut
über das Ende des Runden Tisches."

Der Runde Tisch hatte sich mit der Wahl vom 18. März selbst
aufgehoben. Aus ihr gingen die Allianz-Parteien CDU, die
Schwesterpartei der CSU in der DDR, DSU, und der Demokratische Aufbruch als Sieger hervor. Sie verfehlten knapp die absolute Mehrheit und strebten deshalb von Anfang an eine Koalition
mit den Sozialdemokraten und den Liberalen an. Die Sozialdemokraten waren nach anfänglichen Bedenken schließlich zu dieser
für Verfassungsänderungen notwendigen Mehrheitsbildung bereit.

Die DDR-Wahl – die erste freie Wahl in diesem Gebiet
Deutschlands seit 1933 – hatte dieses amtliche Wahlergebnis:

Das endgültige amtliche Endergebnis der DDR-Wahl

Wahlberechtigte 12 426 443
Wahlbeteiligung 11 604 418 (93,39 %)
Gültige Stimmen 11 541 155

		Stimmen	(%)	Man-date
VL	Aktionsbündnis Vereinigte Linke, Die Nelken	20 342	(0,18 %)	1
AJL	Alternative Jugendliste, DJP–GJ–MJV–FDJ	14 616	(0,13 %)	0
NF-DJ-IFM	Bündnis 90: Neues Forum, Demokratie Jetzt, Initiative Freiheit und Menschenrechte	336 074	(2,90 %)	12
DFP-LDP-FDP	Bund Freier Demokraten, Die Liberalen	608 935	(5,28 %)	21

6

BSA	Bund Sozialistischer Arbeiter, Deutsche Sektion der 4. Internationale	386	(0,0 %)	0
CDU	Christlich-Demokratische Union Deutschlands	4 710 598	(40,59 %)	163
Christl. Liga	Christliche Liga	10 691	(0,09 %)	0
DBD	Demokratische Bauernpartei Deutschlands	261 226	(2,17 %)	9
DA	Demokratischer Aufbruch – sozial – ökologisch	106 146	(0,93 %)	4
DFD	Demokratischer Frauenbund Deutschlands	38 192	(0,33 %)	1
DBU	Deutsche Biertrinker Union	2 534	(0,02 %)	0
DSU	Deutsche Soziale Union	727 730	(6,2 %)	25
Einheit jetzt	Einheit jetzt	2 396	(0,02 %)	0
EFP	Europäische Föderalistische Partei, Europa Partei	3 636	(0,03 %)	0
Eu der DDR	Europa-Union der DDR*	0	(0,00 %)	0
Grüne/UPV	Grüne Partei + Unabhängiger Frauenverband	226 932	(1,96 %)	6
KPD	Kommunistische Partei Deutschlands	8 819	(0,08 %)	0
NDPD	National-Demokratische Partei Deutschlands	44 292	(0,38 %)	2
PDS	Partei des Demokratischen Sozialismus	1 892 381	(16,32 %)	66
SPD	Sozialdemokratische Partei Deutschlands	2 525 534	(21,76 %)	88
SpAD	Spartakist-Arbeiterpartei Deutschlands	2 417	(0,02 %)	0
USPD	Unabhängige Sozialdemokratische Partei Deutschlands	3 891	(0,03 %)	0
UVP	Unabhängige Volkspartei	3 007	(0,03 %)	0
VAA	Vereinigung der Arbeitskreise für Arbeitnehmerpolitik und Demokratie	380	(0,00 %)	0

* nicht angetreten

Für die konstituierende Sitzung am 5. April bildeten sie sieben Fraktionen. 1. CDU mit 163 Mitgliedern, Vorsitzender Lothar de Maizière, der spätere Ministerpräsident. 2. SPD mit 88 Mitgliedern, Vorsitzender Richard Schröder. 3. PDS mit 66 Mitgliedern, Vorsitzender Dr. Gregor Gisy. 4. DSU mit 25 Mitgliedern, Vorsitzender Professor Dr. Hansjoachim Walther. 5. Die Liberalen mit 23 Mitgliedern, Vorsitzender Professor Dr. Rainer Ortleb. Zu dieser Fraktion gehören auch die beiden früheren NDPD-Abgeord-

7

neten. 6. Bündnis 90/Grüne mit 20 Mitgliedern, Sprecher Professor Dr. Jens Reich, Vera Wollenberger, Dr. Wolfgang Ullmann. 7. DBD/DFD mit 10 Mitgliedern, Vorsitzender Dr. Günther Maleuda, der Volkskammerpräsident der Übergangszeit zwischen „Wende" und Wahl. Keiner Fraktion gehören die vier Mitglieder des Demokratischen Aufbruchs und der Abgeordnete der Vereinigten Linken an.

Die erste Sitzung am 5. April wurde wie bei der Konstituierung eines neu gewählten Bundestags durch den Alterspräsidenten eröffnet, wegen Erkrankung des Ältesten war es der DSU-Abgeordnete Lothar Piche aus Chemnitz (zeitweilig Karl-Marx-Stadt): „In dieser Stunde blicken nicht nur die Menschen unseres Landes auf uns. Vierzig Jahre eines schweren Weges gehen zu Ende. Gott schütze unser deutsches Vaterland." Der Abgeordnete hatte damit den Satz wiederholt, den Bundeskanzler Kohl vor Hunderttausenden in Dresden ausgerufen hatte. Danach leitete er die Wahl der Volkskammerpräsidentin. Die 44 Jahre alte Lungenfachärztin Dr. Sabine Bergmann-Pohl, evangelisch, geboren in Eisenach, verheiratet und Mutter zweier Kinder, in der CDU seit 1981 (siehe Biographie auf Seite . . .) konnte sich erst im zweiten Wahlgang durchsetzen in einer Stichwahl gegen den SPD-Kandidaten Höppner, der jetzt Vizepräsident ist (214 gegen 171 Stimmen). Bei der Wahl der sechs Stellvertreter erhielt Höppner mit 271 die meisten Stimmen, gefolgt von Frau Niederkirchner (PDS) mit 249 Stimmen, für die Liberalen Schmieder mit 219 Stimmen, Ullmann für das Bündnis 90/Grüne mit 215 Stimmen, für die DSU Gottschall mit 212 Stimmen, für den DBD/DFD Helm mit 203 Stimmen. Gemäß parlamentarischem Brauch wurde das Präsidium möglichst einvernehmlich gewählt.

Die neue Präsidentin riet, möglichst viele Entschlüsse gemeinsam zu fassen. „Der Ruf ‚Wir sind das Volk' sollte uns in den Ohren klingen . . . Die zarte Pflanze der Demokratie ist uns anvertraut; tragen wir mit unserer Arbeit den Frühling ins Land!" Die Atmosphäre dieser ersten Sitzungen zwischen holprigem Neubeginn, Nervosität und Geschichtsbewußtsein spiegelt sich in den Sitzungsprotokollen dieses Bandes wider. Den Abgeordneten klangen bei ihrem Arbeitsbeginn auch die Worte des ökumenischen Gottesdienstes in der Gethsemane-Kirche in den Ohren: „Recht kann ordnen. Güte kann heilen." Nur noch dreizehn Abgeordnete waren schon in der alten Volkskammer dabei, darunter die Präsidentin, de Maizière, Maleuda und Modrow. Noch niemals ist ein deutsches Parlament von einer Wahlperiode zur anderen so radikal verändert worden.

In der Sitzung der neuen Volkskammer, am 12. April, kam es zur Wahl des Ministerpräsidenten de Maizière (CDU) und seiner Koalitionsregierung. De Maizière erwies sich während dieser Sitzung als gewiefter Parlamentarier und „rettete" manchmal die unerfahrene Sitzungsleitung. Vor Wahl und Vereidigung der Regierung war es zu einer scharfen Auseinandersetzung über die Eidesformel gekommen. De Maizière wollte sich nicht auf die sozialistische Restverfassung vereidigen lassen, sondern als gewissenhafter evangelischer Christ nur auf die „Grundsätze eines freiheitlichen demokratischen und sozialen Rechtsstaates", ohne diesen beim Namen zu nennen. Die PDS lief dagegen Sturm. Die DSU dagegen nannte es eine „Zumutung" für einen frei gewählten Ministerpräsidenten, auf eine Verfassung schwören zu müssen, „wegen der in diesem Lande eine Revolution gemacht wurde." Nach einer Sitzungsunterbrechung legte die CDU eine Kompromißformel vor: „Ich schwöre, daß ich meine Kraft dem Wohle des Volkes widmen, Recht und Gesetze der Deutschen Demokratischen Republik wahren, meine Pflichten gewissenhaft erfüllen und Gerechtigkeit gegen jedermann üben werde." De Maizière und fast alle seiner Minister leisteten den Eid mit der religiösen Beteuerung: „So wahr mir Gott helfe." Zuvor hatten zwei Oppositionsparteien eine Ministerbefragung durchgesetzt, an der sich aber nur Bündnis 90/Grüne und DBD/DFD beteiligten, während die PDS darauf verzichtete. Dabei wurde der CDU-Minister Reichenbach in Bedrängnis gebracht. Er hatte noch im September 1989 Verbindliches über die SED und Unfreundliches über CDU-Generalsekretär Rühe geäußert. Reichenbach antwortete: „Zu Kohl und Rühe habe ich mich Gottseidank geirrt, sonst säßen wir alle nicht hier." Die PDS hat es in diesen Anfangssitzungen sehr schwer. Einerseits bemühte sie sich um geschäftsmäßige Mitwirkung und Einordnung, andererseits schmerzte sie ihre Entmachtung. An die Rolle der Minderheit war sie noch nicht gewöhnt. Einmal zog sie aus, kam aber zurück, wie Wehner für solche Fälle angemerkt hatte: „Wer auszieht, muß auch wieder hereinkommen." Dann sprachen sie bei der Befragung der Ministerkandidaten von einem „Spielchen der Scheindemokratie". Dies rückte der sozialdemokratische Vizepräsident Höppner „als nicht angebracht an dieser Stelle" zurecht – also bei dieser Fraktion, die für die vierzig Jahre Diktatur des Politbüros und Scheindemokratie in der DDR die Hauptverantwortung trug.

Beeindruckender als die parlamentarische Mühsal war die interfraktionelle Erklärung der Volkskammer an jenem zweiten Sitzungstag, von der sympathisch unroutinierten Präsidentin mit manchmal stockender Stimme verlesen:

(Wir dokumentieren sie im Sitzungsprotokoll des 2. Tages auf Seite . . .)

Darin wurde nicht nur auf das Leid verwiesen, das Deutsche anderen Völkern vor 1945 zugefügt hatten, sondern auch auf Schuld und Elend im stalinistisch beherrschten Teil Deutschlands nach 1945. Die Erklärung entschuldigte sich für die „Verfolgung und Entwürdigung" jüdischer Mitbürger auch nach 1945 und für die Niederschlagung des Prager Frühlings im Jahr 1968: „Wir haben den Völkerrechtsbruch nicht verhindert, der den Prozeß der Demokratisierung um zwanzig Jahre verzögert hat." Der Sowjetunion sicherte die Volkskammer zu, den Prozeß der Versöhnung „in enger Verbundenheit in der Auseinandersetzung um das Erbe des Stalinismus" fortzuführen und „die Verträge mit der Sowjetunion den neuen Realitäten anzupassen". Besondere Hinwendung der Volkskammer galt den polnischen Nachbarn. Das polnische Volk solle wissen, daß es bei der Oder-Neiße-Grenze bleibe. „Dies soll ein künftiges gesamtdeutsches Parlament vertraglich bestätigen." Die interfraktionelle Erklärung wurde mit viel Beifall, ohne Gegenstimmen und bei 21 Enthaltungen angenommen. Anschließend erhoben sich die Volkskammerabgeordneten zu stillem Gedenken oder Gebet.

Dem Geist dieser Parlamentserklärung entsprach die erste Regierungserklärung des Ministerpräsidenten de Maizière am 19. April 1990 in der dritten Sitzung der Volkskammer. Über sie schrieb die F. A. Z.: „De Maizière will die DDR schnell und ohne Demut in die Einheit führen." De Maizières Regierungserklärung beruht auf einem Koalitionsvertrag, dessen Präambel lautet:

Die Präambel der Koalitionsvereinbarung
„Einheit auf der Grundlage des Artikels 23"

Die Parteien der „Allianz für Deutschland", CDU, DSU und Demokratischer Aufbruch, ferner die SPD und die liberalen Parteien in der DDR haben ihrem Koalitionsvertrag eine Präambel vorangestellt, die die deutschlandpolitischen Grundlinien der großen Koalition umreißt und den Rahmen der gemeinsamen Regierungsarbeit festlegt. Die Präambel lautet:

„Die besondere Lage in der DDR seit dem 9. November 1989 macht es zur Lösung der anstehenden Zukunftsaufgaben im Prozeß der Vereinigung beider Teile Deutschlands erforderlich, parteitaktische Interessen zurückzustellen und eine große Koalition für die Zeit des Zusammenwachsens beider deutscher Staaten zu bilden. Ziel der Koalition ist:

- Wohlstand und soziale Gerechtigkeit für alle Bürger der DDR zu sichern,
- Freiheit und Rechtsstaatlichkeit durchzusetzen,
- die Einheit Deutschlands nach Verhandlungen mit der BRD auf der Grundlage des Art. 23 GG zügig und verantwortungsvoll für die gesamte DDR gleichzeitig zu verwirklichen und damit einen Beitrag zur europäischen Friedensordnung zu leisten.

Bei der Ausarbeitung einer neuen Verfassung der DDR oder, falls es nicht dazu kommt, bei der Veränderung des Grundgesetzes ist es das Verhandlungsziel der Regierung, die sozialen Sicherungsrechte als nicht einklagbare Individualrechte einzubringen. Das gilt vornehmlich für das Recht auf Arbeit, Wohnung und Bildung. Diese Rechte werden in der Form von Staatszielbestimmungen gewährleistet.

Die Koalitionsfraktionen sind sich darin einig, daß zwischen der DDR und der Bundesrepublik Deutschland zu vereinbarende Regelungen insbesondere des zu erwartenden Staatsvertrages über die Schaffung einer Währungs-, Wirtschafts- und Sozialunion den heutigen Vereinbarungen zwischen den Koalitionsfraktionen in ihren Grundzügen entsprechen müssen.

Übereinstimmung besteht darin, daß der Prozeß der deutschen Einigung mit parlamentarischer Beteiligung gestaltet wird. Volkskammer und Bundestag sollen je einen parlamentarischen Ausschuß zur deutschen Einigung bilden, dem jeweils die Parlamentspräsidentin angehören sollte. Diese Ausschüsse sollten regelmäßig tagen und den gemeinsamen Ausschuß zur Deutschen Einheit darstellen.

Jeder Teilausschuß erstattet seinem Parlament regelmäßig Bericht. Er sollte berechtigt sein, Arbeitsaufträge an andere Ausschüsse seines Parlaments zu erteilen.

Voraussetzung für die Einheit ist die Schaffung kompatibler Länderstrukturen zur BRD, die Länderparlamente, Länderverfassung, vorbereitende Maßnahmen für eine Länderkammer erforderlich machen. Bestimmte Aufgaben und Finanzierungsfragen sind nach der Länderbildung neu zu regeln.

Unter dem Vorbehalt der Finanzierbarkeit vereinbaren die Koalitionspartner die in der Anlage festgehaltenen Inhalte der gemeinsamen Politik. Sofern über Fragen der Finanzierbarkeit, die mit grundlegenden politischen Entscheidungen verbunden sind, zwischen den Koalitionspartnern unterschiedliche Auffassungen

11

bestehen, berät der Koalitionsausschuß; er sollte im Geiste der Koalitionsvereinbarungen und partnerschaftlicher Zusammenarbeit einvernehmlich entscheiden."

Um zu ermessen, wie sehr sich die neue Volkskammer als frei gewähltes wirkliches Parlament vom bisherigen Scheinparlament Volkskammer unterschied, lohnt sich ein Blick zurück: „Die Volkskammer ist das oberste staatliche Machtorgan der DDR. Sie entscheidet in ihren Plenarsitzungen über die Grundlagen der Staatspolitik." – So lautet der Artikel 48 der bis 1990 geltenden Verfassung der DDR. Aber er stand nur auf dem Papier.

Die Volkskammer war 1949 aus der „Bewegung des Deutschen Volkskongresses" entstanden, der den „Deutschen Volksrat" wählte. Dieser konstituierte sich am 7. Oktober 1949 als provisorische Volkskammer der DDR. Dies sollte die Erwiderung auf die zuvor erfolgte erste Wahl des Deutschen Bundestages sein. Ironische Pointe dieses Teils der Geschichte der „Deutschen Dialektischen Republik"? Auf den Tag 40 Jahre später war jedem Deutschen in der DDR die Antithese zu dieser These bewußt. Es ging mit dieser Form von Republik zu Ende.

Zunächst wurde die Volkskammer für vier, ab 1971 für fünf Jahre gewählt. Ihr gehörten bis 1963 466 Abgeordnete bis zum 18. März an, 1990 500. Seither sind es 400. Die 500 Volkskammerabgeordneten vertraten im Durchschnitt 32 000 Bürger – zum Vergleich: Jeder der 518 Mitglieder des Deutschen Bundestages vertritt im Durchschnitt 120 000 Bundesbürger, also fast das Vierfache.

Wegen des besonderen Status Berlins wurden die Ostberliner Volkskammermitglieder bis 1981 durch die Stadtverordnetenversammlung von Berlin-Ost nominiert. Dies entspricht bis zur ersten Jahreshälfte 1990 der Praxis für die Berliner Abgeordneten im Deutschen Bundestag. Seit 1981 wurden die Ostberliner Volkskammerabgeordneten jedoch direkt gewählt, was ein Bruch alliierter Bestimmungen war.

Erst Gleichschaltung – dann Auflösung der Länder, nach diesem Muster waren schon die braunen Diktatoren vorgegangen.

Laut Wahlgesetz der DDR werden die Abgeordneten in „freien, allgemeinen, gleichen und geheimen" Wahlen gewählt. Am 20. Februar 1990 hat die Volkskammer diese Kriterien noch um „direkt" ergänzt. Was die Volkskammer selbst unter den Begriffen „frei" und „geheim" bis zur Oktoberrevolution verstand, dokumentiert eine von ihr selbst unter dem Titel „Warum wir was wählen" im Jahre 1979 veröffentlichten Broschüre. Dort heißt es unter „frei": „Die Freiheit der Wahl ist bei uns deshalb gesichert, weil die Werktätigen als Herren des Staates und der Wirtschaft, selbst die Wahlen organisieren." Unter „geheim" verstand sie: „In der sozialistischen Ordnung kann sich jeder Wähler entscheiden, ohne Nachteile befürchten zu müssen. Entsprechend dem Wahlgesetz, werden in allen Wahllokalen Wahlkabinen aufgestellt. Jeder Wähler ist berechtigt, die Wahlkabine zu benutzen." – Nur: Von den 98 und mehr Prozent der Wahlbeteiligten machten lediglich verschwindend wenige Gebrauch – eben wegen der zu erwartenden Nachteile. Am 18. März 1990 war dagegen der Gebrauch der Wahlkabinen selbstverständlich. Daß sowenige zuvor in die Wahlkabinen gingen, hing aber auch mit der Verbiegung so vieler in der DDR zusammen, mit der „Verwüstung unserer Seelen", wie de Maizière sagte, mit mangelndem Mut und fehlender Zivilcourage. Aber das ist im Westen leichter zu schreiben, als damals in der DDR getan. Es fragen sich heute viele in der DDR selbst: Warum haben wir solange gewartet, bis wir zum aufrechten Gang zurückfanden? Warum gab es 1945 und 1989 soviele „Wendehälse"?

Die Rechte und Pflichten jener Volkskammer waren in der Verfassung und der Geschäftsordnung der Volkskammer vom 7. Oktober 1974 festgelegt. Sie sollen unter anderem „ihre Fähigkeiten und Kenntnisse für das Wohl und die Interessen des sozialistischen Staates und der Bürger einsetzen. Deren Mitwirkung an der Vorbereitung und der Verwirklichung der Gesetze fördern und enge Verbindung zu den Wählern durch Sprechstunden, Aussprachen und Rechenschaftslegung halten. Sie unterliegen nicht einem imperativen Mandat der Wähler. Sie dürfen an der Sitzung der örtlichen Volksvertretung mit beratender Stimme teilnehmen, Anfragen an den Ministerrat oder eines seiner Mitglieder richten und genießen persönliche Schutzrechte. Können aber andererseits bei gröblicher Verletzung ihrer Pflichten durch die Volkskammer von ihrer Funktion abberufen werden."

Der 9. Volkskammer – hervorgegangen aus der „Wahl" vom 8. Juni 1986 – gehörten 52,5 Prozent Arbeiter, 6,2 Prozent Bauern, 25,2 Prozent „Angehörige der Intelligenz" und schließlich noch 13,4 Prozent Angestellte an. Das amtliche Handbuch der Volkskammer der DDR stellte unter der Rubrik „berufliche Qualifikation" fest, daß 72,8 Prozent – also fast Dreiviertel – der Mitglieder der Volkskammer über einen Hoch- und Fachhochschulabschluß verfügen. Das bedeutet, daß eine nicht unerhebliche Anzahl von Arbeitern und Bauern – zumindest, wenn sie der Volkskammer angehören – über einen Hoch- und Fachhochschulabschluß verfügen. Die Begründung dafür dürfte wohl darin liegen, daß diejenigen, die „Arbeiter" oder „Bauer" als Berufsangabe eintrugen in erster Linie Funktionäre waren oder sind.

Auf den ersten Blick erschien die alte Volkskammer frauenfreundlicher als der Bundestag zu sein, denn in ihr waren 32,3 Prozent Frauen vertreten. Blickte man jedoch in die Führungsstäbe der Parteien oder gar des SED (PDS)-Zentralkomitee, stellte man fest, daß mit Ausnahme von Margot Honecker oder ihrer Vorgängerin Ulbricht kaum Frauen Führungspositionen ausübten. Die zehn Prozent Frauen im Deutschen Bundestag sind nominell zwar weniger, jedoch zu 16 Prozent in Führungspositionen von Parteien, dem Präsidium des Deutschen Bundestages und in der Regierung vertreten.

Bemerkenswert war auch die Altersstruktur der alten Volkskammer: 16,2 Prozent der Abgeordneten waren über 61 Jahre – also jeder sechste Abgeordnete. Im Deutschen Bundestag gehören 6,5 Prozent der Abgeordneten dieser Altersgruppe an – also jeder 16.! Die neue Volkskammer ist dagegen stark verjüngt.

Nach dem alten Wahlgesetz der DDR teilten sich seit 1963 die fünf zugelassenen Parteien sowie die fünf gesellschaftlichen Organisationen die 500 Sitze nach einem vorher bestimmten Schlüssel auf. Dies unter „der Führung der Arbeiterklasse", das bedeutete automatisch unter der Führung der ehemaligen SED, daß sie von vornherein etwas mehr als ein Viertel der Sitze innehatte und in den „Massenorganisationen" zusätzliche Volkskammer-Mitglieder stellte, womit ihre Mehrheit stets gesichert war. Nach der Volkskammerwahl von 1986 waren die Mandate in der Volkskammer so verteilt: SED 127, CDU, LDPD, NDPD und Demokratische Bauernpartei Deutschlands (DBD) je 52 Sitze. Der Freie Deutsche Gewerkschaftsbund (FDGB) hatte 61, die Freie Deutsche Jugend (FDJ) 37, der Demokratische Frauenbund 21 und die Vereinigung der gegenseitigen Bauernhilfe (VdgB) 14 Mandate. Auch das haben das neue Wahlgesetz, die Streichung des Führungsanspruchs der SED aus der Verfassung und die Wähler gründlich geändert.

In der Volkskammer herrschte bis zum 13. November des vergangenen Jahres Einstimmigkeit, die lediglich 1972 von einigen CDU-Abgeordneten durchbrochen wurde, als es um die gesetzliche Erlaubnis des Schwangerschaftsabbruchs ging. Für dieses Prinzip der Einstimmigkeit gab es im Kommentar der noch geltenden DDR-Verfassung einen dialektischen Überbau: „Das Prinzip der Einstimmigkeit in der Beschlußfassung sichert, daß Parteien und Massenorganisationen nicht überstimmt werden."

Bis zum Oktober des vergangenen Jahres kamen die Abgeordneten der Volkskammer jährlich zweimal – jeweils im Frühjahr und im Herbst — für zwei oder drei Tage in Ostberlin zusammen, um ihrer in Artikel 48 der Verfassung gebotenen Pflicht, die politischen Entscheidungen des Landes zu treffen, nachzukommen. Seit dem vergangenen Oktober hatten sich die Volkskammerabgeordneten in rascher Folge neunmal getroffen und wirklich debattiert. Die Leute in der DDR staunten und freuten sich über dieses neue Konzept ihrer „alten Blockflöten".

Die technische Ausstattung der Volkskammer war, gemessen an der des Deutschen Bundestages, dürftig. So fanden die Abgeordneten lediglich zwei Saalmikrophone vor. Ein Stenographischer Dienst, der diesen Namen verdient, wird jetzt erst aufgebaut. Doch: Warum mehr als zwei Mikrophone, wenn die „Volksvertreter" ohnehin nichts zu sagen hatten? Wozu einen Stenographischen Dienst, wenn das, was beschlossen und gesagt werden sollte, ohnehin bereits in schriftlicher Form vorlag?

Auch die 500 Mitglieder der DDR-Volkskammer im Ostberliner „Palast der Republik" am Karl-Marx-Platz erhielten eine finanzielle Entschädigung. Allerdings wurde sie als „parlamentarische Verschlußsache" behandelt. In Artikel 60 der noch gültigen DDR-Verfassung heißt es dazu, daß „den Abgeordneten aus ihrer Mandatstätigkeit keinerlei berufliche, finanzielle oder persönliche Nachteile entstehen dürfen." Paragraph 42 der Geschäftsordnung der Volkskammer bestimmte: „Die Abgeordneten und die Nachfolgekandidaten erhalten eine steuerfreie Entschädigung." — Wohlgemerkt: steuerfrei. Die Bundestagsabgeordneten zahlen Steuern, erhalten allerdings bei wesentlich höherem Arbeitsaufwand auch wesentlich mehr Gehalt. Wie hoch diese Aufwandsentschädigung in der DDR war, bleibt dem Interessierten verborgen. Nach bruchstückhaften Informationen lag diese steuerfreie Entschädigung bei über 600 Ostmark. Darüber hinaus hatten die Abgeordneten keine großen Probleme bei der Wohnungssuche oder bei der Beschaffung eines Trabant oder Wartburg — oder bei der Versorgung mit chronisch knappen Lebensmitteln oder einem der raren Telefone.

Aber das war die Volkskammer der Vergangenheit. Das neue Parlament hat die Chance, wirklich eine Kammer des Volkes zu werden.

Inhaltsverzeichnis der Anträge und Beschlüsse der 16 Sitzungen des Runden Tisches in der Zeit vom 7. Dezember 1989 bis zum 12. März 1990.

18

Beschlüsse der 1. Sitzung des Rundtischgespräches am 07./08. 12. 1989

1. Selbstverständnis

Die Teilnehmer des Runden Tisches treffen sich aus tiefer Sorge um unser in eine Krise geratenes Land, seine Eigenständigkeit und seine dauerhafte Entwicklung.

Sie fordern die Offenlegung der ökologischen, wirtschaftlichen und finanziellen Situation in unserem Land.

Obwohl der Rundtisch keine parlamentarische oder Regierungsfunktion ausüben kann, will er sich mit Vorschlägen zur Überwindung der Krise an die Öffentlichkeit wenden.

Er fordert von der Volkskammer und der Regierung, rechtzeitig vor wichtigen rechts-, wirtschafts- und finanzpolitischen Entscheidungen informiert und einbezogen zu werden.

Er versteht sich als Bestandteil der öffentlichen Kontrolle in unserem Land. Geplant ist, seine Tätigkeit bis zur Durchführung freier, demokratischer und geheimer Wahlen fortzusetzen.

2. Geschäftsordnung des Runden Tisches

1. Geschäftsordnungsanträge werden vor Sachanträgen verhandelt.

2. Geschäftsordnungsanträge sind:

- Bestätigung der Tagesordnung
- Begrenzung der Redezeit
- Ende der Rednerliste
- Schluß der Beratung
- Antrag über die Art der Abstimmung

3. Sachanträge sind:

- Hauptanträge
- Änderungs- und Ergänzungsanträge

4. Über den inhaltlich weitergehenden Antrag wird stets zuerst abgestimmt.

Für Änderungs- und Ergänzungsanträge gilt dies sinngemäß.

Die zur Abstimmung gestellte Frage muß so gestellt werden, daß sie mit Ja/Nein beantwortet werden kann.

5. Anträge werden in der Reihenfolge der Antragstellung abgearbeitet.

Die Tagungsleitung darf Anträge gemäß Ziffer 3, sofern es der Sachzusammenhang erfordert, bis zum Ende des Sitzungstages zurückstellen.

6. Anträge gelten als angenommen, wenn sie einfache Mehrheit gefunden haben.

Geschäftsordnungsanträge und andere Anträge, bei denen die Teilnehmer dieses beschließen, bedürfen einer Zweidrittelmehrheit. Minderheitsvoten sind zulässig.

7. Über die Zulassung weiterer Sitzungsteilnehmer entscheidet der Runde Tisch durch einfache Mehrheit.

8. Über die Leitung der Sitzungen wird auf der nächsten Beratung gesondert befunden.

9. Bei Streit über die Geschäftsordnung entscheidet ein Gremium, das sich aus der Tagesleitung und je einem Mitglied der Delegationen zusammensetzt, in geheimer Sitzung endgültig.

3. Erarbeitung eines Entwurfes einer neuen Verfassung

1. Die Teilnehmer des Runden Tisches stimmen überein, sofort mit einer Erarbeitung des Entwurfes einer neuen Verfassung zu beginnen.

2. Sie berufen dafür eine paritätisch zusammengesetzte Arbeitsgruppe, die umgehend mit der Arbeit beginnt und nach Notwendigkeit weitere Bürger und Bürgerinnen einbezieht.

3. Die Teilnehmer des Runden Tisches haben Übereinstimmung darüber, daß die Bestätigung dieser neuen Verfassung nach Neuwahlen zur Volkskammer in einem Volksentscheid 1990 erfolgt.

4. Die für die Durchführung für Neuwahlen erforderlichen Verfassungsänderungen sind unverzüglich zu erarbeiten.

5. Die Teilnehmer des Runden Tisches nehmen das Angebot zur Mitwirkung an einem entsprechenden Volkskammerausschuß zur Kenntnis und bestimmen eigenständig ihre Mitarbeit.

4. Wahltermin

Der Runde Tisch empfiehlt als Termin, die Wahl zur Volkskammer

am 06. Mai 1990

durchzuführen.

5. Bildung von Arbeitsgruppen

Der Runde Tisch beschließt die Bildung von Arbeitsgruppen und benennt dazu je zwei Einberufer.

1. Wahlgesetz
2. Parteien und Vereinigungsgesetz
3. Neue Verfassung (vgl. Beschluß 2)
4. Wirtschaft

6. Zur Rechtsstaatlichkeit

Im Bemühen um Rechtsstaatlichkeit und der Wahrung der Interessen unseres Volkes fordern die Teilnehmer des Runden Tisches Sofortmaßnahmen der Regierung in folgenden Fragen:

1. Jede Person, die Amtsmißbrauch und Korruption begangen hat, wird auf der Grundlage des geltenden Strafgesetzbuches zur Verantwortung gezogen. Bei der Durchführung von Ermittlungsverfahren bzw. Strafverfahren, werden die Bestimmungen der Strafprozeßordnung angewandt. Dies bedeutet erforderlichenfalls den Erlaß von Haftbefehlen und nicht die Anordnung ungesetzlicher Hausarreste.

1.1. Die Dienststelle des Generalstaatsanwaltes der DDR hat jeweils unverzüglich zu sichern, daß allen Hinweisen, Anzeigen und Mitteilungen auf der Grundlage des § 95 der Strafprozeßordnung nachgegangen wird und bei Vorliegen von Verdachtsgründen einer Straftat sofort geprüft wird, welche notwendige Sicherung von Objekten und Beweismitteln zu erfolgen hat.

1.2. Die Regierung der DDR wird aufgefordert, eine spezielle Untersuchungsabteilung für die Aufklärung der Vorgänge von Amtsmißbrauch und Korruption zu bilden. Diese Untersuchungsabteilung wird für die Dauer ihrer Tätigkeit unmittelbar dem Ministerpräsidenten unterstellt. Die Aufgabenstellung dieser Untersuchungsabteilung wird öffentlich bekanntgemacht.

1.3. Die Staatsanwaltschaft der DDR wird aufgefordert, mit der am 04. 12. 1989 gebildeten abhängigen Untersuchungskommission wirksam zusammenzuarbeiten.

1.4. Die Regierung der DDR wird aufgefordert, einen sofortigen Maßnahmeplan öffentlich bekanntzugeben, wie durch Sicherungskräfte des Ministeriums des Inneren alle Dienststellen des Amtes für Nationale Sicherheit auf allen Ebenen unter Kontrolle gestellt werden, damit keine Vernichtung von Dokumenten bzw. Beweismaterial erfolgen kann und Mißbrauch ausgeschlossen wird.

2. Die Regierung der DDR wird aufgefordert, das Amt für Nationale Sicherheit unter ziviler Kontrolle aufzulösen und die berufliche Eingliederung der ausscheidenden Mitarbeiter zu gewährleisten. Über die Gewährleistung der eventuell notwendigen Dienste im Sicherheitsbereich soll die Regierung die Öffentlichkeit informieren.

3. Die Regierung der DDR wird aufgefordert, zur Unterstützung der Tätigkeit unabhängiger Bürgerkomitees den rechtlichen Rahmen festzulegen.

7. Weiterarbeit

Eine 2. Sitzung des Runden Tisches wird für den 18. Dezember 1989 im Dietrich-Bonhoeffer-Haus, um 9.00 Uhr verabredet.

26

Beschlüsse der 2. Sitzung des Rundtischgespräches am 18. 12. 1989

1. Zulassung neuer Gruppierungen an den Runden Tisch

Die Teilnehmer des Runden Tisches ließen folgende Gruppierungen mit je zwei Vertretern als vollberechtigte Teilnehmer für den Runden Tisch zu:

Freier Gewerkschaftsbund, FDGB
Grüne Liga
Unabhängiger Frauenverband
Vereinigung der gegenseitigen Bauernhilfe, VdgB.

Im Beobachterstatus wurden zugelassen:

Demokratischer Frauenbund Deutschland, DFD
Freie Deutsche Jugend, FDJ
Katholische Laienbewegung
Kulturbund der DDR, KB
Verband der Konsumgenossenschaften der DDR.

In den zugelassenen neuen Gruppierungen zur vollen Teilnahme am Runden Tisch dürfen nur Parteilose vertreten sein.

Außerdem erfolgte die Zulassung des Leiters der Rechtsabteilung des Ministerrates, Dr. Klaus Mehnert, als Beobachter der Regierung.

2. Beschlüsse über die Weiterarbeit des Runden Tisches

Die Arbeitsgruppen des Runden Tisches sollen wöchentlich jeweils montags, 9.00 Uhr beginnend, durchgeführt werden. Wegen der Feiertage ergibt sich folgender Terminplan:

Mittwoch, 27. 12. 1989
Mittwoch, 03. 01. 1990
Montag, 08. 01. 1990.

Außerdem wurden folgende Entscheidungen getroffen:

- Baldmöglichst soll ein Gespräch mit Ministerpräsident Modrow über die Zusammenarbeit der Regierung mit dem Runden Tisch stattfinden.
- Die Einsetzung einer „kleinen Runde" erfolgte, in der je ein Vertreter jeder Partei bzw. Gruppierung teilnimmt. Sie soll ei-

27

nen Prioritätenkatalog für die weitere Arbeit erstellen. Die Leitung hat Oberkirchenrat Ziegler.
- Am Freitag, dem 22. 12. 1989, findet in der Zeit von 9.00 Uhr bis 12.00 Uhr eine zusätzliche Sitzung des Runden Tisches im Dietrich-Bonhoeffer-Haus statt, zu der Beauftragte der Regierung gebeten werden.

3. Stellungnahme des Runden Tisches zum Besuch von Bundeskanzler Kohl, BRD, in Dresden

Die Teilnehmer des Runden Tisches begrüßen den offiziellen Arbeitsbesuch von Bundeskanzler Kohl in der DDR. Sie bringen die Erwartung zum Ausdruck, daß der Besuch zum Ausbau in den Beziehungen zwischen der DDR und der BRD beiträgt und damit auch der Verantwortung beider deutscher Staaten für die Errichtung einer systemübergreifenden Friedensordnung in Europa entspricht. Die Verantwortungsgemeinschaft für den Frieden, die durch ein aktives Zusammenwirken von DDR und BRD für Frieden und Abrüstung geprägt sein müßte, sollte durch eine Vertragsgemeinschaft für die Beziehungen ergänzt werden. Die langfristige Perspektive des Verhältnisses kann nur in die gesamteuropäische Entwicklung in Richtung der Überwindung der Teilung Europas eingeordnet werden.

Der Besuch sollte den politischen und ökonomischen Rahmen für die weitere Gestaltung der Beziehungen zwischen der DDR und der BRD abstecken sowie konkrete Schritte vorbereiten, die zu einer engeren Kooperation führen. Das betrifft vor allem Fragen der Zusammenarbeit auf den Gebieten Wirtschaft, Wissenschaft und Technik, Umweltschutz, Verkehr, Post- und Fernmeldewesen, Tourismus und Rechtshilfe.

Die Teilnehmer des Runden Tisches appellieren an Ministerpräsident Modrow und Bundeskanzler Kohl, die Gespräche und deren Ergebnisse in Richtung Kooperation und Kommunikation zum Wohle der Bürger ihrer beiden Staaten zu lenken. Die Souveränität und staatliche Identität jedes der beiden deutschen Staaten darf durch keine Seite in Frage gestellt werden. Die Regierungen der beiden deutschen Staaten werden aufgefordert zu bekräftigen, daß sie sich ihrer Verantwortung für die Stabilität und Sicherheit in Europa bewußt sind und danach handeln.

Von deutschem Boden darf heute keine Destabilisierung für Europa und damit die Welt ausgehen.

Wir erwarten klare Aussagen, wie bei Abschaffung der Visapflicht und des Mindestumtausches für Reisen in die DDR ein

Ausverkauf der DDR an Waren und Dienstleistungen und die Einreise von Neonazis und anderen Rechtsradikalen verhindert werden sollen.

4. Minderheitsvotum des „Neuen Forum" und der „Vereinigten Linken" zum Besuch von Bundeskanzler Kohl, BRD, in Dresden

Wir fordern, daß alle stattfindenden Gespräche auf Regierungsebene und alle Gespräche über internationale Wirtschaftskooperation weder zu sozialen Nachteilen für wirtschaftlich Schwache noch zu einer Wiederbelebung kapitalistischer Ausbeutungsverhältnisse in der DDR, auch nicht in Form eines Billiglohn-Landes DDR als verlängerter Wertbank BRD, noch zu einseitiger wirtschaftlicher Abhängigkeit führen dürfen. Die von uns befürworteten Kontakte und Verhandlungen im Rahmen der zu ergreifenden Sofortmaßnahmen mit dem Ziel der Dämpfung der gesamtgesellschaftlichen Krise dürfen nicht als unkontrollierte Generalvollmacht für die Regierung gehandhabt werden. Volksvermögen, insbesondere Grund und Boden sowie die Arbeitskraft dürfen nicht in Waren verwandelt werden und in die Reichweite ausländischen Kapitals geraten.

Wir fordern Ministerpräsident Modrow auf, bei seinen Verhandlungen mit Bundeskanzler Kohl die ökonomischen und währungspolitischen Auswirkungen der Einstellung des Zwangsumtauschs für Bürger der BRD und Westberlins zu berücksichtigen. Das beinhaltet sofortflankierende Maßnahmen zum Schutz der Wirtschaft unseres Landes, insbesondere des Konsumgüter- und Dienstleistungssektors in Absprache mit dem Runden Tisch zu beschließen.

5. Erklärung des Runden Tisches an die Rumänische Partei- und Staatsführung

Wir Teilnehmer des Runden Tisches in der DDR stehen in der tiefsten Krise unseres Landes vor der schweren Aufgabe, Grundlagen für einen Neuaufbau des politischen und wirtschaftlichen Lebens zu schaffen. Die Krise ist durch die Diktatur einer stalinistisch orientierten Parteiführung entstanden. Der Runde Tisch ist ein erstes Ergebnis eines gewaltfreien demokratischen Aufbegehrens unseres Volkes. Die Kräfte der Erneuerung haben sich in ihrem Widerstand gegen Diktatur und Repression auf die Solidarität ost- und westeuropäischer Völker gestützt. Wir solidarisieren uns mit dem rumänischen Volk und seinem Befreiungskampf. Deshalb fordern wir aufgrund unserer eigenen bitteren Erfahrungen von der Rumänischen Partei- und Staatsführung, nicht länger mit brutaler Gewalt gegen das eigene Volk zu regieren und einer demokratischen Entwicklung im Wege zu stehen. Diese Erklärung soll auch der Regierung der DDR übergeben werden mit der Bitte, daraus entsprechende Konsequenzen zu ziehen.

6. Arbeitsgruppen des Runden Tisches

Es wurde die Bildung weiterer Arbeitsgruppen beschlossen. Danach gibt es jetzt folgende Arbeitsgruppen mit je zwei Einberufern:

1. Wirtschaftsausschuß	Dr. Ebeling/Dr. Stief
2. Ausschuß „Neue Verfassung"	Koplanski/G. Poppe
3. Ausschuß „Neues Wahlgesetz"	de Maizière/Dr. Ullmann
4. Ausschuß „Parteien- und Vereinigungsgesetz"	Frau Poppe/Raspe
5. Ausschuß „Bildung, Erziehung und Jugend"	Köppe/Schramm
6. Ausschuß „Medien"	Mugay/K. Weiß
7. Ausschuß „Strafrecht, Strafvollzug, Strafprozeß- recht, VP-Gesetz, Rehabilitierungsgesetz"	Schnur/Günter Waldmann
8. Ausschuß „Ausländerfragen"	Dshunussow/R. Huhle
9. Ausschuß „Oekologischer Umbau"	Meerbach/Platzeck
10. Ausschuß „Frauenpolitik"	Walfriede Schmitt/Dänicke
11. Ausschuß „Sozial- und Gesundheitswesen"	Frister/Pawlitschek.

Zum gegenwärtigen Zeitpunkt verzichtet der Runde Tisch auf die Bildung einer Arbeitsgruppe „Untersuchung". Er heißt gut und unterstützt die Arbeit der unabhängigen Kontrollkommission zur Auflösung des Amtes für Nationale Sicherheit unter ziviler Kontrolle. Er fordert, daß Vertreter der am Runden Tisch vertretenen Organisationen in diesen Kontrollkommissionen mitarbeiten können.

Bei der Sitzung des Runden Tisches am 03. Januar 1990 soll

über die Konstituierung der bislang beschlossenen elf Arbeitsgruppen Rechenschaft gegeben werden.

7. Zum Zustand der DDR-Justiz

Der Runde Tisch machte sich nachstehenden Text des „Neuen Forums" mehrheitlich zu eigen und überwies ihn zur weiteren Klärung und Bearbeitung an die Arbeitsgruppe „Strafrecht":
Das „Neue Forum" ist besorgt über den Zustand der DDR-Justiz. Während sich in allen gesellschaftlichen Bereichen der DDR
schmerzhafte Prozesse der inneren Selbstreinigung vollziehen,
erweckt der Justiz-Bereich weitgehend den Eindruck, als seien
ausgerechnet hier personelle und andere Änderungen nur in ge-
ringstem Umfang erforderlich. Das Gegenteil ist jedoch der Fall.
Für ein verbreitetes Verhalten des Nicht-Verantwortung-Über-
nehmen-Wollens steht besonders die Person des Justizministers
Dr. Heusinger ein, welcher unbestreitbar die grundlegend verfehlte, oftmals menschenverachtende Rechtspolitik der letzten
15 Jahre zu vertreten hat. Es ist eine Zumutung für unser Volk,
wenn dieser Minister auch nach dem Rücktritt des alten Ministerrates wieder auftaucht und im Kabinett Modrow weiter amtiert,
als sei nichts geschehen. Justizminister Dr. Heusinger hat ebenso
wie die Vorsitzenden der Senate des OG, der Präsident des OG,
der Generalstaatsanwalt, die Bezirksstaatsanwälte und Direktoren der Bezirksgerichte sowie die BG-Richter der 1. Strafsenate
und die Staatsanwälte der Abteilung 1a Verantwortung zu übernehmen. Dieser Personenkreis ist aus der Justiz zu entfernen, da
er mit seinem Verhalten für die unmenschliche Strafpraxis der
Vergangenheit steht und mit diesen Personen als Funktionsträger
in der Justiz die gewünschte Rechtsstaatlichkeit nicht glaubwür-
dig ist.
Die Justiz muß erkennbar mit der Aufarbeitung ihrer stalinistischen Vergangenheit beginnen. Es sind auch die vielen namenlo-
sen Opfer der DDR-Justiz kurzfristig zu rehabilitieren und zu ent-
schädigen. Dazu ist im Bereich des MfJ unter Mitwirkung und
maßgeblicher Leitung unabhängiger Persönlichkeiten ein Arbeits-
stab zu gründen, der systematisch die Prozeßgeschichte der DDR
überprüft, die Rehabilitierung und Entschädigung der Opfer organisiert und sichert, daß alle „aus politischen" Gründen verurteilten Gefangenen freigelassen werden, soweit das nicht schon
geschehen ist. Dabei soll insbesondere gesichert werden, daß
auch die wegen Straftatbeständen der allgemeinen Kriminalität
verurteilten politischen Häftlinge freikommen.

Beschlüsse der 3. Sitzung des Rundtischgespräches am 22. 12. 1989

1. Zur Weiterarbeit des Runden Tisches

Der künftige Tagungsort in der Residenz Schloß Niederschönhausen wird mit Dank vom Runden Tisch angenommen.

Die Gesprächsleitung bei den weiteren Verhandlungen des Runden Tisches soll von den bisherigen Moderatoren wahrgenommen werden. Ebenso sollen die bisherigen Pressesprecher des Runden Tisches die Öffentlichkeitsarbeit fortsetzen. Es soll geprüft werden, ob eine Pressesprecherin zusätzlich gewonnen werden kann. (Helga Schubert)

Für das Arbeitssekretariat des Runden Tisches werden die Teilnehmer gebeten, Personalvorschläge am 27. 12. 1989 einzureichen.

2. Themenliste für die nächsten Sitzungen

Aufgrund einer Vorlage der ad-hoc-Arbeitsgruppe „Prioritätenliste" werden folgende Themen verhandelt:
(Die Reihenfolge wird zu Beginn der jeweiligen Sitzung festgelegt.)

27. 12. 1989
- Ordnung für Bürgerkomitees
- Beziehung zur Regierung Modrow (N. F.)
- Kommunalwahlen
- Gegen Neofaschismus
- Bildung eines zivilen Kontrollausschusses
- Ordnung für ein Arbeitssekretariat des Runden Tisches
- Sicherung der Arbeitsmöglichkeiten der Gruppierungen

03. 01. 1990
- Zur Wirtschaftssituation (Wirtschaftsstruktur, Volkseigentum)
- Sofortmaßnahmen für den Winter
- Justizfragen
- Landwirtschaftsfragen

06. 01. 1990	– Wahlgesetz
	– Parteien- und Vereinigungsgesetz
	– Neue Verfassung
	– Mediengesetz
15. 01. 1990	– Ökologische Situation

Arbeitsgruppen können Themen vorschlagen. Der Runde Tisch entscheidet über diese Anträge. Zurückgestellt wurden vorerst die Themen:

Verteilung der Baukapazitäten des ehemaligen MfS; Entmilitarisierung der Gesellschaft.

3. Zur aktuellen Situation

Einstimmig beschließt der Runde Tisch, die gegenwärtige Invasion der USA in Panama zu verurteilen, und bekräftigt seinen Beschluß vom 18. 12. 1989 zur Situation in Rumänien. (Das Gebetsläuten der Kirchen um 12.00 Uhr war zu Beginn des Treffens bekanntgegeben worden.)

Wegen dieser gegenwärtigen Situation sollte bei der Öffnung der Grenzübergänge am Brandenburger Tor heute nachmittag auf ein Volksfest verzichtet werden.

Beschlüsse der 4. Sitzung des Rundtischgespräches am 27. 12. 1989

1. Neuzulassung von Parteien, Gruppierungen und Organisationen

Die Arbeitsgruppe „Prioritäten" soll eingehende Anträge prüfen und Vorschläge der jeweils nächsten Sitzung vorlegen.

2. Veränderung der Geschäftsordnung

1. Ersatz der Ziffer 8 mit folgendem Wortlaut:

„Die am Runden Tisch vertretenen Parteien und Organisationen haben das Recht, Berater in der gleichen Anzahl hinzuzuziehen, mit der sie selbst am Runden Tisch sitzen. Diese haben kein Rederecht.
Bei Verhinderung eines Vertreters am Runden Tisch kann ein Berater mit vollem Recht eines Vertreters nachrücken. Den Parteien und Organisationen am Runden Tisch wird empfohlen, die Berater aus den Mitarbeitern der Arbeitsgruppen beim Runden Tisch auszuwählen.
Berater können ausgetauscht werden."

2. Einfügung

Als vierter Anstrich:

„ — Überweisung an eine Arbeitsgruppe".

3. Bildung von weiteren Arbeitsgruppen

Zu den bestehenden 11 Arbeitsgruppen und der ad-hoc-Arbeitsgruppe „Prioritäten" werden eine Arbeitsgruppe „Recht" und eine Arbeitsgruppe „Sicherheit" gebildet.

Arbeitsgruppe „Recht"	Einberufer: Gutzeit/Dr. Töpfer
Arbeitsgruppe „Sicherheit"	Einberufer: Böhme/und ein Vertreter der SED-PDS

4. Beziehung zwischen Rundem Tisch und Regierung

Wir fordern die ständige Präsenz eines kompetenten Regierungs-
vertreters an den Beratungen des Runden Tisches, der umfassend
Auskunft über die Regierungstätigkeit geben kann. Darüber hinaus ist ein ständiger Vertreter des Wirtschaftsministeriums zu delegieren.

Zu feststehenden Tagungsordnungspunkten lädt der Runde
Tisch fachkompetente Minister oder von ihm benannte Vertreter
ein.

Gesetzesvorlagen und wesentliche Regierungsentscheidungen
sind rechtzeitig schriftlich den Teilnehmern des Runden Tisches
zuzuleiten.

5. Zur Auflösung des Amtes für Nationale Sicherheit

Auf der Grundlage der Information zum Entschluß der Regierung
der DDR vom 14. 12. 1989 zur Auflösung des Amtes für Nationale
Sicherheit beschloß der Runde Tisch:

– Anmahnung einer Stellungnahme der Regierung zu den in
  den Papieren „Staatssicherheit und wie weiter?" und „Neues
  Forum: Zur Regierungsinformation vom 15. 12. 1989" aufgeworfenen Fragen
– Forderung einer schriftlichen Information durch einen Regierungsvertreter zum 03. 01. 1990 über Strukturen des MfS und
  Wirkungsweisen der Kontrollkommissionen zur Auflösung
  des MfS. Die Weisung vom 14. 12. 1989 zur Bildung eines selbständigen Verfassungsschutzes ist bis zum 06. 05. 1990 auszusetzen. Von der Bildung eines selbständigen Verfassungsschutzes ist Abstand zu nehmen, Konzepte sind öffentlich zu
  diskutieren.
– Die Baukapazitäten des ehemaligen Ministeriums für Staatssicherheit, sowohl in Eigenbetrieben und Baubilanzen, werden
  grundsätzlich für die ökologische Sicherheit und das Gesundheitswesen umgesetzt.
– Anfrage an die Regierung, ob die Informationen des Neuen
  Forums zutreffen, daß am 07. 12. 1989 die Regierung Hans
  Modrow die Vernichtung von Unterlagen des ehemaligen MfS
  anordnete und am 06. 12. 1989 einen Beschluß zur Sicherung
  von Gehältern für entlassene Staatsbeamte für die Dauer von
  3 Jahren faßte.

- Anfrage an die Regierung, ob Ministerpräsident Modrow diese Entscheidungen allein trug oder ob die Mitglieder des Ministerrates, also auch die Minister der DBD, der LDPD, der NDPD und der CDU, die Entscheidung mittrugen.

In seiner Grundlegung, dem Selbstverständnis des Runden Tisches, forderte dieser am 07./08. 12. 1989 von der Volkskammer und der Regierung, rechtzeitig vor wichtigen rechts-, wirtschafts- und finanzpolitischen Entscheidungen informiert und einbezogen zu werden.

Gleichzeitig forderte er die Offenlegung der ökologischen, wirtschaftlichen und finanziellen Situation in unserem Land.

Bis heute ist die Regierung Modrow diesen Forderungen nur sehr unvollständig nachgekommen. Es wurden wichtige Entscheidungen ohne vorherige Information gefällt.

Der Runde Tisch bringt hiermit der Regierung seinen Protest zum Ausdruck und erwartet, daß diese den Forderungen des Runden Tisches künftig nachkommt.

Erklärung zu neofaschistischen Tendenzen in der DDR

Die Teilnehmer am Runden Tisch beobachten mit ernster Sorge, daß Auftritte neofaschistischer Kräfte im Lande zunehmen und deren Formierung beginnt. Während es 1988 44 polizeiliche Ermittlungsverfahren wegen neofaschistischer Gewalthandlungen und Aktivitäten gab, sind es in diesem Jahr bis Ende November bereits 144.

Die Teilnehmer am Runden Tisch wenden sich entschieden gegen jede Art neofaschistischer Aktivitäten. Sie sehen Alarmzeichen gesetzt. Noch ist Zeit, den Anfängen zu wehren. Aber höchste Zeit. Daher gilt es, das antifaschistische Klima in der Gesellschaft der DDR zu bewahren und unmißverständlich zu stärken, allem und jedem entschieden entgegenzutreten, was ganze Menschengruppen diskriminiert, Andersdenkende und Andersartige ausgrenzt und damit die Gleichheit aller Menschen mißachtet und so schwere Gefahren für Nation und Demokratie heraufbeschwört. Dem zu begegnen gehört in die Verantwortung aller politischen Kräfte des Landes, denen an gewaltfreier und demokratischer Umgestaltung liegt.

Die örtlichen Volksvertreter und Bürgerkomitees sind aufgerufen, auf allen Ebenen die Arbeit der antifaschistischen Basisgruppen zu unterstützen.

Beschlüsse der 5. Sitzung des Rundtischgespräches am 03. 01. 1990

1. Neuzulassung von Parteien, Gruppierungen und Organisationen

Es lagen Anträge auf Teilnahme am Runden Tisch vor:

Domowina
Gesellschaft für Deutsch-Sowjetische Freundschaft (DSF)
Initiativgruppe Bürgerbewegung
Kammer der Technik (KdT)

Es wird beschlossen, die Domowina im Gaststatus zuzulassen. Die Gesellschaft für Deutsch-Sowjetische Freundschaft und die Kammer der Technik werden nicht zugelassen, aber eingeladen zur Mitarbeit in den Arbeitsgruppen des Runden Tisches (KdT — Wirtschaft und Ökologie, DSF — Ausländerfragen). Der Antrag der Initiativgruppe Bürgerbewegung wurde verwiesen an die Arbeitsgruppe Recht und soll im Zusammenhang mit der Frage der Bürgerkomitees entschieden werden.

2. Öffentlichkeit

Der Runde Tisch bittet die Tagesordnungspunkte 2 und 3 (Wirtschaftsfragen und Justizfragen) vollständig live in Rundfunk und Fernsehen der DDR zu übertragen.
   Radio DDR sagt zu. Eine Liveübertragung des DDR-Fernsehens ist technisch nicht mehr realisierbar. Ein Zusammenschnitt ist für die Abendsendung vorgesehen.

3. Zu Wirtschaftsfragen

3.1. Die Vorlage der Arbeitsgruppe Wirtschaft wird der Regierung vom Runden Tisch als Empfehlung übergeben.

I.

Die Arbeitsgruppe Wirtschaft des Zentralen Runden Tisches hat sich in ihrer Beratung am 29. 12. 1989 auf folgende Erklärung geeinigt und empfiehlt den Teilnehmern am Runden Tisch diese als

Arbeitsgrundlage bis zum Wahltermin am 6. 5. 1990 anzunehmen.
Entsprechend der ersten Erklärung des Runden Tisches vom 7. 12. 1989 zu seinem Selbstverständnis ist der Runde Tisch Bestandteil der öffentlichen Kontrolle über die ökologische, wirtschaftliche und finanzielle Entwicklung in unserem Land.
Ausgehend von dieser Verantwortung und im Interesse der Bewahrung der wirtschaftlichen Situation vor einer weiteren krisenhaften Zuspitzung verständigt sich der Runde Tisch für die Übergangszeit bis zum Wahltermin auf eine Große Koalition der Vernunft mit dem Ziel, alle die Wirtschaft im Interesse der Bürger unseres Landes stabilisierenden Sofortmaßnahmen unter Wahrung sozialer Sicherheit und ökologischer Erfordernisse zu unterstützen sowie an Regelungen zur Ausarbeitung von Wirtschaftsreformen mitzuwirken.
Voraussetzung für diese Zusammenarbeit ist eine eindeutige und durchschaubare Offenlegung der wirtschaftlichen, ökologischen und finanziellen Situation unseres Landes entsprechend der Forderung des Runden Tisches vom 7. 12. 1989 und die rechtzeitige Information vor wichtigen wirtschafts- und finanzpolitischen Entscheidungen der Regierung.

II.

Die ernste wirtschaftliche Situation erfordert kurzfristige couragierte und schnellwirkende stabilisierende und demokratisierende Maßnahmen mit sozialer Absicherung und ökologischer Verträglichkeit.
Eingedenk der genannten Forderungen und Voraussetzungen fordert der Runde Tisch sofortige Regelungen zu folgenden Maßnahmen:

1. Gewährleistung eines kontinuierlichen volkswirtschaftlichen Reproduktionsprozesses, insbesondere

- einer stabilen Energieversorgung unter Winterbedingungen,
- eines gesicherten Transports,
- einer kontinuierlichen Produktion,
- zur Sicherung der Versorgung der Bevölkerung mit Nahrungsmitteln und zur Sicherung der Frühjahrsbestellung,
- die Gewährleistung elementarer Dienstleistungen sowie
- der Einhaltung der international eingegangenen Wirtschaftsverträge und damit der Gewährleistung der Zahlungsfähigkeit gegenüber ausländischen Gläubigern.

2. Veränderung von Einzelhandelsverkaufspreisen mit dem Ziel des Abbaus und der Umverteilung von Subventionen, die einer Verschwendung entgegenwirkt und einen sozialen Ausgleich gewährleistet.

In diesem Zusammenhang ist schrittweise auf personenbezogene Ausgleichsmaßnahmen überzugehen.

3. Weitergehende Schritte zur Sicherung der Stabilität der Währung unter den Bedingungen des visafreien Reiseverkehrs und entsprechender Vereinbarungen mit der Bundesrepublik Deutschland.

4. Die Herstellung der juristischen und ökonomischen Eigenverantwortlichkeit der Wirtschaftseinheiten aller Eigentumsformen bei regulierendem Einfluß des demokratischen Staates. Dazu gehören

– der Übergang zur Eigenerwirtschaftung der Mittel auf der Grundlage klarer rechtlicher Regelungen gleichzeitig als Voraussetzung zur Anwendung des Leistungsprinzips in den Wirtschaftseinheiten,
– die Förderung der Interessenvertretung der Belegschaft durch Betriebsräte und Gewerkschaften,
– die Entwicklung von Formen der persönlichen und kollektiven Beteiligung der Werktätigen an den wirtschaftlichen Ergebnissen
– die Öffnung zur internationalen Arbeitsteilung durch Aufnahme von Kooperationsbeziehungen in den verschiedensten Formen. Bei internationaler Kapitalbeteiligung ist eine Fremdbestimmung auszuschließen,
– schrittweise Einschränkung der Bilanzierung und Übergang der Regulierung des volkswirtschaftlichen Verhaltens des Betriebes über den Markt, Schaffung von gesellschaftlichen Rahmenbedingungen durch den Staat und die Steuerung mit ökonomischen Mitteln,
– Gewährleistung der Flexibilität und Mobilität der Arbeitskräfte bei Sicherung des Rechts auf Arbeit sowie der Bereitschaft und der Schaffung von Möglichkeiten zur Umschulung bei Wahrung der sozialen Sicherheit.
– Schaffung des Schutzes der Persönlichkeit und der persönlichen Daten (Kaderakte) in Betrieb und Gesellschaft.

5. Erarbeitung von Sozialplänen und Bildung eines Sozialfonds auf gesellschaftlicher und betrieblicher Ebene, die mindestens zum Gegenstand haben

- die Gewährleistung der Vermittlung von Arbeitskräften ohne Diskriminierung, ihrer Umschulung und sozialen Absicherung, die im Ergebnis von Verwaltungseinschränkungen, Rationalisierungsmaßnahmen und Strukturveränderungen in Betrieben und Einrichtungen freigesetzt werden. Dazu sind rechtliche und finanzielle Möglichkeiten der Ämter für Arbeit wesentlich zu erweitern.
- die vorrangige Umverteilung von freiwerdenden kaufkraftwirksamen Geldmitteln zugunsten Bezieher/innen von Mindest- und Niedrigeinkommen, unter besonderer Berücksichtigung der Erhöhung des Sozialhilfesatzes und der Mindestrenten,
- Schaffung volkswirtschaftlich begründeter Einkommensproportionen,
- die Unterbindung aller Verletzungen der geltenden Arbeits- und Sozialgesetzgebung der DDR in allen Betrieben und Einrichtungen,
- eine einheitliche Regelung für die Zahlung des Überbrückungsgeldes bei Arbeitsplatzwechsel infolge Strukturveränderungen bzw. Rationalisierungsmaßnahmen.

6. Die Zuordnung der Außenwirtschaftstätigkeit auf die Kombinate und Betriebe und die Erweiterung der Handlungsspielräume bei der Verwendung von Valutaanteilen.

7. Bei der Herausbildung einer Marktwirtschaft in der DDR wird der Schaffung eines überschaubaren einheitlichen Steuersystems für die Unternehmen aller Eigentumsformen ein hoher Stellenwert beigemessen. Auf diesem Wege ist die Überzentralisierung von finanziellen Fonds einzuschränken und eine überhöhte Umverteilung von Mitteln zu beseitigen. Die Einnahmebasis der örtlichen Haushalte ist zu erhöhen und stabil zu gestalten.

8. Durch den Staat zu gewährleistende Rahmenbedingungen für eine Erhöhung der Effizienz der Wirtschaft durch eine entschieden stärkere Konzentration auf strategische Aufgaben, die Wirtschaftsstruktur- und Sozialpolitik einschließlich eines neuen Energiekonzeptes als wesentlichen Bestandteil des ökologischen Umbaus der Wirtschaft.

9. Die Schaffung rechtlicher Regelungen für die Förderung privater Initiativen für das genossenschaftliche und private Handwerk sowie Gewerbe- und mittelständische Privatbetriebe der Wirtschaft.

10. Die natürlichen Ressourcen als Nationaleigentum zu sichern. Sie können nur treuhänderisch zur Nutzung überlassen werden.

Grund und Boden aller Eigentumsformen darf nicht an Ausländer verkauft werden. Das Nutzungsrecht ist so zu gestalten, daß dieser Grundsatz nicht unterlaufen werden kann.

Der Runde Tisch erwartet von der Regierung, daß seine Arbeitsgruppe Wirtschaft in die Vorbereitung grundsätzlicher Arbeiten zur Reform unserer Wirtschaft einbezogen wird, über neue Vorhaben rechtzeitig informiert und über neue Vorhaben und Arbeitsergebnisse öffentlichkeitswirksam informiert wird.

Über dieses Material hinausgehend weiterführende Maßnahmen zur Wirtschaftsreform werden dem Runden Tisch nach Bearbeitung durch die Arbeitsgruppe Wirtschaft vorgelegt.

Der Runde Tisch nimmt das Angebot der Volkskammer und der Regierung zur Mitarbeit in Ausschüssen und Arbeitsgruppen zu Wirtschaftsfragen an und erwartet, daß seine Vertreter auch in international zu führende Wirtschaftsverhandlungen einbezogen werden.

3.2. Als Anlage werden der Regierung zwei Minderheitsvoten übergeben.

3.2.1. Von der Initiative Vereinigte Linke

Entgegen dem Beschluß der AG Wirtschaft bei ihrer konstituierenden Sitzung enthält das von der AG Wirtschaft vorgelegte Arbeitspapier keine Darstellung des Dissenses in verschiedenen Fragen. Dabei soll hier überhaupt nicht darauf eingegangen werden, daß zahlreiche Formulierungen ganz unterschiedlich auslegbar sind.

Wir stellen unseren Dissens zu folgenden Formulierungen fest:

zu II., 1. Satz:

Kurzfristige Maßnahmen werden nur beschränkt den hier geforderten Effekt bringen. Es muß aber die Forderung erhoben werden, daß alle Maßnahmen der Regierung keine einschneidenden Vorentscheidungen für die Zeit nach den Wahlen und dem Inkrafttreten einer neuen Verfassung beinhalten.

zu II. 2.:

„Sozialer Ausgleich" wäre zu präzisieren als „Sicherung des gegenwärtigen Lebensstandards unter Herstellung des notwendigen sozialen Ausgleichs".

zu II. 4., 1. Punkt:

Im Prozeß des Übergangs zur Eigenerwirtschaftung der Mittel ist schrittweise Übergabe der Fondsverantwortlichkeit beginnend beim Lohnfonds ein wichtiges Mittel zur Entwicklung sozialistischer Motivationen der Werktätigen.

zu II. 4., 2. Punkt:

Die Betriebsräte sollen als Hauptform der Verwandlung von Staats- in Volkseigentum zu Instrumenten betrieblicher Selbstverwaltung entwickelt werden.

zu II. 7.:

Die Formulierung „Herausbildung einer Marktwirtschaft" widerspricht der geltenden Verfassung (s. unser Einwand zur Einleitung von II.)

Wir plädieren dafür, daß sich als Alternative zur bisherigen Kommandowirtschaft eine „sozialistische Bedarfswirtschaft" entwickelt.

zu II. 9.:

Die Formulierung „Förderung . . . mittelständischer Privatbetriebe" widerspricht dem angestrebten und verfassungsrechtlich verankerten sozialistischen Charakter der DDR.

3.2.2. Vom FDGB

Angesichts der Entwicklung der wirtschaftlichen und sozialen Lage im Lande und der berechtigten Sorgen der Werktätigen um ihre soziale Sicherheit wird die Regierung der DDR aufgefordert, zu gewährleisten:

1. Entscheidungen über strukturelle Entwicklungen und Veränderungen der Kombinate, Betriebe und Einrichtungen, über Produktionsprofile, Produktionseinstellungen usw., die die sozialen Interessen der Belegschaften, die Beschäftigungsverhältnisse, Arbeitsbedingungen und -einkommen betreffen, dürfen nur mit Zustimmung der zuständigen Gewerkschaftsorganisation getroffen werden. Unabdingbarer Bestandteil solcher Entscheidungen müssen konkrete Maßnahmen (Sozialpläne) zur sozialen Sicherung der Beschäftigten sein.

2. Ab sofort ist monatlich die Entwicklung des Indexes der Preise und Lebenshaltungskosten öffentlich bekannt zu geben. Im Falle inflationärer Entwicklungen sind mindestens quartalsweise die

Löhne, Gehälter, Renten und Stipendien proportional der Entwicklung der Lebenshaltungskosten anzupassen.

Der Antrag des FDGB soll noch einmal in der Arbeitsgruppe Wirtschaft verhandelt werden.

3.3.

Der Runde Tisch stimmt dem Antrag des Unabhängigen Frauenverbandes zu, daß der Ausschuß für Wirtschaft der Volkskammer und der Ausschuß des Runden Tisches zu Wirtschaftsfragen gemeinsam eine Experten-Anhörung veranstaltet.

Das öffentliche Hearing steht unter dem Thema „Wege zur Ausarbeitung eines Konzepts der Wirtschaftsreform in der DDR".

Es sollte bis Mitte Januar 1990 stattfinden.

Die Volkskammerfraktion bzw. die am Runden Tisch teilnehmenden Seiten sind berechtigt, Experten zu benennen. Die Experten werden um Vorlage schriftlicher Gutachten gebeten, auf deren Grundlage die Anhörung erfolgt.

3.4.

Der Runde Tisch stimmt dem Antrag von „Demokratie jetzt" zu:

Minister Beil wird gebeten, das Konzept zur Auflösung des Bereiches Koko, das er am 7. 12. 1989 der Regierung vorlegte, am Runden Tisch vorzutragen.

Ministerin Nickel wird gebeten, über das Ergebnis der Revision aller Konten des Bereiches Koko, das sie der Regierung am 6. 12. 1989 vorlegte, am Runden Tisch zu berichten.

3.5.

Der Antrag der AG Wirtschaft zur Finanzierung und wirtschaftlichen Tätigkeit der Parteien wird an die Arbeitsgruppe Parteien- und Vereinigungsgesetz überwiesen.

Der Runde Tisch fordert die Regierung auf, die Prinzipien und Regelungen der bisherigen wirtschaftlichen Tätigkeit der Parteien und Organisationen offenzulegen. Bisherige und gegenwärtige Finanzierungen von Parteien und Organisationen aus dem Staatshaushalt sowie die Übertragung von Volkseigentum an diese sind bekanntzugeben. Der Runde Tisch bittet weiterhin um Aufklärung durch die Regierung, ob Parteien und Organisationen das staatliche Außenhandelsmonopol verletzt haben.

Zusatz zu diesem Antrag durch die Vertreter von Demokratischer Aufbruch, Initiative Frieden und Menschenrechte, Initiative Vereinigte Linke, Neues Forum und SDP in der AG Wirtschaft beim Runden Tisch:
Es wird weiterhin erwartet, daß sich die Regierung mit dafür einsetzt, daß

- die gesamten Einnahmen und Ausgaben,
- die Vermögenswerte und der Besitz,
- die wirtschaftliche Tätigkeit im In- und Ausland

allen Parteien und Organisationen offengelegt werden.

4. Justizfragen

4.1.

Erklärung der oppositionellen Gruppen:

1. Die Teilnehmer der Opposition am Runden Tisch bekräftigen ihre Haltung zum Beschluß vom 27. 12. 1989 über das Aussetzen der Bildung des Amtes für Verfassungsschutz bis zum 6. 5. 1990 und fordern die Regierung auf, alle Handlungen zu unterlassen, die dem entgegenstehen.

2. Die Teilnehmer der Opposition am Runden Tisch fordern zur Realisierung des Beschlusses vom 7. 12. 1989, Ziffer 2, zur Rechtsstaatlichkeit, gleichberechtigt zum zivilen staatlichen Beauftragten der Regierung eine von der Opposition benannte Vertrauensperson für die Auflösung des Amtes für Nationale Sicherheit einzusetzen. Darüber hinaus werden mindestens drei weitere Vertreter der Opposition zur Mitarbeit entsandt.

3. Die Regierung wird aufgefordert, bis zum 8. 1. 1990 einen Nachweis über die Übergabe der Waffen an das Ministerium für Nationale Verteidigung und das Ministerium des Innern zu erbringen.

Neues Forum, Grüne Liga, Grüne Partei, Demokratie Jetzt, Demokratischer Aufbruch, SDP, Unabhängiger Frauenverband, Initiative Frieden und Menschenrechte, Vereinigte Linke. VdgB schließt sich an.

4.2.

Der Runde Tisch unterstützt den Vorschlag des Neuen Forums:

In den vergangenen Tagen wurde in der Presse unseres Landes

44

(z. B. ND vom 2. 1. 1990) die Forderung nach „handlungsfähigen Schutzorganen" erhoben. Insoweit konnte der Eindruck entstehen, als sei die Rechtssicherheit der Bürger derzeit dadurch gefährdet, daß die bestehenden Schutzorgane nicht mehr in der Lage sind, die Kriminalität in der Gesellschaft wirkungsvoll zu bekämpfen. Damit unberechtigten Ängsten sachlich begegnet werden kann, sollte kurzfristig von der Generalstaatsanwaltschaft und dem Minister des Innern ein *Bericht zur inneren Sicherheit* erstellt werden. In einem solchen Bericht ist die tatsächliche Kriminalitätsbelastung nach der Zahl und der Tatschwere der Delikte darzulegen. Weiterhin muß die kriminelle Gesamtlast ins Verhältnis zur Größe des bestehenden Polizeiapparates gesetzt werden. Zugleich sollte die Frage beantwortet werden, ob die DDR wie bisher zu den Industrieländern mit der geringsten Kriminalität zählt – oder ob diese Einschätzung derzeit nicht mehr zutrifft.

5. Arbeitsordnung des Runden Tisches

1.

1.1. Zur Aufstellung des Arbeitsprogramms des Runden Tisches wird eine Programmgruppe gebildet.

1.2. Ihr gehören je ein Vertreter aller am Runden Tisch mitarbeitenden Parteien und Gruppierungen an. Sie steht unter der Leitung eines der drei Moderatoren des Runden Tisches.

1.3. Die Programmgruppe tritt bei Bedarf auf Antrag des Runden Tisches oder der Moderatoren zusammen.

1.4. Auf Grund von Anträgen des Runden Tisches, von Eingaben und von Anregungen der Regierung stellt sie ein Arbeitsprogramm für jeweils 4–6 Wochen auf und legt Prioritäten für die Behandlung der Themen fest. Das Arbeitsprogramm bedarf der Bestätigung des Runden Tisches.

2.

2.1. Die Tagesordnung für die Sitzungen des Runden Tisches wird auf Grund des Arbeitsprogramms und aktueller Anforderungen von den Moderatoren vorgeschlagen.

2.2. Anmeldungen für die Tagesordnung sollen spätestens drei Tage vor der Sitzung erfolgen.

2.3. Über die endgültige Tagesordnung und über die Reihenfolge in der Verhandlung beschließt der Runde Tisch jeweils zu Beginn seiner Sitzung.

3.

3.1. Für die Geschäftsführung des Runden Tisches wird ein Sekretariat gebildet.

3.2. Das Sekretariat arbeitet unter der Aufsicht der Moderatoren, die untereinander festlegen, wer die unmittelbare Dienstaufsicht ausübt.

3.3. Zur Klärung grundsätzlicher Fragen des Sekretariats und für Konfliktfälle wird eine Steuerungsgruppe gebildet. Sie besteht aus den drei Moderatoren und jeweils 2 Vertretern der Gruppe der am Runden Tisch mitarbeitenden Parteien und Massenorganisationen einerseits und der oppositionellen Gruppierungen andererseits. Sie tritt bei Bedarf auf Antrag des Runden Tisches, der Mitarbeiter des Sekretariats oder der Moderatoren zusammen.

4.

4.1. Das Sekretariat wird zunächst mit einem Leiter und zwei Schreibkräften besetzt. Bei steigendem Arbeitsanfall wird es auf Antrag des Leiters erweitert.

4.2. Die Mitarbeiter des Sekretariats werden von den am Runden Tisch mitarbeitenden Organisationen und Gruppierungen ganz oder teilweise für die Arbeit des Runden Tisches freigestellt. Ihr Dienstverhältnis bleibt bestehen. Gehaltskosten bzw. Gehaltskostenanteile werden den freistellenden Organisationen auf Antrag erstattet.

5.

5.1. Das Sekretariat organisiert die Sitzungen des Runden Tisches und der Arbeitsgruppen und sichert die dafür notwendigen Voraussetzungen.

46

5.2. Es bearbeitet sämtliche an den Runden Tisch gerichtete Post und erledigt den Schriftverkehr des Runden Tisches, seiner Arbeitsgruppen und der Pressesprecher.

5.3. Es führt die Akten des Runden Tisches und der Arbeitsgruppen.

5.4. Es führt die Kasse des Runden Tisches und ist für die Abrechnung aller durch die Arbeit des Runden Tisches entstehenden Kosten verantwortlich

5.5. Die notwendigen Festlegungen für die in den Ziffern 5.2.–5.4. aufgeführten Tätigkeiten trifft der Leiter des Sekretariats mit dem die Dienstaufsicht führenden Moderator.

6.

6.1. Die für die Arbeit des Sekretariats notwendigen Geräte werden von den am Runden Tisch mitarbeitenden Organisationen und Gruppierungen leihweise zur Verfügung gestellt, sofern das nicht durch das Konferenzzentrum geschehen kann.

6.2. Darüber hinaus notwendig werdende Anschaffungen oder geschenkweise zur Verfügung gestellte Geräte werden in einer Inventarliste erfaßt.

7.

7.1. Das Sekretariat des Runden Tisches wird innerhalb von 14 Tagen nach Beendigung der Arbeit des Runden Tisches aufgelöst.

7.2. Über den Verbleib der Aktenbestände und Dokumente des Runden Tisches sowie über eventuell entstandenes Eigentum an technischem Gerät (vgl. 6.2.) befindet der Runde Tisch bei seiner letzten Sitzung.

6. Zur Konstituierung der Arbeitsgruppen

Der Runde Tisch beschließt, daß bis zum 8. 1. 1990 die Arbeitsgruppen dem Sekretariat eine Teilnehmerliste und den Namen des Vorsitzenden übergeben.

Ergebnisse der 6. Sitzung des Rundtischgespräches am 8. Januar 1990

1. Regelung für die Arbeit von Medien im Verhandlungssaal

Um eine ungestörte Verhandlungsführung zu gewährleisten, entscheidet der Runde Tisch:

1. Zum Verhandlungssaal haben außer zu besonders festgelegten Fototerminen nur das Fernsehen der DDR, die Aufnahmegruppe des Neuen Forums und ein Kamerateam aus der BRD sowie die von den Pressesprechern des Runden Tisches zugelassenen Vertreter von Agenturen Zutritt.

2. Interviews im Verhandlungssaal sind auch während der Pausen unzulässig.

3. Für alle Medienvertreter werden die Verhandlungen des Runden Tisches per Monitor in Raum 111 übertragen.

4. Für Interviews und Fototermine steht das Foyer zur Verfügung. Auf Anforderung werden darüber hinaus vom Leiter des Arbeitssekretariats weitere Räume für Interviews und Pressegespräche zur Verfügung gestellt.

2. Zum Tagesordnungspunkt: Auflösung des Amtes für Nationale Sicherheit

2.1. Erklärung der oppositionellen Gruppen und Parteien (mit 2 Anlagen)

1. Die Teilnehmer der Opposition am Runden Tisch sprechen dem Zivilbeauftragten des Ministerrates zur Auflösung des Amtes für Nationale Sicherheit und dem Regierungsbeauftragten, Herrn Staatssekretär Halbritter, das Mißtrauen aus, da sie nicht in der Lage waren, die von uns im Interesse der Bevölkerung gestellten Fragen zu beantworten.

2. Die Opposition setzt ihre Teilnahme am Runden Tisch bis 16.00 Uhr aus.

3. Die Opposition fordert den Ministerpräsidenten unter Beteiligung des Generalstaatsanwaltes und des Ministers des Innern auf, um 16.00 Uhr dem Runden Tisch einen Bericht über die innere Sicherheit zu geben.

4. Die Regierung wird aufgefordert, innerhalb der Unterbrechung zu überprüfen, ob das vorgelegte Telex des ehemaligen Bezirksamtes für nationale Sicherheit Gera an die Empfänger abgesandt wurde. (s. Anlage 1)

5. Die Regierung wird aufgefordert, einen schriftlichen Zwischenbericht zur Auflösung des Amtes für nationale Sicherheit unter Einbeziehung der Fragestellungen vom 8. 1. 1990 sowie einen Stufenplan über die weiteren Maßnahmen bis zum 15. 1. 1990 dem Runden Tisch vorzulegen.

Vereinigte Linke, SDP, Demokratie jetzt, Neues Forum, Initiative für Frieden und Menschenrechte, Grüne Liga, Demokratischer Aufbruch, Unabhängiger Frauenverband (s. Minderheitsvotum Anlage 2)

Anlage 1

Fernschreiben vom 9. 12., 11.00 Uhr

Ministerpräsident
Amt. Staatsratsvorsitzender
Präsidium der Volkskammer
Minister für Innere Angelegenheiten/alle BDVP
Minister für Verteidigung
Leiter des Amtes für Nationale Sicherheit/alle Bezirksämter für Nationale Sicherheit
Vorsitzender der in der Volkskammer vertretenen Parteien
Fernsehen und Rundfunk der DDR und adn

Als Anlage erhalten Sie einen Aufruf zum Handeln.

Heute wir — morgen Ihr
Genossen, Kampfgefährten, Patrioten im In- und Ausland, Bürger der DDR

Von tiefer Besorgnis getragen über die gegenwärtige und sich weiter abzeichnende innenpolitische Situation in unserer sozialistischen Heimat, DDR, wenden wir uns an euch und an die, für die auch ihr Verantwortung tragt, mit einem Aufruf zum noch möglichen gemeinsamen Handeln für die Erhaltung der Rechtsstaatlichkeit und damit der Existenzgrundlage für den weiteren Bestand der DDR.

Unser Land befindet sich gegenwärtig in einer Phase der revolutionären Veränderungen, das Ziel soll und muß ein neuer, wahrer Sozialismus sein, mit dem wir uns eindeutig identifizieren. Diesen können wir jedoch nicht erreichen, wenn wir zulassen, daß unserem Staat Stück für Stück alle Machtinstrumente aus der Hand genommen (gegeben?) werden.

Beherzigen wir die Erkenntnis von Lenin über die Fragen der Macht.

Genossen, Bürger und Patrioten der unsichtbaren Front im In- und Ausland, wer mit der Macht spielt, sie sich aus der Hand nehmen läßt – besonders während einer Revolution – in der wir uns zur Zeit befinden, der wird scheitern.

Der nutzt nicht uns, der dient der Reaktion.

Genossen, Bürger, heute richtet sich der Haß eines Teiles unseres Volkes, geführt durch eine Minderheit unserer Bevölkerung, gegen das ehemalige MfS und jetzige Amt für Nationale Sicherheit. In unserem Bezirksamt gibt es Erkenntnisse, daß Bestrebungen existieren, den ‚Volkszorn‘, nachdem das Amt für Nationale Sicherheit zerschlagen ist, schnell auf die Strukturen und Kräfte der anderen bewaffneten Organe zu lenken, um diese ebenfalls zu zerschlagen.

Sollte es uns allen gemeinsam nicht kurzfristig gelingen, die Anstifter, Anschürer und Organisatoren dieser haßerfüllten Machenschaften gegen die Machtorgane des Staates zu entlarven und zu paralysieren, werden diese Kräfte durch ihre Aktivitäten einen weiteren Teil der Bevölkerung gegen den Staat, die Regierung und alle gesellschaftlichen Kräfte aufbringen. Was kommt dann?

Sorgen wir also gemeinsam für die unverzügliche Wiederherstellung der Rechtsstaatlichkeit – und dies ist unsere Forderung gegenüber jedermann.

Genossen, Bürger, damit keine Zweifel aufkommen, auch wir sind für die Aufklärung und notwendige Bestrafung bei Fällen von Amtsmißbrauch, Korruption und ähnlichen Delikten.

Täglich erhalten wir zahlreiche Anrufe aus dem In- und Ausland, die zum Ausdruck bringen, daß wir alles in unseren Kräften stehende tun müssen, um unseren sozialistischen Staat im Interesse aller zu schützen und zu erhalten.

Diese berechtigte Forderung kann jedoch nur erfüllt werden, wenn die bewaffneten Organe unserer gemeinsamen Heimat, DDR, weiter bestehen und aktiv handeln können.

Dies schließt nach unserem Verständnis und den Praktiken und Notwendigkeiten aller entwickelten Staaten dieser Welt die Existenz eines Organes, welches mit spezifischen Mitteln und Methoden arbeitet, ein.

Das Kollektiv des Bezirksamtes für Nationale Sicherheit Gera und die Kreisämter

50

Anlage 2

Minderheitenvotum des Unabhängigen Frauenverbandes

Der unabhängige Frauenverband trug in der Abstimmung zu dieser Erklärung Punkt 3 *nicht* mit. Unser Vorschlag lief darauf hinaus, den heutigen Runden Tisch auf den Mittwoch (10. 1. 90) zu verlagern, um zusammen mit der Vorlage der Regierung zur inneren Sicherheit sowie der zum Zeitplan der Auflösung des Amtes für Nationale Sicherheit kompetentere Vertreter von Regierung und Staatsanwaltschaft sowie des ehemaligen Amtes für Nationale Sicherheit zu den angesprochenen Sachfragen anzuhören.

2.2. Stellungnahmen zur Erklärung der oppositionellen Gruppen und Parteien

2.2.1. Erklärung der CDU

Die Vertreter der CDU sehen den Sachhintergrund der Erklärung der oppositionellen Gruppen in den Punkten (1) und (5) ähnlich und sprechen den Regierungsbeauftragten ihre Mißbilligung aus. Sie bedauern zugleich, daß durch den Auszug einiger Gruppen dem Eindruck Vorschub geleistet wurde, daß sich am Runden Tisch Blöcke gegenüberstehen.

Aufgrund schlechter Erfahrungen mit Blockdenken haben sie sich an der Beratung der Koalitionsvertreter nicht beteiligt.

Sie stellen den Antrag: Der Runde Tisch möge beschließen, sich nicht mehr durch Auszüge arbeitsunfähig zu machen.

Berechtigte Forderungen an die Regierung müssen mit allem Nachdruck gestellt, sollten aber nicht durch Teilstreiks unterstrichen werden. Das widerspricht dem Selbstverständnis des Runden Tisches und den hohen Erwartungen der Bürger an ihn.

In Anbetracht der dringend zu lösenden Probleme, insbesondere auf wirtschaftlichem und gesetzgeberischem Gebiet, plädieren die CDU-Vertreter für die Fortsetzung der Arbeit ohne Unterbrechung.

2.2.2. Erklärung der Gewerkschaften (FDGB)

Die Gewerkschaften betrachten die Vorgehensweise sowie die Auskünfte der Regierungsvertreter zur Auflösung des Amtes für Nationale Sicherheit für unzureichend.

51

Die Gewerkschaften drücken hiermit ihr Verständnis für die kritische Haltung der Opposition aus. Wir schließen uns der Forderung nach lückenloser Aufklärung der Auflösung des Amtes für Nationale Sicherheit an.
Wir unterstützen jedoch nicht im Interesse des zügigen Fortganges der Arbeit am Runden Tisch die Unterbrechung der Beratung.

2.2.3. Erklärung der DBD, LDPD, NDPD, SED-PDS und der VdgB

Die Vertreter der DBD, LDPD, NDPD, SED-PDS und der VdgB geben — trotz unterschiedlicher Auffassungen in bestimmten Fragen — folgende Erklärung ab:

1. Die konkreten Fragen des Runden Tisches der letzten Tage sind heute von Herrn Koch nur zum Teil beantwortet worden. Die zusätzlichen Fragen, die heute gestellt wurden, wurden völlig unzureichend beantwortet. Insoweit teilen wir die Unzufriedenheit der anderen Parteien und Bewegungen. Es zeigt sich, daß unbedingt Sachverständige anwesend sein müssen.

2. Richtig ist, daß ein Bericht über die innere Sicherheit erforderlich ist. Dieser Bericht kann heute um 16.00 Uhr nicht vorliegen. Der 29. 1. 1990 ist nach unserer Auffassung aber zu spät. Wir erwarten diesen Bericht bis zur nächsten Tagung am 15. 1. 1990.
Wir sind dafür, daß das Angebot der Regierung, drei Vertreter der Arbeitsgruppe Sicherheit und eine weitere Vertrauensperson des Runden Tisches in die Kommission zur Auflösung des Amtes für Nationale Sicherheit einzubeziehen, unverzüglich verwirklicht wird. Nur so kann der Runde Tisch qualifiziert einschätzen, welche Informationen möglich sind, wie die Auflösung des Amtes und der Einsatz der ehemaligen Mitarbeiter vollzogen wird. Außerdem ist der Runde Tisch über die Arbeitsergebnisse der Arbeitsgruppe Sicherheit unter Leitung von Herrn Böhme (nächste Tagung 10. 1. 1990) zu unterrichten.

3. In der Frage des Aufbaus eines Verfassungsschutzes ist vor allem die große Furcht von Teilen der Bevölkerung über das Wiederaufleben von alten Strukturen und Praktiken des ehemaligen MfS, aber auch die Sorge über ein entstehendes Sicherheitsvakuum zu berücksichtigen. Deshalb bleibt das Angebot, alle Fragen im Zusammenhang mit der Entscheidung über den Aufbau einer solchen Einrichtung demokratisch durch Vertreter des Parla-

ments und des Runden Tisches zu kontrollieren. Eine endgültige Entscheidung über die Zustimmung zum Aufbau einer solchen Einrichtung ist erst nach Vorlage des Berichtes über die innere Sicherheit möglich.

4. Die Fortsetzung der heutigen Sitzung um 16.00 Uhr halten wir nicht für sinnvoll. Abgesehen davon, daß der Ministerpräsident nicht in dieser Art und Weise unter Druck gesetzt werden kann, haben wir uns alle auf die Festlegung zur Beendigung der heutigen Sitzung um 17.00 Uhr eingestellt. Die aufgeworfenen Fragen lassen sich innerhalb einer Stunde nicht beantworten.

Wir schlagen deshalb die Fortsetzung der Tagung des Runden Tisches am 15. 1. 1990 über den angeforderten Bericht vor.

Mehrheitlich wurde beschlossen, den Tagesordnungspunkt bis zum 15. 1. 1990 auszusetzen und auf die Verhandlung anderer Tagesordnungspunkte zu verzichten.

Ergebnisse der 7. Sitzung des Rundtischgespräches am 15. 1. 1990

1. Zur Geschäftsordnung

Auf Vorschlag der Prioritätengruppe des Runden Tisches wird einstimmig eine zusätzliche Sitzung des Runden Tisches am Donnerstag, dem 18. 01. 1990, 9.00 Uhr, einberufen. Dabei sollen die noch nicht behandelten Themen der letzten Sitzungen auf die Tagesordnung gesetzt werden.

2. Zulassungen zum Runden Tisch

Die Anträge von DSU, FDP, Deutsche Forumspartei und FVP wurden an die Prioritätengruppe zur Prüfung verwiesen.

3. Erklärung des Vorsitzenden des Ministerrates der DDR, Hans Modrow, vor den Teilnehmern am Runden Tisch

Sehr geehrte Damen und Herren!

Es ist mir schwergefallen, Ihrer Einladung nachzukommen, und es ist unumgänglich, daß ich Sie nach etwa einer Stunde verlasse, um bei der Neujahrsbegegnung mit dem Diplomatischen Corps anwesend zu sein.

Nehmen Sie mein Kommen heute – einen weiteren Vorschlag werde ich Ihnen gleich machen – als Zeichen des guten Willens und vor allem der großen Sorge um die innenpolitische Situation.

In der jüngsten Regierungserklärung habe ich von den Unruhigen im Lande gesprochen, die für eine weitere demokratische Entwicklung gebraucht werden. Zugleich sind – und das ist kein Widerspruch – Vernunft und Augenmaß erforderlich, damit die DDR nicht aus den Fugen gerät. Käme es dahin, und manche scheinen das zu wollen, würde den Bürgern dieser Republik wie denen der Bundesrepublik und der politischen Stabilität Europas der denkbar schlechteste Dienst erwiesen, ja ein schwarzer Tag bereitet.

Wir alle stehen in der Verantwortung, dies zu verhindern. Deshalb appelliere ich an die Bürger der DDR, Besonnenheit zu wahren. Ich fordere eine Reihe von Politikern und Medien der Bundesrepublik Deutschland noch einmal auf, die DDR nicht zum Tummelplatz der Einmischung zu machen. Und ich bitte die Vertreter aller Parteien und Gruppierungen hier am Runden Tisch, den Ministerpräsidenten und seine Regierung an ihrer Aufgabe nicht zerbrechen zu lassen, sondern dafür zu sorgen, daß sie die notwendige Arbeit tun können.

Jeder, der politische Verantwortung beansprucht, kann an einen Punkt kommen, an dem er sich zwischen Allgemeinwohl und parteipolitischem Ziel zu entscheiden hat. Ich habe mich mit Übernahme meines Amtes für die Arbeit im Interesse *aller* Bürger entschieden. Es wäre ein Gebot der Fairneß, dies anzuerkennen. Es wäre den Bürgern der DDR dienlich, bei dieser Arbeit zu helfen.

Ich hoffe, daß die heute zur Erörterung stehenden Sachfragen diesmal durch die Regierungsvertreter zufriedenstellend beantwortet werden können. Aus der am 8. Januar geäußerten Kritik habe ich Konsequenzen gezogen. Herr Koch wurde von seiner Funktion als Regierungsbeauftragter für die Auflösung des Amtes für Nationale Sicherheit entbunden.

Ich nehme diese Gelegenheit wahr, den Vertretern der evangelischen und katholischen Kirche sowie der Arbeitsgruppe Christlicher Kirchen für ihr großes Bemühen um den Runden Tisch und den inneren Frieden der DDR zu danken.

In meiner Erklärung in der Volkskammer am 11. Januar habe ich bereits die wichtige, ja unverzichtbare Arbeit des Runden Tisches hervorgehoben, die für die demokratische Erneuerung geleistet wird. Ich wiederhole und betone:

Die Regierung braucht und sucht den Rat der am Runden Tisch beteiligten Parteien und Gruppierungen. Die Demokratisierung ebenso wie die Stabilisierung und Reform der Wirtschaft erfordern den Konsens aller verantwortungsbewußten Kräfte. Daß er streitbar herbeigeführt werden muß, ergibt sich aus dem politischen Pluralismus nicht nur an diesem Tisch, insbesondere aber aus der komplizierten Situation in der DDR. Ein anderes Verständnis zum Runden Tisch hatte und habe ich nicht.

Mein Anliegen an Sie umfaßt drei Hauptsachen:

Erstens und vor allem sollten wir gemeinsam dafür Sorge tragen, daß die weitere innenpolitische Entwicklung sich friedlich vollzieht, das humanistische Wort der im Oktober begonnenen Revolution „Keine Gewalt!" gültig bleibt. Das gebietet die Verantwortung für Leben und Gesundheit der Bürger ebenso wie unsere Verantwortung vor der Welt.

Zweitens bitte ich Sie mitzuhelfen, daß die Arbeit in allen Bereichen der Wirtschaft ungestört und so produktiv wie möglich geleistet werden kann, damit das tägliche Leben in normalen Bahnen verläuft und die Reformprozesse fortgesetzt werden können. Dies sehe ich auch als notwendige Voraussetzung für eine hohe Wirksamkeit der von der Bundesrepublik Deutschland zugesagten solidarischen Unterstützung.

Drittens bitte ich Sie, Ihren politischen Einfluß geltend zu machen, damit die Bürger der DDR in ihrer angestammten Heimat bleiben. Niemand kann nach rund acht Wochen Regierungsarbeit Wunder erwarten. Ich versichere jedoch allen Bürgern der DDR: Unser Land hat die realistische Chance, durch eigene Anstrengungen und Hilfen von außen noch in diesem Jahr zu einer Stabilisierung von materieller Produktion und Versorgung zu kommen, die den Beginn einer Prosperität einleitet. Es lohnt sich, in der DDR zu bleiben.

Lassen Sie mich von dem Dargelegten ausgehend, die Vorschläge hervorheben und ergänzen, die meine Regierung dem Runden Tisch gemacht hat. Dies sind insbesondere:

- unmittelbare und verantwortliche Teilnahme an der Regierungsarbeit durch kompetente Persönlichkeiten,
- Mitwirkung in Kommissionen, Arbeitsgruppen und anderen Gremien der Regierung sowie ihrer Organe einschließlich des Wirtschaftskomitees,
- Einbringen inhaltlicher Vorstellungen für mein nächstes Treffen mit dem Bundeskanzler der BRD, insbesondere für den Inhalt der Vertragsgemeinschaft
- Teilnahme einer Gruppe von Vertretern des Runden Tisches an dem Arbeitstreffen mit dem Kanzler der BRD,
- Mitwirken an der Vorbereitung von Gesetzen sowie Verordnungen und anderen wichtigen Entscheidungen des Ministerrates mit dem Ziel, die Regierungsarbeit effizienter zu machen. Ich denke hier an die Mitarbeit zur Ausgestaltung notwendiger Reformen, die vor dem 6. Mai zum Tragen kommen sollen, sowie zur Arbeit der DDR im RGW, aber auch und besonders an ein Mitwirken an Regelungen und wirksameren Methoden für den raschen Wiedereinsatz freiwerdender bzw. freigewordener Kräfte.

Gewünschte Offenlegung von wirtschaftlichen Zusammenhängen und Daten werden wir Ihnen nach rechtzeitiger Vereinbarung gewährleisten.

Was die Auflösung des Amtes für Nationale Sicherheit und die ursprünglich vorgesehenen beiden Ämter betrifft, verweise ich auf meine Ausführungen in der jüngsten Volkskammertagung. Danach wird es bis zum 6. Mai keine neuen Ämter geben. Über die weitere Auflösung des Amtes für Nationale Sicherheit wird die Regierung öffentlich informieren. Heute werden Ihnen die Regierungsvertreter an Hand von Beschlüssen des Ministerrates bereits Einzelheiten erläutern. Ich bitte erneut um Ihre Mitarbeit bei der zivilen Kontrolle der Auflösung des genannten Amtes.

Es ist uns sehr daran gelegen, daß die Arbeiten am Parteiengesetz und am Wahlgesetz von allen Beteiligten zügig vorangebracht werden.

Ausgehend von den hier dargelegten Hauptanliegen der Regierung und von Vorschlägen des Runden Tisches werden weiterhin Vertreter der Regierung mit Sachkompetenz und Vollmachten den Beratungen am Runden Tisch zur Verfügung stehen.

Angesichts von Gewicht und Dringlichkeit der anstehenden Probleme schlage ich Ihnen vor, daß meine Stellvertreter Luft und Moreth, die weiteren Mitglieder des Ministerrates Fischer, Meyer und Wünsche sowie ich am 22. Januar am Runden Tisch ausführlich Gelegenheit haben, Ihre Ansichten zu erfahren, die eigene Meinung darzulegen sowie auf Fragen zu antworten.

Lassen Sie mich wiederholen: Es ist mein besonderes Anliegen, daß die Regierung mit Ihrer Unterstützung handlungsfähig bleibt.

Meine Damen und Herren!

Entsprechend der Tagesordnung werden Sie nun den Bericht der Regierung zur inneren Sicherheit, erstattet durch den Minister für Innere Angelegenheiten, Herrn Ahrendt, sowie den Zwischenbericht über den Stand der Auflösung des Amtes für Nationale Sicherheit entgegennehmen. Dazu wird der von mir beauftragte Herr Manfred Sauer, Stellvertretender Leiter des Sekretariats des Ministerrates, sprechen.

Wenn Sie gestatten, möchte ich zum zweiten Bericht noch folgendes erklären:

1. Das Material, von dem Sie und über die Medien die Bürger unseres Landes Kenntnis erhalten werden, war Gegenstand mehrerer Beratungen, schließlich auch im Ministerrat am Wochenende. Dabei ging es vorrangig darum, bei der Erarbeitung des Zwischenberichtes all jene berechtigten Kritiken zu berücksichtigen, die sowohl hier am Runden Tisch als auch in der Volkskammer an der ungenügenden Offenlegung der Tatsachen geübt worden

sind. D. h., wir haben mit aller Entschiedenheit darauf gedrungen, daß hier eine intensive und gründliche Prüfung und Aufarbeitung erfolgt, entscheidende Voraussetzung für ein wirksames, beschleunigtes Vorgehen bei der Auflösung des Amtes für Nationale Sicherheit und bei der Beseitigung der alten Strukturen des ehemaligen MfS.

2. Gleichzeitig wurde und wird die Regierungskommission umgebildet, sie erhält einen neuen Leiter und wird durch Mitarbeiter mit Kompetenz verstärkt. Durch diese Maßnahmen sowie durch die Festlegung exakter Termine für die nächsten Etappen der Auflösung des Amtes für Nationale Sicherheit wird es möglich sein, diesen Prozeß früher abzuschließen als ursprünglich vorgesehen. Natürlich werden wir darüber den Runden Tisch und unsere Bürger stets auf dem laufenden halten.

3. Schließlich möchte ich hier noch einmal die Kooperationsbereitschaft meiner Koalitionsregierung bekräftigen. Es sollte nicht nur zu einem engeren Zusammenwirken unseres Regierungsbeauftragten mit der Arbeitsgruppe Sicherheit des Runden Tisches kommen, sondern es steht auch – ich möchte das noch einmal sagen – das Angebot an die Teilnehmer des Runden Tisches, ab sofort durch zivile Kontrolle an der Arbeit der Regierung zur Auflösung des Amtes für Nationale Sicherheit mitzuwirken. Wir sind auch bereit, wenn erforderlich, die Arbeitsgruppe Sicherheit des Runden Tisches durch Fachleute der Regierung zu unterstützen.

Um abzuschließen: Ich hoffe auf ein enges Zusammenwirken Regierung – Runder Tisch. Es geht nicht nur darum, auch auf diesem Gebiet die Vergangenheit aufzuarbeiten. Es geht auch und vor allem darum, die Ursachen für bestehende Ängste ein für allemal zu beseitigen und Vertrauen zueinander zu schaffen. Ohne dieses Vertrauen zueinander ist ein Vorankommen auf dem Wege der demokratischen Erneuerung nicht möglich. Darin sollte es – das ist mein sehnlichster Wunsch – nicht nur hier am Runden Tisch, sondern in unserem ganzen Lande Einvernehmen geben.

4. Zum Wahlgesetz

Auf Antrag der Arbeitsgruppe Wahlgesetz beschließt der Runde Tisch entsprechend Information Nr. 1, Punkt 2, einstimmig:

1. Eine Verabschiedung des Wahlgesetzes durch die Volkskammer hat im Einvernehmen mit dem Runden Tisch nach angemessener öffentlicher Diskussion zu erfolgen.

2. Entsprechend ist bei der Verabschiedung der Wahlordnung zu verfahren.

Die Aussprache zu Punkt 5 (Teilnahme an der Wahl nur von Parteien) wird ausgesetzt und die Arbeitsgruppe Wahlgesetz mit der Vorlage von Kompromißvorschlägen beauftragt.

Angesichts der Demonstrationen in der Normannenstraße wird die 7. Sitzung des Runden Tisches abgebrochen und Konrad Weiß gebeten, eine Erklärung über Rundfunk und Fernsehen mit der Aufforderung zur Gewaltlosigkeit abzugeben.

Ergebnisse der 8. Sitzung des Rundtischgespräches am 18. Januar 1990

1. Erklärungen zu aktuellen Ereignissen

1.1. Erklärung des Neuen Forums zur Demonstration am 15. 1. 1990

Mit Demonstrationen und Streiks im ganzen Land protestieren die Bürger zu Recht gegen die undurchsichtige und schleppende Auflösung der Staatssicherheit und ihrer Nachfolgeeinrichtungen. Wir sind beunruhigt, daß der Verfassungsschutz schon arbeitet, obwohl seine Vollmachten völlig ungeregelt sind.

Auf unsere präzisen Fragen an den Runden Tisch haben die Verantwortlichen nur ungenügend geantwortet.

Ministerpräsident Modrow hat dem Drängen der oppositionellen Gruppen und mehrerer Altparteien nachgegeben: Der Verfassungsschutz soll erst *nach* den Wahlen diskutiert werden.

Die Forderung nach Auflösung der bereits arbeitenden Dienststellen des Verfassungsschutzes blieb jedoch offen. Aus diesen Gründen haben wir in Berlin dazu aufgerufen, für die sofortige Einstellung aller Stasi-Aktivitäten zu demonstrieren. Symbolisch wurde versucht, die Türen zuzumauern, und nur zu diesem Zweck wurden Kalk und Steine mitgebracht.

Ein Vertreter des NEUEN FORUM hatte mit der VP-Inspektion Lichtenberg konkrete Absprachen zur gemeinsamen Sicherung der Demonstration getroffen:

- Ein ständiger Kontakt über Funk und Lautsprecher war geplant, wurde aber nicht realisiert.
- Das Tor zur Normannenstraße sollte durch Ordner des NEUEN FORUM gesichert werden, vor dem Tor in der Ruschestraße sollte ein Lautsprecherwagen der VP stehen. Für die Sicherung des Innengeländes war die VP zuständig. Die Verbindung nach innen sollte ebenfalls über Funk hergestellt werden.
- Die Schnelligkeit, mit der die Tore von innen geöffnet wurden, hat unsere Ordner überrumpelt. Sie waren nicht mehr in der Lage, das Betreten des Geländes zu verhindern.
Zu klären bleibt, wie die Tore geöffnet wurden.
Nach Angaben des Präsidenten der VP waren Wachmannschaften des ehemaligen MfS auf dem Gelände anwesend, die auch über Schlüssel zu den Toren verfügten.

Die meisten Teilnehmer trieb Neugierde in die Gebäude. Empörung über den Luxus breitete sich aus. Den Ordnern des NEUEN FORUM gelang es jedoch mit der Unterstützung durch viele besonnene Bürger, das Gebäude bald wieder zu räumen. Während der ganzen Zeit wurde von Sprechern des NEUEN FORUM von der Normannenstraße aus zur Gewaltlosigkeit aufgerufen. Als der Ministerpräsident am Ort eintraf, waren die Gebäude im wesentlichen geräumt.

Sicherheitspartnerschaft mit der VP ist ein gutes Instrument, mit dem beide Seiten sorgfältiger umgehen müssen.

Das Symbol der Alten Macht hat seinen Schrecken verloren.

40 Jahre Verfassungsbruch, psychische und physische Gewalt gegen die Bürger der DDR durch die Staatssicherheit stehen gegen eine Stunde Sachbeschädigung. Auch diese eine Stunde war zuviel.

Wir stehen zu der Tradition unserer friedlichen Revolution und lehnen jede Form von Gewalt ab.

1.2. Erklärung der CDU

Als ungedecktes, verfrühtes Vorpreschen bezeichnete Parteivorsitzender Lothar de Maizière die Meinung seines Generalsekretärs Martin Kirchner zum Austritt der CDU aus der Regierung Modrow. Über Koalitionsfragen entscheide satzungsgemäß das Präsidium. Deshalb habe er als Vorsitzender jede persönliche Äußerung dazu vermieden, die in den Geruch einer vorweggenommenen Entscheidung geraten könne.

Es treffe zu, daß von vielen Mitgliedern der CDU ein schneller Austritt aus der Koalition gewünscht werde, nicht zuletzt im Blick auf den Beschluß des Parteivorstandes, nach dem 6. Mai auf keinen Fall in eine Regierung gemeinsam mit der SED-PDS einzutreten. Aber Gewicht habe auch die von vielen ebenso nachdrücklich artikulierte Erwartung, daß die Partei sich jetzt ihrer Verantwortung für ein weiterhin regierbares Land, für lebensnotwendige Ordnung und Versorgung, für ungefährdete Vorbereitung freier Wahlen stelle. Es sei nicht sinnvoll, so de Maizière, das Fortsetzen oder Aufkündigen der Mitarbeit nur unter einem Aspekt zu beurteilen.

2. Beschluß zu den Ereignissen am 15. 1. 1990

Die Teilnehmer des Runden Tisches erklären:

Aus tiefer Besorgnis um das Schicksal der begonnenen Revolution, um die Weiterführung der grundlegenden gesellschaftlichen Umgestaltungen und der öffentlichen Sicherheit angesichts der Ereignisse vom 15. 1. 1990 in Berlin rufen die am Runden Tisch vertretenen Parteien und gesellschaftlichen Gruppierungen alle Bürger unseres Landes auf, sich der Gewalt zu enthalten. Aufrufen zur Gewalt entgegenzutreten und keine Gewalt zu dulden.

Richtig ist, daß es mit der Beseitigung alter Machtstrukturen, insbesondere auch des ehemaligen Amtes für Nationale Sicherheit, zu langsam vorangeht. Das ruft den berechtigten Unmut der Bevölkerung hervor.

Wir bekräftigen daher unsere Entschlossenheit, keinen Aufschub, keine Inkonsequenz, keine Halbheiten mehr zuzulassen. Doch Machtstrukturen zu überwinden heißt nicht, Gewalt gegen Personen und Sachen anzuwenden. Damit würde der ohnehin schon zu große Schaden nur noch größer.

Deshalb erscheint es dringend notwendig, die Handlungsfähigkeit der Polizei zu gewährleisten.

Das bedarf einer klaren Stellungnahme aller politischen Kräfte zur Tätigkeit der Polizei.

Der Runde Tisch beschließt:

1. Mit der Anmeldung von Demonstrationen sollten konkrete Vereinbarungen über die Sicherheitspartnerschaft zwischen den Organisatoren und der Polizei getroffen werden.

2. Die Sicherheitspartnerschaft sollte direkt auf die Ebene Runder Tisch − Ministerium für Innere Angelegenheiten gehoben werden.

3. Zur Mediengesetzgebung

3.1.

Der Runde Tisch übernimmt die Beschlußvorlage der Gesetzgebungskommission „Mediengesetz" über die Gewährleistung der Meinungs-, Informations- und Medienfreiheit vom 09. 01. 1990 mit folgenden Ergänzungen:

1. Grundsätzlich sollte von *Bürgerinnen und* Bürgern gesprochen werden.

2. 4. Punkt, letzter Satz:
Das Recht auf Gegendarstellung bei Tatsachenbehauptungen in *dem selben Medium* ist zu gewährleisten.

3. Punkt 9, 1. Satz:
..., sowie die sozialen und *ethischen* Minderheiten ...

4. Punkt 15, 2. Satz
Der Kommission gehören kompetente Vertreter aller Parteien und gesellschaftlichen Gruppen, der Kirchen sowie Wissenschaftler, Journalisten und Vertreter der entsprechenden Verbände an.

und empfiehlt ihn der Volkskammer zur Annahme.

Es wird festgestellt, daß dieser Beschluß der Volkskammer gemäß Artikel 49 der Verfassung der DDR Gesetzeskraft haben soll und im Gesetzblatt der DDR zu veröffentlichen ist.

3.2.

Beschlußentwurf der Gesetzgebungskommission Medien vom 9. 1. 90 über die Gewährleistung der Meinungs-, Informations- und Medienfreiheit

Zur allseitigen Durchsetzung der in der Verfassung vor allem in den Artikeln 27 Abs. 1 und 2, 28 Abs. 2, 30 Abs. 1, aber auch in Artikel 6 Abs. 5 festgelegten Grundrechte und -pflichten sind sofortige Maßnahmen erforderlich. Dasselbe gilt für die Durchsetzung der Verpflichtungen der DDR aus internationalen Abkommen und Erklärungen zu den Grundrechten der Meinungs-, Informations- und Medienfreiheit. Die DDR fördert einen freien Informationsaustausch und eine breite internationale Zusammenarbeit im Bereich von Information und Kommunikation in Übereinstimmung mit den Zielen und Grundsätzen des Völkerrechts, insbesondere der Konvention über zivile und politische Rechte von 1966, der KSZE-Schlußakte von 1975 und der UNESCO-Massenmediendeklaration von 1978.

Zu diesem Zweck faßt die Volkskammer folgenden Beschluß, der bis zum Erlaß einer Mediengesetzgebung gelten soll:

1. Jeder Bürger hat das Recht auf freie Meinungsäußerung. Dieses Recht schließt die Freiheit ein, sich um Informationen und Ideen aller Art ungeachtet der Grenzen mündlich, schriftlich oder gedruckt, in Form von Kunstwerken oder durch jedes andere Mittel seiner Wahl zu bemühen, diese empfangen und mitzuteilen.

2. Es ist verboten, die Medien für Kriegshetze, Aufruf zur Gewalt, die Bekundung von Glaubens-, Rassen- und Völkerhaß sowie für militaristische, faschistische, revanchistische und andere antihumanistische Propaganda zu mißbrauchen. Ebenso verboten sind Veröffentlichungen, die geeignet sind, die Würde des Menschen zu verletzen oder den Schutz der Jugendlichen und Kinder zu gefährden.

3. Aus der Wahrnahme seiner verfassungsmäßig garantierten Rechte auf freie und öffentliche Meinungsäußerung dürfen keinem Bürger Nachteile erwachsen.

4. Die Bürger der DDR haben das Recht auf wahrhaftige, vielfältige und ausgewogene Informationen durch die Massenmedien. Das Recht auf Gegendarstellung bei Tatsachenbehauptungen ist zu gewährleisten.

5. Jegliche Zensur der Medien der DDR ist untersagt.

6. Die Medien haben alle Veröffentlichungen verantwortungsbewußt und sorgfältig auf Wahrheit, Inhalt und Herkunft zu prüfen. Sie haben die Würde und die Persönlichkeitsrechte der Bürgerinnen und Bürger zu respektieren.

7. Die öffentlichkeitswirksamen Mitarbeiter in den Medien sind persönlich für ihre Arbeit verantwortlich. Die Mitarbeiter der Medien haben das Recht, die Ausarbeitung eines Materials zu verweigern, wenn Themenstellung und Auftrag ihren persönlichen Überzeugungen widersprechen. Sie sind nicht verpflichtet, öffentlich Ansichten zu vertreten, die ihrer persönlichen Meinungen zuwiderlaufen.

Mitarbeiter der Medien haben das Recht, im Zusammenhang mit ihrer beruflichen Tätigkeit im Rahmen dieses Beschlusses alle ihnen notwendig erscheinenden Informationen einzuholen. Sie sind nicht verpflichtet, die Quellen ihrer Informationen offenzulegen. Ausnahmen sind nur durch gerichtliche Entscheidung zulässig. Die Bestimmungen des Urheberrechts sind strikt zu beachten.

8. Alle staatlichen Organe, Betriebe, Genossenschaften sowie politischen Parteien und gesellschaftlichen Organisationen sind verpflichtet, den Medien alle Auskünfte zu erteilen, die für die Erfüllung ihrer öffentlichen Aufgaben und eine wahrheitsgetreue Information erforderlich sind. Sie unterstützen die Medien durch Informationsdienste und Beauftragte für Öffentlichkeitsarbeit.

9. Alle staatlichen Organe, politischen Parteien und sonstigen gesellschaftlichen Organisationen und Gruppen, die Kirchen und

Religionsgemeinschaften sowie die sozialen Minderheiten haben das Recht auf angemessene Darstellung in den Medien. Die Massenmedien verleihen dem Meinungspluralismus ungehindert öffentlichen Ausdruck.

Das Recht zur Herausgabe von Zeitungen, Zeitschriften und andere Publikationen durch natürliche und juristische Personen der DDR ist zu gewährleisten. Der Ministerrat wird beauftragt, sofort für diesen Zweck im Interesse der Chancengleichheit einen öffentlich kontrollierten gesellschaftlichen Fonds für Druck- und Papierkapazitäten zu schaffen.

Die Lizenzierung im Bereich der Druckmedien ist aufgehoben; es erfolgt lediglich eine Registrierung.

Die Volkskammer beauftragt den Ministerrat, in Übereinstimmung mit dem Runden Tisch die Möglichkeiten für die Herausgabe einer unabhängigen überregionalen Tageszeitung umgehend zu schaffen.

10. Die Deutsche Post (Postzeitungsvertrieb) ist verpflichtet, ab 500 Exemplare den Vertrieb von inländischen Presseerzeugnissen auf vertraglicher Grundlage zu übernehmen. Der Eigenvertrieb ist zulässig.

11. Rundfunk, Fernsehen und ADN sind unabhängige öffentliche Einrichtungen, die nicht der Regierung unterstehen. Sie sind Volkseigentum. Bis zu ihrer Umgestaltung in öffentlich rechtliche Anstalten garantiert der Staat ihre Finanzierung. Die Lizenzpflicht der Programmanbieter im Bereich von Film, Fernsehen und Rundfunk ist aufgehoben; es erfolgt lediglich eine Registrierung.

Zur Sicherung der Eigenständigkeit der Medien unseres Landes bedarf jede Eigentumsbeteiligung an Medien der DDR durch Ausländer der Genehmigung des Medienkontrollrates.

12. Zur Sicherung der Durchführung dieses Beschlusses bildet die Volkskammer auf Vorschlag des Runden Tisches einen Medienkontrollrat.

Insbesondere die Generalintendanten von Rundfunk und Fernsehen sowie der Generaldirektor von ADN sind dem Medienkontrollrat berichtspflichtig.

Die Generalintendanten des Rundfunks und des Fernsehens und der Generaldirektor von ADN werden vom Ministerpräsidenten berufen und vom Medienkontrollrat bestätigt.

13. Die Medien geben sich Statuten, die ihre Programmatik und Struktur regeln. Die demokratische Mitbestimmung der journali-

stischen und künstlerischen Mitarbeiter bei der Erarbeitung und Durchsetzung der Statuten ist zu sichern.

Beim Rundfunk, dem Fernsehen und dem ADN sind gesellschaftliche Räte zu bilden; den anderen Medien wird die Bildung von Räten empfohlen.

14. Der Ministerrat wird beauftragt, eine gesetzliche Regelung für die Produktenwerbung vorzubereiten und der neuen Volkskammer vorzulegen. Der Entwurf des Gesetzes ist öffentlich zu diskutieren. Bis zum Erlaß dieses Gesetzes ist eine Produktenwerbung in den elektronischen Medien nicht zulässig.

15. Durch die unter Leitung des Ministers der Justiz gebildete Kommission sind Vorschläge für eine Mediengesetzgebung zu erarbeiten. Der Kommission gehören kompetente Vertreter aller Parteien und gesellschaftlichen Gruppen sowie Wissenschaftler, Journalisten und Vertreter der entsprechenden Verbände an. Der Gesetzentwurf ist der Öffentlichkeit zur Diskussion zu unterbreiten und danach der Volkskammer zur Beratung und Beschlußfassung vorzulegen.

Die Beschlußfassung zur Mediengesetzgebung erfolgt erst nach Verabschiedung der neuen Verfassung. Bis dahin bleibt dieser Beschluß in Kraft.

16. Der Ministerrat wird beauftragt, die bisher geltenden Rechtsvorschriften auf ihre Vereinbarkeit mit diesem Beschluß zu überprüfen und gegebenenfalls ihre Anpassung bzw. Aufhebung zu veranlassen.

3.3. Zur Zusammensetzung des Medienkontrollrates beschließt der Runde Tisch:

Die am Runden Tisch mit Stimmrecht vertretenen Parteien und Vereinigungen benennen je einen Vertreter für den Medienkontrollrat. Gleichfalls entsenden die Kirchen drei sowie die Jüdischen Gemeinden einen Vertreter.

Der Medienkontrollrat wählt aus seiner Mitte den Vorsitzenden und gibt sich seine Geschäftsordnung. Die Konstituierung erfolgt bis zum 22. 1. 1990.

Die Regierung sichert die Arbeitsfähigkeit des Medienkontrollrates bis zur Inkraftsetzung einer umfassenden Mediengesetzgebung.

3.4. *Zur Arbeit von Rundfunk, Fernsehen und ADN*

Der Runde Tisch erwartet von Ministerpräsident Modrow als dem Dienstherrn der Generalintendanten von Rundfunk und Fernsehen und des Generaldirektors des ADN diese unverzüglich anzuweisen:

1. alle seit dem 15. 12. 1989 abgeschlossenen Vereinbarungen und Verträge, die der Beschlußvorlage für die Volkskammer widersprechen oder ihr nicht genügen, zu stornieren bzw. entsprechende Verhandlungen vorerst abzubrechen;

2. alle seit dem 1. 1. 1990 in Angriff genommenen bzw. beabsichtigten grundlegenden ökonomischen, personalen und organisatorischen Strukturveränderungen bis zur Arbeitsaufnahme des Medienkontrollrates zu stornieren bzw. zu unterlassen.

4. Zu Fragen der Sicherheit

4.1. *Zur Auflösung des Amtes für Nationale Sicherheit*

Der Zentrale Runde Tisch stimmt der Darlegung der Arbeitsgruppe „Auflösung des Amtes für Nationale Sicherheit der DDR" zu und fordert die Regierung Modrow auf, die sich daraus ergebenden Entscheidungen und Maßnahmen zu treffen.

1. Grund der ersatzlosen Auflösung des Amtes für Nationale Sicherheit der DDR
Das Amt für Nationale Sicherheit als institutionalisierte und personelle Nachfolgeeinrichtung des Ministeriums für Staatssicherheit ist ersatzlos aufzulösen.
Das Vorhandensein und dessen Arbeit in der Vergangenheit, Gegenwart und Zukunft wird im höchsten Maße als Gefahr für die gesellschaftliche Entwicklung sowie den inneren und äußeren Frieden eingeschätzt.

2. Kompetenz der Rundtisch-Arbeitsgruppe:
Die Mitglieder der Arbeitsgruppe erhalten in Form eines Dienstausweises die Berechtigung, die Arbeit der Regierungskommission „Auflösung des Amtes für Nationale Sicherheit der DDR" zu beobachten und zu kontrollieren.
14tägig ist die Öffentlichkeit über den Stand der Arbeit in einer gemeinsamen Erklärung von Rundtisch-Arbeitsgruppe und Regierungskommission zu informieren.

Mit der Arbeitsgruppe arbeitet ein Staatsanwalt zusammen, welcher das Vertrauen der Mitglieder der Arbeitsgruppe genießt.

Soweit die Arbeitsgruppe sich nicht für einen tätigen Staatsanwalt entscheidet, schlägt sie dem Generalstaatsanwalt selber eine juristisch qualifizierte Vertrauensperson vor, welche als Staatsanwalt berufen werden soll.

3. Die materielle und personelle Unterstützung ist durch die Regierungskommission sicherzustellen.

Die Rundtisch-Arbeitsgruppenmitglieder sind berechtigt, Fachleute ihres Vertrauens für die Ausübung der Kontrollfunktion hinzuzuziehen.

4. Informationspflicht der Regierung

Die Regierung verpflichtet sich, den Rundtisch-Arbeitsgruppenmitgliedern in Schriftform alle im Zusammenhang mit der Arbeit und mit der Auflösung des Amtes für Nationale Sicherheit der DDR stehenden Unterlagen umgehend zur Verfügung zu stellen.

a) alle Beschlüsse des Ministerrates zur Auflösung und Überleitung des Amtes
b) Bau-, Lage- und Funktionspläne der Gebäude nebst Etagenplänen der Zentrale und der zugeordneten Einrichtungen
c) Strukturplan des Amtes mit Funktionsplan, Unterstellungsverhältnis, Querverbindungen, offizielle und inoffizielle Mitarbeiter
d) Angaben zur Beschaffung und Finanzierung
e) Angaben zum ehemaligen Fahrzeugpark, Grund- und Arbeitsmittelbestand und deren weitere Verwendung
f) Angaben betreffs Gehälter und Zuwendungen, Haushaltspläne der einzelnen Referate, Devisen
g) Bilanzierungspläne der ehemaligen Baukapazitäten
h) Auflistung des zur Aufrechterhaltung der Gebäude und Einrichtung notwendigen Wartungspersonals

5. Entwaffnung der ehemaligen und noch im Dienst befindlichen Mitarbeiter

Alle o. g. Mitarbeiter haben bis zum 31. 1. 1990 die in ihrem Besitz oder in ihrem Zugriff befindlichen Waffen und Kampfmittel an die Dienststellen der Ministerien des Innern und der Verteidigung zu übergeben.

Für Zuwiderhandlungen gelten die strafrechtlichen Bestimmungen.

6. Personendatenschutz

Die Mitglieder der Arbeitsgruppe „Auflösung des Amtes für Nationale Sicherheit der DDR" verpflichten sich zum Personendatenschutz.

7. Zur Gewährleistung der direkten Kommunikation zwischen der praktischen zivilen Kontrolle (Bürgerinitiativen) und der Gesamtkontrolle (Arbeitsgruppe) schlägt die AG folgende Struktur vor:
Der Koordinierungsstab der Arbeitsgruppe Sicherheit möge sich wie folgt zusammensetzen:

- zwei Vertreter des Bürgerkomitees Normannenstraße
- zwei Vertreter der AG Sicherheit beim Runden Tisch
- ein beauftragter Regierungsvertreter mit allen nötigen Entscheidungsbefugnissen

8. Zur Gewährleistung der Sicherheit der Akten Bereich Nationaler Verteidigungsrat, ZK-Abteilung Sicherheit sowie der Abteilung Sicherheit der Bezirks- und Kreisleitungen der SED-PDS und der persönlichen Akten der ehemaligen ZK-Sekretäre und Abteilungsleiter für Sicherheitsfragen in diesen Parteieinrichtungen der SED-PDS fordert der Zentrale Runde Tisch die Staatsanwaltschaft dringend auf, gemeinsam mit den Bürgerkomitees und den zuständigen VP-Organen die entsprechenden Archiv- und Büroräume zu versiegeln.

4.2. Zur Eingliederung ehemaliger Mitarbeiter des Staatssicherheitsdienstes/Amt für Nationale Sicherheit

Der Runde Tisch ist der Meinung, daß die gegenwärtigen Strukturveränderungen in den Staatsorganen und die Auflösung des Staatssicherheitsdienstes/Amt für Nationale Sicherheit verbunden werden müssen mit einem Integrationsprogramm für die aus ihren Arbeitsplätzen freigesetzten Bürger.
Das betrifft die bereits in der Öffentlichkeit diskutierten Lohnfragen (Überbrückungsgeld) als auch Programme zur Arbeitsbeschaffung der beruflichen Qualifizierung sowie eines sozialtherapeutischen Programms zur Eingliederung der ehemaligen Mitarbeiter des MfS in unsere Gesellschaft.
Es muß sich in der gesamten Gesellschaft der Gedanke durchsetzen, daß die Grund- und Menschenrechte auch für diesen Personenkreis vollinhaltlich Gültigkeit haben.
Der Runde Tisch ist der Meinung, daß Defizite auf diesem Gebiet und eine massenhafte Abdrängung von Menschen an den

Rand der Gesellschaft zu ihrer Radikalisierung führen kann, deren Folgen für die Stabilität der Gesellschaft nicht abzusehen ist.

Es wird angeregt, daß auf Wunsch geeignete Bürgerinnen und Bürger Patenschaften über ehemalige Mitarbeiter des MfS übernehmen, die zu deren Resozialisierung beitragen.

Der Runde Tisch fordert die Regierung der DDR auf, gemeinsam ein derartiges Integrationsprogramm für diese Bürger zu erarbeiten.

4.3. Aufhebung der Schweigeverpflichtung

Der Runde Tisch fordert die Regierung der DDR auf, die notwendigen Schritte zu unternehmen, daß die Schweigeverpflichtung für die Herren Krenz und Herger aufgehoben wird, bevor sie am 22. 1. 1990 vor dem Runden Tisch ihre Aussagen machen.

5. Zur Diskussion des Wahlgesetzes

Die Arbeitsgruppe „Neue Verfassung der DDR" des Runden Tisches setzt sich dafür ein, daß am Runden Tisch verfassungsrechtliche Bedenken zum Entwurf des Wahlgesetzes von Experten vorgetragen werden können.

Im Zusammenhang mit der Diskussion über Grundlinien eines neuen Menschenrechtsverständnisses gab es in der Arbeitsgruppe Übereinstimmung, daß im Entwurf der Arbeitsgruppe „Wahlgesetz" des Runden Tisches das passive Wahlrecht unangemessen eingeschränkt wird. Deshalb schlagen wir vor, daß Dr. Hans-Jürgen Will und Dr. Kuhlke als Sachverständige am Runden Tisch gehört werden.

Die Arbeitsgruppe setzt sich dafür ein, daß § 8 (2) des Vorschlags „Gesetz über die Wahlen zur Volkskammer der DDR vom . . ." mit einer Textänderung bestehen bleiben soll. Der letzte Satz soll lauten: „Die Entscheidung darüber trifft für die Volkskammerwahl am 6. Mai 1990 die Wahlkommission der Republik, da bis dahin noch kein Verfassungsgericht existiert."

Die Arbeitsgruppe „Neue Verfassung der DDR" hält für den 6. Mai 1990 ausschließlich ein Verhältniswahlrecht mit geschlossenen Listen für praktikabel.

6. Beziehungen des Runden Tisches zur Regierung

6.1.

Der Runde Tisch mißbilligt, daß die Regierung ein verfassungsänderndes Gesetz ohne vorherige öffentliche Diskussion der Volkskammer zur Beschlußfassung am 11./12. Januar 1990 vorgelegt hat.

Der Runde Tisch fordert die Regierung auf, Gesetzentwürfe, insbesondere auch solche, die die Verfassung sowie die Eigentumsverhältnisse in der DDR grundsätzlich berühren, vor der Beschlußfassung durch die Volkskammer dem Runden Tisch zur Stellungnahme zuzuleiten und ausreichende Zeit für die öffentliche Diskussion zu garantieren.

6.2.

Der Runde Tisch mißbilligt, daß das Präsidium der Volkskammer es abgelehnt hat, Teilnehmer des Runden Tisches mit Rederecht zur 14. Tagung der Volkskammer am 11. und 12. Januar 1990 zuzulassen.

Der Runde Tisch fordert das Präsidium der Volkskammer auf, daß zu allen weiteren Volkskammertagungen bis zum Zeitpunkt der Volkskammerwahl Mitglieder aller am Runden Tisch vertretenen neuen Parteien und Gruppierungen eingeladen werden und mit beschränkten parlamentarischen Rechten, d. h. dem Recht zur Rede vor der Volkskammer und zur Anfrage an die Regierung ausgestattet werden.

6.3.

Bezugnehmend auf die Information der Unabhängigen Untersuchungskommission (UUK) fordert der Runde Tisch die Regierung bzw. Volkskammer auf, alle ab 7. 10. 1989 erfolgten Verkäufe von Grundstücken, Betrieben und ähnlichen Sachwerten aus Volkseigentum sowie aus strittigem Eigentum von Parteien und Organisationen auf Rechtmäßigkeit zu überprüfen.

(Anlage: Information der Unabhängigen Untersuchungskommission)

Anlage

Wir sind Mitglieder der UUK geworden. Diese UUK sieht ihre Aufgabe darin, den Abbau jener Privilegien zu kontrollieren, die nicht auf der Leistung und Schöpferkraft einzelner Personen beruhen, sondern fast automatisch von höheren Funktionären der SED und des Staatsapparates in Anspruch genommen wurden.

Während wir zu den zahlreichen Eingaben aus der Bevölkerung zu ermitteln versuchen, die Privilegien von Funktionären verhindern sollen, hat die Regierung folgende Beschlüsse erlassen:

1. Beschluß über den Verkauf von Einfamilienhäusern, die sich in Rechtsträgerschaft der ehemaligen Versorgungseinrichtung des Ministerrates befinden

– Hier wird den jetzigen Mietern (z. B. Herrn Krenz) das Vorkaufsrecht zu Kreditbedingungen von 75 % erteilt. Abgeschlossen werden sollen diese sehr günstigen Käufe bis zum 31. 1. 90!

2. Beschluß über Festlegungen zur sozialen Sicherstellung von Angehörigen des Amtes für Nationale Sicherheit

– Auch den Angehörigen des Amtes werden ähnlich günstige Vorkaufsrechte für Häuser des ehemaligen MfS geboten

3. Beschluß zur Information über Ferienheime und Gästehäuser des Ministerrates

– Dieser Beschluß enthält lediglich eine Kannbestimmung für die Nutzung durch die Bevölkerung.

Gleichzeitig bleibt die SED-PDS Eigentümer der Gästehäuser und Ferienheime, die nunmehr in Form von Hotels Einnahmen für die Parteikasse erwirtschaften.

Alle diese Beschlüsse wurden am 14. 12. 89 durch den Ministerpräsidenten unterzeichnet und sind seitdem in Kraft. Es gab zu ihnen keine öffentliche Information.

Einige Bürger der UUK sind als Vertreter der Opposition in der vom Runden Tisch geforderten Untersuchungsabteilung gegen Amtsmißbrauch und Korruption vom Ministerrat unter der Leitung von Prof. Dähn. Aufgrund zahlreicher Bürgerproteste haben Prof. Dähn als Regierungsbeauftragter und die UUK der Regierung am 4. 1. 90 und am 9. 1. 90 Vorschläge unterbreitet zum Abbau sämtlicher ungerechtfertigter Privilegien.

Z. B.: Sofortiger Verkaufsstopp der betreffenden Häuser
Überführung der Betriebe in kommunales Eigentum,

72

die bisher hauptsächlich zur Realisierung von Privilegien der Funktionäre dienten.

In der Regierungserklärung der Volkskammer am 11. 1. 90 blieben sämtliche Vorschläge der UUK unberücksichtigt. Wir haben die Erfahrung machen müssen, daß Ermittlungen massiv verhindert werden. Bis heute werden Versuche gemacht, Strukturen zu verheimlichen und Zusammenhänge zu verwischen. Wir fragen, ist es ein Zufall, daß alle Regierungsbeauftragten zur Aufdeckung von Amtsmißbrauch und Korruption in den Bezirken Mitglieder der SED-PDS sind?

Wir waren am 4. 12. 89 bereit, zur Sicherung von Volksvermögen und zum Abbau von Privilegien mit der Regierung ein Zweckbündnis einzugehen. Wir müssen feststellen, daß unsere Arbeit als UUK zur Beruhigung der Bürger ausgenutzt wurde und wird.

Bis jetzt haben wir keine Unterlagen über den Besitz der SED, keine Kenntnis über die Revision aller Konten des Bereiches Kommerzielle Koordinierung und wir wissen nicht, ob die Devisen jetzt tatsächlich in den Staatshaushalt fließen. Die Einsicht in die vorhandenen Unterlagen über Grundstücke, Gebäude und Betriebe der SED und des MR wurde uns verweigert. Der Demokratisierungsanspruch der SED und der anderen alten Parteien wird sich daran messen lassen, ob diese Parteien bereit sind, ihre Vermögensverhältnisse öffentlich und nachprüfbar zu machen.

6.4.

Auf Antrag der Arbeitsgruppe Wirtschaft besonders im Blick auf die geplante Wirtschaftsreform wird beschlossen:

Der Runde Tisch fordert von der Regierung, beginnend noch im Monat Januar, regierungseigene Publikation sowohl für Beschlüsse als auch für Diskussionsmaterial einzurichten, die öffentlich vertrieben werden.

6.5.

Der Runde Tisch erinnert erneut an die bisher unbefriedigende Offenlegung der Wirtschaftslage und insbesondere des Grades und der Struktur der Subventionen.

Auf Anfrage des FDGB am 22. 12. 89 an die stellvertretende Ministerratsvorsitzende, Frau Prof. Luft, ist zugesagt worden,

Grundzüge eines Gesamtkonzepts der Veränderungen der Preis-
und Subventionspolitik vorzulegen.

In diesem Zusammenhang ist die Unterscheidung zwischen
Umverteilung von Subventionen und Abbau von Subventionen
deutlich zu machen.

Die ersten Preisveränderungen sind beschlossen. Wir erklären
unmißverständlich: Wir sind für eine Preisreform. Bei weiteren
Preisveränderungen, die folgen werden, muß aber gesichert sein,
daß besonders Bürger und Familien, die ohnehin schon über geringe Einkommen verfügen oder die durch die Familiengröße ein
sehr niedriges Einkommen pro Kopf der Familie haben, nicht an
den Rand des Existenzminimums geraten.

Deshalb wird gefordert, daß die am 22. 12. 89 gegebene Zusage
der Regierung eingelöst wird, bevor weitere Preiserhöhungen in
Kraft gesetzt werden.

Wir erwarten ebenfalls von der Regierung eine Berechnung des
Preisindexes, die die reale Preisentwicklung widerspiegelt, sowie
Aussagen zum Existenzminimum.

7. Zum Umweltschutz in Grenzgebieten

Die Flächen beiderseits der innerdeutschen Grenze, die bisher
kaum einer wirtschaftlichen Nutzung unterliegen, stellen den
größten naturnahen Biotop innerhalb der beiden deutschen Staaten dar. Wahrscheinlich sind hier in den letzten Jahrzehnten ein-
malige natürliche Lebensräume entstanden, eine Vermutung, die
jedoch zunächst durch eine genaue Untersuchung der bisher un-
zugänglichen Gebiete verifiziert werden müßte.

Die derzeitige Öffnung dieser Räume bringt die Gefahr einer
unkontrollierten Nutzung, verbunden mit einer Zerstörung der
Biotope mit sich.

Der Runde Tisch wendet sich in Vorbereitung von grenzgesetz-
lichen Regelungen mit der Bitte an die Regierungen beider deutscher Staaten und der Bundesländer, für diese Gebiete ein einst-
weiliges ökonomisches Nutzungsverbot auszusprechen. Gleichzeitig wendet er sich an die Öffentlichkeit, diese Unterschutzstellung zu kontrollieren.

Fachleute aus dem Bereich des Natur- und Umweltschutzes in
beiden deutschen Staaten sollten schnell eine gemeinsame Kommission bilden, die diese Flächen kartiert und dokumentiert. Davon ausgehend sollte den Regierungen beider deutscher Staaten
ein Vorschlag über Status und Territorium dieses ersten gesamtdeutschen Schutzgebietes übergeben werden.

Der Runde Tisch bittet alle, die den Schutz unserer natürlichen Umwelt als gemeinsame Überlebensfrage betrachten, dieses bereits von mehreren Gruppen angeregte Projekt zu unterstützen.

8. Dringlicher Beschluß zur Situation im Gesundheitswesen

1. Der Runde Tisch fordert den Ministerrat auf, bei der Verteilung des Staatshaushaltes den Anteil des Gesundheits- und Sozialwesens dem Standard vergleichbarer entwickelter Industrieländer anzugleichen. Dies ist zur materiellen und personellen Absicherung der gegenwärtigen und zukünftig notwendigen Leistungen dringend erforderlich.

Insbesondere müssen die materiellen und sozialen Bedingungen des medizinischen Personals, vorrangig der Schwestern und des Pflegepersonals, entschieden und sofort verbessert werden.

2. Die Arbeitsgruppe Sozial- und Gesundheitswesen hat sich aufgrund von Erkenntnissen des Verbandes der Ärzte und Zahnärzte der DDR die Meinung gebildet, daß offensichtlich Vorstellungen und Festlegungen des Ministers für Gesundheits- und Sozialwesen auf Bezirks- und Kreisebene unterlaufen werden. Sie erwartet vom Minister Auskunft, wie seine Festlegungen, insbesondere hinsichtlich

- der Umsetzung von Ärzten aus dem Verwaltungsbereich und aus nicht patientenwirksamen Betreuungsbereich in die medizinische Betreuung;
- der Einstellung von Fachärzten und Weiterbildungsassistenten aus der BRD und Westberlin dort, wo wirklich Not ist, ohne Arbeits-, Betreuungs- und Ausbildungsbedingungen von Ärzten der DDR zu verschlechtern,

umgesetzt werden.

In diesen Fragen muß klar und eindeutig die Entscheidungs- und Weisungsbefugnis beim Minister liegen.

9. Zur Bildung von Arbeitsgruppen

9.1.

Der Runde Tisch stimmt zu, daß an Stelle der jetzt bestehenden Arbeitsgruppe Gesundheits- und Sozialwesen zwei Arbeitsgruppen gebildet werden:

1. Sozialpolitik mit der Konzentration der Arbeit auf die Problemfelder Recht auf Arbeit, Vollbeschäftigung, soziale Sicherheit. (Diese Arbeitsgruppe hält Kontakt zur Arbeitsgruppe Gleichstellung der Geschlechter.)

2. Gesundheits- und Sozialwesen mit einem Aufgabenbereich, der dem des Ministeriums entspricht.

9.2.

Die Bildung einer Arbeitsgemeinschaft „nationale und internationale Politik" wird von der NDPD und Demokratie jetzt noch einmal neu begründet.

Ergebnisse der 9. Sitzung des Rundtischgespräches am 22. Januar 1990

1. Erklärung des Vorsitzenden des Ministerrates der DDR, Hans Modrow, vor den Teilnehmern des Runden Tisches

Verehrte Anwesende! Meine Damen und Herren!

Wie Sie bereits aus den Medien erfahren haben, ist am Wochenende gegen ein Mitglied meiner Regierung, Frau Uta Nickel, Ministerin der Finanzen und Preise, ein staatsanwaltliches Ermittlungsverfahren eingeleitet worden. Sie wird beschuldigt, in ihrer früheren Funktion im Bezirk Leipzig schwere Untreue zum Nachteil sozialistischen Eigentums begangen zu haben, indem sie für Zahlungen aus der Staatskasse Unterschriften leistete, die sie hätte verweigern müssen. Persönliche Bereicherung wird ihr nicht vorgeworfen. Frau Nickel bestreitet die Beschuldigungen energisch.

Der Generalstaatsanwalt der DDR hat mich von dem durch den zuständigen Bezirksstaatsanwalt eingeleiteten Verfahren unterrichtet. Zugleich hat Frau Nickel ihren Rücktritt erklärt, den ich akzeptiert habe. Ich werde dem Präsidenten der Volkskammer heute davon offiziell Mitteilung machen.

Die Verpflichtung zur Rechtsstaatlichkeit, die ich mit meinem Amt übernommen habe, gebietet diese Konsequenzen.

Weitere Mitteilungen und die Entscheidungen in dieser Sache obliegen den Justizorganen.

Verehrte Anwesende!

Vor einer Woche habe ich an dieser Stelle bereits betont, welche Bedeutung die Regierung dem Runden Tisch für den Fortgang der demokratischen Erneuerung beimißt. Ich habe ebenso hervorgehoben, daß meine Regierung die konstruktive Zusammenarbeit mit dem Runden Tisch braucht, um sich Rat zu holen, an der Kritik ihre eigenen Entscheidungen überprüfen und wichtige Schritte der Regierungsarbeit im Konsens vorbereiten zu können.

Zugleich betone ich: In meiner Tätigkeit als Ministerpräsident sehe ich mich ausschließlich in meiner Verantwortung gegenüber dem Volk und nicht gegenüber einer Partei.

Deshalb brauche ich den Rat und — das ist mein Wunsch — die Unterstützung aller Parteien und nicht nur einer Partei.

Um es nochmals und deutlich zu sagen: In meiner Verantwortung vor dem Volk sehe ich mich nicht an eine Partei gebunden, obwohl ich einer Partei angehöre. Das gilt auch für die anderen Mitglieder meiner Partei in der Regierung.

Ich habe den Eindruck, daß die günstige Aufnahme der Beratung vom vorigen Montag sowohl durch die hier vertretenen Parteien und Gruppen als auch durch eine breite Öffentlichkeit sich positiv auf das politische Klima in der DDR auswirkt.

Dies bestärkt mich in der Absicht, die Zusammenarbeit mit Ihnen in solcher neuen Qualität fortzusetzen. Die Anwesenheit von Mitgliedern und weiteren Vertretern der Regierung, die Ihnen Informationen geben sowie Rede und Antwort stehen wollen, unterstreicht diese gute Absicht.

Heute vor einer Woche hat sich dann, wie Sie alle wissen, am Nachmittag in der Lichtenberger Normannenstraße eine Situation ergeben, die erkennen ließ, wie verletzlich der innere Frieden ist, wie rasch eine politische Demonstration in Akte der Gewalt, des Vandalismus umschlagen kann. Aber die Unruhigen im Lande, von denen die demokratische Revolution ausgegangen ist und getragen wird, wollen doch keine Unruhen im Lande, die sich gegen Recht und öffentliche Ordnung, gegen Sachen und schließlich gegen Menschen richtet! Wenn es unser gemeinsames Anliegen ist, Besonnenheit zu wahren, damit die DDR unbeschädigt den 6. Mai 1990 erreicht, sollten die möglichen Folgen jeder politischen Aktion genau bedacht werden. Bitte, helfen Sie alle mit, daß die Ereignisse von Lichtenberg sich nicht wiederholen. Das würde nur Angst verbreiten und weitere Menschen zum Verlassen der DDR bewegen, würde auch großen Schaden verursachen, denn international wird auf solche Vorgänge in der DDR sehr sensibel reagiert.

Eine Meldung in der „Bild"-Zeitung von heute muß ich mit aller Entschiedenheit als Provokation zurückweisen. Darin heißt es: „Putsch-Stasi gibt Waffen aus. Elitetruppen des Staatssicherheitsdienstes und Teile der Nationalen Volksarmee bereiten sich offensichtlich auf einen Putsch, eine Machtübernahme in der DDR vor. Wie „Bild" von oppositionellen Gruppen aus der DDR erfuhr, ist seit dem Freitag ein zentraler Alarmplan ausgelöst worden. Stasi-Truppen sind bewaffnet worden, üben gemeinsam mit Teilen der NVA, bereiten sich auf einen Bürgerkrieg vor." An anderer Stelle heißt es, daß oppositionelle Gruppen einen Generalstreik für den kommenden Mittwoch vorbereiten. Und damit wären dann sozusagen Stasi und NVA zur Machtausübung vorbereitet. Ich habe noch in dieser Nacht den Minister für Nationale Verteidigung und den Minister für Innere Angelegenheiten gehört und die Lage prüfen lassen. Die Waffen sind eingelagert, und Übungen hat es nirgendwo gegeben. So gehe ich auch davon aus, daß es keine Vorbereitung zu einem Generalstreik von seiten der Kräfte der Opposition gibt. Wir sollten dieses hier auch heute mit aller Deutlichkeit gemeinsam bekunden. Ich habe heute früh Herrn Seiters über meine Überprüfungen informiert und gebeten, daß der Herr Bundeskanzler in gleicher Weise eine Information zu diesem Stand meiner Überprüfungen erfährt. Ich würde bitten, daß die oppositionellen Gruppen, die hier, ich nehme an in gleicher Weise, verleumdet sind, auch das heute an diesem Tisch in gleicher Weise bekunden.

Ich wende mich in diesem Zusammenhang auch mit einer Bitte an die Gewerkschafter und ihre Gewerkschaften: In dieser Situation nützt ein Streik niemandem und schadet allen. Das gilt selbst für einen scheinbar kleinen Warnstreik, der schon dazu führen kann, daß Kinder keine Milch bekommen oder ein Produktionsausfall mit Kettenreaktion eintritt.

Die Arbeiter, die Bauern, die Angestellten, ja alle ehrlich arbeitenden Leute haben mit Schwierigkeiten zu kämpfen, und das gilt ebenso für die Rentner. Das Leben in der DDR ist wahrhaftig nicht leichter geworden in diesen Monaten. Wir brauchen alle Kraft für das Überwinden von Schwierigkeiten. Deshalb sollte ein Streik nicht das erste, sondern das allerletzte Mittel sein, Probleme zu klären. Besser ist es, wenn Lösungswege in den Betrieben von den Gewerkschaften aufgezeigt und ausgehandelt werden.

Ich habe bereits bei der Übernahme meines Amtes als Ministerpräsident dieses Landes eines deutlich gesagt, wir haben keine Möglichkeiten für sofortige umfangreiche Lohnmaßnahmen. Jedem muß verständlich sein, daß jeder Schritt in dieser Richtung am Ende auch die Preisspirale in Bewegung bringt. Hier bestehen direkte und unmittelbare Zusammenhänge. Ich muß darauf verweisen, dem Runden Tisch und der Volkskammer wird noch in dieser Woche eine gründliche Analyse der wirtschaftlichen Lage des Landes übergeben. Darin wird sichtbar, daß in dem Verständnis früherer Sozialpolitik dem Bürger der DDR neben seinem unmittelbaren Einkommen durch Subventionierungen und anderen Maßnahmen etwa 40 Prozent seines sozialen Standes gewährleistet worden ist aus diesen Quellen. Und es ist nicht möglich, dort unmittelbar und sofort Veränderungen vorzunehmen. Hier ist Behutsamkeit, hier ist Verantwortung in jedem Schritt gefragt.

Wenn die Regierung auf unangenehme Tatsachen hinweist, wird nicht selten behauptet, sie wolle ein Schreckgespenst an die Wand malen. Nun, heutzutage geht mancher mit unbewiesenen Behauptungen sehr leichtfertig um, ja sogar verantwortungslos. Ich muß hier auf Tatsachen aufmerksam machen und eindringlich vor einer Gefahr warnen, vor der Gefahr des Extremismus. Damit

meine ich linke Extremisten und Anarchisten ebenso wie Rechts-
extreme. Tatsache ist:

Die sogenannten Republikaner haben auf ihrem Parteitag jetzt
angekündigt, daß sie sich verstärkt in den Wahlkampf in der DDR
einmischen wollen. Und zwar materiell, also mit Propagandama-
terial, wie es ja schon in Leipzig und anderswo verteilt wurde, sowie finanziell und personell. Den Geltungsbereich ihres veränderten Parteiprogramms haben sie auf die DDR ausgedehnt, und
vom Bundeskanzler Kohl wurde gefordert, die Zulassung der
Reps in der DDR zu unterstützen. Was sich da andeutet und zu-
sammenbraut, muß sehr ernst genommen werden. Niemand sollte Wasser auf die Mühlen dieser Leute geben, indem er – gewollt
oder ungewollt – zusätzlich innenpolitische Konflikte schafft.

Die Bürger der DDR haben Anspruch darauf, in Ruhe arbeiten
und von der Arbeit ausspannen zu können – das ist wohl das
mindeste, was sie mit Recht verlangen dürfen.

Nach außen – nach Ost und West – ist die Regierung bemüht,
ein berechenbarer Partner zu bleiben. Nicht zuletzt dafür brauche
ich die Unterstützung vom Runden Tisch. Die hier zu leistende
Arbeit hat auch unmittelbare Wirkung über die DDR hinaus.

Mitte Februar wird das vorgesehene weitere Arbeitstreffen mit
Bundeskanzler Kohl in Bonn sein. Zuvor werde ich sicherlich Ge-
legenheit haben, mit Herrn Kohl anläßlich der Jahrestagung des
Weltwirtschafts-Forums in der Schweiz zu sprechen. Bereits ver-
einbart ist dort eine Begegnung mit dem Staatspräsidenten von
Mexiko.

Ich habe für das Treffen in Bonn die Teilnahme einer Gruppe
der am Runden Tisch vertretenen neuen Parteien angeboten und
bin bereit, sie rechtzeitig über das Arbeitsprogramm zu informieren. Ich bitte darum, daß der Runde Tisch mir diese Persönlichkeiten bis Ende der Woche benennt.

Zu dem Bonner Treffen sollte sich Außenminister Fischer hier
gesondert äußern.

Über zwei wichtige Punkte der Außen- und der Außenwirt-
schaftspolitik möchte ich Sie und damit zugleich die Öffentlichkeit bei dieser Gelegenheit unterrichten.

Der erste Punkt. Morgen findet die erste Beratung der Wirt-
schaftskommission DDR-BRD unter Leitung der Minister Beil
und Haussmann statt. Ich habe den Außenhandelsminister bevollmächtigt, dabei die Inanspruchnahme der ERP-Mittel für die
Gründung von kleinen und mittleren privaten Unternehmen in
der DDR sowie für die Modernisierung und Erweiterung solcher
bereits bestehender Betriebe zu beraten.

Dies zügig zu realisieren hält die Regierung für wichtig zur Verbesserung des Warenangebots auf dem Binnenmarkt sowie von Dienstleistungen. Es sind auch Bemühungen im Gange, die Bereitstellung von mehr Ware für den Binnenmarkt zu erreichen, und ich hoffe hier ebenfalls, daß die BRD Entgegenkommen zeigen wird.

Der zweite Punkt. Ein erfolgreicher Verlauf des Demokratisierungsprozesses in der DDR muß einhergehen mit der Öffnung nach Westeuropa und einer Annäherung an ihre Integrationsorganisationen. Deshalb hat die Regierung der DDR bereits am 17. November letzten Jahres in einer Botschaft an die Staats- und Regierungschefs der EG-Staaten die Bereitschaft zur umfassenden Zusammenarbeit mit der EG signalisiert.

Das wurde positiv aufgenommen und hat offenbar den Prozeß der Meinungsbildung in der EG über die Beziehungen DDR-EG beschleunigt. So hat die EG noch im Dezember ihre Bereitschaft erklärt, unverzüglich über ein Handels- und Kooperationsabkommen mit der DDR zu verhandeln. Die DDR wird alles tun, um diese Verhandlungen zügig abzuschließen. Durch eine weitere Annäherung an die EG erwachsen unserer Volkswirtschaft Impulse und zugleich bedeutende Herausforderungen.

Die Demokratisierung und das neugewonnene Verständnis für Menschenrechte in unserem Land stellen auch die Haltung zum Europarat in ein neues Licht. Wir sind daran interessiert, mit und in dieser ältesten westeuropäischen Institution zusammenzuwirken. Vorstellbar ist zum Beispiel ein Gästestatus, aber auch eine Mitgliedschaft.

Soweit zur Außenpolitik.

Was die notwendige und offenbar allgemein angestrebte konkrete Zusammenarbeit von Rundem Tisch und Regierung betrifft, so habe ich meine Hauptanliegen schon am vorigen Montag zum Ausdruck gebracht. Ich erinnere daran und wiederhole insbesondere den Vorschlag einer Beteiligung an der Regierungsarbeit. Ich ersuche alle am Runden Tisch vertretenen neuen Parteien, mir Persönlichkeiten zu benennen, die bereit sind, als Mitglieder des Ministerrates in die Regierung einzutreten. Damit ich noch in dieser Woche die Koalitionsgespräche führen kann, bitte ich, daß wir dazu die notwendigen Arbeitsschritte in den nächsten Tagen unmittelbar vereinbaren.

Die revolutionäre Umgestaltung tritt in einen neuen Abschnitt ein. Das Aufarbeiten der Vergangenheit wird weiterhin ein unverzichtbares Element demokratischer Aktivitäten sein. Entscheidend ist jedoch nun, durch verantwortungsbewußtes Handeln für Stabilität in Stadt und Land zu sorgen.

In diesen Tagen und Wochen werden wir alle – Parteien und Gruppierungen am Runden Tisch, Parlament und Regierung – daran gemessen, was wir tun, damit in der Wirtschaft ordentlich gearbeitet werden kann und eine politische Atmosphäre erreicht wird, in der freie, geheime und gleiche Wahlen in Ruhe durchgeführt werden können.

Dafür will die Regierung mit ihren Möglichkeiten sorgen. Damit sie in diesem Sinne voll handlungsfähig ist, braucht sie die Unterstützung *aller* Parteien und politischen Gruppierungen, die hier vertreten sind. Wir stehen an der Schwelle einer neuen Etappe der tiefgreifenden Umwälzung, die sich in unserem Lande vollzieht.

Niemand wird sich vor unserem Volk morgen noch auf die Schuldigen von gestern berufen können. Jeder muß sich *heute* der Verantwortung für diesen Tag und für den nächsten Tag stellen. Jeder wird morgen gefragt werden: Was hast du in dieser revolutionären Übergangszeit wirklich *getan*, um den Menschen die Mühseligkeit ihrer Existenz zu erleichtern und ihnen *Hoffnung* zu geben? Was hast du getan, um allen Mut zu machen, im Lande zu bleiben, wo sie so dringend gebraucht werden?

Wir brauchen eine Zusammenarbeit, die sich auf die Lösung der bis zu den Wahlen anstehenden Fragen konzentriert. Hierfür ist die am Runden Tisch erzielte Übereinstimmung zu begrüßen, die auf eine gesellschaftliche Eingliederung der ehemaligen Mitarbeiter des Amtes für Nationale Sicherheit gerichtet ist.

Eine handlungsfähige Regierung, für die sich der Runde Tisch ausgesprochen hat, muß das Hauptfeld ihrer Arbeit in der Wirtschaft sehen. Dieser Bereich ist entscheidend für das gesamte Leben in der DDR, und deshalb sollte sich, so meine dringende Bitte, der Runde Tisch in Zusammenarbeit mit der Regierung hier auch in die Vorbereitung wichtiger Entscheidungen einbinden. Das betrifft zum Beispiel die Währungspolitik, ein für Millionen Bürger äußerst wichtiges Stichwort, ebenso die Steuerpolitik, aber auch das weitere Vorgehen in der Subventionsfrage. Hier sind Entscheidungen notwendig und dringend aber sie müssen dennoch sehr genau bedacht und dürfen nicht übereilt getroffen werden.

Dringend ist es, den Entwurf des Wahlgesetzes fertigzustellen, damit er öffentlich diskutiert werden kann. Es liegt *nicht* an der Regierung, daß dieser Entwurf noch immer aussteht.

In diesem Zusammenhang sollten die vielen Vorschläge berücksichtigt werden, die darauf gerichtet sind, die Volksvertretungen aller Städte und Gemeinden ebenfalls am 6. Mai zu wählen. Dies zu berücksichtigen, macht gesetzestechnisch keine

Schwierigkeiten. Die Abgeordneten in diesem Bereich brauchen für ihre wichtige kommunalpolitische Arbeit ebenfalls dringend eine Legitimation durch freie Wahlen.

Wir müssen davon ausgehen, daß Stabilität im Land nur dann gesichert und gewährleistet ist, wenn Bürgermeister und Volksvertretungen ihre Arbeit durchführen können. Nur so wird jeder Bürger die Chance und die Möglichkeit haben, seine Fragen, seine Anliegen mit dem Staat direkt und unmittelbar besprechen und klären zu können. Nur so wird es in Städten und Dörfern ein Leben geben, das in Ruhe und in Ordnung verläuft, ja, wo der sonntägliche Kirchgang auch unbeschadet immer wieder vonstatten geht.

Es stehen zwei weitere Gesetzentwürfe an, die Ihnen das Präsidium der Volkskammer übergeben wird, für das Richtergesetz und für das Strafrechtsänderungsgesetz. Ferner erinnere ich Sie daran, daß Ihnen seit Dezember vorigen Jahres die Verordnung über die Bürgerkomitees vorliegt.

Im Interesse einer ebenso gründlichen wie zügigen Behandlung von Gesetzentwürfen wird Ihnen der Staatssekretär im Justizministerium heute einen Vorschlag machen.

Ich habe nur an wenigen wichtigen Beispielen angedeutet, welche Erfordernisse ich für eine Zusammenarbeit mit den speziellen Gremien des Runden Tisches sehe. Auch dabei ist die Regierung keineswegs zögerlich, wie dies bisweilen behauptet wird. Angesichts der Fülle von Entscheidungen, die in kurzer Zeit zu treffen waren und getroffen worden sind, braucht meine Regierung keinen internationalen Vergleich zu scheuen.

Insgesamt also geht es den Mitgliedern des Ministerrates und mir um Kooperation zum Nutzen des Landes. Der Runde Tisch kann der Regierung bei ihrer Arbeit auch dadurch erheblich helfen, daß Versuchen entgegengetreten wird, die Regierung zu verschleißen.

Nicht zuletzt ist es für die innere Stabilität, Sicherheit und Ordnung außerordentlich wichtig, daß unser Staatswesen funktioniert, und zwar von den großen Städten bis zu den kleinen Städten und Gemeinden. Erscheinungen des Verfalls staatlicher Funktionen, die dazu führen, daß Bürgerinteressen nicht mehr ausreichend wahrgenommen werden, sollte gemeinsam entgegengewirkt werden.

Die Bürger wollen im Alltag Sicherheit und geordnete Verhältnisse haben. Auch und nicht zuletzt an diesem berechtigten Anspruch messen sie die demokratischen Veränderungen, für die wir alle gemeinsam wirksam sind.

Deshalb bitte ich alle am Runden Tisch vertretenen politischen

Kräfte, gemeinsam mit der Regierung unsere Polizei zu unterstützen. Sie leistet eine unverzichtbare Arbeit und verdient dafür Achtung, Anerkennung, Ermutigung.

Ich bitte Sie alle, zusammen mit der Regierung, für die Bürger der DDR das Bestmögliche zu tun. Das schließt den sachbezogenen Streit ein. Vor allem aber sollte die sich entwickelnde konstruktive Zusammenarbeit in einer gemeinsamen Verantwortung wurzeln, in der Verantwortung gegenüber dem Volk, dem jeder zu dienen hat, der politische Verantwortung beansprucht und zu tragen hat.

2. Zu Sicherheitsfragen

2.1. Persönliche Erklärung von Herrn Krenz siehe Information 10/1 (nicht ins Protokoll aufgenommen)

2.2. Persönliche Erklärung von Herrn Herger siehe Information 10/2 (nicht ins Protokoll aufgenommen)

2.3.

Gemäß der Vorlage Nr. 7 vom 18. Januar 1990 stimmt der Runde Tisch dem Personenvorschlag für das am 15. Januar vereinbarte Dreierkomitee zu: Bischof Dr. Forck, Dr. Heinz Strom (DBD) und Werner Fischer (IFM).

Der Runde Tisch bevollmächtigt diese drei Herrn, Größe und Zusammensetzung der Arbeitsgruppe selbst zu bestimmen.

2.4. Auf Antrag des Neuen Forums beschließt der Runde Tisch:

Der Frieden in unserem Land hängt im Moment in entscheidendem Maße von der Glaubwürdigkeit der Regierung ab. Das trifft besonders für die Maßnahmen bei der Auflösung des Staatssicherheitsdienstes zu.

Bisher gibt es jedoch seitens der Regierung keine selbständige Offenlegung der Strukturen und der Arbeitsweisen des ehemaligen MfS. Somit wurde eine effektive Kontrolle der Auflösung des MfS/AfNS durch die Bürgerkomitees immer noch nicht ermöglicht. Trotz wiederholter dringender Anfragen und Forderungen der Bürgerkomitees und der Opposition wird auch über die bisherige Vernetzung des MfS mit anderen staatlichen Organen und dem Apparat der SED nur stückweise und mit großer Verzögerung Auskunft gegeben. Somit kann immer noch nicht der Verdacht ausgeräumt werden, daß die derzeitige Regierung die verfassungswidrigen und menschenfeindlichen Praktiken des MfS vertuschen oder gar gegebenenfalls reaktivieren will. Die bisherige Verzögerungstaktik der Regierung bei der Offenlegung der Strukturen und Arbeitsweise des MfS hat auch zu einer undifferenzierten Vorverurteilung *aller* ehemaligen MfS-Mitarbeiter in der Öffentlichkeit geführt und erschwert deren Integrationsprozeß.

Eine friedliche und demokratische Zukunft unseres Landes ist ohne vollständige und wahrheitsgetreue Offenlegung der Vergangenheit und Gegenwart nicht denkbar. Deshalb fordern wir die Regierung dringend dazu auf,

1. Schweigeverpflichtungen und andere Abhängigkeiten aufzuheben, damit ungehinderte Ermittlungen möglich werden,

2. Rechtsfolgen für Falschaussagen gegenüber den an Ermittlungen beteiligten Personen unverzüglich zu definieren und inkraftzusetzen,

3. die Strukturen und die Arbeitsweisen des ehemaligen MfS sowie dessen Vernetzung mit anderen Staatsorganen und dem Apparat der SED detailliert offenzulegen,

4. die gegenwärtige Befehlslage der noch tätigen Mitarbeiter des ehemaligen MfS offenzulegen,

5. eine zentrale und bezirkliche Finanzrevision zu einer umfassenden Kontrolle und Aufdeckung der Finanzen und Finanzierungsarten des ehemaligen MfS/AfNS einzusetzen,

6. die Offenlegung und Sicherstellung der Archive und Akten der SED-PDS und ihrer für die innere Sicherheit zuständigen Gremien auf allen Leitungsebenen zu veranlassen,

7. die die innere Sicherheit betreffenden Akten und Materialien des Nationalen Verteidigungsrates und der Bezirks- und Kreiseinsatzleitungen offenzulegen und sicherzustellen,

8. Ermittlungsverfahren wegen Vernichtung von Beweismitteln gegen alle Personen einzuleiten, die für die Vernichtung bzw. Verbringung von Akten des MfS und der SED-Sicherheitsabteilungen verantwortlich sind,

9. keine grundsätzlichen Entscheidungen zur Auflösung des AfNS ohne die Zustimmung der Arbeitsgruppe Sicherheit des Runden Tisches zu treffen.

2.5. *Auf Antrag der Grünen Partei beschließt der Runde Tisch:*

Der Runde Tisch schlägt vor, im Gebäudekomplex der ehemaligen Zentrale des Ministeriums für Staatssicherheit am Berliner U-Bahnhof Magdalenenstraße eine Gedenk- und Forschungsstätte zum DDR-Stalinismus einzurichten. Als besonders geeignet erscheint nach der Regelung im Zusammenhang mit den Ereignissen vom 15. 1. 1990 das Gebäude mit dem ehemaligen Sitz des Ministers für Staatssicherheit Erich Mielke. In diesem Gebäude können die MfS-Archivmaterialien der zeitgeschichtlichen Forschung zur Verfügung gestellt werden. Ebenso kann an dieser Stelle interessierten Bürgerinnen Einblick in die vom MfS über sie angelegte Akten ermöglichen. Von dieser Forschungsstätte sind bislang verdeckte Rechtsverletzungen durch Mitarbeiter des ehemaligen MfS aufzuklären und strafrechtliche Konsequenzen vorzubereiten. (z. B. bei Verletzung von § 4 STGB: Schutz der Würde und der Rechte des Menschen)

Der Runde Tisch setzt sich dafür ein, daß bei der persönlichen, juristischen und zeitgeschichtlichen Aufarbeitung der in den MfS-Archiven gesammelten Informationen die Persönlichkeitsrechte der Bürger sowie die Grundsätze des Datenschutzes zu gewährleisten sind.

2.6.

Der Runde Tisch beschließt folgende Forderungen an die Regierung, die durch die am 18. 1. 1990 gebildete operative Arbeitsgruppe des Berliner Runden Tisches gestellt wurden, zu unterstützen:

1. Vorlage einer *vollständigen* Liste aller Rechenzentren des MfS

2. Vorlage einer *vollständigen* Liste der Objekte des ehemaligen MfS auf dem Territorium von Berlin

3. Vorlage einer *vollständigen* Liste aller Kommunikationsmittel des MfS

4. Vorlage einer *vollständigen* Liste der Telefonüberwachungsanlagen und ihres Funktionszustandes

5. Vorlage einer *vollständigen* Liste aller verwanzten Räume (z. B. in Privatwohnungen, öffentlichen Einrichtungen, Hotels)

3. Der Runde Tisch beschließt:

Die Handhabung der in Betrieben und Einrichtungen geführten „Kader-" bzw. „Personalunterlagen" ist grundlegend *neu zu regeln.* Die dazu erforderlichen Maßnahmen mögen in die Initiative der Parteiarbeit übernommen werden unter nachfolgenden Mindestforderungen:

1. *Alle* bestehenden „Kader-" bzw. „*Personalunterlagen*" sind in Zusammenarbeit *mit dem Betreffenden zu überarbeiten.*

2. Die *Weitergabe* der in Betrieben und Einrichtungen geführten Personalunterlagen an Dritte ist grundsätzlich *untersagt.*

3. Als *Referenz* über eine Tätigkeit im Betrieb gilt *einzig die* im beiderseitigen Einvernehmen erstellte *Abschlußbeurteilung oder Leistungseinschätzung.*

4. *Einsicht* durch Dritte ist *nur einem eng begrenzten* und gesetzlich festgelegtem *Personenkreis* in Ausnahmefällen *zu gewährleisten.*

5. *Jeder* Betriebsangehörige hat jederzeit das Recht, auf Verlangen *ohne Vorbehalt seine Kaderakte einzusehen.*

4. Parteien- und Vereinigungsgesetz

Der Runde Tisch erklärt sein Einverständnis, daß die Diskussionen des Parteien- und Vereinigungsgesetzes im Volkskammerausschuß auf der Grundlage des Entwurfs der Arbeitsgruppe des Runden Tisches erfolgt.

Auf der Grundlage des vom zeitweiligen Volkskammerausschuß vorgelegten Entwurfs „Gesetz über die Wahlen zur Volkskammer der Deutschen Demokratischen Republik", nach Aussprache in der Arbeitsgruppe und im Plenum trifft der Runde Tisch folgende Feststellungen:

1. Der Runde Tisch spricht sich für ein Verhältniswahlrecht mit festen Listen aus. Die Vereinigung von Listen ist zulässig. Eine Partei (bzw. ggf. Vereinigung) darf sich nur an einer Listenvereinigung beteiligen.

Vereinigte Listen gelten bei der Sitzverteilung im Verhältnis zu den übrigen Listen als eine Liste.

Eine Listenvereinigung ist der Wahlkommission der DDR spätestens bis zum 40. Tag vor dem Wahltag durch die zentralen Leitungsorgane der an der Liste Beteiligten schriftlich zu erklären.

2. Der § 8, Abs. 1, soll folgende Formulierung bekommen:

„Wahlvorschläge können von Parteien eingereicht werden.
Fußnote:
Parteien im Sinne dieses Gesetzes sind Vereinigungen von Bürgern, die dauernd oder für längere Zeit für die DDR auf die politische Willensbildung Einfluß nehmen und an der Vertretung der Bürger in der Volkskammer mitwirken wollen.
Eine Doppelmitgliedschaft von Mandatsträgern ist ausgeschlossen."

3. Zum § 8, Abs. 2 des Wahlgesetzentwurfs (Ausschluß von Parteien und politischen Vereinigungen, die Glaubens-, Rassen- und Völkerhaß bekunden, militaristischen Propaganda oder Kriegshetze betreiben, die zu Pogromen oder Gewalt aufrufen, von der Wahl) empfiehlt der Runde Tisch:
Entscheidungen sind von einem aus 5 neutralen Persönlichkeiten bestehenden Präsidium der Wahlkommission der Republik zu treffen. Es wird empfohlen, in dieses Präsidium einen kirchenleitenden Vertreter, einen Vertreter aus Wissenschaft und Kunst, einen Arbeiter aus dem Süden sowie einen Bauern aus dem Norden der DDR zu berufen. Sie treffen ihre Entscheidung auf der Grundlage der Anträge auf Zulassung zur Wahl und der Wahlprogramme.

4. Der Runde Tisch bittet den zeitweiligen Volkskammerausschuß, die in den Protokollen der Arbeitsgruppe „Wahlgesetz" des Runden Tisches festgehaltenen mit Mehrheit beschlossenen Änderungsvorschläge zu einzelnen Paragraphen des Wahlgesetzentwurfs in das Gesetz einzuarbeiten. Die beiden Einberufer der Arbeitsgruppe werden gebeten, dem Vorsitzenden des zeitweiligen Volkskammerausschusses diese Vorschläge zu erläutern.

5. Die Auswertung der öffentlichen Diskussion sowie die Erarbeitung und Verabschiedung der Wahlordnung sollten im Einvernehmen zwischen Rundem Tisch und Volkskammer erfolgen. Das könnte in der Form geschehen, daß Mitglieder der Arbeitsgruppe „Wahlgesetz" des Runden Tisches und Experten zur Ausarbeitung herangezogen werden.

Die Arbeitsgruppe Wahlgesetz soll die Einladung der Volkskammer zur Teilnahme an der Diskussion der Beschlußvorlage wahrnehmen.

5. Zivildienst

Auf Vorschlag der Initiative für Frieden und Menschenrechte beschließt der Runde Tisch:

1. Die Lesung des Gesetzes über den Zivildienst am 29. Januar 1990 in der Volkskammer ist auszusetzen.

2. Wehrpflicht und folglich ziviler Ersatzdienst können erst auf der Grundlage der noch zu erarbeitenden neuen Verfassung gesetzlich geregelt bzw. neugeregelt werden.

3. Bis dahin ist die Zivildienstleistung per Verordnung zu regeln. Wehrdiensttotalverweigerer werden – wie schon in den vergangenen drei Jahren – strafrechtlich nicht verfolgt.

6. Zulassungen neuer Gruppierungen

Auf Vorschlag der Prioritätengruppe stimmt der Runde Tisch der Beteiligung nachstehender Gruppierungen im Beobachtungsstatus zu:

Demokratisch Soziale Union
Freie Demokratische Partei
Deutsche Forumspartei

Auf Vorschlag der Arbeitsgruppe „Recht" lehnt der Runde Tisch den Antrag der Bewegung für die Erneuerung der Arbeit der Ausschüsse der Nationalen Front auf Teilnahme am Zentralen Runden Tisch ab.

7. Einladungen

Der Runde Tisch beschließt, daß die Einladung des Jugendausschusses der Volkskammer durch die Arbeitsgruppe „Bildung, Erziehung und Jugend" wahrgenommen wird.

Die Einladung des Ministeriums des Innern zum Thema „Sicherheitspartnerschaft" soll die Arbeitsgruppe „Sicherheit" wahrnehmen.

8. Mediengesetz

Der Runde Tisch stimmt der Beschlußvorlage der oppositionellen Gruppierungen zu:

Laut Mitteilung von Herrn Staatssekretär Wittenbeck ist vom Ministerrat der DDR aus der gemeinsamen Beschlußvorlage der Gesetzgebungskommission „Mediengesetz" und des Runden Tisches zu Medienfragen in Artikel 14, Satz 3 gestrichen worden:
„Bis zum Erlaß dieses Gesetzes ist eine Produktenwerbung in den elektronischen Medien nicht zulässig."
Wir protestieren gegen die Streichung und erwarten von der Volkskammer der DDR, daß sie die Beschlußvorlage im vollen Wortlaut so wie sie vom Runden Tisch beschlossen wurde und wie sie im Protokoll der 8. Sitzung des Runden Tisches vom 18. Januar festgehalten wurde, behandelt. Andernfalls erwarten wir, daß die Beschlußvorlage an den Runden Tisch zurückverwiesen wird.

Ergebnisse der 10. Sitzung des Rundtischgespräches am 29. Januar 1990

1. Gewährleistung der Meinungs-, Informations- und Medienfreiheit

In der Vorlage des Entwurfs für einen Beschluß der Volkskammer zur „Gewährleistung der Meinungs-, Informations- und Medienfreiheit", die am 18. 1. 1990 vom Runden Tisch bestätigt wurde und zu deren Korrektur durch die Regierung der Runde Tisch am 22. 1. 1990 einen Beschluß faßte, ist in der Fassung, die dem Präsidium der Volkskammer übermittelt wurde, eine weitere Veränderung vorgenommen worden, von der der Runde Tisch nicht informiert worden ist.

In Paragraph 11, 1. Satz wurde aus dem Text „Rundfunk, Fernsehen und ADN sind unabhängige öffentliche Einrichtungen, die nicht der Regierung unterstehen" das Wort ADN herausgenommen. Dafür wurde in den Paragraphen eingefügt: „Der ADN bleibt eine Einrichtung der Regierung. Das schließt die Gründung anderer Agenturen nicht aus."

Der Runde Tisch drückt sein Befremden aus, daß an der Beschlußvorlage weitere politisch wesentliche Veränderungen vorgenommen wurden, ohne daß der Runde Tisch zuvor davon in Kenntnis gesetzt wurde. Der Runde Tisch erwartet von der Volkskammer, daß der Beschluß über die „Gewährleistung der Meinungs-, Informations- und Medienfreiheit" in der Fassung erfolgt, die am 9. 1. 1990 dem Runden Tisch vorlag und von ihm am 18. 1. 1990 bestätigt wurde.

2. Zur Einbeziehung ökologischer Prinzipien in die Gestaltung der gesellschaftlichen und ökonomischen Entwicklung der DDR

Die Arbeitsgruppe „Ökologischer Umbau" des Zentralen Runden Tisches verabschiedete nach mehreren Diskussionen am 12. 01. 1990 die nachfolgende aufgeführten Vorschläge[1] zur Einbeziehung ökologischer Prinzipien in die Gestaltung der gesellschaftlichen und ökonomischen Entwicklung der DDR. Die Arbeitsgrup-

[1] Vorläufige Vorschläge, da der Umweltbericht der Regierung der Arbeitsgruppe noch nicht vorgelegen hat.

pe empfiehlt den Teilnehmern des Runden Tisches, diese Maßnahmen als Arbeitsgrundlage bis zur Wahl am 6. Mai 1990 anzunehmen. Die Vorschläge enthalten sowohl Maßnahmen mit sofortiger Wirkung als auch solche, die weit in die Zukunft reichen.
Dessen ungeachtet sollten alle vorgeschlagenen Maßnahmen unverzüglich in Angriff genommen werden.

I. Allgemeine Grundprinzipien

Die Menschheit hat nur dann eine Zukunft, wenn sie ihre Lebensgrundlage behauptet, wenn sie Luft, Wasser, Boden, Lebewelt
und Landschaft als unersetzlich begreift. Die Erneuerung unserer
Gesellschaft muß daher auf die dauerhafte Entwicklung der Beziehungen zwischen Mensch und Natur gerichtet sein, unabhängig vom jeweiligen politischen Standort der am Runden Tisch vertretenen Parteien, Organisationen und Gruppierungen. Dies erfordert einen ökologischen Umbau in unserem Lande, der ökologische Erfordernisse und Umweltschutz zum integrierenden Bestandteil jeglicher Wirtschafts- und Gesellschaftsstrategie erhebt.
Dies bedeutet:

1. ökologische Leitlinien zum bestimmenden Entscheidungskri-
terium unserer gesellschaftlichen Entwicklung zu machen und
ökologische Erkenntnisdefizite durch intensive wissenschaftliche
Forschung zu verringern,

2. die Produktion unter strikter Beachtung der Anforderungen
von Ökologie und Umweltschutz und der sparsamen Ressour-
cenverwertung zu organisieren,

3. nur solche Wirtschaftsentwicklung zuzulassen, die nicht zu
Lasten der Umwelt geht,

4. das Versorge- und Verursacherprinzip in der Umweltpolitik
durchzusetzen,

5. verursachte Umweltschäden zu benennen und zu sanieren,

6. beim Umweltschutz eine umfassende internationale Kooperation zu gewährleisten,

7. den ökologischen Umbau der Gesellschaft und das Grundrecht auf eine gesunde Umwelt zum Verfassungsgrundsatz zu erheben,

8. eine umfassende, öffentliche Umweltinformation, -beratung,
-kontrolle und -mitentscheidung zu sichern sowie

9. die Arbeit aller ökologischen Gruppen und Netzwerke im nationalen und internationalen Rahmen zu gewährleisten.

II. Maßnahmen

1. Zur Schaffung gesetzlicher Grundlagen und öffentlichen Kontrolle

1.1. Sofortige Bildung eines Volkskammerausschusses für Umwelt- und Naturschutz

1.2. Schaffung gesetzlicher Regelungen zur Umweltverträglichkeitsprüfung von Standorten, Verfahren und Erzeugnissen.

1.3. Ersatz des Landeskulturgesetzes durch ein modernes Umweltschutzgesetzeswerk, Erarbeitung eines Chemikaliengesetzes und eines Gesetzes zur Gentechnik

1.4. Ausarbeitung und Anwendung finanzieller und ökonomischer Regelungen zur Förderung ökologiegerechter Produktion und umweltgerechten Verhaltens

1.5. Zusammenführung der bestehenden Umweltkontrollorgane in einer einheitlichen staatlichen Behörde sowie ihre Ergänzung durch ökologische Überwachungsinitiativen

2. Zur Informationspolitik, Erziehung, Aus- und Weiterbildung

2.1. Sofortige Übergabe eines Umweltberichtes an die Arbeitsgruppe „Ökologischer Umbau" durch die Regierung der DDR, der in konzentrierter Weise über Primärdaten einschließlich Interpretation, Abhilfestrategien und gesundheitliche Belastung informiert, um daraus Maßnahmen für das weitere Vorgehen abzuleiten.

2.2. Umweltinformation, -bildung und -erziehung müssen einen größeren Raum in den Medien, insbesondere im Fernsehen, einnehmen.

2.3. Schwerpunktmäßige Einordnung der Ökologie in die neue Bildungskonzeption bei Erweiterung des Bildungsangebotes auf diesem Gebiet, insbesondere durch Umweltzentren bzw. Studienrichtungen sowie Lehrstühle für neue ökologische Disziplinen.

2.4. Gründung einer von Parteien und Organisationen unabhängigen Umweltzeitschrift.

3. Zur Wissenschaftspolitik

3.1. Verbesserung und spürbare materielle Förderung der wissenschaftlichen Forschung auf den Gebieten von Ökologie, Natur-, Landschafts- und Umweltschutz sowie einer umwelt- und ressourcenschonenden Energiewirtschaft

3.2. Gründung bzw. Aufbau von ökologischen Instituten bzw. Bereichen bei der AdW und AdL (Agrarökologie) sowie an den Universitäten und Hochschulen

3.3. Erarbeitung und schrittweise Realisierung von Forschungsstrategien, die auf die Aufklärung ursächlicher Zusammenhänge und damit auf neuartige ökologische Lösungen gerichtet sind, die in Zukunft heute gebräuchliche Verfahren ergänzen oder substituieren können, und ihre Finanzierung vorrangig aus dem Staatshaushalt

4. Zu Industrie und Abproduktentsorgung

4.1. Forcierte Entwicklung weitgehend geschlossener Stoffkreisläufe in allen Produktionszweigen (recycling), einschließlich Sofortmaßnahmen zur Verbesserung der Sekundärrohstofferfassung

4.2. Entwicklung, Produktion, Import und Einsatz einer leistungsfähigen, dem Welthöchststand entsprechenden Umweltschutztechnik und -meßanalytik

4.3. Ausstattung aller Betriebe mit notwendiger Umweltschutztechnik bzw. schrittweise Schließung nicht rekonstruierbarer Umweltverschmutzer

4.4. Erlaß einer Großfeueranlagen-Verordnung, die zum Einbau von Rauchgasentschwefelungs-, Entstickungs- und Entstaubungsanlagen zwingt

4.5. Vorrangig in hoch belasteten und geschädigten Territorien sind sofort Sanierungsmaßnahmen mit den Bürgern zu beraten und in Kraft zu setzen

4.6. Schaffung kommunaler Kläranlagen für alle größeren Städte (durchgängig biologische Klärung; 3. Reinigungsstufe anstreben, Deponie schadstoffbelasteter Klärschlämme) unter Nutzung der Baukapazitäten des ehemaligen Staatssicherheitsdienstes; Realisierung des Abwasserprogramms auf dem Lande (biologische Klärung)

4.7. Einführung umweltneutraler Abfalldeponiekonzepte einschließlich Konditionierungstechnologien zur Verbesserung der Deponiefähigkeit von Abfällen und zur Stimulierung ihrer Wiederverwertung, Festlegung der Deponiegebühren auf einem entsprechenden Niveau

4.8. Es sind keine neuen Müllimportverträge (außer mit Westberlin) abzuschließen

4.9. Erstellung einer Nutzungskonzeption für schwermetallbelastete Rieselfelder

5. Zur Energiepolitik

Kurzfristige Vorlage eines Energiesparprogramms durch die Regierung, in dem folgende Festlegungen enthalten sein sollten:

5.1. Senkung des Energieverbrauchs um mindestens 30 % durch folgende Teilmaßnahmen:

— kurzfristige Aufhebung der staatlichen Stützung für Elektroenergie und Gas. Der Wirtschaft sind die realen Energiepreise in Rechnung zu stellen. Die Bürger und Einrichtungen erhalten einen finanziellen Ausgleich und werden somit für eigene Energiesparbeiträge belohnt
— Erarbeitung und Anwendung von Energiespartechniken (effektivere Wärmedämmung als gesetzliche Pflicht, Ausbau der Dämmstoffindustrie, Realisierung von Energiespartechniken bei Kühlung und Beleuchtung, Abwärme-Wiederverwendung, Kraft-Wärme-Kopplung in Kraftwerken, Niedrigenergiehäuser)
— Schrittweise Reduzierung des Exports energieintensiver und umweltbelastender Erzeugnisse (Schwermaschinen, Zement, Stickstoffdünger, Fleisch, Lebendtiere)

5.2. Schrittweise Substitution der Braunkohle als Energieträger sowie Einstellung des Braunkohleexports

5.3. Vor dem weiteren Ausbau der Kernenergie sind alle Kosten einschließlich der Folgekosten und Risiken im Vergleich zu anderen Energiekonzeptionen offenzulegen und zu diskutieren.

Minderheitenvotum
— Gegen den weiteren Ausbau der Kernenergie treten ein die Vertreter der Grünen Liga, der Grünen Partei, von Demokratie Jetzt und des Unabhängigen Frauenverbandes

– Die Entscheidung behalten sich vor bis zur Vorlage des Energiesparprogramms die Vertreter von CDU, DBD, LDPD, NDPD, PDS und VdgB

5.4. Konsequente Förderung und höchstmögliche Nutzung regenerierbarer und dezentraler Energiequellen (Wind, Wasser: ehemalige Wehr- und Mühlenanlagen, Solaranlagen zur Warmwasserbereitung und Heizung, Jahreswärmespeicher, Biogas)

5.5. Intensive Forschung nach alternativen Energiequellen unter konsequenter Nutzung internationaler Wissenschaftskooperation

6. Zur Land-, Forst- und Nahrungsgüterwirtschaft

6.1. Abkehr von der einseitig auf hohe Erträge ausgerichteten und Übergang zu einer ökologisch- und ökonomisch ausgewogenen Landbewirtschaftung, die bei effektiver Produktion pflanzlicher und tierischer Erzeugnisse gleichermaßen den Schutz des Bodens, des Grundwassers, der Oberflächengewässer, der Luft, der Artenvielfalt und der Landschaft einschließt. Dies erfordert u. a.

– Abbau der Nahrungsmittelsubventionen bei Lohn-, Renten- und Stipendienausgleich
– die schnelle Schaffung entsprechender materieller Voraussetzungen (z. B. Güllelager, Silosickersaftauffanggruben, befestigte Düngerlagerstätten, Anhebung der Mineraldüngerqualität, verbesserte Applikations- und Bodenbearbeitungstechnik)
– Gestaltung der Pflanzenproduktion nach den natürlichen Standortbedingungen, Schaffung und Wiederherstellung von Grünland- und Gehölzstreifen an den Oberflächengewässern (Minderung von Erosion und Stoffaustrag)
– Erarbeitung technologischer Maßnahmen, Bewirtschaftungsregeln und Richtwerte durch die Agrarwissenschaften mit dem Ziel der Beseitigung bereits vorhandener und der Verhinderung künftiger Schadwirkungen (Erosion, Schadverdichtung, PSM-, Nährstoff- und Schwermetallrichtwerte) unter Einbeziehung unkonventioneller Verfahren
– Aufbau von Forschungskapazitäten und Versuchsbetrieben des ökologischen Landbaus

6.2. Minimierung der durch die Tierproduktion ausgehenden Umweltschädigungen und Sicherung einer artgerechten Tierhaltung a. durch:

- schrittweise Reduzierung sehr großer Tierproduktionskonzentrationen
- drastische Verminderung des Ammoniakausstoßes in Tierproduktionsanlagen
- strukturelle Veränderung der Landwirtschaft je nach den territorialen Bedingungen mit dem Ziel der engeren Zusammenführung von Pflanzen- und Tierproduktion
- Verringerung der Schweinebestände und gleichzeitiger Ausbau bzw. Modernisierung der Schlacht- und Verarbeitungskapazitäten

6.3. Schutz und rationelle Nutzung des Waldes unter strikter Berücksichtigung landeskultureller Erfordernisse (kein Raubbau, Einschränkung des Holzexports, wissenschaftlich begründete Maßnahmen zur Waldschädenminderung, ökologisch angepaßte Waldbauformen)

7. Zur Orts- und Landschaftsgestaltung einschließlich der Einrichtung von Schutzgebieten

7.1. Die Planung der Mehrfachnutzung unserer Landschaft unter vorrangig ökologischen Aspekten muß integrierter Bestandteil langfristiger territorialer Planung sein und zu einer raumbezogenen Umweltplanung weiterentwickelt werden. Dabei ist der Umweltversorgung grundsätzlich Vorrang einzuräumen.
Es ist u. a. zu beachten:

- Unterbringung der weiteren Zersiedelung und Belastung unserer Landschaft durch Kleingartenanlagen, Wochenendhäuser oder ähnliche Vorhaben
- Schrittweise Wiederherstellung und Schaffung von Flurelementen (Feldgehölze, Raine, Randstreifen, Brüche, Teiche, Tümpel) zur Sicherung naturnaher Ökotypen, der Biotop- und Artenvielfalt und ökologischer Regulationsmechanismen
- Renaturierung und Sanierung von Fließ- und Standgewässern statt weiterer Verbauung und Trockenlegung, dabei Übernahme von Landschaftspflegemaßnahmen durch die Meliorationsbetriebe
- Ausdehnung der Trinkwasserschutzgebiete und ihre Nutzung unter strenger Beachtung ökologisch begründeter Regeln und Richtwerte
- Erweiterung von Schongebieten für gefährdete Pflanzen- und Tierarten der Agrarlandschaft.

7.2. Vorläufige Unterschutzstellung des 5 km-Grenzbereiches zwischen DDR und BRD (einschließlich Grenze zu Westberlin) und Bildung einer Expertenkommission aus Ost und West, die eine landeskulturelle Analyse durchführt und besonders schützenswerte Gebiete ausweist, welche dann gesetzlich unter Schutz zu stellen sind.

7.3. Ausarbeitung und Realisierung von Dorfgestaltungskonzeptionen, die an dörflichen Traditionen (historische wertvolle Bauten z. B. Fachwerkhäuser, Kulturgüter, Bodendenkmale) orientiert sind sowie ein harmonisches und gepflegtes Ortsbild, Naherholungsbereiche und Schutz von Kleinbiotypen gewährleisten.

7.4. Überprüfung konzipierter bzw. bereits bestätigter Neubaugebiete auf der sog. „grünen Wiese", Orientierung der Baubetriebe auf die Werterhaltung und Sanierung der vorhandenen Bausubstanz

7.5. Durchsetzung verkehrsberuhigter und begrünter Zonen in Wohngebieten und Einkaufszonen.

8. Zur Verkehrspolitik

8.1. Ausbau eines attraktiven öffentlichen Nah- und Fernverkehrs unter vorläufiger Beibehaltung staatlicher Subventionen und bei Verbesserung der Verkehrsstrukturen auf dem Lande

8.2. Wegfall der Kfz-Steuer bei gleichzeitiger spürbarer Erhöhung der Benzinpreise

8.3. Einführung bleifreien Benzins und geregelter Katalysatoren für Verbrennungsmotoren

8.4. Anlage von Radwegenetzen in Städten

8.5. Anbringung von Lärmschutzanlagen an stark befahrenen Verkehrsstraßen

Dieses Konzept wird getragen von den Vertretern folgender Parteien, Organisationen und Gruppierungen der AG „Ökologischer Umbau" des Runden Tisches: CDU, DBD, Demokratie Jetzt, FDGB, Grüne Liga, Grüne Partei, LDPD, NDPD, PDS, Unabhängiger Frauenverband, VdgB, Vereinigte Linke.

3. Erklärung zum Grünen Tisch der DDR

Der Runde Tisch macht sich folgende Ausführungen des „Grünen Tisches" zu eigen.

Die Teilnehmer dieser Beratung schlagen übereinstimmend dem Runden Tisch vor, auch nach dem Wahltag am 18. März 1990 dieses Gremium unter folgenden Zielstellungen weiter arbeiten zu lassen:

1. Dieses Gremium spricht Empfehlungen in prinzipiellen Ökologie- und Umweltfragen der DDR aus.

2. Es berät die Regierung in allen umweltrelevanten bedeutsamen Sachfragen.

3. Es fördert die Verknüpfung von Fachkompetenz und ökologische Basisbewegungen.

4. Ökologische Forschung in der DDR

Der Runde Tisch schlägt der Regierung zur Sicherung der ökologischen Forschung in der DDR vor:

1. Der Minister für Wissenschaft und Technik wird mit der Vorlage eines „Nationalen ökologischen Forschungsprojektes" bis Mitte März 1990 beauftragt. In die Erarbeitung dieses Projektes werden Vertreter der AG „Ökologischer Umbau" einbezogen, z. B. in der am 21. 12. 1989 gegründeten interministeriellen Arbeitsgruppe zur Förderung der ökologischen Forschung. Das Projekt ist vor seiner Vorstellung am Runden Tisch der AG „Ökologischer Umbau" vorzulegen.

2. Die Regierung sichert, daß die derzeit betriebenen ökologischen Forschungsvorhaben in allen wissenschaftlichen Einrichtungen der DDR (AdW, AdL, Hochschulen u. a.) aus dem Staatshaushalt finanziert werden und Kürzungen der Finanzmittel auf diesem Gebiet nicht zugelassen werden.

3. In Anbetracht der erkannten Erkenntnis- und Politikdefizite ist zukünftig eine überproportionale Förderung der ökologie- und umweltrelevanten Forschung, insbesondere der Vorlaufforschung zu sichern. Für diesen Zweck sind mindestens zwei Prozent der aus Abrüstung frei werdenden Mittel einzusetzen. Bei der Verteilung von Räumlichkeiten und Arbeitsmitteln zentraler MfS-/ANS-Einrichtungen in Berlin sind zu bildende Forschungsinstitutionen vorrangig zu berücksichtigen. Dies betrifft sowohl Forschungsinstitute der AdW, der AdL und andere Institutionen, darunter auch unabhängige Forschungseinrichtungen.

5. Stellungnahme zur Erklärung des Umweltministers vom 29. Januar 1990

Wir geben uns nicht zufrieden mit der Erklärung des Umweltministers vom 29. Januar, hinsichtlich der Produktion von Wasserzählern. Wir fordern sofort die Produktion von Wasserzählern zu beginnen, sie einzubauen und so der maßlosen Wasserverschwendung Einhalt zu gebieten. Den produktionsbeantragenden Betrieben ist schnellstens die Genehmigung zu erteilen.

6. Entwicklung der Umweltbedingungen in der DDR

Die Teilnehmer des Runden Tisches beschließen:

1. Der Runde Tisch nimmt die „Information zur Entwicklung der Umweltbedingungen in der DDR und weitere Maßnahmen − Basisjahr 1988" zur Kenntnis.

2. Die Regierung wird aufgefordert, das Material durch die Arbeitsgruppen „Ökologischer Umbau" und „Gesundheit" des Runden Tisches begutachten zu lassen. Sie wird aufgefordert, vor der Offenlegung der Information die von den genannten Arbeitsgruppen zu unterbreitenden Änderungs- und Ergänzungsvorschläge in das Material einzubeziehen.

7. Änderung und Ergänzung der Verfassung der DDR

Der Runde Tisch stimmt dem Vorschlag der Arbeitsgruppe „Neue Verfassung" zu Änderungen zum Beschlußantrag der Volkskammerkommission zu:

2. Der Artikel 22 wird durch Absatz 4 und Absatz 5 ergänzt:
„In der Deutschen Demokratischen Republik wohnhafte ausländische Bürger und Staatenlose haben Wahlrecht zu den Kreistagen, Stadtverordnetenversammlungen und Gemeindevertretungen."

3. Das Nähere regeln die Wahlgesetze.

§ 3

Der Artikel 54 wird wie folgt verändert:
„Die Volkskammer besteht aus 400 Abgeordneten, die vom Volke unmittelbar auf die Dauer von 4 Jahren in freier, allgemeiner, gleicher und geheimer Wahl gewählt werden."

8. Anträge neuer Parteien und Gruppierungen

Der Runde Tisch beschließt, die vorliegenden Anträge neuer Parteien und Gruppierungen nochmals an die Prioritätengruppe zur Prüfung zu überweisen.

Gleichzeitig soll eine Klärung erfolgen, in welcher Form die Möglichkeit eines Rederechtes gewährt werden kann. Der Runde Tisch beschließt keine weitere Zulassung von Anträgen neuer Parteien und Gruppierungen.

9. Nutzung der Staatsjagdgebiete und ehemaligen militärischen Sperrgebiete

Die ehemaligen militärischen Sperrgebiete und Staatsjagdgebiete waren über Jahrzehnte weitgehend vom Einfluß der Öffentlichkeit abgeschirmt. Ungewollt entwickelten sich durch diesen „Schutz" ökologisch wertvolle Zonen, die gerade in unserem dichtbesiedelten Land bisher unerkannte Gratisleistungen der Natur sichern, wie zum Beispiel eine Ausgleichswirkung im Artengefüge oder die Spende von sauberem Trinkwasser und sauberer Luft.

Die schon erfolgte oder bevorstehende unkontrollierte Öffnung dieser Gebiete für Tourismus, Naherholung, Bauwesen und finanzkräftige westliche Unternehmen bedeutet Zerstörung der Eigenarten unserer Landwirtschaft sowie ein unwiederbringliches Verlorengehen der erwähnten Gratisleistungen.

Die Teilnehmer des Runden Tisches beschließen deshalb:

1. Sicherung der schon bestehenden Naturschutzgebiete (zum Beispiel NSG Ostufer der Müritz)

2. Einstweilige Sicherung der freiwerdenden Staatsjagdgebiete und militärischen Sperrgebiete vor anderweitigen Ansprüchen, (außer jagdwirtschaftlicher Betreuung) Stopp aller laufenden und geplanten Landschaftsveränderungen, einschließlich Wasserbau und Hochbau

3. Prüfung der ökologischen Wertigkeit der betreffenden Gebiete durch eine umgehend zu bildende unabhängige Expertenkommission und schnellstmögliche Entscheidung über Schutzmaßnahmen

Es ist verfassungsrechtlich zu sichern, daß unsere Landschaft keiner unkontrollierten Privatisierung preisgegeben wird und ihr natürlicher Wert auch kommenden Generationen bewahrt bleibt.

10. Erklärung zur Demokratie und Rechtsstaatlichkeit

Der Runde Tisch gibt folgender Erklärung seine Zustimmung:

Liebe Bürgerinnen und Bürger

Zur Wahrung der demokratischen Entwicklung in unserem Land verständigten sich die Teilnehmer am Runden Tisch mit Ministerpräsident Modrow, die Volkskammerwahlen am 18. März 1990 durchzuführen.

Dies erfordert von uns allen im Bemühen um Rechtsstaatlichkeit und der Wahrung der Interessen unseres Volkes alles zu tun, damit die Vorbereitung und Durchführung der Wahl in Ruhe, Sachlichkeit und ohne Gewalt erfolgen kann.

Die am Runden Tisch vertretenen Parteien und gesellschaftlichen Gruppierungen versichern Ihnen, daß sie bei allen politischen unterschiedlichen Auffassungen die Würde des Menschen achten und sich gegen jede Gewaltanwendung gegenüber Personen und Sachen aussprechen. Jeder Bürger hat das Recht auf ein geborgenes, friedlich geschütztes Leben in unserer Gesellschaft.

Die Teilnehmer des Runden Tisches setzen das Vertrauen auf sie, in dem sie sich jeder Gewalt enthalten, Aufrufen zur Gewalt entgegentreten und keine Gewalt dulden.

Zur Sicherung der Rechtsstaatlichkeit und der Sicherheitspartnerschaft mit den Angehörigen der Volkspolizei erwarten wir, daß mit aller Konsequenz auf der Grundlage des Gesetzes über die Aufgaben und Befugnisse der Deutschen Volkspolizei mit den rechtlich zulässigen Maßnahmen und Mitteln gegen gewalttätige Handlungen vorgegangen wird.

Die politischen Kräfte unseres Landes unterstützen in Verantwortung die Tätigkeit der Polizei und bitten Sie, sich solidarisch diesem Anliegen anzuschließen.

11. Wort an die Deutsche Volkspolizei

Die Teilnehmer des Runden Tisches danken und ermutigen die Angehörigen der Deutschen Volkspolizei in Sicherheitspartnerschaft mit den politischen Kräften und Bürgern unseres Landes sich weiterhin konsequent für die Sicherheit der Menschen einzusetzen und gegen jede Gewalt mit den rechtsstaatlichen Mitteln vorzugehen.

12. Zur Vorbereitung der Volkskammerwahlen

Um die ausreichende Vorbereitung der Volkskammerwahlen abzusichern und die Chancengleichheit dabei zu gewährleisten, beschließt der Runde Tisch:

Für die Vorstände/SprecherInnen-Räte der neuen Parteien und Bewegungen, die sich an der Wahl beteiligen, ist, wo dies gewünscht wird, eine bezahlte Freistellung bis zum 18. März 1990 zu ermöglichen. Dies gilt für alle Ebenen der jeweiligen Organisation.

Die neuen Parteien und Bewegungen verpflichten sich, diese Möglichkeit nur insoweit zu nutzen (also nicht auszunutzen), wie es unbedingt notwendig ist, um die Arbeitskräftesituation im Land nicht unnötig zuzuspitzen.

Die Regierung wird beauftragt, diese Regelung so bald als möglich rechtskräftig durchzusetzen.

Ergebnisse der 11. Sitzung des Rundtischgespräches am 5. Februar 1990

1. Zur Auflösung des Amtes für Nationale Sicherheit

1.1.

Einer der Leiter der Dreiergruppe, Werner Fischer, gab einen Zwischenbericht zur Auflösung des Amtes für Nationale Sicherheit und schloß mit einem Aufruf an die Bevölkerung.

Unser Land sieht sich mit einem sehr großen Problem konfrontiert, welches – wird es nicht schnell und von uns allen gemeinsam gelöst – schwerwiegende politische Folgen haben kann.

Wir haben das alte Regime zu Fall gebracht, um demokratische Verhältnisse und Rechtsstaatlichkeit zu schaffen. Die Wahrung der Menschenrechte sollte für die radikale Umgestaltung unserer Gesellschaft oberstes Gesetz sein – und zwar für jeden. Das ehemalige MfS war eine verfassungswidrige Organisation, die Verbrechen an vielen Menschen begangen hat.

Aber: Nicht alle Stasi-Mitarbeiter waren Verbrecher und vermutlich wird es nie eine absolute Gewißheit geben, wer wieweit und in welchem Maß schuldig geworden ist.

Wir sehen, daß der Volkszorn durchaus berechtigt ist – aber nicht weiterhilft. Wenn sich weiterhin Betriebe weigern, ehemalige Stasimitarbeiter einzustellen, wenn weiter mit Streik gedroht wird, werden wir alle mit dem Problem nicht fertig.

Es gab die Forderung „Stasi in die Volkswirtschaft". Die Frage steht und muß beantwortet werden: Wie gehen wir nun mit diesen Menschen um und mit all jenen, die in welcher Form auch immer, im alten Partei- und Staatsapparat, in den Betrieben, in den Hausgemeinschaften und anderswo, direkt oder indirekt, gewollt oder ungewollt mit dazu beigetragen haben, daß dieser Repressionsapparat so funktionieren konnte.

Wir wissen es doch alle: die Verfilzung geht quer durch alle Arbeitskollektive, Freundschaften und Familien.

Wir müssen etwas tun, damit wir einander einmal ohne Mißtrauen ins Gesicht sehen können. Wir müssen lernen, mit dieser Erblast zu leben, ohne zu verdrängen und zu schnell zu vergessen.

Wenn wir Rechtsstaatlichkeit wollen, dann gilt das auch für ehemalige Stasimitarbeiter: sie sind erst schuldig gesprochen, wenn es im Einzelfall erwiesen ist.

Die Beauftragten zur Auflösung des ehemaligen ANS sind sich darin einig, daß alles getan werden muß, die Verbrecher vor Gericht zu bringen, und daß die Voraussetzungen geschaffen werden müssen, daß nie wieder eine solche Organisation die Chance hat, aktiv zu werden.

Die ehemaligen Angehörigen der Staatssicherheit dürfen selbstverständlich nicht in den Genuß von Privilegien kommen, wie Staatsrenten, Prämienzahlungen, Vorkaufsrechte von Häusern und was auch immer in dieser Richtung denkbar ist. Ich meine auch, daß die Besetzung von Leitungsfunktionen nicht unkontrolliert erfolgen darf.

Und gleichzeitig muß es allen Menschen möglich sein, unter gleichen Bedingungen ein neues Leben aufzubauen. Wenn es nicht gelingt, auch für ehemalige MfS-Mitarbeiter Rechtsstaatlichkeit zu garantieren, haben wir aus der Unsicherheit der Betroffenen ein Gewaltpotential im Land, das jede friedliche Weiterentwicklung verhindert. Wenn uns dies nicht gelingt, dann ist unser Anspruch an Demokratie gescheitert.

Wir, die Arbeitsgruppe am Runden Tisch, haben ein Teil Verantwortung für eine doppelte Aufgabe übernommen: die Auflösung und Verhinderung eines Neuaufbaus der ehemaligen Stasi und gleichzeitig die Wahrung der Menschenrechte und Menschenwürde aller Menschen dieser Gesellschaft.

Was wir heute dringend benötigen ist die Zusage aller demokratischen Kräfte hier am Tisch und stellvertretend die Zusage der Gesellschaft, daß sie hinter uns stehen, wenn wir Gerechtigkeit auch für die Menschen der ehemaligen Stasi fordern. Wir müssen die Kraft haben, auch angesichts der Opfer keine Rache, sondern Gerechtigkeit zuzulassen und das Klima der Hexenverfolgung schnellstens zu beenden.

1.2. Der Runde Tisch beschließt:

Bei der Auflösung des Ministeriums für Staatssicherheit und seiner Nachfolgeorgane ist auch dafür Sorge zu tragen, daß das Inventar dieser Einrichtungen einschließlich Büro- und Rechentechnik vorrangig dem Gesundheits- und Sozialwesen übergeben und nicht eingelagert wird.

2. Zum Wahlgesetz

1. Angesichts des vorverlegten Wahltermins zur Wahl zur Volkskammer stimmt der Runde Tisch dem zwischen der Arbeitsgruppe „Wahlgesetz" und dem zeitweiligen Volkskammerausschuß vereinbarten Terminablaufplan zu:

1. Aufruf der Volkskammer – zur Vorbereitung der Wahlvorschläge – zur Benennung von Kandidaten für die Wahlkommission der Republik	5. Februar
2. Verabschiedung des Wahlgesetzes	21. Februar
3. Bildung der Wahlkommission der Republik	21. Februar
4. Konstituierende Sitzung der Wahlkommission der Republik – Bildung der Wahlkreiskommissionen – Aufforderung zur Einreichung von Wahlvorschlägen	22. Februar
5. Abschluß der Bildung der Stimmbezirke	24. Februar
6. Abschluß der Einreichung von Wahlvorschlägen	28. Februar
7. Abschluß der Verfahren zu Beschwerden über Entscheidungen der Wahlkreiskommissionen zu Wahlvorschlägen	6. März
8. Feststellung der an der Wahl teilnehmenden Parteien und Vereinigungen und Bekanntmachung der Wahlvorschläge	9. März
9. Herstellung der Wählerverzeichnisse und Wahlbenachrichtigungen	27. Februar– 4. März
10. Vorschläge der Parteien und Vereinigungen für die Wahlvorstände	1. März
11. Auslegung der Wählerverzeichnisse	28. Februar– 10. März
12. Übergabe der Wahlbenachrichtigungen an die Wähler	bis 8. März
13. Bildung der Wahlvorstände durch die Wahlkreiskommissionen	bis 8. März
14. Abschluß der Wählerverzeichnisse	16. März, 16.00 Uhr

2. Auf den Nachweis von mindestens 1 000 Unterschriften je Wahlkreis bei der Einreichung von Wahlvorschlägen wird verzichtet. (§ 11, Ziffer 3)

106

Statt dessen sind den Wahlvorschlägen Programm und Statut der jeweiligen Partei oder politischen Vereinigung sowie das Protokoll über die Wahl der Kandidaten in einer beschlußfähigen Mitglieder- bzw. Vertreterversammlung der Partei oder politischen Vereinigung beizufügen.

3. Die Moderatoren des Runden Tisches werden gebeten, gemeinsam mit dem Präsidium der Volkskammer Namensvorschläge für das Präsidium der Wahlkommission der Republik zu erarbeiten, so daß die Volkskammer am 21. Februar 1990 die Wahlkommission der Republik und ihr Präsidium im Einvernehmen mit dem Runden Tisch berufen kann.

4. Die am Runden Tisch vertretenen Parteien und Gruppierungen erklären, im Sinne der Chancengleichheit und eines fairen Wahlkampfes bis zum 18. März 1990 auf Gastredner aus der Bundesrepublik Deutschland und Westberlin zu verzichten.

3. Zur Wirtschaftsreform

3.1.

Der Runde Tisch schließt sich der Beurteilung der Arbeitsgruppe Wirtschaft zum Arbeitsmaterial der AG Wirtschaftsreform beim Ministerrat an:

1. Gesamtbewertung des Materials
Das vorliegende Material wird als Grundlage weiterer notwendiger Entscheidungen zur Durchführung der Wirtschaftsreform positiv eingeschätzt. Allerdings müssen wir die Regierung entschieden darauf hinweisen, daß insbesondere die vorgesehenen sozialen Maßnahmen wegen ihrer Dringlichkeit konkreter gefaßt und kurzfristig terminisiert werden.

2. Zu folgenden wesentlichen Punkten sind durch die Regierung Sofortmaßnahmen zu beschließen:

– Demokratisierung in den Wirtschaftseinheiten durch kurzfristige Schaffung der gesetzlichen Regelungen zur Mitbestimmung und Interessenvertretung;
– Die Bewahrung des Rechts auf Arbeit im Zusammenhang mit der Gewährleistung sozialer Sicherheit im Ergebnis von Strukturveränderungen in der Volkswirtschaft und durch Rationalisierungsmaßnahmen ist nach wie vor nicht ausreichend konkret mit Maßnahmen untersetzt. Die Kopplung von Arbeits-

platzsicherung und Arbeitsplatzbeschaffung muß ein Prinzip des notwendigen Strukturwandels sein. Umschulungsprogramme müssen dem Entstehen von Arbeitslosigkeit entgegenwirken. Die damit in der Regierungsvorlage beauftragten Bildungseinrichtungen müssen mit Unterstützung des Ministeriums für Bildung sofort wirksam werden. Der Runde Tisch wendet sich entschieden gegen jede Form ungesetzlicher Entlassungen. Sofern Arbeitslosigkeit unvermeidlich ist, muß eine soziale Sicherstellung gewährleistet werden. Die von Vertretern des Ministeriums für Arbeit und Löhne am 31. 1. 1990 gemachten Vorschläge (Arbeitslosenpflichtversicherung, Stärkung der Arbeitsämter, Umschulungsangebote, Vorruhestandsregelungen u. a.) wurden zur Kenntnis genommen. Ungelöst sind folgende vom Runden Tisch bereits am 3. 1. 1990 geforderten Schritte:

– Erarbeitung von staatlichen und betrieblichen Sozialplänen und Bereitstellung entsprechender Sozialfonds;
– einheitliche Regelung des Überbrückungsgeldes.

– Der Runde Tisch erwartet von der Regierung die Darlegung der Maßnahmen zur Sicherung der Geldwertstabilität und zu einer antiinflationären Politik. In diesem Zusammenhang sprechen wir uns gegen unbegründete, volkswirtschaftlich destabilisierende Einkommenserhöhungen und darauf bezogene Androhungen von wilden Streiks aus.

Zur wirtschaftlichen und sozialen Stabilisierung gehören mit der BRD und West-Berlin zu vereinbarende Regelungen zur Unterbindung grenzüberschreitender Schwarzarbeit.

– Nachdem die politischen Grundsatzentscheidungen zur Gewerbefreiheit und der Gleichberechtigung aller Eigentumsformen in der Wirtschaftätigkeit getroffen sind, müssen die dementsprechenden gesetzlichen Regelungen unverzüglich in Kraft gesetzt werden.

Regelungen zur Einbindung in die internationale Arbeitsteilung sind nach Abschluß der Joint-ventures-Gesetzgebung durch Investitionsschutz- und Niederlassungsbestimmungen dringend zu ergänzen.

– Die Forderung des Runden Tisches in der Erklärung vom 3. 1. 1990 bezüglich des Schutzes der natürlichen Ressourcen, insbesondere von Grund und Boden aller Eigentumsformen, sind im Regierungskonzept nicht enthalten. Dazu sind unabhängig vom weiteren Fortgang einzelner Maßnahmen der Wirtschaftsreform durch die Regierung Sofortmaßnahmen zur Durchsetzung des derzeit gültigen Bodenrechts als auch Vorsorgemaßnahmen zum Schutz des staatlichen wie auch priva-

ten Grundeigentums im gesellschaftlichen Interesse einzuleiten.
- Die von der Arbeitsgruppe Wirtschaft in der Beratung vom 24. 1. 90 eingebrachten Hinweise zur Beachtung ökologischer Erfordernisse im Zusammenhang mit der Vorbereitung und Durchführung der Wirtschaftsreform sind zwar enthalten, aber nach wie vor nicht ausreichend als integrierter Bestandteil des wirtschaftlichen und sozialen Gesamtkonzepts begriffen.

3.2. Der Runde Tisch beschließt in Kenntnis

- des am 29. 1. 90 gegebenen Regierungsberichtes zur ökologischen Lage,
- des ebenfalls am 29. 1. 90 bestätigten Grundlagenpapiers der AG „Ökologischer Umbau",
- der am 16. 1. 90 zwischen Bundesumweltminister Prof. Töpfer und DDR-Umweltminister Dr. Diederichs vereinbarten gemeinsamen Umweltkommissionen,
- der am 17. 1. 90 zwischen Prof. Töpfer und dem Minister für Schwerindustrie der DDR, Dr. Singhuber, behandelten Fragen zur Verringerung der Umweltbelastung, insbesondere durch Energieerzeugungsprozesse und -anlagen:

1. daß die AG „Wirtschaftsreform" beim Ministerrat aufgefordert wird, die genannten sozialen und ökologischen Erfordernisse der vorliegenden Konzeption für eine funktionsfähige Marktwirtschaft unverzüglich zuzuordnen.

2. Der Runde Tisch beauftragt die Arbeitsgruppen „Wirtschaft" und „Ökologischer Umbau" mit der kurzfristigen Erarbeitung einer Stellungnahme.

3.3. Der Runde Tisch gibt folgende Empfehlung an die Regierung:

Es sind Maßnahmen erforderlich, durch welche verhindert wird, daß in die DDR importierte Technologien und Produkte zu neuen Umweltbelastungen führen. Deshalb wird empfohlen, sofort Umweltverträglichkeitsprüfungen im Bereich der Klein- und mittelständischen Industrie einzuführen. Damit wird auch diffusen flächenhaften Umweltbelastungen vorgebeugt.

3.4.

Tausende verlassen noch immer täglich unser Land.

Dies hat eine wesentliche Ursache auch darin, daß sie „richtiges Geld" verdienen wollen.

Eine Konvertierbarkeit der DDR-Währung ist dringend nötig, um den Ausreisestrom zu bremsen.

Aus eigener Wirtschaftskraft ist die Konvertierbarkeit, in für die DDR-BürgerInnen vertretbaren Relationen, nur mittelfristig zu erreichen. Wir halten es deshalb für wichtig, über weitere geeignete Maßnahmen nachzudenken.

Angesichts dieser Tatsache beschließt der Runde Tisch:

Die Regierung der DDR wird aufgefordert, die Einberufung einer Expertenkommission mit der Regierung der BRD auszuhandeln, die die Möglichkeiten und Bedingungen für einen Währungsverband/eine Währungsunion und ihre sozialen und ökonomischen Konsequenzen und Probleme prüft.

Die am Runden Tisch vertretenen Parteien und Vereinigungen haben die Möglichkeit, Experten/Expertinnen für die Kommission zu benennen.

Die Ergebnisse der Kommission sind dem Runden Tisch zuzuleiten.

4. Zum Entwurf des „Parteiengesetzes"

4.1.

Der Runde Tisch beauftragt die Arbeitsgruppe Parteien — Vereinigungen in seiner Sitzung am 6. 2. 90, die Parteienfinanzierung zu beraten (§ 15—19 des „Parteiengesetzes"). Bei der 12. Sitzung des Runden Tisches soll das Ergebnis zusammen mit dem Stand der Beratungen im Ministerrat zum „Parteiengesetz" vorgelegt werden.

4.2.

Aufgrund einer Erklärung der Arbeitsgruppe „Parteien- und Vereinigungsgesetz" wendet sich der Runde Tisch an das Präsidium der Volkskammer und den Ministerrat mit der Aufforderung, Maßnahmen der Überprüfung in einem rechtsstaatlichen Verfahren einzuleiten im Zusammenhang mit der Bildung eines Kreisverbandes der Republikaner in Leipzig. Es besteht der Verdacht des Verstoßes gegen die Verfassung der DDR, insbesondere gegen Artikel 6, Absatz 5.

Auch die in der Arbeitsgruppe diskutierten Grundsätze eines künftigen Parteiengesetzes, wonach die

„Gründung und Tätigkeit von Parteien, die militaristische oder faschistische Ziele verfolgen oder der Verbreitung und Bekundung von Glaubens-, Rassen- und Völkerhaß dienen oder durch Androhung von Gewalt zu verwirklichen suchen . . ."

verboten ist, lassen es notwendig erscheinen, die Positionen der Republikaner dahingehend zu überprüfen.

5. Zum Kernkraftwerk Greifswald

Nach Anhörung der zuständigen Gremien stellt der Runde Tisch eine Entscheidung über das weitere Vorgehen im Blick auf die Blöcke 1—4 des Kernkraftwerkes Greifswald zurück bis zum Vorliegen der Gutachten zweier unabhängiger Expertenkommissionen.

6. Anträge auf Neuzulassungen

Der Runde Tisch beschließt, die Zahl der Beobachter wird für die im Beobachterstatus zu belassenden Parteien und Gruppierungen grundsätzlich auf je einen beschränkt.

Zu Beginn jeder Sitzung haben die Beobachter die Möglichkeiten zu einzelnen Tagesordnungspunkten, von deren Sachinhalt sie besonders betroffen sind, ein zeitlich begrenztes Rederecht zu beantragen. Darüber wird bei der Feststellung der Tagesordnungen im einzelnen beschlossen.

Die Parteien und Gruppierungen, die bis zum 5. 2. 1990 den Antrag auf Zulassung gestellt haben, erhalten die Möglichkeit, in einer vom Runden Tisch festzulegenden Reihenfolge ihre Zielsetzungen in jeweils 10 Minuten vorzustellen.

Unter diesen Voraussetzungen sind als Beobachter zugelassen:
Deutsche Soziale Union (DSU)
Deutsche Forumspartei (DF)
Freie Demokratische Partei (FDP)
Unabhängige Volkspartei
Runder Tisch der Jugend
Europaunion der DDR

Der erneute Antrag der Nationalen Bürgerbewegung auf Zulassung zum Runden Tisch wird wiederum mit dem Hinweis abgelehnt, daß die Bürgerkomitees über viele andere Organisationen am Runden Tisch zu Wort kommen können. Der Antrag der Nelken (marxistische Partei) wird abgelehnt, da die Nelken in der Vereinigten Linken vertreten sind.

Der Verband der Berufssoldaten und der Verband der Kleingärtner, Siedler und Kleintierzüchter wird nicht zugelassen. Es wird ihnen aber die Möglichkeit eröffnet, zu Sachthemen im Gaststatus zu einzelnen Tagesordnungspunkten an der Beratung des Runden Tisches teilzunehmen.

Die Anträge der DSU, der Deutschen Forumspartei, der FDP und des DFD auf Umwandlung des Beobachterstatusses in volle Teilnahme am Runden Tisch sind mit diesen Entscheidungen abgelehnt.

7. Zur Lage der Kinder und Jugendlichen

Der Runde Tisch bittet die Regierung, bis Anfang März durch einen Beauftragten einen Bericht zur Lage der Kinder und Jugendlichen in unserem Land vorzulegen.

In diesem Bericht sind konkrete Aussagen zu treffen:

- zur Lage der Altersgruppen und ihren Besonderheiten, die bisher ausgespart wurden
- zur Lage der behinderten Kinder und Jugendlichen
- zur Lage der psychisch bzw. physisch geschädigten Kinder und Jugendlichen
- zur Lage der Heimkinder, Kinder und Jugendlichen in Jugendwerkhöfen
- zur Lage der Jugendlichen in Wohnheimen und Internaten
- zur Lage der Verbreitung rechtsextremer Positionen unter der Jugend
- zur Lage der Mädchen und jungen Frauen
- zur Lage weiterer sogenannter Randgruppen, dazu gehören u. a. Kinder und Jugendliche von Alleinerziehenden, sozial schwachen Familien, sowie zur Lage der Homosexuellen
- zur Lage der Kinder ethnischer Minderheiten.

Hierbei erfordern besondere Berücksichtigung zu Problemen

- der Gewalt gegen Kinder und Jugendliche
- Materiellen Absicherungen, z. B. der Heimkinder bei Abbau der Subventionen

- der Wohnraumversorgung der Jugend
- den speziellen räumlichen Ansprüchen der Behinderten und Geschädigten in allen Lebensbereichen
- kinderfeindlichen Lebensräumen, die aus ökonomischen Zwängen abgeleitet wurden, z. B. Schultypenbauten oder Heimtypenbauten, die sowohl Altersheim, Gesundheitseinrichtung als auch Kinderheim darstellen.

Gleichzeitig muß eine Offenlegung aller Untersuchungsergebnisse aller Institute und Akademien zu diesen Fragen erfolgen.

8. Ausländerfragen

8.1. Auf Vorschlag der Arbeitsgruppe Ausländerfragen beschließt der Runde Tisch:

1. Die Regierung wird gebeten, sofort einen Ausländerbeauftragten beim Ministerrat zu benennen, der mit Hilfe einer von ihm berufenen Kommission Schutz- und Beratungsfunktion für alle in der DDR lebenden Ausländer wahrnehmen soll. Dies ist umgehend erforderlich, da in einer Situation wachsender Ausländerfeindlichkeit und unklarer Rechtslage Verunsicherungen und Ängste der Ausländer zunehmen. Deshalb ist zur Wahrung der Menschenrechte diese zusätzliche Garantie unbedingt zu sichern.

2. Die Aufgaben des Ausländerbeauftragten sollten daher insbesondere sein:

- die Organisierung von Koordination, Information, von sozialer, psychologischer und rechtlicher Beratung sowie Verfahrenshilfe
- Förderung gezielter Öffentlichkeitsarbeit zu Problemen der Ausländer in der DDR
- die Mitwirkung an der Ausarbeitung grundlegender, die Belange der Ausländer tangierender Rechtsvorschriften
- die sofortige Ergreifung von vertrauensbildenden Maßnahmen, z. B. Telefon des Vertrauens.

3. Zur Lösung dieser Aufgaben hat der Ausländerbeauftragte das Recht und die Pflicht, auf zentraler und kommunaler Ebene Kommissionen zu bilden. Er hat ferner das Recht, von allen staatlichen Organen Auskunft über Ausländer betreffende Angelegenheiten zu verlangen.

4. In Fällen der zwangsweisen Beendigung des Aufenthaltes von Ausländern hat der Ausländerbeauftragte das Recht, den Vollzug der Entscheidung bis zur endgültigen Klärung auf dem Rechtsweg auszusetzen. Entsprechendes gilt auch für andere staatliche Entscheidungen, die in schwerwiegender Weise in das Leben der betroffenen Ausländer eingreifen. Der Ausländerbeauftragte hat ein eigenes Rechtsmittelrecht.

5. Der Ausländerbeauftragte hat die Pflicht, die Volkskammer regelmäßig über die Situation und die Probleme der in der DDR aufhältigen Ausländer zu informieren.

6. Die Arbeitsgruppe ist bereit, Personalvorschläge für den Beauftragten und die Kommission zu unterbreiten.

8.2.

Der Runde Tisch beschließt, die Bitte der Arbeitsgruppe Ausländer nachdrücklich zu unterstützen, zwei Vertreter der Arbeitsgruppe in den Rechtsausschuß der Volkskammer entsenden zu können. Dazu sind entsprechende Nominierungen beschlossen worden (Dr. sc. Rainer Kosewähr). Der Runde Tisch bittet den Präsidenten der Volkskammer, zwei Vertreter der Arbeitsgruppe Ausländer möglichst umgehend zu den Sitzungen des Rechtsausschusses der Volkskammer mit beratender Stimme einzuladen.

Im Rahmen ihrer langfristigen Arbeitsplanung hat die Arbeitsgruppe Ausländer festgestellt, daß die rechtlichen und praktischen Fragen einer neuen Ausländerpolitik als eine grundsätzliche Dimension unserer Gesellschaft in einer ganzen Auswahl jetzt zu verhandelnder Gesetzesentwürfe bedacht werden muß. Um nicht immer wieder genötigt zu sein, zu vorliegenden Entwürfen Stellung zu beziehen, ist es nötig, direkt im Rechtsausschuß der Volkskammer mitzuarbeiten.

Ergebnisse der 12. Sitzung des Rundtischgespräches am 12. Februar 1990

1. Positionen des Runden Tisches für die Verhandlungen am 13./14. Februar 1990 in Bonn

1. Zur Lage

– Die politisch Verantwortlichen beider deutscher Staaten müssen der gemeinsamen nationalen Verantwortung jetzt nachkommen.
Sie müssen in der gegenwärtig komplizierten Lage, die durch rasche Destabilisierung gekennzeichnet ist, ein Höchstmaß an politischer Vernunft an den Tag legen und dürfen sich nicht von Emotionen leiten lassen. Die politische Entwicklung muß unter Kontrolle gehalten werden und für die Bürger der beiden deutschen Staaten durchschaubar bleiben.
– Der Runde Tisch erwartet, daß die BRD als ökonomisch und politisch stärkerer Partner des Einigungsprozesses jetzt alles unternimmt, um einer weiteren Destabilisierung der Lage in der DDR entgegenzuwirken und zu ihrer Beruhigung beiträgt. Es ist offensichtlich, daß manche Kräfte in der BRD gegenwärtig Kurs auf eine bewußte Verschärfung der Probleme in der DDR nehmen.
Das liegt unseres Erachtens auch nicht im Interesse der BRD.
– Gegenwärtig geht es vor allem darum, daß die DDR-Bürger im Lande bleiben.
Der Runde Tisch erwartet deshalb, daß vom Treffen der beiden Regierungschefs klare Impulse für eine Verbesserung der Lebensbedingungen in der DDR ausgehen.

2. Ökonomische Schritte auf dem Weg zur Einheit

– Der Runde Tisch vertritt den Standpunkt, daß wir in der DDR in erster Linie unserer eigenen Verantwortung zur Erhöhung der Leistungsfähigkeit unserer Wirtschaft nachkommen müssen. Das erfordert eine zügige und konsequente Realisierung der Wirtschaftsreform.
Sichtbare Ergebnisse im Interesse der Menschen können aber nur erreicht werden, wenn die BRD jetzt den bereits in Dres-

den besprochenen Solidarbeitrag leistet. Wir betrachten einen Beitrag in Höhe von 10 bis 15 Milliarden DM für angemessen, und dies sofort, unabhängig von allen weiteren Verhandlungen.
Der Runde Tisch spricht sich für die Schaffung einer gemeinsamen deutschen Kommission aus, die umgehend Vorschläge für die Verwendung dieser Mittel erarbeitet.

– Im Ergebnis seiner bisherigen Arbeit besteht der Runde Tisch darauf, daß kurzfristig eine Expertenkommission aus beiden deutschen Staaten Mögiichkeiten, Bedingungen und Auswirkungen einer Währungsunion oder eines Währungsverbundes prüft und danach offenlegt.
Die Regierung wird deshalb nicht legitimiert, jetzt schon eine Währungsunion oder einen Währungsverbund zu vereinbaren, weil jede überstürzte Regelung zum Schaden beider deutscher Staaten wäre. Bevor solche Vereinbarungen geschlossen werden, müssen alle Modalitäten sowie Vor- und Nachteile in einem breiten gesellschaftlichen Rahmen gründlich beraten werden.

– Einer vorschnellen Preisgabe der Finanzhoheit der DDR stimmt der Runde Tisch nicht zu.

– Der Runde Tisch fordert, alle Maßnahmen zur Lösung der anstehenden Währungs- und Wirtschaftsfragen mit einer sozialen Absicherung der Bevölkerung der DDR zu verbinden. Dazu ist die sofortige Erarbeitung einer Sozialcharta erforderlich, die die sozialen Standards für die Bürger und -innen unseres Landes sichert. Sie soll die Grundlage für die Ergänzung eines Wirtschafts- und Währungsverbundes durch einen Sozialverbund bilden.
Der Runde Tisch spricht sich weiterhin für die schnelle Inkraftsetzung eines Gewerkschaftsgesetzes, die Schaffung rechtlicher Regelungen für Betriebsräte, ein Bodengesetz und ein Genossenschaftsgesetz aus, das insbesondere die Eigentums- und sozialen Rechte der Bauern sichert.

3. *Politische Schritte zur deutschen Einheit*

– Ausgehend von den in Dresden zwischen Ministerpräsident Modrow und Bundeskanzler Kohl geführten Verhandlungen fordert der Runde Tisch, allen weiteren politischen Entscheidungen ein Konzept des stufenweisen und vertraglich geregelten Zusammenwachsens der beiden deutschen Staaten zugrundezulegen.

116

- Der Runde Tisch tritt für die Schaffung eines Gemeinsamen Deutschen Rates zur Regelung des Einigungsprozesses ein. Das wäre ein wichtiger Schritt zur deutschen Einheit, der bereits jetzt getan werden könnte.

4. *Deutsche Einheit − europäische Sicherheit*

- Der Runde Tisch vertritt die Auffassung, daß der Prozeß der Herstellung der deutschen Einheit in den europäischen Annäherungsprozeß eingeordnet bleiben muß und sowohl die Interessen der Vier Mächte als auch die aller europäischen Völker berücksichtigt.
Diese Wechselwirkung ist zu bewahren. Der Prozeß der deutschen Vereinigung darf nicht durch eine künstliche Überhitzung vom europäischen Prozeß getrennt werden. Er muß die Schaffung einer europäischen Friedensordnung fördern.
- Der Runde Tisch bittet die Regierungen beider deutscher Staaten, sich für die Einberufung einer Konferenz der Siegermächte des 2. Weltkrieges unter gleichberechtigter Teilnahme der DDR und der BRD zum frühstmöglichen Termin einzusetzen. Diese Konferenz müßte wesentliche Vorarbeiten für die nächste KSZE-Konferenz, insbesondere in bezug auf den deutschen Einigungsprozeß, leisten.
- Der Runde Tisch hält es für geboten, das im europäischen Entspannungsprozeß bisher Erreichte zu bewahren und unterstützt die Forderung nach einem zweiten KSZE-Gipfel spätestens im September dieses Jahres, um den europäischen Prozeß zu beschleunigen.
Ein entsprechender Vorschlag sollte von beiden deutschen Regierungen gemeinsam eingebracht werden.
- Der Runde Tisch unterstützt die Pläne und Vorschläge für ein Auseinanderrücken der Blöcke, für eine entmilitarisierte Zone in Mitteleuropa, für eine Truppenreduzierung der nationalen Kontingente und für den Abzug ausländischer Streitkräfte von deutschem Boden.
Der Runde Tisch wendet sich gegen jeden Versuch der direkten oder indirekten Ausdehnung der NATO auf das Gebiet der heutigen DDR.
Er tritt dafür ein, daß die Regierungen und Parlamente beider deutscher Staaten nach der Volkskammerwahl vom 18. 3. 1990 eine gemeinsame Erklärung zur Anerkennung und Sicherheit der gegenwärtig bestehenden Grenzen zu den europäischen Nachbarstaaten abgeben.

117

– Der Runde Tisch macht darauf aufmerksam, daß die DDR wichtige außenpolitische Erfahrungen einbringen kann, die für eine Brückenfunktion zwischen Ost und West von Bedeutung sein können. Das umfangreiche Potential ökonomischer, wissenschaftlicher, kultureller Beziehungen mit den osteuropäischen Ländern sollte genutzt werden.

Standpunkt der Initiative Frieden und Menschenrechte, Vereinigte Linke, Grüne Partei, Unabhängiger Frauenverband, Demokratie jetzt zum Punkt 4, 3. Anstrich der Positionen des Runden Tisches für die Verhandlungen zwischen Ministerpräsident Modrow und Bundeskanzler Kohl am 13./14. Februar 1990

Die beiden deutschen Staaten setzen sich im Prozeß ihrer Annäherung an die Spitze der Initiativen für militärische und politische Entspannung in Europa. Sie orientieren beide auf schnelle Entmilitarisierung ihrer Staatsgebiete, um die Auflösung der Blöcke im Gefolge der europäischen Entspannung voranzutreiben, und damit die Voraussetzung für einen Bund beider deutscher Staaten zu schaffen.

In diesem Zusammenhang ist in die Verhandlungen der KSZE-Nachfolgekonferenz der Vorschlag beider deutscher Staaten einzubringen, sich für eine Konferenz der Siegermächte des 2. Weltkrieges unter gleichberechtigter Teilnahme der DDR und der BRD einzusetzen. Deren Ziel soll der Abschluß eines Friedensvertrages sein, der die gegenwärtigen Grenzen beider deutscher Staaten zu ihren Nachbarn garantiert, den Abzug aller ausländischen Truppen aus Deutschland vorsieht und die Vereinigung beider Staaten völkerrechtlich ermöglicht.

Anlage 1

Sehr geehrter Herr Ministerpräsident!

Der Runde Tisch bittet Sie, bei Ihren Gesprächen mit Herrn Bundeskanzler Kohl mit einzubeziehen, wie im Rahmen des angestrebten Vertragswerkes ein Energiekonzept, einschließlich eines Vertrages zur Energieversorgung in Kraft treten kann. Zu diesem Zwecke wird die Bildung einer gemeinsamen Energiekommission vorgeschlagen, die bereits Anfang März ihre Tätigkeit aufnimmt. Sie erarbeitet ein Soforthilfeprogramm für die DDR und ein langfristiges Programm, das sich einpaßt in eine europäische Energiekonzeption.

Im Interesse der Bürger der DDR, des Umweltschutzes und insbesondere der Erhaltung der Kulturlandschaft Lausitz bitten wir Sie, Ihren Einfluß geltend zu machen.

118

vorgelegt von der Partei des Demokratischen Sozialismus, Kommission Umweltpolitik

Anlage 2

Offener Brief

An den Bundeskanzler der Bundesrepublik Deutschland Herrn Dr. Helmut Kohl

Sehr geehrter Herr Bundeskanzler!

Die bevorstehenden Gespräche zwischen Ihnen und dem Ministerpräsidenten der DDR werden von der Bevölkerung unseres Landes mit einer hohen Erwartungshaltung hinsichtlich greifbarer Ergebnisse für den Ausbau einer Vertragsgemeinschaft verfolgt. Der Wunsch vieler Bürgerinnen und Bürger, mit der deutschen Einigung zum europäischen Prozeß beizutragen, ist mit der Hoffnung auf eine Verbesserung der wirtschaftlichen Situation, aber auch mit der Sorge um die Gefährdung sozialer Sicherheiten verbunden.

Da Sie in Ihren Vorstellungen offensichtlich von einer baldigen Vereinigung beider deutscher Staaten ausgehen, bitten wir Sie, im Zuge der Gespräche mit Ministerpräsident Modrow, Ihre Positionen zu folgenden Fragen zu benennen.

Welche Gewähr auf rechtliche Garantien haben die Bürgerinnen und Bürger der DDR in einem sich einigenden Deutschland?

1. für den Schutz persönlichen Eigentums (z. B. Eigenheime, Wochenendhäuser, Kleingärten) auf heute volkseigenem Grund und Boden

2. für die Gültigkeit von Mietverträgen in kommunal verwalteten und heute volkseigenen Wohnungen

3. für Renten für alle Bürgerinnen und Bürger der heutigen DDR

4. der gegenwärtig gültigen Regelungen zum Schutz von Eltern und Kind

5. der in der DDR geltenden Regelung zur Schwangerschaftsunterbrechung

6. des kommunalen Wahlrechts für ausländische Mitbürgerinnen und Mitbürger

7. für das den Bauern im Zuge der Bodenreform übergebene Land

8. der Achtung der durch Volksentscheid erfolgten Enteignung von Nazi- und Kriegsverbrechern

9. für den staatlich finanzierten und garantierten freien Zugang zur Bildung und Gesundheitswesen für alle

10. für eine Beibehaltung des Rechts auf Arbeit als ein Grundwert einer wahrhaft sozialen Gesellschaft?

Die Antworten auf diese Frage sind unseres Erachtens von Bedeutung für eine sachliche und überlegte Entscheidung der Bürgerinnen und Bürger über die Zukunft unseres Landes.

vorgelegt von der Partei des Demokratischen Sozialismus

Anlage 3

Gegenstand der Gespräche zur Vorbereitung weiterer Vereinbarungen zwischen der DDR und der BRD sollten auch sein:

Rechtliche Festlegungen zur gegenseitigen Anerkennung von Schulzeugnissen, Fach- und Hochschulabschlüssen, wissenschaftlichen Graden, anderweitigen Qualifizierungsmerkmalen sowie Berufsbezeichnungen.

vorgelegt von der Liberal Demokratischen Partei

Anlage 4

Wenn eine Wirtschafts- und Währungsunion über eine Vertragsgemeinschaft DDR-BRD unumgänglich ist, dann wird sie von den Gewerkschaften an folgende grundlegende Bedingungen geknüpft.

1. Der Wirtschafts-, Währungs- und Verkehrsverbund muß einen Sozialverbund einschließen, der die Grundrechte der Werktätigen auf Arbeit und soziale Sicherung gewährleistet und sozial Schwächere, insbesondere Rentner, Kinder, Behinderte nicht ausgrenzt. Die Rechtsangleichung muß dieser Forderung genügen.

2. Die Gewerkschaften fordern Garantien dafür, daß die durch die Artikel 44 und 45 der Verfassung der DDR, die im Arbeitsgesetzbuch und im Gewerkschaftsgesetz (vorbehalten der Beschlußfassung durch die Volkskammer noch vor dem 18. 3. 1990) und weiteren Rechtsvorschriften festgeschriebenen Mitbestimmungsrechte der Gewerkschaften nicht demontiert werden.

3. Vor dem Abschluß der Vertragsgemeinschaft sind alle ökonomischen und sozialen Vor- und Nachteile der Regelungen für Bürger/innen der DDR und BRD offenzulegen. Die Bürger müs-

sen in die Lage versetzt werden, in vollem Bewußtsein der Auswirkungen, erforderlichenfalls in einer Volksabstimmung zu entscheiden.

Ausgehend von diesen grundlegenden Forderungen, halten die
Gewerkschaften für unverzichtbar und vordringlich, daß

- den Arbeitenden und ihren Gewerkschaften die Mitwirkung
  bei der Gestaltung effektiver Produktions- und Arbeitsstruk-
  turen, bei volkswirtschaftlichen und betrieblichen Struktur-
  entscheidungen, Rationalisierungsmaßnahmen sowie bei allen sich daraus ergebenden sozialen, lohn- und arbeitsrechtlichen Maßnahmen garantiert wird;
- die qualifizierte Mitbestimmung der Gewerkschaften in gesellschaftlichen Aufsichtsräten bzw. Wirtschafts- und Sozialräten
  bei Veränderung der Eigentumsverhältnisse, bei der Auflösung des Betriebes, von Betriebsteilen und -abteilungen sowie
  bei Stillegungen oder Teilstillegungen gesichert wird und die
  Beschäftigten (Arbeitnehmer) auf sozialem und lohnrechtli-
  chem Gebiet vor unvertretbaren Auswirkungen geschützt
  werden;
- mögliche Arbeitslosigkeit durch Arbeitsbeschaffungs- und
  Umschulungsprogramme, Verkürzung der Tages-, Wochen-
  und Lebensarbeitszeit sowie durch Vorruhestandsregelungen
  eingegrenzt wird;
- Es geht um einen funktionierenden Zyklus, Freisetzung
  − Umschulung − Wiedereinsatz, für den Staat und Unternehmen finanzielle Verantwortung tragen;
- das Recht auf Mitbestimmung, Mitentscheidung und Kontrolle bei der Verwendung der betrieblichen Fonds der Arbeits-
  und Lebensbedingungen in Betrieben/Unternehmen aller Eigentumsformen gesichert wird. Dies hat in Betriebskollektiv-
  verträgen bzw. Betriebsvereinbarungen zu geschehen;
- beim Verbund der Währungen der DDR und der BRD keine,
  das Lebensniveau der DDR-Bevölkerung absenkenden Folgen
  eintreten.

Weitere Schwerpunkte des Wirtschafts- und Sozialverbundes
müssen sein:

- Die kostenlose Lehr-, Berufs- und Fachschulausbildung, unabhängig vom sozialen Status, einschließlich der Gewährung
  von Stipendien;
- die Sicherung kostenloser Gesundheitsfürsorge und Kranken-
  betreuung;

121

- die Beibehaltung des Grundrechts auf Wohnung und Sicherung eines wirksamen Mieterschutzes;
- Erhaltung aller Einrichtungen zur sozialen Betreuung der Kinder (Kinderkrippen/-gärten, Schulhorte, Schülerspeisung sowie Freizeiteinrichtungen).
- Reform des Rentensystems bei gegenseitiger Anerkennung ehrlich erworbener Renten- und Versicherungsansprüche;
- gegenseitige Anerkennung von Bildungs- und Qualifizierungsabschlüssen.

Zur Gewährleistung der hier erhobenen Forderungen zur Verwirklichung eines möglichen Währungs-, Wirtschafts- und Sozialverbundes erklärt der FDGB seine Absicht, eng mit dem DGB zusammenzuwirken.

vorgelegt vom Freien Deutschen Gewerkschaftsbund

Anlage 5

Ein Drittel der Bevölkerung der DDR wohnt auf dem Land, 800 000 Bauern und Gärtner sowie 27 000 Werktätige der BHG fordern klare Zukunftschancen ein.

Deshalb sind wir dafür:
- bis zum 18. 3. 1990 und auch für weitergehende Verhandlungen sollten keine übereilten Schritte gegangen werden, die die bisherige Struktur in der Landwirtschaft sowie das erreichte Niveau in der Versorgung gefährden könnten,
- ein Stufenprogramm zur weiteren Entwicklung der Landwirtschaft, das überschau- und kontrollierbar für die Bauern ist,
- Maßnahmen einzuleiten, die sofort wirksam werden können, wie z. B. die Bereitstellung von fehlenden Ersatzteilen für die Landtechnik, von Pflanzenschutzmitteln, Kleinmechanismen, Spezialtechnik und Technik für die Nahrungsgüterwirtschaft,
- aus dem auszuhandelnden Solidarbeitrag der BRD einen angemessenen Anteil für die Stabilisierung und Entwicklung der Landwirtschaft der DDR einzusetzen.

Ein sehr klares Wort muß zur gesamten Frage des Bodenrechtes gesagt werden. Unbedingt berücksichtigt werden sollten dabei:

- die Anerkennung der Bodenreform
- die Sicherung der Gemeinnützigkeit des Bodens
- die Erhaltung der *überwiegend* genossenschaftlichen Bewirtschaftung des Bodens.

Für den bevorstehenden Beitritt zur EG fordern wir:

1. ein langfristiges Stufenprogramm, in dem Strukturen geschaffen werden, die uns die Wettbewerbsfähigkeit in der Landwirtschaft garantieren,

2. die Bereitstellung von Mitteln aus dem Staatshaushalt für gezielte Maßnahmen zur Gewährung der Chancengleichheit und Berücksichtigung der Differenziertheit der natürlichen Produktionsbedingungen,

3. die soziale Absicherung freiwerdender Arbeitskräfte in der Landwirtschaft.

vorgelegt von der Vereinigung der gegenseitigen Bauernhilfe

Anlage 6

Erklärung in Vorbereitung der Verhandlungen von Ministerpräsident Modrow und Bundeskanzler Kohl

Die Regierung Modrow ist abseits der üblichen diplomatischen Wege über Medien davon informiert worden, daß die Bundesregierung von einer Verhandlungsgrundlage ausgeht, die nicht mehr identisch ist mit dem, was in Dresden und Davos als Übereinstimmung galt. Vielmehr wird davon ausgegangen, daß sofort eine Währungsunion auf DM-Basis unter der Hoheit der Bundesbank herbeizuführen sei.

Dieses Verfahren der Information ist gegenüber einer zu Verhandlungen eingeladenen Regierung um so auffallender, als im Unterschied hierzu gegenüber der Regierung Honecker-Mittag-Stoph der protokollarische Weg stets sorgfältig beachtet worden ist.

Im Gegensatz hierzu sieht sich die Regierung Modrow immer neuen Versuchen gegenüber, sie innenpolitisch dadurch zu diskreditieren, daß man ihr nachsagt, sie sei es, die durch ihr Zögern wirtschaftliche Hilfe für die DDR behindere.

Sie sieht sich einer psychologischen Kampagne gegenüber, die mit mehrdeutigen Mitteilungen die Kreditwürdigkeit und Zahlungsfähigkeit des Landes in Zweifel zu ziehen versucht, eine Instabilität zu konstatieren, die sogar den Termin der ersten demokratischen Wahlen unseres Landes nach 40 Jahren am 18. 3. 1990 in Frage stelle. Die vor uns liegenden Verhandlungen sind durch Vorgänge erheblich belastet worden. Zur Frage der Währungsunion sei folgendes festgestellt: Es muß auch in unserem Land alles geschehen, um die Selbstorganisationskräfte der Wirtschaft von allem schädlichen Dirigismus freizusetzen, damit auch Produzenten und Konsumenten der DDR an dem heute erreichbaren Höchstniveau der Marktwirtschaft Anteil bekommen. Markt –

das aber kann nur Partnerschaft von Gleichberechtigten sein. Wie ist es damit in Einklang zu bringen, wenn dieses Land, das die Hauptlast der bedingungslosen Kapitulation von 1945 getragen hat, jetzt von Ministerpräsident Späth/CDU, abermals zur bedingungslosen ökonomischen Kapitulation aufgefordert wird oder von Herrn Mischnick, FDP, angekündigt bekommt eine „antisozialistische Marktwirtschaft ohne Wenn und Aber". Das klingt ganz so, als ob DDR-Bürger und -Bürgerinnen noch sehr viel mehr zu verlieren haben als die neulich erwogene Abschaffung der Schulspeisung.

Eine Währungsunion in dem genannten Sinn kann nur dann ohne Massenarbeitslosigkeit, Mietspekulation, Infragestellung von Sparguthaben eingeführt werden, wenn sie mit einem sozialen Abstützungsprogramm kombiniert wird, das aus drei Hauptbereichen bestehen muß:

Es ist zu sichern, daß
- alles Eigentum an Grund und Boden sowie an Immobilien, Produktionsstätten und -mitteln im Besitz von privaten, genossenschaftlichen oder gesellschaftlichen Eigentümern in der DDR verbleibt.
  Über zwangsweise „Arisiertes" Eigentum soll gesondert befunden werden. Das muß Gültigkeit auch nach einem finanz- und wirtschaftspolitischen Anschluß der DDR an die BRD haben.
- Die Mieten, die Kosten für soziale, pädagogische und medizinische Leistungen sowie alle anderen Dienstleistungen und alle Preise nur dann erhöht werden können, wenn zugleich die Löhne, Gehälter, Renten und Stipendien angehoben werden.
- die Sparguthaben der Bürger/innen in voller Höhe gesichert bleiben und die Ansprüche aus Rentenversicherungen und Versicherungen gewährleistet sind.

Angesichts der auch von anderer Seite – FDGB, DBD, VdgB – unterstrichenen Bedeutung der Sicherstellung des Eigentumsrechts füge ich die persönliche Erklärung hinzu. Ich trete dafür ein, daß der Runde Tisch die Einrichtung einer Treuhandstelle zur Sicherung der Rechte der DDR-Bevölkerung am Gesamtbesitz des Landes beschließen möge. Diese Treuhandstelle sollte das Recht erhalten, Besitzrechte in Form von urkundlich verbrieften Anteilen auszugeben.

Wir gehen davon aus, daß alle, denen ein friedlicher und rechtsstaatlicher Verlauf des deutschen Einigungsprozesses am Herzen liegt, die Regierung Modrow bei ihren Bemühungen un-

terstützen, Würde und Rechte der DDR-Bürger und -Bürgerinnen zu verteidigen und zu sichern.
Minister Dr. Ullmann

Anlage 7

Die Grüne Partei erwartet, daß bei den Bonner Verhandlungen gerade auch Fragen des Umweltschutzes behandelt werden. Unsere Lebensgrundlage können wir nur gemeinsam bewahren — wir schlagen deshalb Verhandlungen über UMWELTPARTNERSCHAFTEN beispielsweise zur gemeinsamen Sanierung der Elbe und zur Rettung der Altstädte vor. Ein konkreter Schritt könnten weitergehende Vereinbarungen über einen gemeinsamen Umweltfonds für diese Aufgaben sein.
vorgelegt von der Grünen Partei

Anlage 8

Mit den Festlegungen zur Transitpauschale für den Zeitraum 1991—1999 wurden gleichzeitig am 5. 10. 1988 Regelungen und Vereinbarungen zwischen der DDR und der BRD getroffen, die in großem Umfang für den gleichen Zeitraum Grunderneuerungen von Autobahnteilstrecken vorsehen bzw. die Neueinrichtung einer Autobahnverbindung in das Gebiet von Berlin (West). Für beide Leistungen zahlt die Bundesregierung in 10 Jahren jährlich 30 Mio DM.
Der Autobahnzubringer Großbeeren-Schichauweg mit der vorgesehenen Trassenführung durch die Marienfelder Mark ist ökologisch nicht zu vertreten.
Mit der Öffnung weiterer Grenzübergänge nach Westberlin seit dem 9. 11. 1989 ist der Autobahnzubringer zum Schichauweg verkehrlich nicht erforderlich und verkehrsökologisch nicht zu vertreten. Laut Information des Ministeriums für Verkehrswesen vom 25. 1. 1990 sind am 13. 2. 1990 Gespräche der Beauftragten der DDR und BRD zum Autobahnzubringer Großbeeren-Schichauweg vorgesehen.
Die Grüne Partei fordert, daß bei den Regierungsverhandlungen am 13. 2. 1990 keine Entscheidungen zur Realisierung des Autobahnzubringers getroffen werden. Eine Verwendung der Mittel (300 Mio DM) für den Ausbau der Nahverkehrsnetze nach Westberlin ist dringend geboten.
vorgelegt von der Grünen Partei

2. Zur Sprachgestalt von Gesetzestexten

Der Runde Tisch fordert die Regierung auf, bei der Neufassung von Gesetzestexten die weibliche Sprachform mit zu verwenden, z. B. Bürger und Bürgerinnen.

3. Stellungnahme des Runden Tisches zum Gesetzentwurf über Parteien und andere politische Vereinigungen

Der Runde Tisch stimmt dem vorliegenden Gesetzentwurf zu.

Entwurf

Vorläufiges Gesetz über Parteien und andere politische Vereinigungen – Parteiengesetz –

vom

Zur Gründung und Tätigkeit von Parteien und anderen politischen Vereinigungen in der Deutschen Demokratischen Republik beschließt die Volkskammer das folgende Gesetz:

§ 1

(1) Dieses Gesetz regelt die Rechte und Pflichten der Bürger der Deutschen Demokratischen Republik bei der Gründung und Tätigkeit von Parteien.

(2) Dieses Gesetz gilt auch für andere politische Vereinigungen, mit Ausnahme der §§ 10, 11 und 12.

§ 2

(1) Die Bildung von Parteien erfolgt entsprechend den Grundsätzen der Vereinigungsfreiheit.

(2) Parteien sind politische Vereinigungen von Bürgern, die dauernd oder für längere Zeit in der Deutschen Demokratischen Republik auf die politische Willensbildung Einfluß nehmen und sich mit eigenen Kandidaten an Wahlen beteiligen.

(3) Grundlegende Aufgaben von Parteien sind insbesondere

– Teilnahme und Mitwirkung an der politischen Willensbildung;
– Beteiligung an Wahlen durch Aufstellung von Kandidaten;

126

- Förderung der politischen Bildung und aktive Teilnahme der Bürger am gesellschaftlichen Leben;
- Mitwirkung an der Vermittlung von Volks- und Staatswillen;
- Auswahl und Befähigung von geeigneten Mitgliedern zur Übernahme staatlicher Verantwortung.

(4) Die Parteien haben beim Präsidenten der Volkskammer

- das Programm und die Satzung (das Statut),
- die Namen der Mitglieder des geschäftsführenden Vorstandes

zu hinterlegen. Gleiches gilt für Änderungen bzw. Ergänzungen des Programms und der Satzung (des Statuts). Änderungen der personellen Zusammensetzung des geschäftsführenden Vorstandes sind umgehend mitzuteilen. Der Präsident der Volkskammer führt ein Register der Parteien. Das Parteienregister ist öffentlich und jedermann zugänglich.

(5) Eine Partei, die innerhalb von 6 Jahren nicht mit eigenen Kandidatenvorschlägen an Wahlen teilgenommen hat, wird aus dem Parteienregister gestrichen. Die Öffentlichkeit ist darüber in geeigneter Weise zu informieren. Die Fortführung der Tätigkeit einer aus dem Parteienregister gestrichenen Partei richtet sich nach den Bestimmungen des Vereinigungsgesetzes.

§ 3

(1) Die Bildung von Parteien ist frei und bedarf keiner Genehmigung.

(2) Die Gründung und Tätigkeit von Parteien, die militaristische, faschistische oder andere antihumanistische Ziele verfolgen oder der Verbreitung und Bekundung von Glaubens-, Rassen- und Völkerhaß dienen oder ihre Ziele mit Gewalt oder durch Androhung von Gewalt zu verwirklichen suchen, sind verboten.

§ 4

(1) Mitglieder von Parteien können nur natürliche Personen sein.

(2) Ausländer, die sich mit einer Aufenthaltserlaubnis oder einer Aufenthaltsgenehmigung in der Deutschen Demokratischen Republik aufhalten, können Mitglied einer Partei werden, soweit deren Satzung (Statut) nichts anderes bestimmt.

§ 5

(1) Jede Partei muß einen Namen haben, der sich von dem einer bereits bestehenden Partei deutlich unterscheidet. Gleiches gilt für eine Kurzbezeichnung, wenn eine solche verwandt wird.

(2) Der Sitz einer Partei und ihres Vorstandes müssen sich im Staatsgebiet der Deutschen Demokratischen Republik befinden.

§ 6

Soweit staatliche Organe, staatliche Betriebe und staatliche Einrichtungen Leistungen oder anderes an eine Partei gewähren bzw. einer Partei einräumen, haben alle anderen Parteien Anspruch auf Gleichbehandlung.

§ 7

(1) Jeder Partei, die sich mit eigenen Kandidatenvorschlägen an Wahlen beteiligt, ist in der Wahlvorbereitung und -durchführung Chancengleichheit zu gewährleisten. Das bezieht sich insbesondere auf

- die Nutzung von Räumen und anderen Versammlungsstätten in volkseigenen Grundstücken, soweit sich diese in Rechtsträgerschaft der örtlichen Staatsorgane befinden
- den gleichberechtigten Zugang zu und die freie Eigendarstellung in den Massenmedien in Übereinstimmung mit dem Beschluß der Volkskammer vom 5. Februar 1990 über die Gewährleistung der Meinungs-, Informations- und Medienfreiheit (GBl. I Nr. 7 S. 39)
- die gleichberechtigte Inanspruchnahme von öffentlich verwalteten Flächen zur Wahlsichtwerbung.

(2) Die Realisierung von Ansprüchen der Parteien gemäß Abs. 1 gewährleisten der Ministerrat, die zuständigen örtlichen Staatsorgane und die Leiter der staatlichen Einrichtungen durch mit den jeweiligen Parteien rechtzeitig abzuschließende Vereinbarungen, die auch Festlegungen über die im Zusammenhang mit der Wahrnehmung der Rechte entstehenden Kosten enthalten müssen.

§ 8

(1) Parteien sind unter der Voraussetzung des § 2 Abs. 4 rechtsfähig. Sie nehmen als juristische Personen am Rechtsverkehr teil.

128

(2) Für die Teilnahme der Parteien am Rechtsverkehr gelten, soweit dieses Gesetz nichts anderes festlegt, die Regelungen des Vereinigungsgesetzes entsprechend.

§ 9

(1) Jede Partei muß über ein Programm und eine Satzung (Statut) verfügen, die demokratischen Prinzipien entsprechen.

(2) Die Satzungen müssen Festlegungen enthalten über

- Namen der Partei und Kurzbezeichnung, sofern eine solche verwandt wird;
- Sitz und Tätigkeitsgebiet der Partei;
- allgemeine Gliederung der Partei;
- Zusammensetzung und Befugnisse des Vorstandes und der übrigen Organe;
- Beschlußfassung der Mitgliederversammlung bzw. Delegiertenkonferenz;
- Beginn und Beendigung der Mitgliedschaft sowie der Rechte und Pflichten der Mitglieder;
- Verfahren der Auswahl von Kandidaten der Partei für die Wahlen zu den Volksvertretungen;
- Form und Inhalt einer Finanzordnung.

Über die Einrichtung einer Schiedsgerichtsbarkeit entscheidet die Partei.

§ 10

(1) Organe der Parteien sind Mitgliederversammlungen und Vorstände. In der Satzung (im Statut) kann festgelegt werden, daß in überörtlichen Struktureinheiten an die Stelle der Mitgliederversammlung eine Delegiertenkonferenz treten kann.

(2) Die Mitgliederversammlung oder die Delegiertenkonferenz ist das oberste Organ der jeweils territorialen Struktureinheit. Sie tritt mindestens einmal in 2 Jahren zusammen. Die Mitgliederversammlung oder die Delegiertenkonferenz (Parteitag) beschließt über die Parteiprogramme, die Satzung (das Statut), die Beitragsordnung, die Auflösung und den Zusammenschluß mit anderen Parteien.

(3) Die Mitgliederversammlung oder die Delegiertenkonferenz (Parteitag) wählt den Vorsitzenden der jeweiligen territorialen Struktureinheit, seine Stellvertreter und die übrigen Mitglieder des Vorstandes.

(4) Mindestens alle 2 Jahre hat der Vorstand vor der Mitgliederversammlung oder der Delegiertenkonferenz (Parteitag) einen Tätigkeitsbericht abzugeben.

§ 11

(1) Die Partei entscheidet satzungsgemäß über die Aufnahme von Mitgliedern. Die Mitgliedschaft in einer Partei schließt die Mitgliedschaft in einer anderen aus. Allgemeine Aufnahmesperren sind unzulässig.

(2) Die Mitglieder der Partei und die Vertreter in den Parteiorganen haben gleiches Stimmrecht.

(3) Die Partei regelt in ihrer Satzung (ihrem Statut) die Disziplinarmaßnahmen gegenüber ihren Mitgliedern und die Gründe für den Parteiausschluß.

§ 12

(1) Die Vorstände leiten die Partei bzw. die territorialen Struktureinheiten der Partei. Sie vertreten die Partei im Rechtsverkehr gemäß der Satzung (dem Statut). Ihr Handeln berechtigt und verpflichtet die Partei unmittelbar.

(2) Der Vorstand handelt durch seinen Vorsitzenden; im Verhinderungsfalle durch einen gewählten Stellvertreter.

§ 13

Eine Partei kann sich durch Beschluß der Mitgliederversammlung oder Delegiertenkonferenz (Parteitag) auflösen. Gleichzeitig ist zu beschließen, an wen das Vermögen zur Nutzung für einen gemeinnützigen Zweck zu überweisen bzw. zu übertragen ist.

§ 14

(1) Die Parteien haben eine Einnahmen- und Ausgabenrechnung sowie eine Vermögensrechnung jährlich zu führen und im Finanzbericht der Partei auszuweisen.

(2) Einnahmen sind:

- Mitgliedsbeiträge und ähnliche regelmäßige Beiträge
- Einnahmen aus Vermögen
- Einnahmen aus wirtschaftlicher Tätigkeit
- Einnahmen aus Schenkungen
- Einnahmen aus Wahlkampfkostenerstattung
- sonstige Einnahmen (aufgegliedert nach Hauptpositionen).

(3) Ausgaben sind:

- Personalausgaben
- Ausgaben für politische Arbeit
- Ausgaben für Verwaltungsaufgaben
- Ausgaben für Wahlen
- sonstige Ausgaben (aufgegliedert nach Hauptpositionen).

(4) Die Vermögensrechnung umfaßt

- unbewegliche und bewegliche Grundmittel
- Umlaufmittel
- Forderungen
- Verbindlichkeiten.

5. Im Finanzbericht sind die Anzahl der beitragspflichtigen Mitglieder sowie die Wirtschaftseinheiten der Partei mit Angabe der an die Partei abgeführten Gewinne zum Jahresende auszuweisen.

§ 15

Parteien dürfen nur solche Betriebe und Unternehmen betreiben, die der politischen Willensbildung dienen. Gestattet sind auch Bildungseinrichtungen, Ferienheime und andere soziale Einrichtungen.

§ 16

Parteien sind hinsichtlich ihrer politischen Tätigkeit von Steuern befreit. Das gilt auch für die Verwaltung, Schulung und Erziehung. Unterhalten sie jedoch einen wirtschaftlichen Geschäftsbetrieb (z. B. Produktion, Handel, Dienstleistungen, Druckerei, Verlag, Erholungsobjekt), so sind sie insoweit steuerpflichtig. Für die Besteuerung der Umsätze und Gewinne sowie dieses Vermögens gelten die bestehenden steuerrechtlichen Vorschriften.

§ 17

1. Über Einzelschenkungen (Spenden) im Wert von mehr als 10 000 Mark ist innerhalb von 14 Tagen der Präsident der Volkskammer zu informieren. Dieser macht die Schenkung unter Angabe ihrer Höhe und des Spenders unverzüglich im Gesetzblatt der Deutschen Demokratischen Republik bekannt.

2. Schenkungen in Erwartung eines wirtschaftlichen Vorteils dürfen weder gewährt noch angenommen werden. Solche Schen-

kungen sind gegebenenfalls dem Präsidenten der Volkskammer zu überweisen, der sie gemeinnützigen Zwecken zuführt.

3. Eine Partei darf keine Schenkungen oder anderweitige wirtschaftliche Unterstützung von einem anderen Staat oder von außerhalb des Geltungsbereiches dieses Gesetzes annehmen.

§ 18

1. Zur Gewährleistung der Arbeitsfähigkeit der Parteien wird jeder Partei ein staatlicher Finanzierungszuschuß gewährt. Der Zuschuß wird auf Antrag der Parteien quartalsweise in angemessener Höhe gezahlt. Die Höhe des Finanzierungszuschusses für das 1. und 2. Quartal 1990 wird durch den Ministerrat im Zusammenwirken mit den Parteien und Gruppierungen des Runden Tisches festgelegt. Die im 1. Halbjahr 1990 gezahlten Zuschüsse werden in keinem Fall zurückgefordert. Diese Bestimmungen gelten nur für Parteien, die sich an den Wahlen beteiligen oder die sich bis zum 28. Februar 1990 gegründet haben und mindestens 500 Mitglieder nachweisen.

2. Die Höhe des Finanzierungszuschusses für jede Partei für das Jahr 1990 ist nach den Wahlen zur Volkskammer und den Kommunalwahlen unter Berücksichtigung insbesondere der

– Zahl der auf die Parteien entfallenen Wählerstimmen,
– Einnahmen der Parteien,
– unbedingt erforderlichen Personalkosten,
– Anzahl der Mitglieder der Partei

durch Beschluß der Volkskammer festzulegen. Dabei ist auch der besondere Bedarf der neugebildeten Parteien für die Schaffung der notwendigen personellen, materiell-technischen und organisatorischen Arbeitsvoraussetzungen zu berücksichtigen.

§ 19

1. Parteien, die sich an der Volkskammerwahl mit eigenen Wahlvorschlägen beteiligen, haben Anspruch auf eine anteilige Erstattung der Wahlkampfkosten gemäß Abs. 2.

2. Der zu bildende staatliche Wahlkampffonds beträgt 5 Mark je Wahlberechtigten. Die Erstattung der Wahlkampfkosten erfolgt anteilmäßig nach den auf die Partei oder auf ein Wahlbündnis entfallenen gültigen Wählerstimmen.

3. In Vorbereitung auf die Volkskammerwahlen können auf Antrag Abschlagszahlungen in Anspruch genommen werden.

4. Die Auszahlung der Beträge, die zur Erstattung von Wahlkampfkosten einer Partei zustehen, erfolgt durch den Präsidenten der Volkskammer.

5. Parteien, die nicht mindestens 0,25 % der gültigen Wählerstimmen auf sich vereinen, erhalten keine Wahlkampfkosten erstattet. Das gilt auch für Wahlbündnisse. Parteien, die nationale Minderheiten vertreten, erhalten in jedem Fall Wahlkampfkosten gem. Abs. 2 erstattet.

6. Abschlagszahlungen sind nach der Wahl zurückzuzahlen, soweit sie den Erstattungsbetrag gemäß Abs. 2 übersteigen oder wenn ein Erstattungsanspruch nicht entstanden ist.

7. Für die Wahlen zu den anderen Volksvertretungen werden gesonderte Regelungen getroffen.

§ 20

1. Bis zum 30. Juni eines jeden Jahres hat jede Partei öffentlich Rechenschaft über das Vermögen, die Einnahmen und Ausgaben des vergangenen Kalenderjahres zu legen. Der Bericht ist mit dem Prüfungsvermerk eines unabhängigen Revisionsorgans an den Präsidenten der Volkskammer zu übergeben.

2. Der Präsident der Volkskammer macht die Finanzberichte im Gesetzblatt der Deutschen Demokratischen Republik bekannt.

§ 21

1. Das Verbot einer Partei gemäß § 3 Abs. 2 erfolgt in einem Verfahren vor dem Großen Senat des Obersten Gerichts der Deutschen Demokratischen Republik.

2. Anträge auf Verbot einer Partei können das Präsidium der Volkskammer, der Ministerrat und der Generalstaatsanwalt der Deutschen Demokratischen Republik stellen.

3. Für das Verfahren vor dem Großen Senat des Obersten Gerichts gilt die Zivilprozeßordnung entsprechend.

4. Die strafrechtliche Verantwortlichkeit einzelner Mitglieder von Parteien bleibt vom Verbotsverfahren unberührt.

§ 22

1. Wird eine Partei entsprechend § 21 verboten, ist sie unverzüglich aufzulösen. Verantwortlich für die zur Auflösung zu ergrei-

fenden Maßnahmen sind der Minister für Innere Angelegenheiten und der Minister der Finanzen und Preise.

2. Das Vermögen der verbotenen Partei fällt an den Staat zur Verwendung für gemeinnützige Zwecke.

§ 23

Betriebe und Unternehmen, die beim Inkrafttreten dieses Gesetzes entgegen den Regelungen des § 15 Eigentum von Parteien sind, sind bis spätestens 31. Dezember 1991 in anderes Eigentum zu überführen. Ehemaliges Volkseigentum ist dabei zurückzuführen.

§ 24

Dieses Gesetz tritt mit Ausnahme des § 17 Abs. 3 am . . . in Kraft.
§ 17 Abs. 3 tritt am 1. Januar 1991 in Kraft.

Minderheitenvotum Unabhängiger Frauenverband, Grüne Partei, Vereinigte Linke

Im Widerspruch zur Mehrheit der am Runden Tisch vertretenen Gruppen und Parteien sind wir der Ansicht, daß der vorliegende Gesetzentwurf keine konsequente Trennung von Politik (Parteien) und Wirtschaft beinhaltet. Wir halten es jedoch für unbedingt notwendig, bestehende und neu entstehende Verfilzungen zwischen Parteien und Wirtschaft auszuschließen.

Deshalb schlagen wir die Änderung folgender Paragraphen des Parteiengesetzes vor:

I. § 14 (2) Die Zeile „Einnahmen aus wirtschaftlicher Tätigkeit" wird ersatzlos gestrichen.

II. § 14 (5) Die Wendung „sowie die Wirtschaftseinheiten der Partei mit Angabe der an die Partei abgeführten Gewinne" wird gestrichen.

III. § 15 wird wie folgt geändert: Wirtschaftliche Tätigkeit für politische Parteien ist untersagt.

IV. § 16 wird mit Ausnahme von Satz 1 gestrichen.

V. § 23 wird wie folgt ergänzt: Die Gewinne dieser Betriebe dürfen bis zu ihrer Rückführung nicht zur Finanzierung der Partei verwandt werden.

134

4. Stellungnahme des Runden Tisches zum Gesetzentwurf über Vereinigungen

§ 3 wurde wie folgt verändert:

1. Jeder volljährige Bürger kann Mitglied einer Vereinigung werden. Mitglieder können auch Vereinigungen oder juristische Personen sein, soweit dadurch nicht ein Zusammenschluß entsteht, der auf Erwerbstätigkeit gerichtet ist.

2. Kinder können mit Zustimmung ihrer gesetzlichen Vertreter einer Vereinigung beitreten, wenn es das Statut der Vereinigung vorsieht.

3. Jugendliche zwischen 14 und 18 Jahre können einer Vereinigung beitreten, wenn es das Statut der Vereinigung vorsieht.

4. Soweit Kinder und Jugendliche unter 18 Jahren mit Zustimmung ihrer gesetzlichen Vertreter eine rechtsfähige Vereinigung gründen wollen, muß dem Vorstand mindestens ein volljähriges Mitglied angehören.

5. Die Mitgliedschaft in einer Vereinigung ist nicht übertragbar und nicht vererblich.

6. Die Mitglieder sind berechtigt, aus der Vereinigung auszutreten.

Der Runde Tisch stimmt dem vorliegenden Gesetzentwurf mit den genannten Änderungen zu § 3 zu.

Entwurf

Gesetz über Vereinigungen — Vereinigungsgesetz —

vom

Zur Ausgestaltung der durch die Verfassung der Deutschen Demokratischen Republik garantierten Vereinigungsfreiheit und in Übereinstimmung mit der Internationalen Konvention über zivile und politische Rechte (GBl. II 1974 S. 58) wird mit dem Ziel, allen Bürgerinnen und Bürgern das gleiche Recht auf aktive Teilnahme am öffentlichen Leben und auf Verwirklichung ihrer Interessen zu sichern, folgendes bestimmt:

Grundsätze

§ 1

1. Vereinigungen im Sinne dieses Gesetzes sind freiwillige, sich selbst verwaltende Zusammenschlüsse von Bürgern zur Wahrnehmung gemeinsamer Interessen und Erreichung gemeinsamer Ziele, unabhängig von ihrer Rechtsfähigkeit.

2. Die Bestimmungen dieses Gesetzes finden keine Anwendung für

a) Gewerkschaften
b) Gemeinschaften der Bürger nach dem Zivilgesetzbuch der Deutschen Demokratischen Republik
c) Zusammenschlüsse, die auf Erwerbstätigkeit gerichtet sind
d) Bürgerkomitees, die auf der Grundlage spezieller Rechtsvorschriften tätig sind
e) Kirchen und Religionsgemeinschaften − außer Vereinigungen, die ausschließlich diakonischen oder caritativen Zwecken dienen

3. Die Bestimmungen dieses Gesetzes finden für Parteien und politische Vereinigungen Anwendung, soweit sich das aus dem Parteiengesetz ergibt.

§ 2

1. Die Bildung von Vereinigungen ist frei und bedarf keiner Genehmigung.

2. Die Gründung und Tätigkeit von Vereinigungen, die militaristische oder faschistische oder andere antihumanistische Ziele verfolgen oder der Verbreitung und Bekundung von Glaubens-, Rassen- oder Völkerhaß dienen oder ihre Ziele mit Gewalt oder durch Androhung von Gewalt zu verwirklichen suchen oder in anderer Weise gegen Strafgesetze verstoßen, sind verboten.

3. Die Aufnahme von Vereinigungen des Auslands, deren Tätigkeit auf Ziele im Sinne des Abs. 2 ausgerichtet ist, als Mitglieder in Vereinigungen der Deutschen Demokratischen Republik ist verboten.

Mitgliedschaft

§ 3 (alte Fassung)

1. Jeder volljährige Bürger kann Mitglied einer Vereinigung werden. Mitglieder können auch Vereinigungen oder juristische Per-

sonen sein, soweit dadurch nicht ein Zusammenschluß entsteht, der auf Erwerbstätigkeit gerichtet ist.

2. Kinder und Jugendliche unter 18 Jahren können mit Zustimmung ihrer gesetzlichen Vertreter einer Vereinigung beitreten, wenn es das Statut der Vereinigung vorsieht.

3. Soweit Kinder und Jugendliche unter 18 Jahren mit Zustimmung ihrer gesetzlichen Vertreter eine rechtsfähige Vereinigung gründen wollen, muß dem Vorstand mindestens ein volljähriges Mitglied angehören.

4. Die Mitgliedschaft in einer Vereinigung ist nicht übertragbar und nicht vererblich.

5. Die Mitglieder sind berechtigt, aus der Vereinigung auszutreten.

Rechtsfähige Vereinigung

§ 4

1. Eine Vereinigung erlangt mit ihrer Registrierung Rechtsfähigkeit.

2. Die Registrierung ist bei Erfüllung folgender Voraussetzungen vorzunehmen:

- Nachweis einer Mitgliedschaft von mindestens 15 Personen
- Übergabe einer namentlichen Aufstellung des gewählten Vorstandes einschließlich deren Wohnanschriften und eines Statuts (Satzung),
- Mitteilung über den Namen und Sitz der Vereinigung sowie ihre Vertretung im Rechtsverkehr.

3. Das Statut muß Festlegungen enthalten über

a) Name und Sitz der Vereinigung
b) Ziele und Aufgaben der Vereinigung.

4. Das Statut soll als weitere Festlegungen enthalten:

a) Struktur und territorialer Tätigkeitsbereich der Vereinigung
b) Erwerb und Beendigung der Mitgliedschaft sowie Rechte und Pflichten der Mitglieder
c) Aufgaben, Rechte und Pflichten sowie Einberufung, Beschlußfähigkeit und Beschlußfassung der Mitgliederversammlung oder Delegiertenversammlung
d) Wählbarkeit des Vorstandes und der anderen durch Statut bestimmten Organe sowie deren Aufgaben, Rechte und Pflichten

e) Finanzierung, einschließlich Beitragszahlung, Eigentumsverhältnisse, Haftung und Gewährleistung der Revision
f) Vertretung im Rechtsverkehr
g) Auflösung der Vereinigung und die damit verbundene Abwicklung der Geschäfte.

§ 5

1. Die Vereinigung muß einen Namen haben, der sich von dem
einer anderen bereits bestehenden Vereinigung im territorialen
Tätigkeitsbereich deutlich unterscheidet.

2. Vereinigungen führen zum Namen die Bezeichnung „eingetragene Vereinigung" (e. V.).

§ 6

1. Das höchste Organ der Vereinigung ist die Mitgliederversammlung bzw. die Delegiertenversammlung (im folgenden Mitgliederversammlung).

2. Die Mitgliederversammlung ist in den in dem Statut bestimmten Fällen sowie dann einzuberufen, wenn es die Interessen der
Vereinigung erfordern. Die Mitgliederversammlung ist einzuberufen, wenn mindestens 1/3 der Mitglieder es schriftlich verlangt,
soweit im Statut nichts anderes bestimmt ist. Die Einberufung der
Mitgliederversammlung und deren Tagesordnung ist den Mitgliedern rechtzeitig zur Kenntnis zu geben. Wird dem Verlangen
nicht entsprochen, kann das Kreisgericht, in dessen Zuständigkeitsbereich die Vereinigung ihren Sitz hat, die Mitglieder, die
das Verlangen gestellt haben, zur Einberufung der Mitgliederversammlung ermächtigen und über die Führung des Vorsitzes in
der Mitgliederversammlung Festlegungen treffen. Auf die Er-
mächtigung muß bei der Einberufung der Mitgliederversammlung Bezug genommen werden.

3. Die Beschlußfassung in der Mitgliederversammlung erfordert
eine Mehrheit der erschienenen Mitglieder. Zu einem Beschluß,
der eine Änderung des Statuts enthält, ist eine Mehrheit von 2/3
der Erschienenen notwendig. Zur Änderung der Ziele und Aufgaben der Vereinigung ist die Zustimmung aller Mitglieder erforderlich; die Zustimmung der nicht erschienenen Mitglieder muß
schriftlich erfolgen. Diese Regelungen gelten nur, wenn das Statut nichts anderes bestimmt.

4. Ein Mitglied ist nicht stimmberechtigt, wenn die Beschlußfassung einen Vertrag oder ein anderes Rechtsgeschäft zwischen dem Mitglied und der Vereinigung betrifft.

§ 7

(1) Die Vereinigung hat einen Vorstand, der durch die Mitgliederversammlung gewählt wird. Er besteht aus mindestens drei Mitgliedern. Die Bezeichnung, die Rechte und Pflichten sowie die Struktur des Vorstandes werden durch das Statut bestimmt.

(2) Für die Beschlußfassung des Vorstandes gelten die Bestimmungen des § 6 Absatz 3 erster Satz und Absatz 4. Soweit eine Willenserklärung gegenüber der Vereinigung abzugeben ist, genügt die Abgabe gegenüber einem Mitglied des Vorstandes.

(3) Der Vorstand vertritt die Vereinigung im Rechtsverkehr. Im Statut kann bestimmt werden, daß vom Vorstand ein bevollmächtigter Vertreter berufen werden kann. Dieser muß nicht selbst der Vereinigung angehören. Ihr Handeln berechtigt und verpflichtet die Vereinigung unmittelbar.

(4) Fehlt ein handlungsfähiger Vorstand, ist ein solcher in dringenden Fällen bis zur Neuwahl, durch die Mitgliederversammlung auf Antrag eines Beteiligten von dem Kreisgericht zu bestellen, in dessen Zuständigkeitsbereich die Vereinigung ihren Sitz hat.

§ 8

(1) Die Ziele der Vereinigung sind durch ihre Organe und Mitglieder so zu verwirklichen, daß die Interessen der Mitglieder gewahrt und die berechtigten Interessen Dritter nicht verletzt werden.

(2) Für Schäden, die Dritten durch das Handeln der Organe oder Vertreter in Ausübung der Tätigkeit der Vereinigung entstehen, ist diese nach den Vorschriften des Zivilrechts verantwortlich. Der Schadenersatzanspruch richtet sich gegen die Vereinigung. Die Regelungen des Statuts haben keinen Einfluß auf die Verpflichtung der Vereinigung, Schadenersatz zu leisten.

(3) Die Vereinigung haftet mit ihrem Vermögen. Die Mitglieder haften nicht mit ihrem persönlichen Eigentum für Ansprüche gegen die Vereinigung.

(4) Mitglieder des Vorstandes oder andere Bevollmächtigte, die ihre Befugnisse überschreiten, sind der Vereinigung für einen dadurch entstandenen Schaden verantwortlich.

§ 9

(1) Die Vereinigung kann sich durch Beschluß der Mitgliederversammlung auflösen. Für den Beschluß ist eine Mehrheit von ⅔ der Mitglieder bzw. Delegierten erforderlich, soweit das Statut nichts anderes bestimmt. Der Beschluß über die Auflösung ist dem für die Registrierung zuständigen Gericht schriftlich zu übersenden.

(2) Für die Abwicklung gilt die Vereinigung als fortbestehend. Die vermögensrechtlichen Angelegenheiten hat der Vorstand zu regeln. Er bleibt in diesem Umfang handlungsfähig und verantwortlich. Der Vorstand ist insbesondere verpflichtet,

a) Forderungen der Vereinigung gegenüber Dritten geltend zu machen,
b) Verpflichtungen gegenüber den Gläubigern der Vereinigung zu erfüllen,
c) Anteile des Vermögens, die aus öffentlichen Mitteln finanziert wurden, an den Haushalt des zuständigen staatlichen Organs zurückzuführen,
d) das Restvermögen der Vereinigung nach Vereinnahmung der Forderungen und Begleichung der Verbindlichkeiten gemäß a) bis c) entsprechend den Festlegungen im Statut zu verwenden.

(3) Fehlt im Statut eine Festlegung entsprechend Abs. 2 d, fällt das Vermögen, wenn die Vereinigung ausschließlich den Interessen der Mitglieder diente, an die Mitglieder, die zur Zeit der Auflösung der Vereinigung angehören. Soweit es gemeinnützigen oder anderen Zwecken diente, fällt das Vermögen an den Haushalt des staatlichen Organs, in dessen Bereich die Vereinigung ihren Sitz hat.

(4) Fällt entsprechend den Bestimmungen dieses Gesetzes das Vermögen einer Vereinigung an den Haushalt des zuständigen staatlichen Organs, finden die Bestimmungen des § 369 Abs. 2 und 3 des Zivilgesetzbuches entsprechende Anwendung.

(5) Die Auflösung der Vereinigung ist durch den Vorstand bzw. das in Abs. 7 genannte Gremium unverzüglich öffentlich bekanntzumachen. In der Bekanntmachung sind die Gläubiger zur Anmeldung bestehender Ansprüche aufzufordern. Die Bekannt-

machung wird 2 Tage nach der ersten Veröffentlichung rechtswirksam. Bekannte Gläubiger sind durch besondere Mitteilung zur Anmeldung von Ansprüchen aufzufordern. Das Restvermögen der Vereinigung gemäß Abs. 2 d darf nicht vor Ablauf eines Jahres nach der öffentlichen Bekanntmachung an die Berechtigten übergeben werden.

(6) Soweit der Vorstand oder das in Abs. 7 genannte Gremium die Pflichten gemäß Abs. 2 und 5 schuldhaft verletzt, sind sie gegenüber den Gläubigern für den daraus entstehenden Schaden als Gesamtschuldner verantwortlich.

(7) Die Mitgliederversammlung kann beschließen, daß anstelle des Vorstandes ein anderes, mindestens aus drei gewählten Mitgliedern bestehendes Gremium die Rechte und Pflichten gemäß Abs. 2 und 5 wahrnimmt. Der Vorstand hat die Eintragung dieses Gremiums im Vereinigungsregister zu beantragen.

§ 10

(1) Die Vereinigung verliert ihre Rechtsfähigkeit, wenn gegen sie das Verfahren der Gesamtvollstreckung eröffnet wird.

(2) Der Vorstand ist verpflichtet, im Falle der Überschuldung die Einleitung der Gesamtvollstreckung beim Gericht zu beantragen. Wird die Pflicht zur Stellung des Antrages schuldhaft verletzt, sind die Vorstandsmitglieder für einen dadurch entstandenen Schaden als Gesamtschuldner verantwortlich.

(3) Die Eröffnung der Gesamtvollstreckung ist im Vereinigungsregister einzutragen.

§ 11

Sinkt die Mitgliederzahl der Vereinigung unter 15 oder wird von der Vereinigung, die nach den Bestimmungen dieses Gesetzes registriert wurde, eine Erwerbstätigkeit durchgeführt, ist auf Antrag des Vorstandes, und wenn ein solcher Antrag nicht gestellt wird, nach Anhörung des Vorstandes die Vereinigung im Vereinigungsregister zu löschen.

§ 12

(1) Das Vereinigungsregister wird bei dem für den Sitz der Vereinigung zuständigen Kreisgericht geführt.

(2) Die Registrierung und jede weitere Eintragung sind gebührenpflichtig.

(3) Die Vereinigungsregister sind öffentlich und Dritten zugänglich.

§ 13

Liegen die Voraussetzungen gemäß §§ 4 Abs. 2 und 3 sowie 5 Abs. 1 nicht vor, erfolgt keine Registrierung. Das gilt auch für Eintragungen über diesbezügliche Änderungen des Statuts. Dagegen ist die Beschwerde nach den Bestimmungen der Zivilprozeßordnung zulässig.

§ 14

(1) In das Vereinigungsregister sind einzutragen

a) Name und Sitz der Vereinigung
b) Datum der Annahme des Statuts
c) Namen der Mitglieder des Vorstandes sowie Beschränkungen ihrer Vertretungsvollmacht, soweit solche im Statut festgelegt sind.

(2) Über die Registrierung einer Vereinigung ist dieser eine Urkunde auszuhändigen.

§ 15

(1) Änderungen des Statuts bedürfen zu ihrer Wirksamkeit der Eintragung in das Vereinigungsregister. Der Vorstand der Vereinigung ist verpflichtet, dem zuständigen Kreisgericht Veränderungen der Angaben gemäß §§ 4 Abs. 2 und 9 Abs. 1 innerhalb von 3 Wochen nach Beschlußfassung schriftlich mitzuteilen.

(2) Auf Verlangen des Kreisgerichts ist diesem durch den Vorstand eine Bescheinigung über die Zahl der Mitglieder der Vereinigung einzureichen.

(3) Wird eine Vereinigung aufgelöst, ist der Vorstand verpflichtet, die Beendigung der Abwicklung der Auflösung dem zuständigen Kreisgericht mitzuteilen sowie die Urkunde über die Registrierung zurückzugeben. Die Vereinigung ist im Vereinigungsregister zu löschen.

(4) Verliert eine Vereinigung ihre Rechtsfähigkeit, ist die Urkunde über die Registrierung einzuziehen.

142

Nichtrechtsfähige Vereinigungen

§ 16

(1) Die Bestimmungen der §§ 1 bis 3, 6 Abs. 1, 2 und 4, 7 Abs. 1 und 8 Abs. 1 finden auf nichtrechtsfähige Vereinigungen entsprechende Anwendung.

(2) Soweit sich die Vereinigung ein Statut gibt, gelten die in § 4 Abs. 2 und 3 dazu getroffenen Festlegungen. Anstelle des Statuts kann auch eine Vereinbarung der Mitglieder abgeschlossen werden.

(3) Gibt sich die Vereinigung einen Namen, gilt § 5 Abs. 1 entsprechend.

(4) Als Sitz der Vereinigung gilt der Ort, an dem die Verwaltung geführt wird, soweit das Statut oder die Vereinbarung der Mitglieder nichts anderes bestimmt.

§ 17

(1) Die Vertretung der Vereinigung steht allen Mitgliedern gemeinschaftlich zu. Mitglieder der Vereinigung oder andere Personen können entsprechend den Festlegungen im Statut oder durch Vereinbarung der Mitglieder zur Vertretung der Vereinigung bevollmächtigt werden. Die Bevollmächtigten können im Namen der Mitglieder klagen und verklagt werden.

(2) Die von den Mitgliedern eingezahlten Beiträge, erhaltene Zuwendungen und andere Einnahmen aus Leistungen im Rahmen der Tätigkeit der Vereinigung werden gemeinschaftliches Eigentum der Mitglieder. Die Mitglieder können darüber nur gemeinschaftlich verfügen.

(3) Forderungen der Vereinigung stehen gemäß § 435 des Zivilgesetzbuches den Mitgliedern als Gesamtgläubiger zu. Für Verbindlichkeiten der Vereinigung haften die Mitglieder entsprechend § 434 Zivilgesetzbuch als Gesamtschuldner.

(4) Handeln Mitglieder der Vereinigung ohne Vertretungsbefugnis oder wird diese durch Bevollmächtigte überschritten, gelten die Bestimmungen des § 59 Abs. 1 und 2 des Zivilgesetzbuches.

(5) Für Schäden, die Dritten durch das Handeln der Mitglieder der Vereinigung entstehen, ist der Handelnde nach den Bestimmungen der §§ 330 ff. Zivilgesetzbuch persönlich verantwortlich.

§ 18

(1) Die Vereinigung kann sich durch Beschluß der Mitglieder auflösen. Dieser bedarf der Zustimmung aller Mitglieder, soweit das Statut oder die Vereinbarung der Mitglieder nichts anderes vorsieht.

(2) Die vermögensrechtlichen Angelegenheiten sind durch die Mitglieder gemeinschaftlich oder durch bevollmächtigte Vertreter zu regeln.

(3) Reicht das gemeinschaftliche Eigentum zur Erfüllung bestehender Verbindlichkeiten nicht aus, sind die Mitglieder verpflichtet, zu gleichen Teilen den Fehlbetrag zu erstatten.

(4) Das nach Erfüllung aller Verbindlichkeiten verbleibende gemeinschaftliche Eigentum ist wertmäßig zu gleichen Teilen an die Mitglieder zu verteilen, soweit die Festlegungen im Statut oder der Vereinbarung der Mitglieder nichts anderes vorsehen.

Verbot einer Vereinigung

§ 19

(1) Das Verbot einer Vereinigung kann nur im Ergebnis eines gerichtlichen Verfahrens ausgesprochen werden.

(2) Anträge auf Verbot einer Vereinigung können der Minister für Innere Angelegenheiten, der Generalstaatsanwalt der DDR, das Mitglied des Rates des Bezirkes für Innere Angelegenheiten und der Staatsanwalt des Bezirkes stellen.

(3) Über das Verbot einer Vereinigung oder die Untersagung bestimmter Tätigkeiten oder Aktivitäten entscheidet das für den Sitz der Vereinigung zuständige Bezirksgericht in 1. Instanz. Für das Verfahren gilt die Zivilprozeßordnung entsprechend.

§ 20

(1) Wird eine Vereinigung gemäß § 19 verboten, ist sie unverzüglich aufzulösen. Die zur Auflösung erforderlichen Maßnahmen sind durch das für den Sitz der Vereinigung zuständige staatliche Organ wahrzunehmen. Die Registrierung im Vereinigungsregister ist zu löschen.

(2) Das Vermögen einer verbotenen Vereinigung fällt an den Haushalt des zuständigen staatlichen Organs.

§ 21

Gemeinnützige Vereinigungen

(1) Eine rechtsfähige Vereinigung kann als Gemeinnützige Vereinigung anerkannt werden. Voraussetzung dafür ist, daß ihre Ziele, Aufgaben und Ergebnisse auf die Wahrung und Verwirklichung insbesondere humanistischer, sozialer, kultureller oder ökologischer Interessen der Bürger gerichtet sind.

(2) Über die Anerkennung entscheiden das Präsidium der Volkskammer für Vereinigungen mit gesamtgesellschaftlichem Tätigkeitsbereich oder die zuständigen Volksvertretungen für Vereinigungen mit territorialem Tätigkeitsbereich (Bezirk, Kreis, Stadt, Gemeinde).

(3) Mit der Anerkennung entsteht nach den geltenden steuerlichen Rechtsvorschriften Anspruch auf steuerliche Vergünstigungen und finanzielle Unterstützung aus öffentlichen Mitteln. Über die Höhe wird mit dem jährlichen Haushaltsplan entschieden.

(4) Über die Verwendung der finanziellen Unterstützung aus öffentlichen Mitteln ist dem Präsidium der Volkskammer bzw. den zuständigen Volksvertretungen jährlich zum 31. März ein Finanzbericht über das vorangegangene Jahr einzureichen, der mit einem Prüfungsvermerk eines unabhängigen Revisionsorgans versehen ist.

§ 22

Übergangsbestimmungen

(1) Vereinigungen, die zum Zeitpunkt des Inkrafttretens dieses Gesetzes aufgrund staatlicher Anerkennung oder des Erlasses von Rechtsvorschriften rechtsfähig sind, haben sich bei dem für den Sitz der Vereinigung zuständigen Kreisgericht innerhalb von 6 Monaten nach Inkrafttreten dieses Gesetzes registrieren zu lassen. Die Bestimmung des § 4 Abs. 2 gilt entsprechend.

(2) Soweit sich Vereinigungen bis zum Ablauf der in Abs. 1 genannten Frist nicht registrieren lassen, erlischt deren Rechtsfähigkeit.

(3) Das Ministerium für Innere Angelegenheiten sowie die Räte der Bezirke und Kreise übergeben die Unterlagen über staatlich anerkannte Vereinigungen innerhalb von 6 Wochen nach Inkrafttreten dieses Gesetzes an die zuständigen Kreisgerichte.

Schlußbestimmungen

§ 23

Dieses Gesetz gilt auch für Ausländer und Staatenlose, die sich mit einer Aufenthaltserlaubnis oder Aufenthaltsgenehmigung in der Deutschen Demokratischen Republik aufhalten.

§ 24

Die zur Durchführung dieses Gesetzes erforderlichen Rechtsvorschriften erläßt der Ministerrat der Deutschen Demokratischen Republik.

§ 25

(1) Dieses Gesetz tritt am . . . in Kraft.

(2) Gleichzeitig treten die Verordnung vom 6. November 1975 über die Gründung und Tätigkeit von Vereinigungen (GBl. I Nr. 44 S. 723) sowie Ziffer 8 der Anlage zur Verordnung vom 14. Dezember 1938 zur Anpassung von Regelungen über Rechtsmittel der Bürger und zur Festlegung der gerichtlichen Zuständigkeit für die Nachprüfung von Verwaltungsentscheidungen (GBl. I Nr. 28 S. 330) außer Kraft.

(3) Die von zentralen staatlichen Organen erlassenen Rechtsvorschriften, nach denen Vereinigungen die Rechtsfähigkeit erlangt haben, treten nach Ablauf der in § 22 Abs. 1 genannten Frist außer Kraft.

5. Beschluß zum Entwurf des Versammlungsgesetzes

Die Arbeitsgruppe Parteien- und Vereinigungsgesetz erhält das Mandat, das Versammlungsgesetz im Auftrag des Runden Tisches zu behandeln.

6. Zum Wahlgesetz

6.1. Der Runde Tisch beschließt:

Kandidaten werden nur über Landeslisten aufgestellt. Damit wäre die DDR ein Wahlkreis, und es gäbe in jedem Stimmbezirk die gleichen Kandidatenlisten.

146

Auf diese Art wäre auch gewährleistet, daß eine Briefwahl für DDR-Bürger, die sich zeitweise im Ausland aufhalten, möglich ist.

6.2. Minderheitsvotum der CDU

Der Runde Tisch hat während seiner 11. Sitzung am 5. Februar 1990 die Beschlußvorlage der Arbeitsgruppe „Wahlgesetz" bestätigt, die notwendige rechtliche Veränderungen angesichts des vorgezogenen Wahltermins beinhaltet. In diesen mit dem zeitweiligen Volkskammerausschuß abgestimmten Beschluß wurde auf Antrag der Gesellschaft „Initiative Frieden und Menschenrechte" ein Zusatz hineinmontiert, der trotz mehrheitlicher Zustimmung sachfremd ist und bleibt. Er hat mit den einvernehmlich getroffenen Vereinbarungen über die rechtliche Vorbereitung der Volkskammerwahl absolut nichts zu tun, sondern stellt einen massiven Eingriff in die inhaltliche Gestaltung des Wahlkampfs und damit in die ausschließliche Kompetenz der einzelnen Parteien dar. Dies wurde vom Vertreter der CDU ebenso wie von Vertretern anderer Parteien unmißverständlich klargestellt.

Da diese Klarstellung und die Schlußfolgerung, daß sich die CDU an eine solche bevormundende Forderung nicht gebunden fühlt, nunmehr von bestimmter Seite als Ignorieren eines Beschlusses des Runden Tisches interpretiert wird, legt die CDU nochmals ihre Gründe dar.

1. Regelungen, die die von Legislative und Exekutive des Staates zu leistende rechtliche Vorbereitung und Durchführung von Wahlen betreffen, können keine in die Autorität der Parteien eingreifenden inhaltlichen Festlegungen enthalten, die das Vorstellen von Programmen, Positionen und Personen gegenüber den Wählern beschneiden.

2. Freie Wahlen mit souveränen Parteien schließen die Freiheit der Meinungsäußerung und der Wahl von Rednern und Gästen zu Veranstaltungen ein.

3. Die Fairneß des Wahlkampfs wird nicht von Inhalt oder Methode berührt, wie eine Partei sich öffentlich darstellt, sondern allenfalls davon, ob Regeln der Seriosität und Wahrhaftigkeit im Umgang mit anderen Parteien und ihr angehörenden Personen eingehalten werden.

4. Von ausschlaggebendem Gewicht für die Entscheidung der CDU, christdemokratische Politiker der Bundesrepublik Deutsch-

land und Westberlins zu öffentlichen Wahlveranstaltungen einzuladen und daran festzuhalten, ist die unbestreitbare Tatsache, daß heute die politische Zukunft unseres Landes und seiner Bevölkerung überhaupt nicht mehr vom Verhalten der politischen Kräfte in der Bundesrepublik zu trennen ist. Der Wähler hat Anspruch darauf, authentisch zu erfahren, wie sich die Partner der zur Wahl antretenden Parteien zu diesen Fragen stellen und welche Konsequenzen sich daraus im Ergebnis der Wahl bei der Bildung von Parlament und Regierung ergeben.

6.3.

Der Runde Tisch überweist die Vorlage 12/21 zum Kommunalwahlrecht an die Arbeitsgruppe Wahlgesetz zur Beratung.

7. Entwurf der Erklärung des Staatsrates der Deutschen Demokratischen Republik zu den Kommunalwahlen am 7. Mai 1989

1. In einer vom Generalstaatsanwalt der DDR der Regierung und dem Staatsrat vorgelegten Information über Ergebnisse von Untersuchungen der Wahlfälschung wird belegt, daß in verschiedenen Städten und Kreisen Ergebnisse der am 7. Mai 1989 durchgeführten Kommunalwahlen manipuliert worden sind. Dies führt dazu, daß die Richtigkeit der öffentlich ausgewiesenen Wahlergebnisse auch dort in Frage gestellt werden kann, wo solche beschämenden Ereignisse nicht mehr exakt überprüft werden können.

Auf Grund dieser Sachlage schlägt die Regierung dem Staatsrat vor, die am 7. Mai 1989 durchgeführten Wahlen zu den Kreistagen, Stadtverordnetenversammlungen, Stadtbezirksversammlungen und Gemeindevertretungen für ungültig zu erklären.

2. Die aus diesen Wahlen hervorgegangenen örtlichen Volksvertretungen haben unbeschadet erfolgter Manipulierungen und Wahlfälschungen in den vergangenen Monaten unter immer komplizierter werdenden Bedingungen Entscheidendes dafür getan, das kommunale Leben im Lande aufrechtzuerhalten. Die Volksvertretungen und die Räte haben sich damit wie auch durch ihr immer engeres Zusammenwirken mit den neuen demokratischen Kräften für die Fortsetzung dieser im Interesse aller Bürger liegenden staatlichen Arbeit legitimiert. Das findet in den von ih-

nen gefaßten Beschlüssen wie auch in ihrer gesamten Tätigkeit seinen Ausdruck.

Für die Aufrechterhaltung der Regierbarkeit des Landes, die Bewahrung der Grundinteressen der Bürger und zur ordnungsgemäßen Vorbereitung der Kommunalwahlen am 6. Mai 1990 ist es unerläßlich, daß die bestehenden Staatsorgane ihre Tätigkeit bis zur Durchführung freier, geheimer und demokratischer Wahlen geschäftsführend fortsetzen. Es ist für ihre Handlungsfähigkeit geboten, Vertreter aller Parteien, gesellschaftlicher Vereinigungen und politischer Gruppierungen der Runden Tische entsprechend dem Beschluß der Volkskammer vom 29. Januar 1990 in die Tätigkeit der Volksvertretungen und ihrer Räte umfassend und gleichberechtigt einzubeziehen.

3. Untersuchungen belegen, daß erfolgte Wahlmanipulationen in Verbindung mit undemokratischen Wahlverfahren eindeutig zu den verhängnisvollen Resultaten der von der damaligen Führung des Landes betriebenen und mit massivem Druck auf alle Staatsorgane durchgesetzten Politik der Erfolgshascherei, der Erhaltung der bestehenden Machtstrukturen um jeden Preis, verbunden mit einer Entmündigung der Bürger gehörten. Deshalb sind jene aus der damaligen Partei- und Staatsführung zur Verantwortung zu ziehen, die für die in der DDR bestehende Krise die Hauptverantwortung tragen.

Das ist um so notwendiger, weil andere Beteiligte faktisch unausweichlich in die damals bestehenden Befehls- und Machtstrukturen eingebunden waren. Ihr erzwungenes Fehlverhalten muß durch ehrliche, öffentlich kontrollierte Arbeit für die wahren Interessen des Volkes wiedergutgemacht werden.

8. Standpunkt zur Ordnung über die Bürgerkomitees

Der Standpunkt der Arbeitsgruppe Recht zur Ordnung über die Bürgerkomitees soll der Regierung übergeben werden.

1. Wir schlagen vor, eine Verordnung über Bürgerkomitees so anzulegen, daß sie eine strategische Orientierung für die Entfaltung von Elementen der Basisdemokratie im künftigen demokratischen Staat sein kann.

Sie könnte in der neuen Verfassung als Form der Basisdemokratie verankert werden. Der gegenwärtig geltenden Verfassung würde sie nicht widersprechen.

Basisdemokratie wird heute vor allem in Form von Bürgerinitiativen und Bürgerkomitees ausgeübt. Unter Bürgerinitiativen wird das organisierte, meist zeitlich begrenzte Zusammenwirken von Bürgern zur Erreichung eines konkreten Zieles verstanden. Sie können regional oder für das ganze Land gebildet werden.

Bürgerkomitees wirken auf örtlicher Ebene als Interessenvertreter der Bevölkerung vorwiegend auf kommunalpolitischem Gebiet. Sie können sich analog zu den Volksvertretungen nur auf der untersten Ebene bilden, so daß einer Volksvertretung je ein Bürgerkomitee gegenübersteht. Dort, wo die Volksvertretung für ein Territorium zuständig ist, das in Wohngebiete oder -bezirke gegliedert ist, können Bürgerkomitees auf der Ebene der Wohngebiete bzw. -bezirke gebildet werden.

Mitglied des Bürgerkomitees kann jeder Einwohner des jeweiligen Territoriums sein.

Anmerkung:
Bei den gegenwärtig existierenden Bürgerkomitees ist zu prüfen, ob sie Bürgerkomitees oder Bürgerinitiativen im Sinne der künftigen Verordnung sind.

2. Bürgerinitiativen arbeiten parteiunabhängig. Die Mitglieder der Bürgerinitiativen legitimieren sich mit dem Personalausweis für Bürger der DDR und einem von der Bürgerinitiative ausgestellten Auftrag, der vom Bürgermeister oder einem von ihm beauftragten Ratsmitglied gegenzuzeichnen ist.

Für Bürgerinitiativen im Sinne dieser Empfehlung sollten folgende Rechte und Pflichten geregelt werden:

- Zugang zu allen Informationen, die sich auf die von Bürgerinitiativen angestrebten Ziele beziehen, soweit er nicht das Recht des Bürgers auf Schutz seiner persönlichen Daten verletzt.
- Sie haben das Recht, eine schriftliche Stellungnahme zu erstellen und gehört zu werden.
- Bei Ablehnung des Standpunktes der Bürgerinitiative ist diese schriftlich vom Entscheidungsträger zu begründen.
- Die Positionen aller beteiligten Seiten müssen der Öffentlichkeit zugänglich sein.
- Verweigern Leiter oder Mitarbeiter der Staatsorgane den Bürgerinitiativen eines der genannten Rechte, kann von Bürgerinitiativen die Beschwerde beim übergeordneten Staatsorgan eingelegt werden. Wird der Beschwerde nicht stattgegeben, ist der Leiter der Untersuchungsabteilung beim Vorsitzenden des Ministerrates zu informieren. Er entscheidet im Zusammenwirken mit den zuständigen Staatsorganen. Wird der Beschwerde durch dieses Organ nicht abgeholfen, besteht das

Recht zur gerichtlichen Nachprüfung. Es sollte eine Fristenregelung getroffen werden.

3. In einem künftigen politischen System wird es die Selbstverwaltung der Städte und Gemeinden geben. In diesen Mechanismus der Selbstverwaltung sollten sich die Bürgerkomitees als ein regulierendes Moment einordnen.

Die örtliche Volksvertretung ist das oberste territoriale Machtorgan. Volksvertretungen, Räte und Staatsapparat müssen aber durch die Gesellschaft kontrollierbar sein. D. h. zu ihren Arbeitsprinzipien müssen Transparenz und Öffentlichkeit gehören. Darüber hinaus bedarf es eigenständiger Gremien, die unabhängig vom Staat oder Parteien Kulminationspunkte des gesellschaftlichen Willensbildungsprozesses zu territorialen Fragen sein können. Diese Funktion käme den Bürgerkomitees zu. Davon ausgehend könnten sie folgende Aufgaben erfüllen:

– Sie sind unverzichtbar bei der Vorbereitung von Entscheidungen, die wichtige Lebensfragen der Bevölkerung betreffen. Ihre Meinung muß angehört werden. Sie können beratende Funktion haben. Sie können Initiativen an die Volksvertretung herantragen.

– Sie sollen helfen, Widersprüche in der territorialen Entwicklung rechtzeitig zu erkennen und aufzudecken. Auf Verlangen sind die Staatsorgane verpflichtet, Daten und weitere Informationen den Bürgerkomitees zur Kenntnis zu geben, um fundierte eigene Einschätzungen treffen zu können.

– Die Bürgerkomitees sollen konfliktvorbeugend im Territorium wirken. Gibt es zu Grundfragen des Territoriums gegensätzliche Positionen zwischen Staatsorganen und Bürgerkomitees und muß eine Entscheidung herbeigeführt werden, so gilt das Wort der Volksvertretung. Wird diese Entscheidung nicht von breiten Kreisen der Bevölkerung getragen, so haben sowohl die Staatsorgane als auch das Bürgerkomitee das Recht, eine Einwohnerversammlung einzuberufen, wo nach dem Mehrheitsprinzip entschieden wird, bzw. das Recht, ein Referendum durchzuführen.

– Die Bürgerkomitees achten darauf, daß Rechtsstaatlichkeit herrscht und Machtmißbrauch einzelner ausgeschlossen ist.

9. Vernichtung von Akten und Datenspeichern des MfS

Die Vorlagen 12/2 und 12/3 zur Vernichtung von Akten und Datenspeichern des MfS werden an die Arbeitsgruppen Recht und

Sicherheit überwiesen und die Prioritätengruppe mit der erneuten Einordnung in die Tagesordnung beauftragt.

10. Bildung einer Treuhandgesellschaft zur Wahrung der Anteilsrechte der Bürger mit DDR-Staatsbürgerschaft am Volkseigentum der DDR

Der Vorschlag zur Bildung einer entsprechenden Treuhandgesellschaft wird zur Prüfung an die Arbeitsgruppen Recht, Wirtschaft und Verfassung überwiesen.

11. Gewerkschaftsgesetz und Verfassungsänderung

11.1.

Die Vorlage 12/11 wird zusammen mit dem Entwurf des Gewerkschaftsgesetzes an die Arbeitsgruppe Verfassung übergeben. Die Arbeitsgruppe Wirtschaft kann sich an der Beratung beteiligen.
11.2. Der Runde Tisch beschließt:

1. Die Regierung möge folgende Gesetzesinitiative ergreifen:
In den Betrieben, in denen eine wirksame Interessenvertretung durch die Gewerkschaften nicht gegeben ist, haben demokratisch gewählte Betriebsräte die gesetzlich festgelegten Rechte der betrieblichen Gewerkschaftsleitungen wahrzunehmen. Dies gilt bis zur Schaffung eines Betriebsverfassungsgesetzes oder anderer rechtlicher Regelungen.

2. Der Runde Tisch unterstützt die Forderungen nach verfassungsrechtlicher Absicherung des Streikrechts und des Aussperrungsverbots.

3. Der Runde Tisch unterstützt die Wahrnehmung der Mitbestimmung in bezug auf die Eigentümerinteressen der Arbeiter und Angestellten in staatlichen Betrieben und Einrichtungen durch demokratisch gewählte Organe der Belegschaften.

4. Die Sicherung der Interessen der Arbeiter und Angestellten in allen Betrieben und Einrichtungen erfordert zumindest die paritätische Mitbestimmung.

12. Zum Programm von Nationalparks

Der Runde Tisch beschließt:

1. Das in der Anlage vorgestellte Nationalparkprogramm muß realisiert werden.

2. Der Runde Tisch bittet die Regierung, die dafür notwendigen Mittel *kurzfristig* zur Verfügung zu stellen.

Anlage zum Programm von Nationalparks

1. Definitionen

1.1. Biosphärenreservate (BR)

sind Bestandteil eines weltweiten Netzes großflächiger Reservate. Die von der UNESCO entwickelte Konzeption bezieht den arbeitenden Menschen in seiner Wirkung auf die Biosphäre von vornherein mit ein. Schutz, Pflege und ressourcenschonende Nutzung von Kulturlandschaften mit spezifischer Naturausstattung werden in ihrer Verbundenheit modellhaft praktiziert. 3 bis (4) Schutzzonen werden unterschieden:

Die Kernzone bleibt ganz natürlicher Dynamik überlassen. Der Mensch ist hier nur als wissenschaftlicher Beobachter natürlicher Strukturen und Prozesse zugelassen (Status Totalreservat).

Die Puffer- und Experimentierzone dient der Pufferung von Schadeinflüssen auf die Kernzone und der Erhaltung und Pflege landschaftstypischer Diversität. Naturschutz hat hier absoluten Vorrang vor jeglicher anderer Nutzung.

Die Zone harmonischer Kulturlandschaft nimmt den größten Teil eines Biosphärenreservates ein. In ihr werden traditionelle Landnutzung und Landschaftspflege beispielhaft demonstriert, hier verbinden sich Natur und Kultur zu harmonischer Ganzheit.

In der Regenerierungszone wird geschädigte Landschaft unter Anwendung ingenieurbiologischer und ökotechnologischer Methoden regeneriert und zu harmonischer Kulturlandschaft entwickelt.

In der DDR bestehen bisher 2 Biosphärenreservate, zwei weitere sind geplant.

1.2. Nationalparks (NP)

sind großräumige Schutzgebiete von besonderer Eigenart der Naturausstattung mit nationaler (und internationaler) Bedeutung. Ein Nationalpark soll

- einzigartige Landschaften vor der Zerstörung durch Übernutzung bewahren.
- Lebensraum für möglichst viele heimische Pflanzen- und Tierarten in ihren typischen Lebensgemeinschaften bieten,
- Natur weitgehend frei entfalten und selbst regulieren lassen,
- von der Wirtschaft des Menschen möglichst wenig gestört, dabei
- aber der Allgemeinheit zugänglich sein, soweit es das Schutzziel erlaubt.

Nationalparks werden von der höchsten Autorität eines Staates durch Gesetz beschlossen.

In Mitteleuropa gibt es nur wenige als Nationalpark geeignete Landschaften. Die Gliederung in Schutzzonen entspricht inhaltlich den Biosphärenreservaten. In Nationalparks ist jedoch der Anteil von Kernzone und Puffer/Experimentierzone wesentlich größer, er sollte mehr als 50 % der Gesamtfläche betragen.

Die geplanten 5 Nationalparks gehören zu den wertvollsten Landschaften Mitteleuropas und repräsentieren charakteristische Ausschnitte der wichtigsten Großlandschaften der DDR.

1.3. Naturschutzparks (NSP)

sind großräumige landschaftlich besonders reizvolle Schutzgebiete mit wertvoller Naturausstattung. Sie unterliegen besonderer Nachfrage durch Tourismus, der aber mit Forderungen des Naturschutzes abgestimmt und so organisiert werden muß, daß Eigenart und natürlicher Reichtum der Landschaft gewahrt bleiben.

Eingeschlossene Naturschutzgebiete haben vorrangige Schutzfunktion. Der größte Flächenanteil von Naturschutzparks entspricht der Zone harmonischer Kulturlandschaft, die durch angemessene Infrastruktur sanftem Tourismus erschlossen wird.

1.4. Weitere Kategorien

von Schutzgebieten sind Naturschutzgebiete (NSG), Landschaftsschutzgebiet (LSG) und Feuchtgebiete von internationaler oder nationaler Bedeutung sowie Flächennaturdenkmale und geschützte Parks.

2. Liste der Schutzgebiete im Nationalparkprogramm der DDR
   (Stand 1. 2. 1990)

2.1. Biosphärenreservate

	Zusammenarbeit mit
1. BR Mittlere Elbe	–
2. BR Vessertal	–
3. BR Schorfheide-Chorin	–
4. BR Spreewald	–

2.2. Nationalparks

1. NP Ostseeküste	–
2. NP Müritz	–
3. NP Oberharz	BRD
4. NP Hintere Sächsische Schweiz	CSSR
5. NP Thüringische Rhön	BRD

2.3. Naturschutzparks

1. NSP Schaalsee	BRD
2. NSP Mecklenburgisches Elbtal	BRD
3. NSP Krakower Seen	–
4. NSP Usedom-Oderhaff	Polen
5. NSP Feldberger Seenlandschaft	–
6. NSP Märkische Schweiz	–
7. NSP Drömling	BRD
8. NSP Harz	BRD
9. NSP Kyffhäuser	–
10. NSP Eichsfeld	BRD
11. NSP Thüringisches Grabfeld	BRD
12. NSP Frankenwald	BRD

2.4. Landschaftsschutzgebiete zentraler Bedeutung

1. Mecklenburgisch-brandenburgische Seenplatte

2. Sächsische Schweiz

3. Thüringer Wald-Schiefergebirge

3. Erforderliche Maßnahmen

3.1. Erste Stufe – Vorbereitung (1. Quartal 1990)

1. Geplante Gebiete sind auf Grundlage Naturschutzverordnung vom 18. 5. 89 (§ 25 und § 16) durch die zuständigen Räte der Kreise und Bezirke als LSG zentraler Bedeutung einstweilig zu sichern als Vorbehaltsflächen für die Einrichtung von Biosphärenreservaten, Nationalparks oder Naturschutzparks. Landschaftsverändernde Maßnahmen, insbesondere Hoch- und Tiefbauten außerhalb von geschlossenen Ortschaften, Ufer- und Wasserbau, Straßenbau, Erweiterung von Campingplätzen, Anlage von Bootshäfen, Meliorationen usw. müssen für die Dauer der einstweiligen Sicherung gestoppt werden.

2. Sicherstellung materiell-technischer Basis (freigewordene Gebäude Staatsjagd, MfS u. a.) für Nutzung durch Aufbaugruppen und spätere Schutzgebietsverwaltungen.

3. Einsetzung hauptamtlicher Aufbaugruppen von 5 Mitarbeitern je Gebiet, Bereitstellung und Verwaltung von Planstellen über Räte der Bezirke, Unterstellung und Anleitung durch MNUW (ca. 100 Planstellen befristet auf zwei Jahre).

4. Konstitution wissenschaftlicher Beratergremien (Kuratorien) zu jedem Schutzgebiet.

5. Einschaltung aller Medien zur Gewinnung breiter Öffentlichkeit für Nationalparkprogramm.

6. Regierungserklärung zum Nationalparkprogramm.

3.2. Zweite Stufe – Einrichtung (1990–1991)

1. Komplexe Inventur der Naturausstattung, Siedlungs- und Wirtschaftsstruktur, Landnutzungs- und Belastungsanalyse. Dafür müssen Teilprojekte ausgeschrieben und wissenschaftlichen Einrichtungen angeboten werden. Koordinierung durch MNUW und Kuratorien der Gebiete.

2. Einrichtung von den Aufbauleitungen unterstellten Landschaftspflegebetrieben in jedem Gebiet.

3. Bildung von Wirtschaftsverbänden gebietsansässiger Landnutzer, Strukturveränderungen zu ökologisch verantwortbarer Wirtschaftsweise.

4. Überarbeitung Naturschutzverordnung und Erarbeitung Gesetzesvorlage für Nationalparks.

5. Beschluß des Nationalparkprogramms durch Volkskammer und Ministerrat (Ende 1991).

3.3. Dritte Stufe — laufender Betrieb (ab 1992)

1. Entwicklung notwendiger Infrastruktur für Betreuung und Nutzung.

2. Ständige Betreuung der Schutzgebiete auf drei Ebenen:

1. Verwaltung/Koordinierung — Kontrolle
2. Forschung/Projektbearbeitung — Bildung/Öffentlichkeitsarbeit
3. Pflege — Landnutzung/Wirtschaft

13. Zum Abbau von Subventionen bei Kinderbekleidung

13.1.

Im Zusammenhang mit dem Abbau der Subventionen bei Kinderbekleidung und Schuhen beschließt der Runde Tisch, die Regierung zur Überprüfung der getroffenen Regelungen aufzufordern.

Begründung:

Die absoluten Mehrausgaben für Kinderbekleidung und -schuhe sind nachweislich nicht durch die Zuschüsse von monatlich 45 M bzw. 65 M abzudecken. Einem Mehraufwand von ca. 1 000 M jährlich pro Kind in jeder Altersklasse steht ein Zuschuß von 540 M bzw. 780 M gegenüber. Damit ist klar, daß trotz Einhaltung der von Frau Ministerin Luft gemachten Zusage, daß die Gesamtsumme der Subventionen (2,05 Mrd. M) auf die Zuschüsse (2,1 Mrd. M) umgelegt werden, insbesondere für die sozial schwächeren Schichten der Bevölkerung erhebliche finanzielle Mehrbelastungen entstehen. Zudem hat sich die von der Regierung zugrunde gelegte Staffelung nach Altersgruppen bei der Verteilung der Zuschüsse (0—11 Jahre, ab 12 Jahre) in der Praxis der Preisgestaltung als zu undifferenziert und damit ebenfalls als sozial unausgewogen erwiesen.
Der Runde Tisch schlägt der Regierung deshalb vor:

1. Es sollte eine differenzierte Staffelung der Zuschüsse nach folgenden Altersgruppen erfolgen: 0—4 Jahre

5—8 Jahre
9—13 Jahre
ab 14 Jahre

2. Da davon auszugehen ist, daß weitere Fonds zum Ausgleich der bereits dargelegten Mehrbelastungen der einzelnen Haushalte nicht zur Verfügung stehen, muß die Umstrukturierung der Zuschüsse einkommensbezogen im Rahmen der auf die Zuschüsse umgelegten Subventionssumme erfolgen.

Das heißt, daß dem Prinzip nach die Höhe der Kindergeldzuschüsse umgekehrt proportional zur Höhe des jeweiligen Familieneinkommens sowie unter Berücksichtigung der Anzahl der zu versorgenden Kinder erfolgen muß. Überschreitet der auf jedes Mitglied der Familie entfallende Anteil des Familiennettoeinkommens 700 M, sollte der Zuschuß zum . . . ganz entfallen. Zur Berechnung des Gesamtzuschusses für den einzelnen Haushalt wird somit ein altersbezogener Festbetrag zugrunde gelegt, welcher sich entsprechend dem erzielten Nettoeinkommen dieses Haushaltes verändert.

13.2. Der Runde Tisch unterstützt den Antrag der Arbeitsgruppe Sozialpolitik.

Er erwartet von der Regierung, daß sie differenziert in der Öffentlichkeit die Mehrausgaben für Kinderbekleidung und Schuhe darlegt.

Der Runde Tisch erwartet von der Regierung die Festlegung differenzierter Ausgleichsbeträge entsprechend den tatsächlichen Mehraufwendungen bei gleichzeitig möglichst geringem Verwaltungsaufwand.

14. Soziale Sicherstellung für Arbeitssuchende in der DDR

Der Runde Tisch beschließt:

In der Verordnung des Ministerrates der DDR „Zur sozialen Sicherstellung für Arbeitssuchende in der DDR" vom 9. Februar 1990 heißt es im § 2 Abs. 3: „Anspruch auf Unterstützung besteht nicht, wenn der Bürger Krankengeld, Invalidenrente oder Altersrente bzw. eine entsprechende Versorgung erhält."

Diese Regelung bedeutet eine soziale Benachteiligung der behinderten und geschädigten Werktätigen, mindert ihre Lebensqualität und verletzt das Gleichheitsprinzip, wie es in der Verfassung der Deutschen Demokratischen Republik (Artikel 24) garantiert ist.

Zudem ist zu befürchten, daß die ansonsten zur Unterstützung verpflichteten Betriebe vorrangig jene in § 2 Abs. 3 genannten Werktätigen entlassen werden, weil für sie nicht die Verpflichtung zur betrieblichen Ausgleichszahlung besteht.

Selbst wenn keine unmittelbare soziale Notlage eintreten sollte, bedeutet der Verlust des Arbeitsplatzes gerade für Behinderte und Geschädigte eine besonders schwerwiegende Beeinträchtigung.

Der Runde Tisch fordert den Ministerrat der DDR zur umgehenden Novellierung der genannten Verordnung auf. Dabei ist die Gleichstellung, ein besonderer Schutz des Arbeitsplatzes und der gleiche Anspruch auf Unterstützung und Ausgleichszahlung für Behinderte und Invalidenrentner zu gewährleisten.

15. Zur Verordnung über die Gewährung staatlicher Unterstützung und betrieblicher Ausgleichszahlung an Bürger während der Zeit der Arbeitsvermittlung und zur Verordnung über die Gewährung von Vorruhestandsgeld

Der Runde Tisch beschließt, entsprechend der Vorlage der Arbeitsgemeinschaft Sozialpolitik die Regierung zur Überprüfung und gegebenenfalls Veränderung der Gesetzestexte aufzufordern.

Dem Runden Tisch wurden die Entwürfe dieser beiden Verordnungen erst während der Beratung am 5. 2. 1990 übergeben, so daß eine hinreichende Prüfung nicht möglich war. Die Beratung der Arbeitsgruppe Sozialpolitik des Runden Tisches am 6. 2. 1990 hat ergeben, daß zu diesen Verordnungen noch einige Fragen zu klären sind.

Die Arbeitsgruppe Sozialpolitik ist dabei zu folgenden Ergebnissen gekommen:

Die Arbeitsgruppe Sozialpolitik hält die unverzügliche Inkraftsetzung der Verordnung über die Gewährung staatlicher Unterstützung während der Zeit der Arbeitsvermittlung für erforderlich. Dazu

– muß die Berechnungsgrundlage für das Minimum an staatlicher Unterstützung anhand eines ausgewiesenen Existenzminimums und definierten Warenkorbes bestimmt werden;

- sollte die staatliche Unterstützung für Bürger während der Zeit der Arbeitsvermittlung im Hinblick auf im Haushalt zu versorgende Familienangehörige differenziert werden;
- müssen Festlegungen getroffen werden, die die laufenden Unterhaltsansprüche Dritter gegenüber Bürgern während der Zeit der Arbeitsvermittlung sicherstellen;
- muß die Zumutbarkeit einer anderen Arbeit eindeutig definiert werden (der Entwurf dieser Definition lag der Arbeitsgruppe Sozialpolitik nicht vor);
- müssen ergänzend Regelungen und Unterstützungen im Rahmen der Sozialfürsorge grundsätzlich überarbeitet werden (z. B. für Bürger mit gestörtem Sozialverhalten).

Die Arbeitsgruppe Sozialpolitik hat sich zum Entwurf der Verordnung über die Gewährung von Vorruhestandsgeld folgende Meinung gebildet:

- Diese Regelung wird grundsätzlich befürwortet, muß aber für Arbeiter und Angestellte von Unternehmen aller Eigentumsformen und Institutionen Anwendung finden können (z. B. darf es im § 7 nicht heißen: *„Produktions*genossenschaften", sondern es muß richtig immer nur „Genossenschaften" heißen).
- Es sind eindeutige Regelungen einschließlich der Klärung der Finanzierung des Vorruhestandsgeldes beim Übergang aus Arbeitslosigkeit in den Vorruhestand sowie bei sonstigen vom Arbeiter bzw. Angestellten „nicht zu vertretender Gründe" (dies muß definiert werden, z. B. Konkurs des Betriebes) zu treffen.
- Diese Vorruhestandsregelung erfordert eine Präzisierung des besonderen Kündigungsschutzes für Vorrentner und Rentner (§ 59 Abs. 1 AGB).

16. Zu gesellschaftlichen Kinderbetreuungsplätzen

Der Runde Tisch unterstützt den Antrag des Unabhängigen Frauenverbandes.

In den letzten Tagen erreichten uns unzählige Hinweise und Mitteilungen von beunruhigten Müttern und Vätern über geplante Schließungen bzw. Reduzierungen von gesellschaftlichen Kinderbetreuungsplätzen.

Wir fordern die Regierung auf, für die Einhaltung bestehender gesetzlicher Bestimmungen (betriebliche und staatliche Gesetzlichkeiten hinsichtlich der Kinderbetreuung) Sorge zu tragen.

160

17. Aufruf zur Aufnahme sowjetischer Juden in der DDR

Der Runde Tisch unterstützt den beiliegenden Aufruf des Jüdischen Kulturvereins in der DDR, zur Aufnahme sowjetischer Juden in der DDR und bitten den Runden Tisch in diesem Sinne zu entscheiden.

Aufruf zur Aufnahme sowjetischer Juden in der DDR

Seit Wochen hören wir von antijüdischen Pogromdrohungen in verschiedenen sowjetischen Städten. Antisemitische und nationalistische Kräfte haben sich organisiert und bedrohen das Leben von Juden. Diese Entwicklung bedroht nicht nur Menschenleben, sie stellt auch den Erfolg der Perestrojka in der Sowjetunion in Frage.

Eingedenk der Tatsache, daß bei der Judenverfolgung und -vernichtung durch den deutschen Faschismus die ganze Welt zugesehen hat, rufen wir auf, die deutsche Schmach der Vergangenheit nicht zu wiederholen. Ein talmudisches Gesetz sagt: Lo taamod al dam reecha pekuach nefesh doche et kol hatorah culah. – Alle Gesetze müssen gebrochen werden, wenn ein Leben gerettet werden kann.

Deshalb fordern wir, daß die DDR Voraussetzungen zur sofortigen Aufnahme von sowjetischen Juden, die es wünschen, unabhängig von bestehenden Rechtsvorschriften schafft.

Der Runde Tisch bittet den Ministerrat, auf diesen Aufruf in geeigneter Weise zu reagieren.

Ergebnisse der 13. Sitzung des Rundtischgespräches am 19. Februar 1990

1. Erklärung des Ministerpräsidenten Dr. Hans Modrow zum Besuch in der BRD vom 13.–14. Februar 1990

Die Begegnung konzentrierte sich auf Grundfragen der Herstellung der Einheit Deutschlands, und zwar vor allem auf entscheidende Fragen, die zwischen den beiden deutschen Staaten behandelt, verhandelt und geklärt werden müssen. Meine Begleitung umfaßte sowohl Fachminister als auch die neu in das Kabinett gekommenen acht Minister ohne Geschäftsbereich. Damit war unsere Regierung der nationalen Verantwortung in Bonn gewichtig vertreten. Und vor einer breiten internationalen Öffentlichkeit bestätigte sich, wie richtig und notwendig es war, eine solche Regierung in der DDR zu bilden. Auf dieser breiten Grundlage hat nach meinem Gespräch mit Herrn Kohl unter vier Augen dann eine Diskussion mit Vertretern der Bundesregierung stattgefunden. Daran haben auch Ministerpräsidenten von Bundesländern sowie der Regierende Bürgermeister von Berlin (West) teilgenommen.

Ich darf mit Befriedigung feststellen, daß sich in dieser Aussprache, sie umfaßte insgesamt 16 Diskussionsbeiträge, der in den wesentlichen Fragen einheitliche Standpunkt der Regierung der DDR gezeigt hat, und zwar in allen Äußerungen von Teilnehmern von seiten der DDR.

Ich danke hier noch einmal ausdrücklich den Ministern, die das Wort ergriffen haben, auch und insbesondere den Ministern ohne Fachbereiche. Dieses einheitliche konstruktive Auftreten vermittelt eine Lehre für künftige Gespräche und Verhandlungen, und eine solche Lehre sollte auch von der nachfolgenden Regierung, die am 18. März mit den Wahlen ihre Legitimität über die Volkskammer bekommen wird, beachtet werden.

Am 13. und 14. Februar hat es nach dem Arbeitstreffen eine Fülle von Begegnungen und Gesprächen mit führenden Politikern, Vertretern von Wirtschaft und Finanzen der Bundesrepublik gegeben. Daran waren ebenfalls sämtliche Mitglieder der mich begleitenden Delegation in dankenswerter Weise sehr aktiv und konstruktiv beteiligt.

Diese weiteren Gespräche haben ebenfalls Gelegenheit gegeben, sowohl die Standpunkte der verschiedensten Persönlichkeiten aus der Bundesrepublik kennenzulernen als auch wiederum die Auffassung der Regierung der DDR zu den anstehenden Fragen zum Ausdruck zu bringen. Ich möchte hier zugleich auch eines nachdrücklich feststellen: Die von den Vertretern der Regierung der DDR in Bonn dargelegten Meinungen, Vorschläge und Forderungen entsprechen voll inhaltlich den Positionen des Runden Tisches, die für das Bonner Arbeitstreffen beschlossen worden sind. Sie sind mir vorher schriftlich zugegangen, und ich habe dieses Positionspapier dem Bundeskanzler bei unserem einleitenden Gespräch übergeben. Ich möchte damit auch unterstreichen, daß damit auch all jene an ihn persönlich gerichteten Materialien und Anliegen übergeben wurden; und Bundeskanzler Kohl veranlaßte, daß Ihre Materialien allen Gesprächspartnern der Seite der BRD auch unserem Wunsch gemäß übergeben worden sind, so daß sich hier – das möchte ich unterstreichen – unser Auftreten mit all jenen Problemen und Fragestellungen, die Ihr Anliegen waren, in Übereinstimmung befunden hat.

Ich möchte in sechs Punkten auf diese Grundpositionen eingehen und vorschlagen, daß danach Mitgliedern der Delegation das Wort zu ergänzenden Informationen gegeben wird, damit sich der Runde Tisch über das hinaus, was die Medien berichtet haben, ein Bild machen kann; und dabei denke ich auch und in allererster Linie an die Bürger der DDR, die – wenn auch zu einer für Arbeitende ungünstigen Zeit – diese Informationen über den Bildschirm selbst bekommen können. Erstens ging es dem Runden Tisch ebenso wie mir darum, gegenüber dem Bundeskanzler gemeinsame nationale Verantwortung zu betonen. Dem hat Herr Kohl zugestimmt. Das notwendige Höchstmaß an politischer Verantwortung erfordert auch, die Bürger der DDR nicht durch gezielte Meinungsmache aus Kreisen des Bundeskanzlers zu beunruhigen. Ich meine damit die angeblich in diesen Tagen eingetretene Zahlungsunfähigkeit der DDR und die angeblich noch einmal vorverlegte Volkskammerwahl. Ich habe in Bonn diese Verantwortungslosigkeit gerügt. Eine Entschuldigung oder ein klärendes Wort haben wir offiziell jedoch nicht gehört. Man muß dazu noch feststellen, daß einige Medien der BRD und manche politische Kräfte auch jetzt nicht zu Besonnenheit und Beruhigung beitragen, die doch so notwendig sind für Vertrauen in die Zukunft und für redliche Arbeit. Nachdrücklich möchte ich an dieser Stelle dem Herrn Bundespräsidenten von Weizsäcker meinen persönlichen Dank, Respekt und meine Hochachtung übermitteln zu dem, was er am gestrigen Tage auch die internationale Öffentlichkeit und besonders die Bürger der DDR hat wissen lassen.

Zweitens war es das eindeutige Bemühen der DDR-Vertreter in Bonn, mit diesem Treffen Möglichkeiten einer raschen Verbesserung der Lebensbedingungen in der DDR zu erschließen, insbesondere also erneut die schon in Dresden besprochene solidarische Hilfe der BRD für die DDR mahnen. Auch das entspricht den Positionen des Runden Tisches. Wie Sie bereits wissen, meine Damen und Herren, habe ich keine Zusage für eine solche solidarische Hilfe aus Bonn mitgebracht. Es sind aber bestimmte Töne auch in Leipzig in ganz anderer Weise zu hören gewesen, für wen man eigentlich bereit ist, solidarisch zu sein, und für wen weniger. Es geht aber hier wohl nicht um Parteipolitik, es geht hier um nationale Verantwortung, die wir alle gemeinsam höherstellen sollten. Eine Tageszeitung der BRD hat das ebenso knapp wie treffend mit den Worten kommentiert: Offen bleibt die Frage eines Solidarbeitrages. Ich kann die Enttäuschung vieler Bürger der DDR verstehen, die sich fragen, ob sie nun keine Brüder und Schwestern mehr sind. Allerdings mehr, als sich immer wieder bemühen, kann meine Regierung nicht. Ich werde nicht auf Knien um einen solchen solidarischen Beitrag bitten. Was nach dem 18. März erfolgt, das wird sich zeigen.

Drittens wurde mir vor dem Treffen die Absicht der Bundesregierung signalisiert, so rasch wie möglich eine Währungsunion beider Staaten herbeizuführen. Dem kann vor dem 18. März nicht entsprochen werden. Die Regierung der DDR ist hier auch mit den Standpunkten des Runden Tisches in Übereinstimmung. Darüber hinaus ist verfassungsrechtlich überhaupt die Regierung gegenwärtig nicht befugt, die Währungshoheit preiszugeben, und ich kann dies auch der gegenwärtigen Volkskammer demzufolge nicht empfehlen. Die Grundposition des Runden Tisches habe ich jedoch auch so vertreten, daß es notwendig ist, bereits jetzt Arbeitsschritte einzuleiten, damit ein künftiges Parlament recht bald über eine Wirtschaftsgemeinschaft von DDR und BRD und dafür eine einheitliche Währung befinden kann. Tatsächlich darf hier nicht überstürzt vorgegangen werden, weil zahlreiche Sachfragen zu klären sind, darunter gewichtige Rechtsfragen, wobei ich betone, daß insbesondere das Recht der Bauern der DDR auf ihr Bodenreformland nicht antastbar ist. Auch in dem Punkt, meine Damen und Herren, stimmen wir offenbar überein. Fachleute aus beiden deutschen Staaten werden in dieser Woche die Vorarbeiten zu Währungsfragen aufnehmen. So ist es in Bonn vereinbart worden, und das rechne ich zu den konstruktiven Ergebnissen.

Viertens haben die Vertreter unserer Regierung in Übereinstimmung mit dem Runden Tisch bei den Gesprächen in Bonn betont, daß es um soziale Sicherheit für die Bürger der DDR geht und gehen muß. In diesem Punkt sind wir durchaus verstanden worden. Es muß auch öffentlich klargestellt werden, daß es keine Wegnahme von Spargeldern geben darf, keine Härten für Rentner, alleinstehende Mütter und kinderreiche Familien, um nur diesen Kreis aus dem Komplex vieler Probleme zu nennen. Ja, ich meine, der künftigen Regierung der DDR sollte geraten werden, von der Bundesregierung entsprechende Garantieerklärungen einzufordern, ehe einer Währungs- und Wirtschaftsunion zugestimmt wird.

Fünftens haben wir in Bonn klargemacht, daß die Zusammenführung der beiden Staaten in vertraglich geregelter Form erfolgen sollte. Bundeskanzler Kohl hat ausdrücklich erklärt, es gehe seiner Regierung nicht um einen Anschluß der DDR. Damit ist auch klarzustellen, daß wir, die Bürger der DDR, bei allen Fehlern der Vergangenheit doch mit eigenen Werten in den Prozeß des Zusammenwachsens und der Vereinigung gehen sollten. Gerade dazu habe ich auf der internationalen Pressekonferenz besonders nachdrücklich meinen Standpunkt und die Überlegungen – ich glaube sowohl des Runden Tisches als auch der Regierung – zum Ausdruck gebracht.

Sechstens ist und bleibt die Herstellung eines deutschen Staates mit dem internationalen Umfeld verbunden und zwar dergestalt, daß die Interessen aller Völker Europas sowie speziell der vier Mächte zu wahren sind. Die Konferenz von Ottawa hat sich dazu bekanntlich geäußert.

Die Regierung der DDR begrüßt das Übereinkommen für eine Vier-plus-Zwei-Konferenz. Darüber hinaus habe ich sowohl in Bonn als auch danach in Warschau keinen Zweifel daran gelassen, daß für die DDR die Oder-Neiße-Grenze unantastbar und völkerrechtlich geworden ist. Sie muß auch für den künftigen deutschen Staat bleiben.

Wichtiges politisches Ergebnis des Besuches ist, daß nunmehr von den Regierungen beider Staaten die Weichen für die baldige Vereinigung von DDR und BRD zu einem deutschen Bundesstaat gestellt werden. Dies ist von historischer Bedeutung nicht nur für die Deutschen in Ost und West. Es ist für das Schicksal des ganzen europäischen Kontinentes wichtig, wie sich der deutsche Einigungsprozeß und seine Ergebnisse in die Erfordernisse der europäischen Sicherheit und künftiger kooperativer Strukturen einordnet, wie die Befürchtungen und Sorgen anderer Staaten, ich denke dabei besonders an Polen, aber auch an die Sowjetunion und Frankreich, berücksichtigt werden, wie das Problem geregelt wird und damit mit der Aggression Hitlerdeutschlands und dem

Scheitern des dritten Reiches verbundene Fragen und Probleme auch ihre völkerrechtliche Klärung bewahren und behalten. All das erfordert ein gesondertes, ein stufenweises vertraglich geregeltes Zusammenwachsen beider Staaten.

In Bonn bestand die Übereinstimmung, daß die deutsche Vereinigung in den gesamteuropäischen Prozeß eingebettet sein muß und daß von deutschem Boden nur Frieden ausgehen darf. Nun gilt es, auf beiden Seiten entsprechend zu handeln, Fristen, Formen und Modalitäten der Vereinigung gemeinsam festzulegen, sie mit dem KSZE-Prozeß zu synchronisieren. Nichts darf hier geschehen, was überhastet vor sich geht und für europäische Völker das Gefühl von Unruhe und fehlendem Vertrauen zu den Deutschen aufkommen lassen kann.

Bei all dem, was über das Treffen zu sagen und zu rechten ist, halte ich das in Bonn erzielte Arbeitsergebnis dennoch insoweit für vertretbar, weil es dazu beitragen kann, für die künftige Vereinigung der beiden Staaten die Weichen auf Vernunft, Überschaubarkeit, soziale Sicherungen und ein konstruktives Vorgehen zur Klärung von Sachfragen zu stellen. Damit wollte die Regierung der nationalen Verantwortung den Bürgern der DDR dienen und Vorarbeit für die Zeit nach dem 18. März leisten. In diesem Sinne wollte ich den Runden Tisch nicht nur informieren, sondern Ihnen auch Dank für Ihre Unterstützung, für die Tätigkeit in der Regierungsdelegation aussprechen.

2. Stellungnahmen zur Erklärung von Ministerpräsident Dr. Modrow

2.1. Erklärung und Antrag zur aktuellen Situation

Es mehren sich die Hinweise, daß die Rechtsgrundlage auf dem Gebiet der Wirtschaft der DDR auf die rasante politische Entwicklung nicht eingestellt ist. Es ergeben sich freie Rechtsräume, die befürchten lassen, daß mit dem Volkseigentum nicht mit der nötigen Sorgfalt umgegangen wird.

Aus Betrieben der DDR wird bekannt, daß das Arbeitsvermögen zu Dumpingpreisen in konvertierbarer Währung exportiert wird, daß der Umgang mit Vermögen von Parteien und gesellschaftlichen Organisationen unkontrolliert in Wirtschaftsverträge mit dem Ausland mündet. Z. T. gibt es Hinweise, daß Einzelpersonen mit gesellschaftlichen Eigentum im Geschäftsverkehr auftreten. Undurchschaubar ist auch der Handel mit Immobilien volkseigener Rechtsträger. Es gibt Hinweise, daß nach dem 7. 10.

89 in überstürzter Weise Grundstücke und Häuser zu Niedrigpreisen an ehemalige und noch tätige Funktionäre des Staates, der Parteien und der gesellschaftlichen Organisationen verkauft wurden.

Rechtsordnung, Rechtspflege und demokratische Kontrolle sind auf eine solche Entwicklung nicht hinreichend vorbereitet. Der Runde Tisch bittet die Volkskammer, folgende Forderungen sich zu eigen zu machen:

1. Im Vertrauen auf die demokratische Kraft des Volkes bitten wir alle Bürger dieses Landes, ihren Wirtschaftsfunktionären, ihren politischen Interessenvertretern und den Staatsfunktionären in Gelddingen auf die Finger zu sehen und sie nicht aus der demokratischen Kontrolle zu entlassen.

2. Von den Staatsorganen fordern wir, gründlich und gewissenhaft ihren Pflichten als übergeordnetes Organ nachzukommen und eindeutig im Interesse der Erhaltung und Mehrung des Volkseigentumes zu entscheiden. Dies betrifft sowohl die Zustimmung zu Außenwirtschaftsverträgen als auch die ordnungsgemäße Bewertung der beweglichen und unbeweglichen Grundmittel.

3. Die Parteien, gesellschaftlichen Organisationen und Bürgerbewegungen fordern wir auf, ihre wirtschaftlichen Beziehungen derart zu gestalten, daß kein Ausverkauf gemeinschaftlichen Eigentums erfolgt und die Durchsichtigkeit für die breite demokratische Öffentlichkeit gewährleistet ist.

4. Die Finanzorgane und alle gesellschaftlichen Kontrollorgane werden aufgefordert im Rahmen der jährlichen Revision bis zum 31. März alle Wirtschaftsverträge

— zum Verkauf von Arbeitsverträgen in das Ausland
— zum Kauf und Verkauf volkseigener Häuser und Grundstücke,

sowie Verträge zur Gründung von Kapital- und Personengesellschaften, deren Teilnehmer ehemalige oder noch tätige Funktionäre sind, einer gesonderten Tiefenprüfung zu unterziehen.

5. Die Staatsanwaltschaft und Gerichte fordern wir auf, Anzeigen aus der Bevölkerung zur Veruntreuung von Volkseigentum und zur Veruntreuung von Eigentum der Parteien, gesellschaftlichen Organisationen und Bürgerbewegungen mit der gebotenen Sorgfalt und Schnelligkeit zu bearbeiten.

2.2.

Der Runde Tisch beschließt:

1. Eine NATO-Mitgliedschaft des zukünftigen Deutschland ist mit dem Ziel der deutschen Einheit im Rahmen einer europäischen Friedensordnung nicht in Einklang zu bringen und wird deshalb grundsätzlich abgelehnt. Ein entmilitarisierter Status eines künftigen einheitlichen deutschen Staates wird angestrebt.

2. Die Beendigung der Teilung Europas ist nur möglich, wenn die bestehenden Grenzen zu den europäischen Nachbarn nicht in Frage gestellt werden. Vorbedingung der deutschen Einheit ist deshalb eine gemeinsame Erklärung beider deutscher Staaten, die bestehenden Grenzen, insbesondere die Oder-Neiße-Grenze vorbehaltlos anzuerkennen und ihre Sicherheit von deutscher Seite aus zu garantieren.

3. Der Anschluß der DDR oder einzelner Länder an die Bundesrepublik durch eine Ausweitung des Geltungsbereiches des Grundgesetzes der BRD nach Artikel 23 wird abgelehnt.

Grundsätzliche Aspekte zu dieser Thematik sind im Positionspapier des Runden Tisches vom 12. 2. 1990 enthalten.

Die Verfahrensvorschläge der Vorlage 13/14 wurden mit Änderungsvorschlägen an die Arbeitsgruppe Verfassung überwiesen.

2.3.

Die Vorlage 13/24 von Demokratie jetzt wurde zur Prüfung und weiteren Überarbeitung an die Arbeitsgruppe Recht überwiesen.

2.4.

Der Runde Tisch beschließt:

Die Regierung Modrow zu beauftragen,
in den beginnenden Verhandlungen zur Wirtschafts-, Währungs- und Sozialunion mit der Regierung der Bundesrepublik Deutschland

1. bei notwendigen Strukturwandlungen und entsprechenden Personalveränderungen, einschließlich zu entwickelnder Um-

schulungsprogramme, ein Mitspracherecht der jeweiligen Betriebsvertretung zu gewährleisten;

2. vordringlich und in besonderer Weise die Interessen leistungsgeminderter und sozial schwacher Personen zu berücksichtigen, um eine Sicherung und Verbesserung ihrer Lebenslage zu erzielen;

3. die Ansprüche und Forderungen von alleinerziehenden Eltern, kinderreichen Familien, Rentnern und Behinderten zu sichern;

4. die Eigentumsrechte von Bürgern der DDR an Grund, Boden und Gebäuden zu gewährleisten.

Der Runde Tisch betrachtet es als unbedingt notwendig, alle Verhandlungsergebnisse sofort öffentlichkeitswirksam werden zu lassen, um allen Sorgen und Ängsten, aber auch um Hysterie und Spekulationen entgegenzutreten.

2.5.

Der Runde Tisch unterstützt den Vorschlag zur Schaffung eines gesamtdeutschen Runden Tisches zu sozialpolitischen Fragen. Er schlägt für eine Ausarbeitung einer Sozialcharta folgende Themen vor:

1. Mit einem *Verbund der Arbeitsgesetzgebung* werden das Recht auf Arbeit und die freie Tätigkeit der Gewerkschaften einklagbare Verfassungsrechte.

— Gesetzlich geregelt wird die staatliche Pflicht zu einer aktiven Beschäftigungspolitik, die Massen- und Dauerarbeitslosigkeit verhindert und Maßnahmen der Umschulung sowie der sozialen Sicherstellung der Werktätigen einschließt.
— Frauen, ältere Werktätige und Behinderte werden durch besonderen Kündigungsschutz und Quotenregelungen in ihrer beruflichen Entwicklung gefördert.
  Die sozialpolitischen Leistungen für berufstätige Mütter werden erhalten.
— Garantiert werden die Tarifautonomie der Gewerkschaften und ihr Recht auf Gesetzesinitiativen, die Interessenvertretung der Werktätigen in Betrieben aller Eigentumsformen, das Streikrecht und das Verbot der Aussperrung.

2. In die *Familiengesetzgebung* werden die sozialen Errungenschaften beider Seiten eingebracht.

169

- Rechtlich geregelt wird die tatsächliche Gleichstellung der Geschlechter in allen Lebensbereichen.
- Allen zugängliche, erschwingliche Betreuung der Kinder von der Krippe bis zum Schulhort, Möglichkeiten für Sport, Spiel und Gestaltung der Ferien werden erhalten und verbessert.
- Alleinerziehende Mütter und Väter erhalten gesellschaftliche Fürsorge.

3. Ein künftiges *Bildungsgesetz* wird auf grundlegende Reformen vom Kindergarten bis zur Hochschule gerichtet.

- Die Chancengleichheit aller Kinder und Jugendlichen, unabhängig von Weltanschauung, Religion und sozialer Herkunft wird verwirklicht.
- Allgemeinbildung, Berufsbildung und Hochschulbildung sind kostenlos – das Recht auf Bildung darf nicht vom sozialen Status der Eltern abhängen.
- Vielfältige Wege der Weiterbildung sowie der Umschulung werden gefördert.

4. Eine Harmonisierung des *Rentenrechts* wird angestrebt.

- Jedem Bürger wird ermöglicht, nach einem erfüllten Arbeitsleben den durch Leistung erworbenen Lebensstandard auf angemessenem Niveau zu erhalten.
- Mit Regelungen für einen Vorruhestand und Gewährung von Teilrenten können ältere Bürger selbst über einen gleitenden Übergang aus der Berufstätigkeit entscheiden.

In Erwägung gezogen werden sollte, einen Teil eines von der BRD gewährten Lastenausgleiches für Reparationsleistungen zweckgebunden für die anstehende Rentenreform in der DDR zu verwenden. Er würde jenen älteren Menschen zugute kommen, die in schweren Jahren die Hauptlast der Reparationen getragen haben.

5. Die partnerschaftliche Zusammenarbeit für *Gesundheitsfürsorge und medizinische Versorgung* wird weiter entwickelt.

- Garantie des Rechtes auf Schutz der Gesundheit durch den Staat.
- Unentgeltliche medizinische Betreuung, allgemeine Zugänglichkeit und Chancengleichheit bei der Nutzung medizinischer Leistungen.
- Gegen die Übernahme des Gesundheitsreformgesetzes der BRD durch die DDR – Wahrung der Rechte der Werktätigen im Krankheitsfalle durch Beibehaltung der Sozialversicherungsordnung der DDR.

170

– Überwindung der Rückständigkeit der materiell-technischen Basis des Gesundheitswesens und der Einrichtung für die soziale Betreuung in der DDR. Für die Bewahrung des poliklinischen Gedankens durch die Schaffung solcher Bedingungen, die Eigenverantwortung und Selbständigkeit jedes Arztes und Zahnarztes fördern.

Garantie für jeden Arzt und Zahnarzt auf Facharztweiter- und Fortbildung.

6. Das *Recht auf Wohnung* bleibt in der DDR Verfassungsrecht.

– Veränderungen der Mietpreise werden mit einem sozialen Ausgleich verbunden.
– Der Kündigungsschutz für Mieter bleibt erhalten.
– Die Eigentumsrechte von Bürgern der DDR an Wohnhäuser, Erholungsbauten und anderen Baulichkeiten und die verliehenen Nutzungsrechte an Grundstücken werden weiter gesetzlich geschützt.

2.6. Der Runde Tisch unterstützt die Initiative der Arbeitsgruppe Wirtschaft.

1. Die Arbeitsgruppe Wirtschaft des Runden Tisches nahm Informationen von Vertretern der Staatsbank über

– die Neugestaltung des Bankensystems und des Kreditwesens
– Maßnahmen zur Sicherung der Währungsstabilität und zur Vorbereitung einer Währungsunion mit der BRD
– Bedingungen zur Ausreichung von Krediten aus der BRD für die Förderung der privaten Wirtschaft in der DDR

zur Kenntnis.

Die Arbeitsgruppe erwartet von der Staatsbank die Übergabe von Informationen über weitere Daten zur Währungssituation, insbesondere im Verhältnis zur BRD, und nächste Schritte auf dem Gebiet des Geld- und Kreditwesens.

Die Arbeitsgruppe Wirtschaft schlägt dem Runden Tisch vor,

– die Regierung zur unverzüglichen Durchführung einer Pressekonferenz aufzufordern, mit der Verunsicherungen und Ängste in der Bevölkerung im Zusammenhang mit einer Währungsunion BRD/DDR abgebaut werden. Die zuständigen Vertreter der Regierung sollten beauftragt werden, Informationen über die realen Möglichkeiten zur Sicherung der Währungsstabilität und der Sparguthaben, wie sie in der Beratung von den Vertretern der Staatsbank konkret dargelegt wurden, in den Medien zu veröffentlichen.

– Die Regierung aufzufordern, ständig Informationen über den Stand der Verhandlungen zu Fragen der Wirtschafts- und Währungsunion durch ein Mitglied der Expertenkommission vor der Arbeitsgruppe Wirtschaft des Runden Tisches zu geben.

3. Die Arbeitsgruppe Wirtschaft des Runden Tisches hat die Erläuterung des Entwurfs des Steueränderungsgesetzes zur Kenntnis genommen. Die Grundlinie der beabsichtigten Steuerveränderungen wird unterstützt und als erster Schritt einer generellen Steuerreform betrachtet.

Die Arbeitsgruppe Wirtschaft schlägt dem Runden Tisch vor, die Regierung aufzufordern

– alle Voraussetzungen zu schaffen, damit die Volkskammer schnellstmöglich das Änderungsgesetz verabschieden kann,
– ihre Argumente und Positionen zur erforderlichen Lohn- und Gehaltssteuerreform unter besonderer Berücksichtigung der Interessen der Angestellten öffentlich darzustellen.

2.7.

Der Runde Tisch fordert die Regierung auf, die staatliche Finanzierung der Kindereinrichtungen einschließlich der Schulspeisung gesetzlich zu verankern.

3. Zur weiteren Entwicklung der Landwirtschaft

3.1. *Material der Arbeitsgruppe Wirtschaft zur weiteren Entwicklung der Landwirtschaft (Vorlage 13/1)*

Die Arbeitsgruppe Wirtschaft hat sich am 17. 1. 1990 mit Fragen der Landwirtschaft beschäftigt. Sie empfiehlt dem Runden Tisch, die im folgenden formulierten Schwerpunkte anzunehmen und der Regierung zu übergeben. Die Schwerpunkte sollten der durch die Regierung auszuarbeitenden Konzeption zur Entwicklung der Landwirtschaft zugrundeliegen.

Der Runde Tisch erwartet Auskunft von der Regierung zur Gesamtsituation der Landwirtschaft und die Einleitung von Maßnahmen:

1. Sofortmaßnahmen

- Unverzügliche Gesetzesinitiativen und Einbeziehung in die deutsch-deutschen Verhandlungen zum Erhalt der Existenz und des Eigentums der landwirtschaftlichen Produzenten aller Eigentumsformen. Dazu gehören insbesondere Initiativen
  - zur Feststellung der Eigentumsverhältnisse an Grund und Boden
  - zur Sicherung der Ergebnisse der Bodenreform und damit des privaten Eigentums der Genossenschaftsbauern und -gärtner an Grund und Boden als deren Hauptproduktionsmittel
  - zum Schutz und Erhalt der LPG, GPG und VEG, sofern die Genossenschaftsbauern und -gärtner bzw. Werktätigen das wünschen
  - zur Sicherung der Nutzungsrechte der Kleingärtner, Siedler und Kleintierzüchter einschließlich Wochenendsiedler an Grund und Boden
  - zur Abwehr von Bodenspekulationen und Beseitigung ungesetzlicher Enteignungen von Kirchenland.

  In die oben genannten Verhandlungen mit der BRD einzubeziehen sind Maßnahmen, die verhindern, daß frühere Eigentümer von Grund und Boden der Land- und Forstwirtschaft, die durch in der DDR geltendes Recht dieses Eigentum verloren haben, die weitere Verfügbarkeit der jetzigen Nutzer beeinträchtigen können (evtl. Lastenausgleich, soweit noch nicht geschehen).
- Aufnahme deutsch-deutscher Gespräche zur Vorbereitung der Bauern der DDR auf den EG-Binnen- und Außenmarkt; soziale Förderungsmaßnahmen für die Bauern müssen denen anderer Bereiche angepaßt werden
- Erhöhung der Lieferung von Technik, Ersatzteilen, Dünge- und Pflanzenschutzmitteln zur rechtzeitigen Absicherung der Frühjahrsbestellung
- Stabilisierung der Leistungen der Nahrungsgüterwirtschaft, insbesondere der Schlacht-, Kühl- und Verarbeitungskapazitäten durch beschleunigte materiell-technische Ausstattung, Gewinnung von Arbeitskräften und gezielte soziale Maßnahmen
- Anpassung der landwirtschaftlichen Produktion an die Bedürfnisse der Bevölkerung nach gesunder Ernährung, u. a. durch Förderung des Anbaus von Obst und Gemüse, Veränderung der Struktur der landwirtschaftlichen Produktion und

des gegenwärtigen Subventions- und Verbraucherpreissystems
- Sicherung der Gemeinnützigkeit der Bodennutzung durch eindeutige gesetzliche Regelungen, um eine effektive, ökologisch und sozial verträgliche landwirtschaftliche Produktion zu sichern (Bodengesetz, Bodenbewertungsgesetz, Flächennutzungsbehörde)
- Maßnahmen, die die sozialen Bedingungen für die Bürger in Stadt und Land verbessern (Einkommensniveau, Versorgungs- und Dienstleistungen, gesundheitliche, kulturelle und sportliche Betreuung u. a.)
- Drastische Reduzierung der Plankennziffern in der Landwirtschaft, stärkere Anwendung des Vertragssystems und flexibler Preise
- Schaffung notwendiger Rahmenbedingungen für die Gründung und Tätigkeit bäuerlicher Familienbetriebe.

2. Maßnahmen zur Wirtschaftsreform

- Schaffung von Voraussetzungen für eine effektive und ökologiegerechte landwirtschaftliche Produktion, die die Nahrungsmittelversorgung der Bevölkerung auf hohem Niveau und in steigender Qualität gewährleistet, die Volkswirtschaft mit agrarischen und tierischen Rohstoffen versorgt, Arbeit für Genossenschaftsbauern und Landarbeiter sichert und die landwirtschaftliche Nutzfläche als Bestandteil der Kulturlandschaft erhält
- Gewährleistung einer engeren materiell-technischen und ökonomischen Verflechtung und Interessenausgleich zwischen Landwirtschaft, Industrie und Handel über Marktbeziehungen
- Chancengleichheit für Betriebe aller Eigentums- und Organisationsformen und Produktionseinrichtungen im ökonomischen Wettbewerb durch einheitliche Preisbildungs- und Besteuerungsgrundsätze
- Verwirklichung der Selbstverwaltung der Genossenschaften und der ökonomischen Eigenverantwortung der volkseigenen Landwirtschaftsbetriebe
- Förderung unabhängiger demokratischer Genossenschaftsverbände und Verbände volkseigener Landwirtschaftsbetriebe bzw. die Gründung von Landwirtschaftskammern als Interessenvertreter gegenüber Regierung und Industrie
- Förderung einer ökologiegerechten landwirtschaftlichen Produktion, durch Technologien in der Pflanzen- und Tierproduktion, die so zu gestalten sind, daß Umweltschäden verrin-

gert werden, einschließlich des Abbaus übermäßiger Tierkonzentrationen im Rahmen der Investitionsförderung und Durchsetzung des Verursacherprinzips bei Umweltschäden
- Schaffung ökonomischer Bedingungen, die die Rentabilität der Verarbeitungsindustrie gewährleisten und auch die Gründung von Joint-Ventures sowie anderer Formen der Kooperation ermöglichen
- Schaffung gesellschaftlicher Rahmenbedingungen, die eine stabile Inlandsversorgung gewährleisten
- Stärkere Einbeziehung der Landwirtschaft in die internationale Arbeitsteilung, mit dem Ziel der höheren Effizienz der landwirtschaftlichen Produktion.

3.2. Zu Fragen von Grund und Boden

Ausgehend von den zahlreichen Vorlagen der verschiedenen Parteien und Vereinigungen des Runden Tisches konnte keine konsensfähige Erklärung erzielt werden. Deshalb hat der Runde Tisch beschlossen:

1. Die in Vorlage 13/1 durch die Arbeitsgruppe Wirtschaft eingebrachte Erklärung zum Grund und Boden (Punkt 1, 1. Anstrich) wird mit der Ergänzung „zur Feststellung der Eigentumsverhältnisse an Grund und Boden" bestätigt, zumal hierzu bereits in der Arbeitsgruppe Wirtschaft Konsens erzielt wurde.

2. Alle weiteren Vorschläge, so wie sie in den Vorlagen (s. Anlage) dem Runden Tisch vorgelegt werden, werden der Arbeitsgruppe Wirtschaft und der Arbeitsgruppe Recht zur Behandlung übergeben.

3. Alle o. g. Vorlagen sind umgehend an das Präsidium der Volkskammer zu überstellen, um sie bei der morgigen 1. Lesung des Ergänzungsgesetzes zum LPG-Gesetz zu berücksichtigen.

Anlage 1
Vorlage 13/1a

Beschlußantrag
Ergänzung zu Punkt 1: Sofortmaßnahmen

Wir beantragen:

Die Schaffung klarer gesetzlicher Grundlagen zur Klärung der Eigentumsverhältnisse an landwirtschaftlichen Produktionsmitteln wie Grund und Boden, Wald, Gebäude und Inventar. Wir schla-

gen vor, hierfür eine Regierungskommission zu bilden und einzusetzen.

Begründung:

1. Es fehlen gesetzliche Klärungen und Regelungen der Eigentumsverhältnisse an Grund, Boden und Inventar.

2. Eigentum als solches muß gesetzlich geschützt werden. Erst
damit ist die Voraussetzung für unternehmerische Initiative, Risi-
kobereitschaft und Gewinnmöglichkeit geschaffen.

3. Privateigentum muß unantastbar sein, genossenschaftliches
Eigentum ist neu zu definieren.

Demokratischer Aufbruch

Anlage 2
Vorlage 13/4

Antrag

Der Runde Tisch erklärt öffentlich und fordert die Regierung dazu
auf, dies ebenfalls zu tun, daß das Nutzungsrecht der LPG an Boden, der vom Staat zur dauernden Nutzung übergeben wurde,
auch künftig unangetastet bleibt.

Begründung:

Würde diese im gültigen LPG-Gesetz festgeschriebene Regelung
durchbrochen, bedeutete das für eine Reihe LPG das Ende der genossenschaftlichen Existenz.

DBD

Anlage 3
Vorlage 13/7

Antrag der PDS an den Runden Tisch

Die PDS unterstützt die Forderung der Genossenschaften und
Genossenschaftsbauern, daß die Volkskammer durch Beschluß
noch bis 18. März 1990 die Regelungen des LPG-Gesetzes vom
2. Juli 1982 (GBl. I Nr. 25, S. 443) aufhebt, welche behindern, daß
diese den Boden von den nicht in der landwirtschaftlichen Produktion beschäftigten Bürgern der DDR, die Bodeneigentümer
sind, kaufen können.

Damit verbunden ist die Aufhebung der bestehenden Nutzungsverträge über den Boden zwischen den Genossenschaften,
den Räten der Kreise und den Bürgern, die zwar Bodeneigentümer, aber nicht LPG-Mitglied sind.

176

Das erfordert, umgehend eine staatliche Bodenbewertung und damit auch Bodenpreise zuzulassen. Der Verkauf von Boden zu spekulativen Zwecken ist durch sofortige staatliche Schutzmaßnahmen zu behindern.

Durch die Volkskammer sind noch vor dem 18. März 1990 die §§ 17, Abs. 1 und 3 und 19 Abs. 1 des LPG-Gesetzes vom 2. Juli 1982 (GBl. I Nr. 25, S. 443) aufzuheben und entsprechend diesem Antrag neu zu beschließen.

PDS

Anlage 4
Vorlage 13/11

Der Boden ist das Hauptproduktionsmittel der Landwirtschaft und die Grundlage für die wirtschaftliche Tätigkeit der LPG und VEG. Spontane Veränderungen der Bodeneigentums- bzw. -nutzungsverhältnisse gefährden die soziale Sicherheit aller Genossenschaftsbauern und -gärtner der DDR und beeinflussen direkt das Lebensniveau weiterer 10−15 % der Bevölkerung. Die VdgB beantragt aus diesen Gründen, daß der Runde Tisch die Regierung der DDR auffordert, *sofort* Maßnahmen einzuleiten, die die Gemeinnützigkeit des Bodeneigentums und der Bodennutzung in unserem Land sichern hilft. Dazu sollten gehören:

1. Das umfassende Nutzungsrecht der LPG und GPG am *landwirtschaftlich genutzten Boden* zu bestätigen. Die Interessen der Bodeneigentümer, die nicht Mitglieder von LPG oder GPG sind, durch die Zahlung von Pachtgebühren berücksichtigt werden.

2. Werden von den LPG und GPG genutzte Böden aus der landwirtschaftlichen Nutzung herausgenommen und anderen Nutzern (Eigenheimbauern, Industrie- und Landwirtschaftsbetrieben, Touristikunternehmen usw.) übergeben, ist vorher das *Einverständnis der Eigentümer* einzuholen. Erfolgt eine Bebauung, ist den Bodeneigentümern vom neuen Nutzer ein Preis zu zahlen, der den realen Zeitwert des Grundstücks widerspiegelt.

3. Beabsichtigen Nichtmitglieder von LPG und GPG ihren Boden zu veräußern, ist den LPG und GPG ein gesetzliches *Vorkaufsrecht* einzuräumen. Das betrifft auch die von den Genossenschaften genutzten volkseigenen Bodenstücke. Der Kauf von Böden durch Genossenschaften sollte durch die Gründung von Hypothekenbanken staatlich gefördert werden.

4. Jeder Eigentums- und Nutzerwechsel von landwirtschaftlich genutzten Böden muß staatlich bestätigt werden. Mit der Schaf-

fung einer entsprechenden *staatlichen Aufsichts- und Kontrollbehörde* (Amt für Flurgestaltung) ist *sofort* zu beginnen.
Grundsätze, die den Eigentums- bzw. Nutzungswechsel landwirtschaftlicher Böden berühren, sollten im Gesetz zur Änderung und Ergänzung des Gesetzes über die landwirtschaftlichen Produktionsgenossenschaften berücksichtigt werden.

VdgB

Anlage 5
Vorlage 13/18

Unter den Genossenschaftsbauern in der DDR wächst gegenwärtig erhebliche Verunsicherung hinsichtlich der weiteren Stabilität der Agrarproduktion und der Sicherheit der genossenschaftlichen Arbeit. Als Gründe werden genannt:

— akute Probleme beim Absatz von Schlachttieren und Milch infolge gravierender hygienischer und anderer Mängel in Verarbeitungsbetrieben, die Betriebsstillegungen zur Folge haben sowie
— zunehmende Ungewißheit über die Auswirkungen der abzusehenden Einbindung in den EG-Agrarmarkt für die Existenz der Betriebe bzw. Genossenschaften.

Da in der EG eine Überproduktion an tierischen Erzeugnissen besteht, werden beide Probleme eng miteinander verbunden gesehen und diskutiert. Das Regierungskonzept zur Wirtschaftsreform enthält dazu keine ausreichenden Aussagen.
Deshalb fordert der Runde Tisch von der Regierung der DDR:

1. Im Interesse der Stabilität der Agrarproduktion, des Absatzes und der Versorgung der Bevölkerung aus eigenem Aufkommen sind unverzüglich gezielte Maßnahmen zur Sanierung der Schlacht-, Kühl- und Verarbeitungskapazitäten einzuleiten. Dafür sind alle Möglichkeiten, auch die ausländischer Unterstützung, zu nutzen.

2. In die Expertenrunde zur Vorbereitung der Währungs- und Wirtschaftsunion mit der BRD sind spezielle Verhandlungen auf dem Gebiet der Land-, Forst- und Nahrungsgüterwirtschaft einzubeziehen, die Maßnahmen für eine relativ kurzfristige Kompatibilität der DDR-Landwirtschaft einschließlich der Verarbeitung zur EG erarbeiten.
Auf dieser Grundlage sind noch im 1. Halbjahr 1990 Empfehlungen herauszugeben, die den LPG, VEG und anderen Land-

wirtschafts- sowie den Schlacht- und Verarbeitungsbetrieben ermöglichen, sich auf die Bedingungen des EG-Agrarmarktes einzustellen.

3. Die Regierung schafft Voraussetzungen, um den durch Strukturentwicklung, vergleichsweise niedrige Arbeitsproduktivität und hohe Kosten bedingten Produktivitätsrückstand zur EG schnell auszugleichen. Das betrifft insbesondere

- Herstellung vergleichbarer Preis- und Marktrelationen,
- Aufholung des technologischen Rückstands und Erneuerung der materiell-technischen Ausrüstung,
- Sicherung des Absatzes und der Verarbeitung der Produkte, wobei unsere Landwirtschaft nicht zusätzlichem Konkurrenzdruck durch Importe ausgesetzt werden darf,
- Arbeitsplatzsicherungsprogramme für die Landbevölkerung durch Umschulungsmaßnahmen, Förderung der Entwicklung mittelständischer Betriebe sowie durch spezielle Arbeitsprogramme, z. B. zur ökologischen Sanierung,
- Vorbereitung der Nutzungsveränderung wenig produktiver landwirtschaftlicher Nutzflächen durch Flächenstillegung und Überführung in ökologisch produktive Flächen,
- Gewährleistung der Einkommensparität zwischen Industrie und Landwirtschaft (Agrarpreise, Steuern, Finanzhilfen, wirtschaftliche Vergütung für Aufwendungen zur Landschaftsgestaltung und Naturhaushalt usw.),
- Klärung der zukünftigen Rolle der individuellen Produktion.

4. In Vorbereitung der Währungs- und Wirtschaftsunion sind verbindliche Festlegungen über die Sicherung des privaten und genossenschaftlichen Eigentums in der Landwirtschaft zu treffen, die die Anerkennung der Bodenreform und der darauf begründeten Eigentumsverhältnisse auf rechtsstaatlicher Grundlage einschließt:

CDU

Anlage 6
Vorlage 13/19

Der Runde Tisch möge beschließen:

1. Für alle Verhandlungen mit der BRD über die Wirtschafts- und Währungsunion wird die Regierung verpflichtet, die in 40 Jahren DDR entstandenen Eigentums- und Nutzungsverhältnisse der DDR-Bürger an Grund und Boden an Häusern und anderen Im-

mobilien auf Dauer zu sichern, indem keinerlei Rechtsakte der BRD anerkannt werden, die die Wiederherstellung alter Eigentumsrechte aus der Zeit vor der Gründung der DDR bzw. vor dem Mauerbau 1961 ermöglichen.

2. Die Regierung wird aufgefordert, die bestehenden Rechtsgrundlagen durchzusetzen und den Verkauf von Immobilien an Bürger anderer Staaten zu verhindern.

3. Der Runde Tisch verpflichtet die Regierung im Interesse des Mieterschutzes, die bestehende Gesetzlichkeit gegenüber allen Behörden durchzusetzen und alle für Verkaufsverhandlungen von in Staatseigentum befindlichen Häusern mit BRD-Bürgern bzw. Firmen zur Verantwortung zu ziehen.

Vereinigte Linke

Anlage 7
Vorlage 13/25

Betr.: Forderungen an den Ministerrat der DDR zum Bodenreformeigentum

Der Runde Tisch möge beschließen:

1. Der Ministerrat der DDR wird aufgefordert, bei den Verhandlungen mit der Regierung der BRD zum Währungs-, Wirtschafts- und Sozialverbund beider deutscher Staaten sicherzustellen, daß die Ergebnisse der demokratischen Bodenreform unantastbar bleiben und in der Verfassung des künftigen einheitlichen deutschen Staates festgeschrieben werden.

2. Der Ministerrat der DDR ist zu veranlassen, dafür Sorge zu tragen, daß ausgehend von der marktwirtschaftlichen Orientierung unseres Landes und bei Sicherung der Gemeinnützigkeit des Bodens eine rechtliche Gleichstellung des Bodenreformeigentums mit dem Altbauerneigentum erfolgt. Das erfordert eine Aufhebung des Verbots des Verkaufs, der Verpachtung und der Teilung von Bodenreformeigentum sowie der bestehenden erbrechtlichen Einschränkungen.

PDS

180

3.3. Zum Erhalt von landwirtschaftlichen Nutzflächen in Braunkohletagebaugebieten

Der Runde Tisch beschließt:

1. Der Ministerrat der Deutschen Demokratischen Republik wird aufgefordert, unverzüglich durch unabhängige Experten die Möglichkeiten zum Erhalt von Gemeinden, Ortslagen und landwirtschaftlicher Nutzfläche prüfen zu lassen, deren Devastierung im Zuge der Erweiterung und des Neuaufschlusses von Braunkohletagebauen in den nächsten Jahren vorgesehen ist.

Diesen Experten sind sämtliche Dokumente, Berechnungen und Untersuchungsergebnisse, die den bisherigen Planungen zugrunde liegen, zugänglich zu machen.

Die Bürger der betroffenen Gemeinden müssen die Möglichkeit erhalten, ihre Vorschläge, Hinweise und Kritiken in die Arbeit der Experten einzubringen.

2. Die VE Braunkohlekombinate sind verbindlich zu beauflagen, bis zur endgültigen Entscheidung über die weitere Entwicklung der Braunkohlentagebaue im Zusammenhang mit der Beschlußfassung über das neue Energiekonzept alle Maßnahmen, die unmittelbar auf die Devastierung von Gemeinden, Ortslagen und landwirtschaftlicher Nutzfläche gerichtet sind, mit sofortiger Wirkung einzustellen.

3.4. Zur Entschuldung

Der Runde Tisch beauftragt die Regierung, noch bis zum 18. März 1990 ein Gesetz in Kraft zu setzen, durch das die LPG, die auf Grund staatlich reglementierter Fehlentwicklungen in der Vergangenheit zur Aufnahme hoher Kredite gezwungen waren, entschuldet werden.

3.5. Zu Inventarbeiträgen und Bodenanteilen von Bodeneigentümern

Der Runde Tisch beschließt:

Genossenschaftsbauern und Arbeiter sollen durch materielle Mittel (Inventarbeiträge und Bodenanteile der Bodeneigentümer, die LPG-Mitglied sind) sowie durch finanzielle Mitbeteiligung (personengebundenes Miteigentum in Form von Wertpapieren, Obligationen, Aktien) an das genossenschaftliche Eigentum der LPG sowie an die Gewinnverteilung der Genossenschaften anteilmäßig beteiligt werden können. Die Inventarbeiträge der bereits verstorbenen LPG-Mitglieder und ehemaligen Waldeigentümer sind schrittweise durch Vereinbarung und unter Verantwortung der Genossenschaften sowie staatlichen Forstbetriebe an deren Erben auszuzahlen.

Dazu ist die Aufhebung des § 19 des Zivilgesetzbuches, des § 25 Abs. 3 und § 41 Abs. 2 des LPG-Gesetzes kurzfristig von der Volkskammer zu beschließen. Die Änderung dieser gesetzlichen Regelungen sollte entsprechend dem Antrag kurzfristig bis zum 18. März 1990 erfolgen.

3.6. Arbeits- und Lebensbedingungen von Bäuerinnen

Der Runde Tisch empfiehlt, daß alle Bäuerinnen, welche jahrzehntelang unter körperlich schwersten Arbeits- und Lebensbedingungen im Stall und auf dem Feld gearbeitet haben,

— Erschwerniszuschläge von den Genossenschaften,
— staatliche Unterstützung für die Anerkennung von Berufskrankheiten (z. B. Bandscheibenschäden und anderes mehr) erhalten,
— ihnen bevorzugt Schonarbeit gewährt wird
— und die Vorruhestandsregelungen für Genossenschaftsbäuerinnen bevorzugt angewendet werden können.

Weiterhin sind den Bäuerinnen staatliche Zuschläge zu ihren bisherigen Mindestrenten zu gewährleisten.

Diese Forderungen der Genossenschaftsbäuerinnen sind bei der kurzfristigen Änderung bzw. Ergänzung des LPG-Gesetzes und einem neu zu erarbeitenden Rentengesetz von der Volkskammer zu berücksichtigen.

3.7. Zur Wirtschaftsreform in der Land-, Forst- und Nahrungsgüterwirtschaft

Die Vorlage 13/10 der VdgB wurde zur weiteren Bearbeitung an die Arbeitsgruppe Wirtschaft überwiesen.

3.8. Zur Umwandlung der Lebensmittelsubventionen in personengebundenes Einkommen

Der Runde Tisch beschließt:

Zu den ersten Schritten einer wirksamen Wirtschaftsreform gehört der sozialverträgliche Abbau längst hinfällig gewordener Subventionen.

Um die Bevölkerung der DDR vor weiterem Schaden zu bewahren, wird die Umwandlung der Lebensmittelsubventionen in personengebundene Einkommen veranlaßt.

Aus dem Staatshaushalt wird bei einer Streichung von 30 Mrd. M Subventionen für Lebensmittel (einschließlich Gaststätten) diese freiwerdende Summe in rund 150 M personengebundenes, zusätzliches monatliches Einkommen umgewandelt. Diesen Betrag erhält jeder Bürger und jede Bürgerin in der DDR, als Zuschlag zum Arbeitseinkommen, Kindergeld, Stipendium, zur Rente und auch dann, wenn keinerlei Einkommen bezogen wird.

Ein entsprechendes Konzept liegt im Ministerium für Finanzen und Preise vor. Der Runde Tisch fordert seine Verwirklichung noch vor der Wahl vom 18. 3. 1990, vor allem zur Beruhigung der Bevölkerung, um die Reformfähigkeit der DDR-Wirtschaft zu beweisen und auf einem wichtigen Gebiet voranzutreiben. Diese Regelung gilt als vorläufig. Differenzierte Zuschläge zu den personengebundenen Einkommen sind, wie auch die generelle Regelung indirekter Subventionen, durch die neue Volkskammer vorrangig zu behandeln und zu beschließen.

Die Bevölkerung ist von der Konzeption umfassend zu informieren, bevor sie verwirklicht wird.

3.9. Der Runde Tisch beschließt:

Es ist unverzüglich ein von den Ministerien für Land-, Forst- und Nahrungsgüterwirtschaft sowie Naturschutz, Umweltschutz und Wasserwirtschaft getragenes Expertengremium zu bilden, das alle Anlagen zur Massentierhaltung

a) hinsichtlich ihrer ökonomischen Rentabilität,
b) hinsichtlich ihrer Umweltbelastung

bewertet. Davon ausgehend ist zu jeder Anlage ein neuer umweltverträglicher Tierbestand festzulegen.

Ergeben sich daraus Auswirkungen auf die Beschäftigungszahl, ist ein Sozialprogramm zu erarbeiten.

Die Exportstrategie der DDR für Fleisch ist hinsichtlich der erreichbaren Rentabilität generell zu überprüfen.

4. Vorschläge zur Ergänzung bzw. Ersetzung der Artikel 44 und Artikel 45 der Verfassung der Deutschen Demokratischen Republik

Die Vorlage der Arbeitsgruppe neue Verfassung der DDR (13/12) wurde zur weiteren Bearbeitung mit Anfragen und Änderungsvorschlägen an die Arbeitsgruppe Verfassung überwiesen.

5. Zur Arbeit des Medienkontrollrates

Der Runde Tisch fordert die Regierung auf, die Vorgänge im Fernsehen der DDR, die auch am 17. 2. 1990 Gegenstand einer außerordentlichen Sitzung des Medienkontrollrates waren, in kürzester Frist zu untersuchen. Da ein Verstoß gegen den Beschluß der Volkskammer vom 5. 2. 1990 über Gewährleistung der Meinungs-, Informations- und Medienfreiheit zu befürchten ist, sollte die Einschaltung der Staatsanwaltschaft geprüft werden.

Der Runde Tisch fordert die Regierung auf, am 26. 2. 1990 den Runden Tisch über die Ergebnisse und die zu ziehenden Konsequenzen zu unterrichten.

6. Erklärung zum fairen Wahlkampf

Der Runde Tisch nimmt die Ausarbeitung der Arbeitsgruppe Wahlgesetz für einen fairen Wahlkampf zustimmend zur Kenntnis.

Die Wahlen zur Volkskammer der Deutschen Demokratischen Republik liegen im Interesse unseres Landes und seiner Bürger. Die an den Wahlen teilnehmenden Parteien und politischen Vereinigungen verständigen sich darauf, einen fairen Wahlkampf zu führen.

Das bedeutet:

1. Die Parteien und politischen Vereinigungen konzentrieren sich in ihrem Wahlkampf

— auf die Darstellung der eigenen Programme, Ziele, Plattformen und Kandidaten;

- die sachliche Darlegung der Positionsunterschiede zu anderen Parteien, Organisationen, Initiativen, Bewegungen und Personen.

2. Fairer Wahlkampf schließt jede Form von Gewalt und Aggressivität aus. Die an den Wahlen teilnehmenden Parteien und politischen Vereinigungen werden gemeinsam dafür eintreten, daß gewaltsame und aggressive Handlungen im Wahlkampf ausgeschlossen sind.

3. Die Parteien und politischen Vereinigungen anerkennen auch bei scharfen politischen Gegensätzen im Wahlkampf die Politikfähigkeit und Sachkompetenz der Andersdenkenden.

4. Der faire Wahlkampf schließt solche Methoden des Wahlkampfes aus,

- die Parteien und Personen diffamieren,
- die Kandidaten persönlich diskriminieren,
- die Staatssymbole sowie Symbole oder Werbeflächen anderer Parteien, Organisationen, Initiativen und Bewegungen beschädigen,
- die Gerüchte und offenkundige Unwahrheiten sowie bewußt entstellte Aussagen verbreiten,
- die Wahlkampfveranstaltungen anderer Parteien und politischen Vereinigungen stören.

7. Zur 2. Lesung des Wahlgesetzes

Der Runde Tisch unterstützt die Anliegen der Vorlage 13/30 der Arbeitsgruppe Gleichstellung von Frauen und Männern und bittet, diese in der Volkskammer zur Sprache zu bringen.

Wir Frauen der Arbeitsgruppe Gleichstellung von Frauen und Männern sind betroffen darüber, daß im Entwurf des neuen Gesetzes über die Wahlen zur Volkskammer der Deutschen Demokratischen Republik, veröffentlicht im ND vom 30. 1. 1990, Frauen wieder nicht vorkommen. An einer Politik, die demokratischen und humanistischen Grundsätzen verpflichtet ist und eine gerechte Gesellschaft zum Ziel hat, müssen Frauen ebenso wie Männer beteiligt sein. Da dies noch nicht selbstverständlich ist, müssen entsprechende Gesetze die strukturellen Voraussetzungen dafür schaffen, um Frauen und Männern gleiche Chancen zu geben, sich auf allen Ebenen an politischen Entscheidungen zu beteiligen. Der vorgelegte Gesetzentwurf läßt es im übrigen an

Entschiedenheit in den Bestimmungen über den Ausschluß von Parteien und politischen Vereinigungen von der Wahl fehlen. Wir schlagen folgende Änderungen vor:

1. Formulierungen wie „Bürger", „Wähler", „Kandidat" u. a. sind in allen Paragraphen abzuändern in „Bürgerinnen und Bürger", „Wählerinnen und Wähler", „Kandidatinnen und Kandidaten" usw.

2. In § 8 ist als Absatz (2) einzufügen:
„Die Aufstellung der Kandidatinnen und Kandidaten erfolgt entsprechend den geltenden Quotenregelungen der sich zur Wahl stellenden Parteien und politischen Vereinigungen. Haben diese keine Quotenregelung, muß der Anteil der Kandidatinnen mindestens dem Anteil der weiblichen Mitglieder der Partei oder politischen Vereinigung entsprechen."

3. Alle Kommissionen, die die Wahlen vorbereiten, durchführen und kontrollieren, sind paritätisch mit Frauen und Männern zu besetzen.

4. Der § 25 Absatz (3) sollte lauten: Von den Parteien und politischen Vereinigungen sind jeweils vier erste Kandidatinnen und Kandidaten zu benennen, von denen zwei weiblich und zwei männlich sein sollten.
Die Beschränkung auf nur drei namentlich zu erwähnende Kandidaten (!) begünstigt eine nicht-paritätische Besetzung zugunsten des männlichen Geschlechts.

5. § 42 Absatz (5) ist dahingehend zu ändern, daß ein Abberufungsantrag von mindestens 2 500 Bürgerinnen und 2 500 Bürgern, die wahlberechtigt sind, unterschriftlich unterstützt werden muß. Nur so läßt sich verhindern, daß Abgeordnete aufgrund von Vorbehalten gegenüber ihrem Geschlecht abgewählt werden.

6. § 8 Absatz (3) — bisher (2) — sollte lauten:
„Parteien und politische Vereinigungen, die Personen und Gruppen aufgrund ihres Geschlechts, ihrer ethnischen, religiösen und politischen Zugehörigkeit, ihrer sexuellen Orientierung oder körperlicher bzw. geistiger Behinderung diskriminieren und die faschistische und andere totalitäre Zielvorstellungen äußern oder praktizieren, sind von der Wahl ausgeschlossen. Die Entscheidungen darüber trifft für die jeweilige Wahl die Wahlkommission der DDR."

8. Sicherung der Arbeitsfähigkeit der Gerichte und Gewährleistung einer unabhängigen Rechtssprechung

8.1.

Die Vorlage 13/33 wird an die Arbeitsgruppe Recht zur Erarbeitung einer Empfehlung zurückverwiesen.

8.2.

Der Runde Tisch fordert den Minister der Justiz, den amtierenden Präsidenten des Obersten Gerichts und den Generalstaatsanwalt der DDR auf, zu folgenden Fragen Auskunft zu erteilen:

1. Welche personellen Voraussetzungen wurden bei den zuständigen Staatsanwaltschaften und Gerichten zur Durchführung der anstehenden Verfahren gegen damalige Funktionäre wegen Amtsmißbrauch und Korruption geschaffen, um zu verhindern, daß solche Staatsanwälte und Richter tätig werden, die selbst wegen früherer Tätigkeit auf den Gebieten des 1., 2. und 8. Kapitels des StGB belastet sind?

2. Welche personellen Konsequenzen wurden bereits gegenüber diesem Personenkreis gezogen?

Des weiteren sieht sich der Runde Tisch — bezugnehmend auf das von 16 Anwälten öffentlich geäußerte Anliegen — veranlaßt, von den Justizorganen die Garantie dafür zu fordern, daß die anhängigen Strafverfahren wegen Amtsmißbrauch und Korruption rechtsstaatlichen Ansprüchen gerecht werden, die auch internationalen Anforderungen entsprechen, d. h. insbesondere die Sicherung sorgfältiger Ermittlungs- und Gerichtsverfahren, die frei von jeglichem Druck durchzuführen sind.

9. Physische Vernichtung magnetischer Datenträger

Ausgehend vom Recht des Bürgers auf Schutz der Persönlichkeit und Selbstbestimmung stellt der Runde Tisch fest, daß die Erfassung und Bearbeitung von Daten, wie sie durch das ehemalige MfS bzw. das Amt für Nationale Sicherheit erfolgte, eine verfassungswidrige Verletzung von Bürgerrechten darstellt.

Mit dem Ziel, den verfassungsmäßigen Zustand wiederherzustellen und um zukünftig einen Mißbrauch der gesammelten personenbezogenen Daten des ehemaligen MfS bzw. des Amtes für Nationale Sicherheit weitgehendst auszuschließen und eine unverzügliche vollständige Zerstörung der Strukturen dieser Organe bis hin zur physischen Vernichtung ihrer materiellen Datenträger zu sichern, beschließt der Runde Tisch:

1. Die physische Vernichtung aller magnetischen Datenträger (Magnetbänder, Wechselplatten, Disketten, Kassetten) mit personenbezogenen Daten, einschließlich der dazugehörigen magnetischen Datenträger mit der Anwendersoftware möglichst am Ort ihrer Aufbewahrung unter Leitung von Vertretern der Regierung, bei Kontrolle des Runden Tisches und im Beisein der Bürgerkomitees. Als zweckmäßige Technologien der Vernichtung sind die Verbrennung bzw. mechanische Zerstörung der Datenträger zu nennen.

2. In Vorbereitung der physischen Vernichtung der magnetischen Datenträger zu personenbezogenen Daten ist eine vollständige Aufstellung aller vorhandenen derartigen Datenträger (auch der Sicherheitskopien) durch die ehemaligen Nutzer anzufertigen und eidesstattlich zu beglaubigen.

Die Projektunterlagen sind zu archivieren, um eine Analyse der Tätigkeit des AfNS, der Art und Weise der Datenerfassung und -auswertung auch in Zukunft zu ermöglichen und um gegebenenfalls die strafrechtliche Relevanz dieser Vorgänge zu überprüfen.

3. Die Vernichtung der magnetischen Datenträger ist bis zum 9. 3. 1990 abzuschließen, um eine Rechenschaftslegung über die vollständige Vernichtung am 12. 3. 1990 vor dem Runden Tisch zu gewährleisten.

10. Zur Erarbeitung eines nationalen ökologischen Forschungsprojektes

Die am Runden Tisch vertretenen Parteien, Organisationen und Gruppierungen mißbilligen die konzeptionelle Arbeit der Regierung im Geschäftsbereich des Ministers für Wissenschaft und Technik.

Die Regierung wird aufgefordert, unverzüglich dafür Sorge zu tragen, daß Vertreter der Arbeitsgruppe Ökologischer Umbau des Runden Tisches in die Erarbeitung des Nationalen Ökologischen Forschungsprojektes unmittelbar einbezogen werden.

11. Zum Versammlungsgesetz

Der Runde Tisch erhebt keine Einwände zum Gesetzentwurf über Versammlungen.

188

Ergebnisse der 14. Sitzung des Rundtischgespräches am 26. Februar 1990

1. Zur Kulturpolitik

1.1. Positionspapier des Runden Tisches zur Lage der Kultur in der DDR sowie zu erforderlichen Maßnahmen

1. Zur Lage

In wenigen Tagen finden in der DDR demokratische Wahlen statt. Es geht um Entscheidungen von großer Tragweite für die Menschen hierzulande und im anderen deutschen Staat, um europäische Zukunft in weltweitem Zusammenhang.

In den sich verändernden politischen und ökonomischen Strukturen in Deutschland dürfen unbestreitbare Werte unserer Gesellschaft nicht verlorengehen, die von Generationen geschaffen worden sind. Die Pflege von Kultur und Kunst gehören dazu. In dieser Überzeugung sind Künstler und Kulturschaffende im Bund mit Hunderttausenden auf die Straße gegangen, um eine neue, solidarische, demokratische Gesellschaft auf den Weg zu bringen.

In den Programmen der Parteien fehlen bis zur Stunde weitgehend schlüssige Konzeptionen zur Bewahrung von Kultur und Kunst. Wie aber kann Demokratie gedeihen, wenn sie den Zugang zu den geistigen Reichtümern nicht ebenso eröffnet wie zu materiellem Wohlstand. Wenn Theater und Puppenbühnen geschlossen und Orchester verkleinert werden, wenn Kulturhäuser und Betriebsbibliotheken verschwinden und Kinos weiter verfallen, fährt der Zug der Zeit in eine falsche Richtung. Auch Jugendklubs, Diskotheken und Laienkunst gehören zur Alltagskultur, die den Lebenswert in unserem Land mitbestimmt.

Der Staat hat eine Garantiepflicht für Freiheit und Unabhängigkeit von Kultur und Kunst, die nicht durch Marktwirtschaft außer Kraft gesetzt werden darf.

Wir dürfen nicht zulassen, daß sich die Politik aus ihrer kulturellen Verantwortung zurückzieht, und rufen die Bürgerinnen und Bürger auf, die Programme von Parteien und Bürgervereinigungen auch unter diesem Gesichtspunkt zu prüfen. Wir fordern, daß Fehlentwicklungen der alten Kulturpolitik bloßgelegt und aufgearbeitet werden.

2. Sofortmaßnahmen

Der Runde Tisch vertritt im Sinne auszulösender Sofortmaßnahmen folgende Standpunkte:

- Es kann nicht zugelassen werden, daß sich der Staat nach vierzigjähriger Wahrnehmung seiner Rechte aus der Verantwortung für Kultur und Kunst verabschiedet.
- Der Staat hat die strukturellen und materiellen Voraussetzungen dafür zu schaffen, daß sich das Individuum nach seinen Talenten und Bedürfnissen frei entfalten kann.
- Jeglicher Machtmißbrauch der Kultur und Kunst ist auszuschließen.
- Das uneingeschränkte Recht aller Bürgerinnen und Bürger auf freien Zugang zur Kultur und Kunst muß gesichert sein.
- Strukturelle und finanzielle Maßnahmen, die den Kulturbereich betreffen, bedürfen der vorherigen öffentlichen Diskussion.
- Die in den Kommunen bisher für Kultur und Kunst zur Verfügung stehenden Mittel dürfen nicht umverteilt werden.
- Die betrieblichen Mittel, die auf der Grundlage bisher bestehender Regelungen für Kultur und Bildung bereitzustellen sind, dürfen nicht verringert werden.
- Ein nationales Programm zur Erhaltung historischer Stadtkerne und aller anderen Baudenkmale mit Einbeziehung deutsch/deutscher Umweltpartnerschaften ist vorzubereiten.
- Die sorbische Kultur und Kunst sind weiterhin mindestens in der bisherigen Höhe über einen zentralen Fonds durch die Regierung zu subventionieren.
- Offenlegung des für 1990 beschlossenen Haushalts durch das Kulturministerium. Darüber hinaus wird der Kulturminister verpflichtet, einen Sachverständigenrat zu bilden, der als beratendes und kontrollierendes Organ ihm zur Seite steht.
- Einhaltung der geltenden gesetzlichen Bestimmungen zum Schutz und zur Förderung von Kunst und Kultur durch die dafür verantwortlichen Institutionen.
- Die bestehenden Fonds für 1990 auf allen Ebenen (öffentlichen und betrieblichen) müssen weiter in Anspruch genommen werden können.
- Empfehlungen an die regionalen Runden Tische, auf ihrem Territorium einen Sachverständigenrat zu bilden und entsprechend die bestehenden Fonds in Anspruch zu nehmen.

3. Weiterreichende Maßnahmen

Kultur- und Kunstentwicklung folgen einer anderen Logik als die Ökonomie. Deshalb dürfen marktwirtschaftliche Kriterien, wenn sie in der Kultur zur Anwendung kommen, die Rechte der Bürgerinnen und Bürger auf freien Zugang zur Kunstausübung nicht beeinträchtigen.

Deshalb fordert der Runde Tisch die verfassungsmäßige Festschreibung des Bekenntnisses der DDR zum Kulturstaatsgebot.

Der Runde Tisch fordert zur Untersetzung dieses Verfassungsgrundsatzes die sofortige Erarbeitung eines Kulturpflichtgesetzes durch eine Kommission, die sich aus Vertretern der Parteien und politischen Gruppierungen des Runden Tisches und der gemeinnützigen Kultur- und Kunstvereine bzw. Verbände zusammensetzt.

Dieses Kulturpflichtgesetz muß nach Auffassung des Runden Tisches zu folgenden Problemen den rechtlichen Rahmen abgeben

- *für ein Kulturfinanzierungsgesetz, das Festlegungen*
  - über die finanziellen Verpflichtungen aller Wirtschaftseinheiten (Kulturabgabe oder Kultursteuer)
  - über die Verteilung der Gelder durch Staat, Länder, Kommunen und Wirtschaftseinheiten im Rahmen noch zu beschließender Kulturentwicklungspläne
  - über die Tarifautonomie der Gewerkschaft Kunst, Kultur und Medien (Honorarvereinbarungen, Rentenregelung, materielle Bedingungen der Kunstausübung usw.)
  - über die Sicherung der bestehenden kulturellen Einrichtungen
  enthält.
- *für die verwaltungsrechtliche Ausgestaltung des Verfassungsgrundsatzes auf allen Ebenen,*
  der die inhaltliche Ausgestaltung der Kulturhoheit der Länder und Kommunen (Verpflichtung zu Kulturentwicklungsplänen als Bestandteil ihrer Selbstverwaltung) bei gleichzeitiger Regelung der zentralen staatlichen Aufgaben wie der Förderung und Entwicklung
  - der Nationalkultur
  - des auswärtigen Kulturaustausches
  - kultureller Projekte von nationaler Bedeutung (z. B. Film)
  - von Minderheitenkulturen und -bedürfnissen wie avantgardistischen oder experimentellen Projekten

- des künstlerischen Nachwuchses
- der Kunst für Kinder

sichert.

In diesem gesetzlichen Rahmen sind Fragen der Entwicklung der kulturellen Infrastruktur, der Stadtgestaltung und Regionalentwicklung und der ästhetischen Kultur, insbesondere der Arbeitsplatz und -umweltgestaltung, zu regeln.

- *für die demokratische Ausgestaltung.*

Hier fordert der Runde Tisch die Schaffung eines gesetzlichen Rahmens für die Arbeit gesellschaftlicher Beiräte auf allen verwaltungsrechtlichen Ebenen zur Garantierung der demokratischen Mitbestimmungsrechte der Bürgerinnen und Bürger sowie der Kultur- und Kunstschaffenden an der inhaltlichen Ausgestaltung, der finanziellen Absicherung und der Kontrolle von Kultur- und Kunstentwicklung.

Anlagen zum Positionspapier des Runden Tisches zur Lage der Kultur in der DDR sowie zu erforderlichen Maßnahmen

Anlage 1   Entwurf vom 14. 2. 1990

Beschluß der Volkskammer über staatliche Pflichten zum Schutz und zur Förderung von Kultur und Kunst

(Verfasser: Schutzbund der Künstlerverbände)

Zur Wahrung der Errungenschaften und Leistungen, die die Kultur und Kunst der Deutschen Demokratischen Republik in die deutsche Nationalkultur einbringen, und in Würdigung der Verdienste von Künstlern und Kulturschaffenden um die demokratische Erneuerung der Gesellschaft beschließt die Volkskammer in Übereinstimmung mit der Internationalen Konvention über wirtschaftliche, soziale und kulturelle Rechte vom 16. Dezember 1966, der UNESCO-Empfehlung über die Teilnahme und den Beitrag der Volksmassen am kulturellen Leben vom 26. November 1976 und der UNESCO-Empfehlung zum Status des Künstlers vom 27. November zum Schutz und zur Förderung von Kultur und Kunst:

1.

Der Ministerrat wird beauftragt, Entwürfe für Verfassungs- bzw. Gesetzesregelungen auszuarbeiten, die die staatlichen Pflichten und Verantwortlichkeiten zum Schutz und zur Förderung von Kultur und Kunst unter allen Bedingungen der weiteren Gesellschaftsentwicklung verbindlich fixieren. Bis zum Inkrafttreten solcher Regelungen sind die Grundsätze und Festlegungen dieses Beschlusses für alle Bereiche der staatlichen Legislative und Exekutive verbindlich.

2.

Alle Staatsmacht in der Deutschen Demokratischen Republik ist dem Wesen und den Merkmalen eines Kulturstaates verpflichtet. Kunst und Kultur sind zu Grundwerten staatlicher Identität zu erheben, ihre Gewährleistung ist Staatspflicht, die freie Teilhabe an ihren Schaffensprozessen und an deren Ergebnissen Grundrecht aller Bürgerinnen und Bürger.

Pflege und Schutz des nationalen Kulturerbes und des Gegenwartsschaffens sind gleichrangige Verpflichtungen des Staates.

3.

Kunst und Kultur der Deutschen Demokratischen Republik sind Bestandteil der deutschen Nationalkultur, der europäischen und der Weltkultur. Die Pflege des internationalen Kulturaustausches wird staatlich gefördert.

4.

Im Zuge der gesellschaftlichen Entwicklung zu einer Marktwirtschaft sind bei deren Ausgestaltung neben sozialen und ökologischen gleichrangig auch Orientierungen auf Wesensmerkmale eines Kulturstaates zu beachten; Kultur und Kunst sind unverzichtbare Bestandteile der Lebensqualität und der Werteschöpfung in allen Gesellschaftsbereichen. Der Anspruch der Bürgerinnen und Bürger auf eine kulturvolle Lebens- und Arbeitsumwelt ist als Grundrecht auszugestalten, das der Staat durch die Schaffung entsprechender Bedingungen und Einrichtungen sowie deren Unterhaltung, Pflege und Entwicklung gewährleistet.

5.

Die gewählten Volksvertretungen aller Ebenen fassen zur Förderung von Kunst und Kultur, des Laienschaffens und der Volkskunst sowie zur Förderung von Talenten Beschlüsse über die Schaffung materieller und geistiger Bedingungen; die Anteile der Aufwendungen für Kultur und Kunst am Haushalt sollen den durchschnittlichen Wert der letzten zehn Jahre nicht unterschreiten.

6.

Der Staat fördert die materielle und ideelle Unterstützung des Kulturlebens durch Wirtschaftseinheiten aller Eigentumsformen, Vereinigungen und andere juristische sowie natürliche Personen, die diese als Sponsoren oder in anderer Form erbringen. Materielle und finanzielle Leistungen zur Förderung von Kunst und Kultur sind durch steuerrechtliche Vergünstigungen/oder andere Vorteilsgewährung zu stimulieren.

7.

Der Besitz und die Nutzung kultureller Güter durch die Bürgerinnen und Bürger werden staatlich gefördert und geschützt. Kulturgüter, deren Erhaltung wegen ihrer Bedeutung für die Wissenschaft, die Geschichte und die Kultur im gesellschaftlichen Interesse liegt, sind von der Vermögens- und Erbschaftssteuer freizustellen.

8.

Der Staat erkennt Verbände, die als Interessenvertreter von Künstlern und Kulturschaffenden einen gesellschaftlich wirksamen Beitrag zur Entfaltung und Pflege sowie zur freien Ausübung und Wahrnehmung von Kultur und Kunst leisten, als gemeinnützige Vereinigungen an und sichert die weitere Finanzierung im bisherigen Umfang aus dem Staatshaushalt. Staatliche Entscheidungen über Einkommens- und andere soziale Fragen, die die Tätigkeit von Berufskünstlern berühren, bedürfen der Abstimmung mit den betreffenden Verbänden. Den Künstlerverbänden ist das Recht auf angemessene Vertretung bzw. auf Gehör in allen staatlichen Organen, sofern sie Entscheidungen über kulturpolitische Fragen treffen, einzuräumen.

9.

Der Staat sichert durch verfassungs- und verwaltungsrechtliche sowie medien-, urheber- und andere persönlichkeitsrechtliche Bestimmungen den gleichberechtigten Zugang aller sozialen Gruppen und Individuen zu Kunst und Kultur; für die Teilhabe von Kindern und Jugendlichen sowie für die besondere Förderung und Unterstützung von Behinderten, anderen Benachteiligten und Minderheiten sind geeignete Maßnahmen zu treffen.

10.

Dieser Beschluß tritt mit seiner Veröffentlichung in Kraft.

Anlage 2

Arbeitspapier des Verbandes Bildender Künstler Berlin für die Kulturkommission des Runden Tisches

Überlegungen zum gesellschaftlichen Selbstverständnis der Künstler und zu ihrer Position innerhalb der Kulturpolitik des Staates.

Künstler aller Genre, in welcher Form sie sich auch künftig organisieren werden, wenden sich nachdrücklich gegen die ausschließliche Behandlung der Kunst als Ware und die einseitige Einordnung von Kultureinrichtungen in Marktprozesse.

Wir betrachten künstlerische Leistungen als Gradmesser des gesellschaftlichen Entwicklungsstandes. In freier Entfaltung repräsentieren sie eine gesellschaftliche Situation in ihrer Gesamtheit. Dabei leistet Kunst eine seelische Grundlagenforschung, die über die Befindlichkeit der Gesellschaft Auskunft gibt. In der Begegnung mit Kunstwerken realisiert sich die Sensibilisierung der Menschen, die Förderung von Emotionalität als Basis für einen humanistischen Umgang miteinander.

Kunst befördert die ganzheitliche Erziehung des Menschen, sie wirkt der Entfremdung von seiner eigenen Natur entgegen, die durch die Ausrichtung auf Rationalität in technisch-ökonomischen Prozessen gegeben ist. Wir verstehen die Entwicklung von Kunst und Kultur also nicht als die Anhäufung von Produkten für einen Markt, sondern als Voraussetzung für die emotionale Ausbildung des Menschen, als Zukunftsinvestition für einen sozialen Kulturstaat, als unverzichtbaren Teil des gesellschaftlichen Reichtums. Und dies im umfassendsten Sinn der kulturellen Gestaltung aller Lebensbereiche. Um die Entfaltung von Kunst und Kultur mit diesem Anspruch realisieren zu können, muß ihre Existenz unabhängig von politischen und ökonomischen Entscheidungen gesichert werden. Große Bedeutung hat dabei das Bildungswesen als Voraussetzung zum Erlernen von Kultur und die Schaffung kultureller Identität in territorialen Bereichen.

Wir unterstützen die Forderung des Künstler-Schutz-Verbundes der DDR, die Entwicklung von Kunst und Kultur als Staatspflicht festzuschreiben und möchten dies hier mit eigenen Überlegungen ergänzen.

I

Bei der Bestimmung der zukünftigen Rolle bildender Künstler in unserer Gesellschaft sind vor allem Aufgaben im öffentlichen Raum in Betracht zu ziehen. Dabei stellt sich die Frage, wodurch die kulturelle Ausstrahlung eines Territoriums bestimmt wird.

Zuerst doch durch die Orte, an denen sich Menschen treffen, also Straßen, Plätze, Parks, Cafés, Restaurants, Geschäfte, Galerien, Museen, Bildungseinrichtungen. Sie alle sind durch Gestaltung geprägt, die ihre Anziehungskraft fördert oder behindert. Die Breite des Gestaltungsbereichs soll hier mit ein paar Beispielen angedeutet werden.

1. Gestaltung, die indirekt zu öffentlichen Einnahmen beiträgt. Beispiele: Gestaltung, die die Attraktivität für den Tourismus erhöht; Gestaltung, im Bereich des ökologischen Umbaus der Wirtschaft; Gestaltung von nichtkommerziellen Freizeitanlagen; Stadt- und Infrastrukturgestaltung wie City, Verkehrsmittel und öffentliche Einrichtungen.

2. Selbstdarstellung gesellschaftlich relevanter Gruppen. Es gibt nicht nur die kommerzielle Werbung, sondern auch die Publizierung gesellschaftlicher Probleme und Aufgaben, Gestaltung für politisch oder kulturell orientierte Gruppierungen und Institutionen, wie Kulturzentren, öffentliche Gebäude, Parteien etc.

3. Gestaltung in sozialen Bereich, also Altersheime, Kindereinrichtungen, Schulen, Krankenhäuser.

4. Mitarbeit in Instituten, die Fragen und Probleme der gesellschaftlichen Entwicklung bearbeiten; denkbar sind Zukunftswerkstätten, die in sozialen Projekten stets auch gestalterische Aufgaben zu lösen haben.

5. Die Humanisierung der Arbeitswelt ist heute schon als Voraussetzung für Kreativität und Innovationen zu erkennen. Daraus ergibt sich ein weites Feld für die Arbeitsumweltgestaltung.

Ebenso gewinnt in einer Gesellschaft, in der Information ein Produktionsmittel ist, auch die visuelle Informationsdarstellung und -verarbeitung grundlegende Bedeutung. Es geht dabei also um gestalterische Beiträge zur gesellschaftlichen Kommunikation.

6. Bildnerische Gestaltung als Bestandteil von kultureller Selbstbetätigung und als Freizeitangebot: hierbei steht ausgebildeten Künstlern die Rolle der Initiatoren und Vermittler offen. Ansatzpunkte für Kunst und Kultur sind auch überall sinnvoll und not-

wendig, wo durch technische Entwicklungen entstehende Freiräume positiv zu besetzen sind.

Grundsätzlich geht es um komplexe Gestaltung des Lebensrau-
mes im weitesten Sinn.

Wichtigste Forderung ist, daß bei der Planung und Ausführung
jeglicher Gestaltung die Kompetenz der Fachleute primär anzuerkennen ist.

In bezug auf Produkt- und Umweltgestaltung orientieren wir
auf die Achtung eines auf inneren Werten beruhenden Lebens-
stils, gegen falsche Repräsentanz und für eine Zweckbestimmung, die sich an wahrhaftigen Bedürfnissen mißt.

II

Der Übergang zur Marktwirtschaft bringt für zahlreiche Künstler
erhebliche ökonomische Probleme mit sich, die nicht auf gleiche
Weise wie in anderen Bereichen gelöst werden können. Vor allem
wird es für freiberuflich arbeitende Künstler keinerlei Gehaltser-
höhung oder -ausgleich geben. Zur Sicherstellung der sozialen
Bedingungen für die Existenz von Künstlern sind daher durch eine zukünftige Regierung folgende Grundlagen zu gewährleisten:

– Steuerrecht, umfassende Sozialversicherung, Rentengesetz
– Mietschutz für Atelier und Wohnung; Festlegung der Mieten
  nicht nach gewerblichen Grundsätzen
– Preisbindung der Energiekosten für Atelier und Wohnung
– Autorenrecht, Rechtsschutz und Rechtsbeistand
– Schaffung einer Schutzklausel für die Sicherung des Arbeits-
  rechts von Künstlern in dem Territorium, wo sie ansässig
  sind
– Subventionierung von Artikeln des Künstlerbedarfs

Dieser Katalog von Grundforderungen wäre zu ergänzen durch
Aufgaben, die zur Lösung von Problemen nötig sind, welche sich
aus der speziellen Situation vor allem der angewandten Bereiche
und ihrer Stellung in der Industrie ergeben. Dazu nötige Konkre-
tisierungen werden im VBK erarbeitet.

III

Kunst ist nicht das, was sich die Gesellschaft an Überflüssigem
leistet, sondern Zukunftsinvestition im Sinne eines Potentials an
gesellschaftlicher und wirtschaftlicher Innovation. Darum sind
folgende Maßnahmen unerläßlich:

1. Staatliche Förderung vor allem für komplexe Gestaltungsarbeiten.

2. Begünstigung von Stiftungen, Stipendien, Instituten zur Anleitung von kulturellen Prozessen.

3. Verstärkte Finanzierung von nichtkommerziellen Galerien, Kulturzentren, Volkshochschulen, wodurch auch neue Beschäftigungschancen und Präsentationsmöglichkeiten geschaffen werden.

4. Staatliche Unterstützung für Großprojekte zur Darstellung von Kunst, wie Überblicksausstellungen, Kulturfestivals u. ä.

5. Die Finanzierung von Kultur muß auf allen Ebenen der staatlichen Tätigkeit stets mit Einflußnahme von Produzenten-Beiräten erfolgen, und zwar gesetzlich gesichert.

Ein Maximum an sozialen Grundforderungen bedarf baldmöglichst der gesetzlichen Festschreibung.

Die vorstehende Sammlung folgt der Intention, Kultur als gesellschafts-konstituierendes Element zu begreifen, als identitäts-schaffend zu nutzen und als Quelle für Zukunftsgestaltung zu erkennen. Künstler sind in diesem Sinn nicht einfach Kulturschaffende, sondern vielmehr „Zulieferer" und wesentliche Mitgestalter einer Gesamt-Kultur.

Wir fordern die Mitglieder des Runden Tisches auf, das Thema Kunst und Kultur in ihre Beratungen aufzunehmen und einen Fachausschuß zu beauftragen, zu allen angesprochenen Fragen verbindliche Festlegungen zu formulieren.

Grundlage dieses Papiers sind Entwürfe mehrerer Verbandsmitglieder und Sektionen, überarbeitet durch Teilnehmer am Jour fixe des Verbandes Bildender Künstler. Zusammenfassung: Ralf Bartholomäus (Kunstwissenschaftler).

1.2.

Auf Beschluß des Runden Tisches werden der Regierung folgende Anlagen zum Positionspapier übergeben.

Anlage 3

Antrag der PDS an den Runden Tisch

Die Gefährdungen, denen die Kulturlandschaft in ihrer Gesamtheit ausgesetzt ist, treffen besonders den Bereich der Kinderkultur.

Wir bitten sie bei allen Veränderungen in unserer Theaterlandschaft zu bedenken.

1. Alle professionellen 5 Kinder- und Jugendtheater müssen ihre vollständige Selbständigkeit gegenüber den jeweils benachbarten Staatstheatern behalten bzw. erlangen.

2. Es darf keine Schließung, keinen Finanz- oder Stellenabbau geben. Im Gegenteil, die Angleichung der Stellenpläne und des Lohngefüges an sogenannte Erwachsenentheater vergleichbarer Größenordnung sind die Voraussetzung für den Erhalt der Arbeitsfähigkeit.

3. Die professionellen Kindertheater sind schon traditionsgemäß über den engeren Rahmen ihrer Theaterarbeit hinaus auch als Kommunikationszentren angelegt. Die stärkere Betonung dieser Funktion ist eine Notwendigkeit. Wir erwarten die Unterstützung besonders solcher Projekte an den Kindertheatern, die als Modell dienen können.

4. Die Bausubstanz der 5 Theatergebäude ist mehr oder weniger stark gefährdet. Die Pläne zur Rekonstruktion der Häuser sind teilweise moralisch verschlissen und ökonomisch unter den neuen Bedingungen nicht abzusichern. Die Verschiebung baulicher Maßnahmen war kein Zufallsprodukt, sondern Ausdruck der relativ geringen Wertschätzung gegenüber den Kindertheatern in den Kommunen.

Wir gehen davon aus, daß ökonomisch unaufwendigere Projekte vorgelegt werden müssen. Die Bedürfnisse der jungen Zuschauer müssen diese Projekte prägen. Eine gemeinsame Studie zur Analyse der Ist-Situation und ein Vergleich mit dem internationalen Standard könnten erste Schritte sein.

5. Das Streben nach höherer Wirtschaftlichkeit wird auch im Kulturbereich zur Anwendung gebracht. Die gängigen Instrumente, wie die Eigenerwirtschaftung von Mitteln, die administrative Erhöhung der Kartenpreise etc. führen, wie internationale Erfahrungen belegen, weg vom Theater für Kinder.

Wir verlangen eine Preisgestaltung, die Kindertheater Kindern und Eltern aller sozialer Schichten weiterhin zugänglich macht.

6. Die Dezentralisierung, die stärkere Übergabe von Verantwortung an die Städte ist sicher der richtige Weg für die Theaterentwicklung. Die 5 professionellen Kindertheater haben aber nicht nur regionale Aufgaben. Von daher und zugegebenermaßen

auch, um einen besonderen Schutz zu gewährleisten, brauchen die Kindertheater den verantwortlichen Partner in der Regierung (im Ministerium für Kultur), der auch vor allem finanzielle Kompetenz behält.

Wie die Kindertheater sind in der DDR auch die Kinderschallplatte, das Kinderhörspiel und das Kinderbuch in ihrer Existenz gefährdet. Das Verschwinden dieser wichtigen Bestandteile der Kultur unseres Landes, die unverzichtbar zur kulturellen Identität der DDR gehören, muß verhindert werden.

Partei des Demokratischen Sozialismus

Anlage 4

Antrag an den Runden Tisch

Forderungen zur Arbeitskultur in der DDR

Die Kultur eines Volkes hat ihren Ausgangs- und Endpunkt in der Arbeit. Entgegen den statistischen Erfolgsmeldungen von angeblich Hunderttausenden um- und neugestalteten Arbeitsplätzen in den vergangenen Jahren zeigen aktuelle Analysen, daß der größte Teil der Werktätigen unter unwürdigen Arbeitsbedingungen arbeiten muß. Die Situation ist dadurch gekennzeichnet, daß

- 37 % der Werktätigen in materiellen Produktionsbereichen unter gesundheitsgefährdenden Bedingungen arbeiten,
- 90 % aller Arbeitsplätze Mängel in der maßlichen Gestaltung aufweisen,
- mehr als 40 % der Werktätigen bei ihrer Arbeit ermüdende Zwangshaltungen einnehmen müssen,
- 30 % aller Industrie- und Büromöbel nicht funktionstüchtig sind und sofort ersetzt werden müßten, 60 % der Ausstattungselemente von Arbeitsplätzen und Arbeitsräumen älter als 10–15 Jahre sind,
- Körperschutzmittel, Schallschutzelemente, Lüftungstechnik, Büro- und Industriemobiliar weder in ausreichender Menge noch in der erforderlichen Qualität produziert werden.

Die jahrzehntelange Vernachlässigung der Arbeitskultur (Rückstand zum internationalen Niveau ca. 30 Jahre) erfordert staatliche Fördermaßnahmen. Demokratie, Ökologie und Kultur müssen in einer Kulturnation durch den Gesetzgeber am Arbeitsplatz beginnend geregelt und gefördert werden. Diese Gesetzgebung und Fördermaßnahmen sind darauf zu richten,

– den Werktätigen gesetzlich verbindliches Mitsprache- und Mitentscheidungsrecht bei allen Maßnahmen, die zu einer Veränderung ihrer Arbeitsbedingungen führen, einzuräumen. Für die Betriebs- und Firmenleitung ist eine entsprechende Informationspflicht zu verankern.

– die Erkenntnisse internationaler arbeitswissenschaftlicher Forschungen für jeden verständlich aufzubereiten und in vielfältiger Form breit zu publizieren;

– durch Fördermittel und Steuererleichterungen, insbesondere Klein- und Mittelbetrieben einzuräumen, innovative Produkte für die Arbeitsplatz- und Arbeitsumweltgestaltung herzustellen;

– durch Fördermittel und Steuererleichterungen Ingenieur-, Architektur- und Designbüros, die auf dem Gebiet der Arbeitsumweltgestaltung arbeiten, bei Existenzgründung und -aufbau besonders zu fördern;

– Forschungsvorhaben zu allen Fragen der Humanisierung der Arbeit projektbezogen zu fördern.

Der Runde Tisch fordert die Regierung auf:

1. In Auswertung der international sehr erfolgreichen schwedischen Gesetzgebung (Mitbestimmungs- und Arbeitsumweltgesetz) sowie der entsprechenden BRD-Gesetzgebung (Arbeitsstättenverordnung u. a.) ist die Erarbeitung eines Arbeitsumweltgesetzes in Auftrag zu geben.

Die entsprechenden Grundrechte der Werktätigen sind in der neuen Verfassung, dem Arbeitsgesetzbuch, einem Betriebsgesetz und anderem zu verankern.

2. Ein Paket von Förderungsmaßnahmen auszuarbeiten. Kern dieser Förderungsmaßnahmen sollte in Anlehnung an den schwedischen „Arbeitsumweltfonds" und das bundesdeutsche Forschungs- und Entwicklungsprogramm „Menschen und Technik" die Bildung eines Förderungsfonds sein.

Partei des Demokratischen Sozialismus

Anlage 5

Antrag der PDS an den Runden Tisch

Die PDS schlägt den folgenden Antrag zur Beratung am Runden Tisch vor:

„Antrag des Runden Tisches an den Ministerrat der DDR".

Als Minimalkonzept für die Erhaltung des vorhandenen Netzes der Kultureinrichtungen und -betriebe muß der Einsatz von 400—450 Mio. Mark Rekonstruktions-, Ersatz- und Modernisierungsinvestitionen sowie 350—400 Mio. Mark Werterhaltungs- und Instandhaltungsmittel als Reparaturaufwand pro Jahr für die staatlichen Kultureinrichtungen und volkseigenen Kulturbetriebe gewährleistet werden.

Zur Unterstützung von Schriftstellern und Künstlern sollten über den Kulturfonds für 1990 50 Mio. Mark zur Verfügung gestellt werden.

Partei des Demokratischen Sozialismus

Anlage 6

Standpunkt der VdgB zur weiteren Entwicklung von Kultur und Kunst

Die VdgB vertritt die Auffassung, daß der Prozeß der Erneuerung in unserem Land auch eine Kultur für das gesamte Volk bedingt, die die Förderung der Künste, die Pflege des humanistischen Kulturerbes, das kulturelle und künstlerische Volksschaffen, das geistig-kulturelle Leben und den Sport beinhaltet.

Auch für die auf dem Lande lebenden Menschen sind Kultur und Kunst unverzichtbarer Bestandteil der Lebensqualität und Element der Persönlichkeitsentwicklung.

Deshalb schlagen wir dem Runden Tisch vor, der Regierung zu unterbreiten, im Interesse einer heimatverbundenen kulturellen Identität folgende Maßnahmen zu realisieren:

— Kultur und Kunst auch weiterhin durch den Einsatz staatlicher Mittel zu fördern;
— den Schutz und die Erhaltung historisch wertvoller Kulturgüter und Denkmalen des ländlichen Bauens sowie die Pflege und Erhaltung von Garten- und Landschaftsparks;
— die kulturelle Infrastruktur und das kulturelle Angebot der Städte zu erweitern, um den Dorfbewohnern im Zusammenhang mit dem dringend notwendigen Ausbau der Verkehrswege und Verkehrsverbindungen die mobile Inanspruchnahme solcher kultureller Leistungen der Städte wie Theateranrechtsfahrten, Konzertbesuche, Landfilmbespielungen u. a. Schritt für Schritt wieder zu ermöglichen;
— mehr Kompetenz und verbesserte materielle Möglichkeiten der Kommunen um die kulturelle Infrastruktur zu erhalten und ausbauen zu können, um das geistig-kulturelle und sportliche Leben in Zusammenarbeit mit landwirtschaftlichen

und anderen Betrieben, insbesondere unter Bezugnahme auf das ländliche Brauchtum, den Bedürfnissen der Landbevölkerung entsprechend zu gestalten.

Da es bereits ernste Anzeichen dafür gibt, daß aus ökonomischen Gründen die Ausgaben für die Kultur- und Sportarbeit gekürzt bzw. ganz gestrichen und Partnerschafts- und Trägerschaftsvereinbarungen zu Volkskunstkollektiven aufgekündigt werden, halten wir es für erforderlich, ein Gesetz zu verabschieden, das den erreichten Standard in Kultur, Kunst und Sport materiell und rechtlich sichert, das den Kommunen einen Mindestsatz zur Verwendung für diesen Bereich vorschreibt und die Betriebe und Wirtschaftseinheiten zur Finanzierung und Förderung von Kultur und Sport verpflichtet.

Anlage 7

Antrag der LDP zur sozialen Sicherstellung von Kunst- und Kulturschaffenden — Empfehlung des Runden Tisches an die Regierung

1. Im kulturellen Leben der Republik kommen vorrangig folgende Eigentumsformen zum Tragen:

- Staatliche kulturelle Einrichtungen
  (z. B. Staatstheater, Staatliche Museen, Staatliche Orchester, Bibliotheken, Ensembles etc.),
- kulturelle Einrichtungen der Bezirke/Länder
  (z. B. Landestheater, Landesmuseen, Landesbibliotheken etc.)
- städtische kulturelle Einrichtungen
  (z. B. Stadttheater, Stadt(Kreis)-Museen, städtische Bibliotheken, Kulturhäuser etc.)
- private Kultureinrichtungen
  (z. B. Theater, Galerien, Verlage, Kinos, Orchester, Agenturen etc.)
- genossenschaftliche und organisationseigene Kultureinrichtungen
  (z. B. Künstlergenossenschaften, Verlage, Bibliotheken, Kulturhäuser etc.)

2. Für die in diesen Einrichtungen arbeitenden Kulturschaffenden werden vom Staat leistungsorientierte Gehalts- bzw. Gagen- bzw. Honorar-Ordnungen geschaffen, die von einer unteren Grenze ausgehen und nach oben im Sinne von Angebot und Nachfrage offen sind.

3. Für denselben Personenkreis werden Arbeitsverträge (nicht unter 3 Jahren) gesetzlich vorgeschrieben, die entsprechend der Leistung für jeweils weitere 3 Jahre verlängert werden können.

4. Für Kunst- und Kulturschaffende sowie für kulturelle Einrichtungen ist ein den veränderten Bedingungen angepaßtes neues Steuerrecht auszuarbeiten, das der Förderung von Kunst und Kultur dienlich ist. Das sollte auch auf den Erwerb von Kunstwerken durch Bürger bis zu einer bestimmten Summe (1 000,– bis 2 000,– Mark) ausgedehnt werden.

5. Freischaffenden Künstlern und Schriftstellern wird auf Antrag in begründeten Fällen das Recht auf Inanspruchnahme von Krediten, Steuervergünstigungen usw. eingeräumt. Der Staat erläßt dazu entsprechende Gesetze.

6. Den Bezirken/Ländern, Kommunen, Stiftungen, Kuratorien etc. wird empfohlen, in verstärktem Maße Preis- bzw. Stipendienverleihungen für besonders förderungswürdige Kunst und Künstler vorzunehmen.

7. Bei Kranken- und Sozialversicherungen unterliegen Kulturschaffende in staatlichen, kommunalen, genossenschaftlichen und privaten kulturellen Einrichtungen denselben Bedingungen wie andere Bürger. Freischaffende Künstler und Schriftsteller schließen entsprechende Privatversicherungen ab.

Interessenvertreter aller Künstler sind die Gewerkschaften und/bzw. Künstlerverbände.

Anlage 8

Antrag der LDP zum Schutz und zur Förderung von Kultur und Kunst – Empfehlung des Runden Tisches an die Regierung

1. Der Entwurf zum „Beschluß der Volkskammer über staatliche Pflichten zum Schutz und zur Förderung von Kultur und Kunst", wie er im Kollegium des Ministeriums für Kultur am 19. 2. 1990 beraten wurde, wird vom Runden Tisch gebilligt.

2. Sollte infolge Zeitmangels eine Beschlußfassung durch die Volkskammer nicht mehr möglich sein, wird das gegenwärtige Präsidium der Volkskammer ersucht, das nach dem 18. März 1990 tätige Präsidium zu bitten, den vorliegenden Entwurf der Volkskammer zur Beschlußfassung zuzuleiten.

3. Der Runde Tisch ist der Auffassung, daß zur Bewahrung der kulturellen Werte und der kulturellen Identität, zur verfassungsrechtlich gesicherten staatlichen Kulturförderung und damit zur

Schaffung von Rahmenbedingungen für den freien Zugang aller Bürger zu den Schätzen von Kunst und Kultur die Existenz eines Kultus-Ministeriums der Republik weiterhin — mindestens bis zur vollen Funktionstüchtigkeit der Länder — notwendig ist. Die kulturelle Verantwortung der Bezirke/Länder ist damit nicht aufgehoben. Sie konzentriert sich vorrangig auf die kommunale Selbstbestimmung und Selbstverwaltung des kulturellen Lebens, das die gleichberechtigte Einsteuerung aller Bürgerinteressen durch demokratische Strukturen garantieren muß.

Anlage 9

Stellungnahme der CDU zur Kulturpolitik

Im Herbst 1989 erzwang das Volk der DDR spontan den politischen Umbruch — auf der Straße, in Kirchen, durch den nicht enden wollenden Exodus Hunderttausender von jungen Menschen.

Wer immer in diesem Land für Kultur und Kunst politisch Sorge tragen wird, sollte stets vor Entscheidungen bedenken, welchen Anteil Künstler und ihre Werke an jenen unser gesellschaftliches und persönliches Leben tief „umpflügenden" Ereignissen hatten, die als Perestroika, Glasnost oder „Oktoberrevolution 1989" in die Geschichte eingehen werden.

In Bildern von aufstörendem Sinn formten sie die unbequemen, bohrenden Fragen der Zeit, der Geschichte und des Lebens, die keine Öffentlichkeit haben sollten. Unerbittlich zogen sie uns hinein in das Drama innerer Zerrissenheit der Menschen dieser Gesellschaft, pflanzten listig oft den Zweifel in die Selbstgefälligen und den Geist des Widerspruchs in mündiges Publikum. Uns und sich selbst erstritten sie Freiräume des Denkens und bereiteten so den Umbruch im Kopf und in den Gefühlen vor.

Kultur und Kunst sind und bleiben uns deshalb lebenswichtig; wir brauchen die Erfrischung von Lebensmut wie das tägliche Brot, wir brauchen die Vision der Hoffnung von geschwisterlichen Beziehungen zwischen den Menschen, die unabgegolten noch, erneut verraten wurde.

Wir bestehen auf einer der vornehmsten Pflichten der Gesellschaft, auf den Schutz und der Förderung von Kultur und Kunst. Das ist besonders geboten, da die absehbare Einführung der Länderstruktur auf dem Gebiet der DDR und marktwirtschaftlicher Verhältnisse die alte zentralistisch organisierte und auf den Staat und eine Partei orientierte Kulturpolitik grundlegend in Frage stellen werden.

Die Einbindung Kultur- und Kunstschaffender in ein Netz sozialer Sicherheit stellt sich in unserem Verständnis als ein vordringliches Problem.

Der Runde Tisch der DDR möge deshalb im Interesse einer vorausschauenden Kulturpolitik beschließen, die Regierung Modrow zu beauftragen:

1. Anfertigen von Konzepten:

— Über Voraussetzungen und Wege zur behutsamen aber konsequenten Entflechtung zentralistisch gebündelter Verantwortung und Leitung von Kultur und Kunst für den Aufbau der Kulturhoheit der Länder.

— Über kulturelle Aufgabenfelder, die die künftige Kulturhoheit der Länder überschreiten und für Inhalte und Formen ihrer Institutionalisierung.

— Zum Problem der Finanzierungsrahmen für vielfältige kulturell-künstlerische Aktivitäten auf kommunaler, städtischer und zentraler Ebene. Vorschläge und Varianten für die zukünftige Finanzierung und Förderung von Kultur und Kunst durch Subventionen, durch die Bildung von zentral und kommunal verfügbare Fonds, durch steuerrechtliche Anreize für das private Engagement von Bürgern, Künstlern, Sammlern, Stiftern und Mäzenen.

2. Unverzüglich Regelungen der künstlerischen Auslandsarbeit von freiberuflichen Akteuren und Gruppen zu schaffen. Das betrifft insbesondere

— Beseitigung von restriktiven steuer-, finanz- und devisenrechtlichen Vorschriften,

— Beseitigung der Pflichtvermittlung von Auslandseinsätzen und des Pflichttransfer; Regelung für Kirchenmusiker, die auf nichtkommerzieller Basis konzertieren.

— Für freie Entscheidung über die Inanspruchnahme der Dienstleistung einer Agentur; für die Regelung bzw. Beseitigung der Doppelbesteuerung; für die nichtkommerzielle Betreuung sich selbstvermittelnder Künstler (staatliche Abgaben-Verwaltung u. a.)

Anlage 10

Der Runde Tisch möge beschließen:

Die Regierung der Deutschen Demokratischen Republik wird beauftragt, sofortige Maßnahmen zum Schutz des nationalen Filmkulturgutes zu treffen. Insbesondere ist zu sichern, daß alle Rechte an Filmen, Filmausschnitten, Arbeitsfassungen und Rohschnitten von Filmen sowie an filmischen Dokumenten und Dokumentarmaterial nach Ablauf der Distributions-, Vorführ- und Sendeverträge an die Produzenten (Studios) zurückfallen bzw. beim Fehlen solcher Verträge beim Produzenten verbleiben, unabhängig von der technischen Form der Konservierung. Der urheberrechtliche Schutz der Filmautoren und Filmschöpfer sowie der Leistungsschutz der Filmproduzenten muß dabei umfassend, weltweit und ohne zeitliche Begrenzung, mindestens aber auf Lebenszeit der Filmschöpfer, gewährleistet sein.

Zum Schutz unseres nationalen Filmkulturgutes wird empfohlen, bei den volkseigenen DEFA-Studios als Töchter Verwertungsgesellschaften zu gründen, die verpflichtet sind, das Filmkulturgut der Deutschen Demokratischen Republik zu schützen, die Rechte der Urheber und Produzenten umfassend zu sichern und die nationale und internationale Verwertung der Filme, Filmausschnitte, Arbeitsfassungen, des filmischen Dokumentarmaterials zu gewährleisten. Zu diesem Zweck ist den Filmproduzenten (DEFA-Studios und andere) sofort und in vollem Umfang das Binnen- und Außenhandelsmonopol zu übergeben. Einkünfte aus dem Verkauf von Urheber- und Leistungsrechten aus Filmkulturgut sind durch die Verwertungsgesellschaften an die Filmschöpfer bzw. Filmproduzenten (DEFA-Studios und andere) abzuführen. Dadurch könnte die technische Reproduktion der DEFA-Studios teilweise gesichert, ihre Arbeitsfähigkeit erhalten und neue Produktionen ermöglicht werden.

Demokratie jetzt

Anlage 11

Beschlußantrag der Grünen Partei

Das Verfassungsgebot Kultur sollte mit einer Bestimmung kultureller Grundbedürfnisse der Bürgerinnen und Bürger verbunden sein, um es inhaltlich fassen zu können.

Der Runde Tisch möge deshalb beschließen:

Der Staat sichert die kulturelle Entwicklung der Gesellschaft.

Jeder Bürger hat ein Recht auf selbstbestimmte Bildung, Arbeit, Erholung, Freizeitgestaltung, Sport, Kunstproduktion und Kunstgenuß als ein individuell und kollektiv zu verwirklichendes Recht in selbstgewählten Formen der Organisation.

Anlage 12

Beschlußantrag der Grünen Partei zum Kulturfinanzierungsgesetz

Der Runde Tisch möge beschließen:

Die Einrichtung eines solidarischen Kulturfonds ist eine weitere Quelle zur Sicherung der kulturellen Aufgaben der Gesellschaft.

Dieser solidarische Kulturfonds resultiert aus der progressiven Besteuerung der Kunstproduktion sowie aus einer Schutzfristverkürzung in Anlehnung an das Welturheberrechtsabkommen auf 25 Jahre nach dem Tod des Urhebers.

Anlage 13

Beschlußantrag der Grünen Partei

Der Niedergang des historischen Erbes nationaler Kultur ist in den Dörfern und Städten leicht nachzuvollziehen.

Die Verantwortung für die Vernachlässigung und den Verfall ist wohl nicht den Denkmalpflegern anzulasten.

Der Runde Tisch wird aufgefordert, die Einrichtung einer Untersuchungskommission zu beschließen, die die konkreten Verantwortlichkeiten eruiert. Vor allem ist die Bestandsaufnahme des realen Zustandes Ziel einer solchen Untersuchungskommission.

Anlage 14

Beschlußantrag der Grünen Partei

Die Übergabe der Kulturverantwortung an die Kommunen ist als organischer Prozeß nicht ohne die Analyse der kulturellen Zustände gestaltbar.

Der Runde Tisch möge daher beschließen:

Vom Ministerium für Kultur wird eine Analyse des Zustandes der kommunalen Infrastruktur erarbeitet.

Sie weist aus:

Analyse des sachlichen Zustandes

Analyse des personellen Zustandes

Bedarfsanalyse innerhalb der kommunalen Strukturen Finanz-, Material-, Personalbedarf zur Sicherung kultureller Grundbedürfnisse.

208

1.3.

Der Runde Tisch schlägt der Regierung vor ein „Haus der Begegnung — kulturelles Zentrum für geistig behinderte Menschen und andere" zu schaffen.
Die Nutzer eines solchen Hauses sind geistig behinderte Menschen vom Kindesalter bis in die höheren Lebensjahre, anders Behinderte und *Unbehinderte*.

Begründung:

Das humanistische Anliegen ist den geistig behinderten Menschen, die in der Vergangenheit aus fast allen Bereichen des gesellschaftlichen Lebens ausgegrenzt waren und ein diskriminiertes Lebensdasein führen mußten, endlich dieser großen Gruppe von Menschen Gerechtigkeit widerfahren zu lassen, von Gleichberechtigung nicht nur zu reden, sondern sie praktisch zu verwirklichen. Mit dem „Haus der Begegnung" eine Stätte zu schaffen, in der die geistig behinderten Menschen schöpferisch — kreativ arbeiten und ihre Freizeit sinnvoll gestalten können.
Das humanistische Anliegen liegt auch und vor allem durch die gemeinsame Arbeit von geistig behinderten, anders behinderten und unbehinderten Menschen, einen Prozeß von wirklicher Integration auf dem Gebiet der Kunst und Kultur in Gang zu bringen, der dann auch die Bemühungen auf anderen Gebieten der Gesellschaft positiv beeinflussen kann.
Das ist die Hoffnung und Absicht.

1.4. *Zur Nutzung des Palastes der Republik*

Der Runde Tisch fordert die Regierung der DDR auf, jede Nutzung, Vergabe oder Veräußerung des Palastes der Republik in Berlin und vergleichbare Einrichtungen in anderen Städten für kommerzielle oder repräsentative Zwecke zu unterlassen.
Der Palast der Republik soll ein vom Staat subventioniertes Zentrum alternativer und experimenteller Kunstproduktion werden. Unter Nutzung aller Räume soll eine Vielzahl von Ateliers, Studios, Probenräume und Werkstätten entstehen, in denen die unterschiedlichen Kunstformen entdeckt, entwickelt und öffentlich ausprobiert werden können. Die vielen repräsentativen Foyers und Etagenräume müssen für diesen Zweck um- und neugestaltet werden. Diese neue Zweckbestimmung muß schon bei einer eventuell notwendigen Asbestsanierung berücksichtigt werden. Hierzu ist ein Gutachten anzufordern.

Begründung:

Der Palast der Republik ist in seiner äußeren Form und in seiner bisherigen inneren Bestimmung Ausdruck einer weithin fehlorientierten Politik. Um zu verhindern, daß bei der notwendigen Umgestaltung der Gesellschaft die Förderung von Kunst und Kultur vergessen wird, müssen die politischen Parteien ein Zeichen setzen. Der umgestaltete Palast der Republik wird ein Teil der europäischen Kulturmetropole Berlin.

1.5. Bildung eines Runden Tisches Wissenschaft

Der Runde Tisch bittet die Regierung, die Akademie- und Hochschulreform nicht allein denen zu überlassen, die für die verfehlte Wissenschaftspolitik vergangener Jahre verantwortlich sind. Er empfiehlt die Bildung eines „Runden Tisches Wissenschaft".

2. Zur Militärreform

2.1. Positionen des Runden Tisches zur Militärreform in der DDR

Platz, Rolle, Auftrag und Entwicklung der NVA sowie die Fragen und Probleme, die ihre Angehörigen bewegen, sind Bestandteil des demokratischen Prozesses in der DDR. Sie sind darüber hinaus eingebettet in die gesamteuropäischen Entwicklungsprozesse, zu denen die schrittweise Herbeiführung der Einheit Deutschlands gehört. Sie stehen in enger Verbindung mit den Dokumenten des KSZE-Prozesses und anderen internationalen Verträgen und Vereinbarungen.

1. Nach der Auffassung des Runden Tisches hat es der oberste Grundsatz der Militärpolitik der Deutschen Demokratischen Republik zu sein, alles zu tun, um den Frieden in Europa zu bewahren, die Zusammenarbeit mit allen Staaten zu fördern, das System der militärischen Abschreckung zu überwinden und gemeinsam Sicherheit in Europa zu erreichen. Die DDR tritt für die Auflösung der Militärblöcke NATO und Warschauer Vertrag ein. Solange sie bestehen, wirkt die DDR mit ihren Bündnispartnern im Warschauer Vertrag zusammen.

2. Teil der demokratischen Veränderungen in unserem Lande ist die Militärreform der DDR. Der vom Minister für Nationale Ver-

teidigung einberufene „Runde Tisch zur Militärreform" ist mit einem Entwurf für einen Beschluß der Volkskammer über die „Militärpolitischen Leitsätze der Deutschen Demokratischen Republik" befaßt. Veröffentlicht wurde der Entwurf des Wehrdienstgesetzes, unterbreitet von Experten des Ministeriums für Nationale Verteidigung in der Wochenzeitschrift „Volksarmee", Nr. 7/90. Der bisherige Verlauf der Militärreform wird in der Armee zum Teil sehr kontrovers beurteilt. Von vielen wird er als „von oben verordnet" empfunden. Die Armeeangehörigen fordern, daß sie sich selber stärker als Staatsbürger in Uniform einbringen können. Der Runde Tisch unterstützt das Verlangen der Armeeangehörigen, tritt für eine enge Verbindung von Volk und Armee ein und will so mit zur Stabilität innerhalb der Armee beitragen.

3. Der Runde Tisch setzt sich für die Festschreibung der Ernennung eines Wehrdienstbeauftragten der Volkskammer in der Verfassung der DDR ein. An den Wehrdienstbeauftragten können sich alle Armeeangehörigen mit ihren Anliegen wenden. Er sollte auch Ansprechpartner für andere Bürger sein, die nach den gegenwärtig gültigen Gesetz Wehrdienst bei den Grenztruppen der DDR und der Bereitschaftspolizei leisten.

4. Der Runde Tisch wendet sich gegen den § 17 (Politische Betätigung) aus dem Entwurf des Wehrdienstgesetzes. Die dort formulierte Festlegung „Soldaten ist es nicht gestattet, Mitglied von politischen Parteien und Organisationen zu sein. Die vor dem Wehrdienst eingegangene Mitgliedschaft wird für die Zeit des Wehrdienstes ausgesetzt" widerspricht Grundsätzen der geltenden Verfassung und unserem Demokratieverständnis. Eine solche Festlegung gibt auch keine Garantie für die von den Autoren des Textes offenbar angestrebte politische Neutralität der Armeeangehörigen. Erfahrungen der deutschen Geschichte belegen dies.

5. Der Runde Tisch unterstützt den Vorschlag vieler Soldaten, ihnen die Teilnahme an politischen Veranstaltungen in Uniform zu gestatten. Der Runde Tisch tritt dafür ein, daß im Rahmen der staatspolitischen Bildung der Armeeangehörigen Vertreter aller demokratischen Parteien und Bewegungen die Möglichkeit haben, auf Wunsch von Armeeangehörigen über ihre politischen Ziele zu informieren.

Der Runde Tisch ist jedoch gegen das Wirken von Parteien und politischen Vereinigungen in der Armee. Armeeangehörige, die Mitglied einer Partei oder politischen Vereinigung sind, können sich in ihren territorialen Organisationen betätigen.

211

6. Der Runde Tisch tritt für die Verbesserung der Dienst- und Lebensbedingungen der Armeeangehörigen, für ihre soziale Sicherstellung im weiteren Prozeß der Abrüstung sowie bei Versetzung in die Reserve bei Erreichung der Altersgrenze ein. Die Wehrpflichtigen haben nach ihrer Dienstzeit Anspruch auf Wiederaufnahme ihres alten Arbeitsrechtsverhältnisses. Der Runde Tisch erwartet, daß die Nationale Volksarmee mit Berufssoldaten Dienstverträge abschließt, in denen auch Festlegungen zur langfristigen Vorbereitung auf eine zivile Tätigkeit nach Ablauf der aktiven Dienstzeit enthalten sind. Es ist sofort ein Sozial- und Eingliederungsprogramm, einschließlich einer Umschulungskonzeption zu erarbeiten.

7. Der Runde Tisch begrüßt das Angebot des Verteidigungsministers, daß die neu geschaffene Verwaltung für staatspolitische Bildung und andere Bereiche des Ministeriums und der Nationalen Volksarmee – wie Logistik, Planung und wissenschaftliche Arbeit – ab sofort offen sind für die Mitarbeit von Mitgliedern aller demokratischen Parteien und politischen Vereinigungen der DDR. Der Runde Tisch tritt dafür ein, daß das Berufsoffiziers-, das Fähnrichs-, das Offiziers- und Generalkorps offen sind für befähigte demokratische Bürger aus allen Schichten des Volkes, unabhängig von ihrer Mitgliedschaft in einer demokratischen politischen Partei oder Vereinigung, ihrem humanistischen weltanschaulichen oder religiösen Bekenntnis.
Der Runde Tisch unterstützt Aktivitäten der Gewerkschaften der Armeeangehörigen und der Zivilbeschäftigten der NVA, des Verbandes der Berufssoldaten und andere Formen der demokratischen Selbstorganisation. Er fordert die Aufnahme entsprechender Festlegungen in die „Militärpolitischen Leitsätze der Deutschen Demokratischen Republik".
Der Runde Tisch unterstützt die Wahl von demokratischen Vertretungen der Armeeangehörigen in den Truppenteilen.

8. Der Runde Tisch tritt für eine schnelle Erarbeitung grundsätzlicher konzeptioneller Abrüstungsüberlegungen ein, die bis Mai 1990 der Volkskammer vorzulegen sind.

9. Der Runde Tisch vertritt die Ansicht, daß künftig das Ministerium für Nationale Verteidigung von einem zivilen Minister geführt wird, wie dies in anderen europäischen Ländern der Fall ist. Die rein militärischen Bereiche sollten in Kontinuität von demokratischen Militärs geleitet werden.

10. Teil der Militärreform müssen jetzt auch perspektivische Überlegungen sein, die sich mit dem europäischen und deut-

schen Einigungsprozeß sowie seinem Einfluß auf die Auflösung militärischer Pakte verbinden.

Bei der Regierung der DDR sollte ein Amt für Abrüstung und Konversion mit dem Ziel gebildet werden, weitergehende, auch einseitige schnelle Abrüstungsschritte bis zur vollständigen Entmilitarisierung vorzubereiten und einzuleiten. Der Runde Tisch lehnt jegliche Form von Bundesheer ab.

Der Antrag des FDGB wird als Anlage hinzugefügt.

Anlage 1

Der FDGB und die im Aufbau begriffene Gewerkschaftsorganisation der Armeeangehörigen sind der Auffassung, daß die demokratische Umgestaltung an der NVA nicht vorbeigehen darf. Dazu bitten sie alle am Runden Tisch vertretenen Parteien und Bewegungen um Unterstützung:

1. Die Militärreform kann nur dann erfolgreich sein, wenn die Meinungen und Erfahrungen der Soldaten im Grundwehrdienst, der Zeit- und Berufssoldaten direkt in die Erarbeitung neuer Vorschriften und Bestimmungen eingehen. Es dürfen nicht mehr die in der Vergangenheit verantwortlichen Ministeriumsmitarbeiter federführend sein. An ihre Stelle müssen kompetente Vertreter aus Truppenteilen und Verbänden treten.

2. Der Runde Tisch fordert die Regierung auf, sofort Maßnahmen zur sozialen Sicherstellung der im Zuge der Reform ausscheidenden Militärangehörigen zu beschließen. Das betrifft besonders Arbeitsbeschaffung, Umschulung, Anerkennung der an militärischen Hoch- und Fachschulen erworbenen Abschlüsse sowie die Gleichstellung der ausscheidenden Armeeangehörigen bei der sozialen Absicherung.

3. In den letzten Wochen mehren sich Fälle, wo aus dem Grundwehrdienst oder Dienst auf Zeit entlassene Armeeangehörige in ihren ehemaligen Betrieben/Einrichtungen nicht wieder eingestellt werden. Dieses Vorgehen verstößt gegen gesetzliche Bestimmungen.

Deshalb fordert der Runde Tisch die Regierung auf, die konsequente Einhaltung des geltenden Rechts für die Wehr- oder Zivildienst leistenden Wehrpflichtigen zu sichern.

4. Der Runde Tisch fordert die Regierung auf, die durch die Militärreform freiwerdenden finanziellen und materiellen Mittel, Ressourcen und Produktionskapazitäten vorrangig für den Aufbau eines Volkswirtschaftszweiges für Umwelttechnik und -technolo-

gien, insbesondere auch unter dem Aspekt von Arbeitsplatz-
schaffung und -beschaffung einzusetzen.

Anlage 2

Erklärung der Grünen Partei

Entmilitarisierung Jetzt!

Gegenwärtig sind wir Zeugen des Versuches bestimmter Kräfte in
der DDR und der BRD, den Prozeß der Vereinigung beider deutscher Staaten in z. T. unverantwortlicher Weise zu beschleunigen. Wahltaktisches Kalkül, tradierte machtpolitische Interessen
oder auch nur reine Demagogie haben Konjunktur, drohen den
Blick für die Realitäten und nicht zuletzt *für perspektivisch wichtige
sicherheitspolitische Fragestellungen* zu verstellen.

Dabei müßte jedem der Vernunft zugänglichen Deutschen klar
sein, daß die Einheit Deutschlands nicht zum *schnellen sicherheits-
politischen Nulltarif* zu haben ist. Soll einem einheitlichen deutschen Staat historisch und geografisch, politisch und strategisch
die Aufgabe zufallen, mit der Wahrnehmung eigener nationaler
Interessen *zugleich* die Überwindung der Teilung Europas in Blök-
ke und Bündnisse zu befördern, dann wird eine *Entmilitarisierung
beider deutscher Staaten zum kategorischen Imperativ verantwortlichen
friedenspolitischen Handelns.* Die Vorstellung eines vereinigten
Deutschland, das fast 600 000 aktive Soldaten per Wehrpflichter-
hebung unter Waffen hält und durch diese Wehrpflicht über eine
Kaderung und aufwuchsfähige Struktur einer Mobilisierungsre-
serve von mehreren Millionen Mann aufbieten kann ist demge-
genüber eine Vision, die jegliche Hoffnung auf eine neue europäische Friedensordnung zu ersticken droht.

Die derzeit gehandelten Modelle einer zukünftigen sicherheits-
politischen Einbindung eines einheitlichen Deutschlands entpup-
pen sich selbst bei einfachsten Rückfragen als bloße Spekulation.
Weder die Integration in die NATO noch die freie Oszillation eines neutralen Deutschlands zwischen den gegenwärtigen Militär-
bündnissen kann für sich in Anspruch nehmen, eine sicherheitspolitische Lösung zu sein, die berechtigte Ängste unserer Nachbarn abbaut und der Notwendigkeit zukünftiger demokratischer
und entmilitarisierter Sicherheitsstrukturen in Europa gerecht
wird. Analoges gilt für eine Politik, die jetzt mit Macht die Einbin-
dungsfunktion der europäischen Einigung forciert und insgeheim
darauf setzt, durch die freiwillige Abgabe an Souveränität im militärischen Bereich, die gigantischen gesamtdeutschen Streitkräfte-
bestände nahezu vollständig in eine gesamteuropäische Streit-

macht zu retten. Europäische Integration verkommt hier zur bloßen militärischen Besitzstandswahrung.

Die einzig realistische Alternative, die sich im Sog der dynamischen politischen Entwicklungen abzeichnet, ist jenseits von weiterbestehender Bündnisintegration und militärischer Neutralität, ein deutlicher Bezug auf ein vereinigtes Europa, in das sich Deutschland als ein *demokratischer und weitgehend entmilitarisierter Staat* einbringt.

Was bisher im Zentrum Europas nur als chancenlose Utopie galt – OHNE RÜSTUNG LEBEN – rückt zum ersten Mal seit der Wiederbewaffnung der Bundesrepublik und der DDR in die Nähe des Greifbaren und politisch Machbaren. Die sich aus den gegenwärtigen Rahmenbedingungen eröffnenden enormen friedenspolitischen Möglichkeiten und Handlungsspielräume für radikale Abrüstungsschritte jetzt zu ergreifen ist das Gebot der Stunde. Die GRÜNE PARTEI appelliert deshalb an alle am Runden Tisch vertretenen Kräfte dafür einzutreten, daß die DDR mit *einem klaren Entmilitarisierungskonzept* in die 2+4-Verhandlungen geht, die Zielstellung des APPELLS DER 89 aufgreift und für seine Verwirklichung in beiden Teilen Deutschlands eintritt.

Ein sofort zu erbringender eigenständiger Beitrag der DDR könnte nach Auffassung der GRÜNEN PARTEI sein:

– *Senkung der Präsenzstärke der NVA unter 100 000 Mann* durch zügige Realisierung der bereits in Angriff genommenen Reduzierungs- und Umstrukturierungsmaßnahmen und durch einen *Verzicht auf die Neueinberufung von Wehrdienstpflichtigen.*

– *Ersatzlose Auflösung aller potentiell angriffsfähigen militärischen Struktureinheiten* wie amphibische Landeeinheiten, Fallschirmjäger, Lufttransporteinheiten, Pioniereinheiten mit Brückenlegegerät und Stoßkräfte der Panzer- und Mot-Schützeneinheiten.

– *Herauslösung schwerer Mot-Schützen-Bewaffnungen aus den Einheiten der Grenztruppen.*

– Einschneidende *Reduzierung der Präsenzstärke der NVA im Großraum Berlin.*

– *Reduzierung der Militärausgaben der DDR um 50 %.*

– *Vollständige Offenlegung* von Bestand, Bewaffnung, Struktur und Dislozierung der NVA.

– Schaffung einer *staatlichen Institution,* die Konzepte weiterer umfassender Rüstungsbegrenzung und Abrüstung sowie Konzepte der Konversion erarbeitet.

2.2. Nutzung militärischer Sperrgebiete

Das Ministerium für Nationale Verteidigung ist Rechtsträger von über 238 000 ha an volkseigenen Grundstücken.

Der Runde Tisch stellt den Antrag, einen Teil dieser Flächen aus der Rechtsträgerschaft der NVA in Zusammenarbeit mit den betreffenden Kommunen in volkswirtschaftliche Nutzung zu überführen, militärische Sperrgebiete auf das militärisch unbedingt notwendige Maß zu reduzieren sowie Objekte und Teilobjekte in verschiedenen Standorten zur Verbesserung der territorialen Infrastruktur bereitzustellen.

Begründung:

Die DDR setzt sich für die Entmilitarisierung der Sicherheit, für die allgemeine und vollständige Abrüstung und eine von Massenvernichtungswaffen freie Welt ein und erbringt dafür entsprechende Vorleistungen. Durch die Reduzierung und Umstrukturierung der Nationalen Volksarmee werden landwirtschaftliche Nutzflächen, Wald- und andere Flächen sowie Objekte, die bisher zu militärischen Zwecken genutzt wurden, frei. Das betrifft Truppenübungsplätze, Objekte und Teilobjekte sowie Wohnungen in verschiedenen Standorten. Sie sollten aus der Rechtsträgerschaft des MfNV gelöst und an die zuständigen örtlichen Organe u. a. zur Nutzung durch LPG, VEG und andere Betriebe der Land- und Forstwirtschaft übergeben werden.

2.3. Option zur Entmilitarisierung

1. Gestützt auf die militärpolitischen Leitsätze, die vom „Runden Tisch zur Militärreform" am 6. 2. 1990 beschlossen wurden, empfiehlt der zentrale Runde Tisch die verfassungsrechtlich verankerte Option zur Entmilitarisierung. Ein solcher Verfassungsauftrag der Armee entspricht den zeitgemäßen globalen Bemühungen für Frieden und Völkerverständigung.

2. Der zentrale Runde Tisch spricht sich entschieden für eine Politik zur Auflösung der vorhandenen Militärblöcke aus. Diesbezüglich sind jegliche Optionen für eine Integration der DDR in die NATO strikt zurückzuweisen.

3. Der Runde Tisch möge den Entwurf über die militärpolitischen Leitsätze der DDR, welcher am Runden Tisch für die Militärreform am 6. 2. 1990 beschlossen wurde, bekräftigen und fordert

die Regierung der DDR auf, diesen der Volkskammer noch vor dem 18. März 1990 zur Beschlußfassung vorzulegen.

3. Zu ökologischen Fragen

3.1.

Der Runde Tisch ergänzt seinen Beschluß der 10. Sitzung vom 29. Januar 1990 „Zur Einbeziehung ökologischer Prinzipien in die Gestaltung der gesellschaftlichen und ökonomischen Entwicklung der DDR" durch die nachfolgend angeführten Festlegungen:

1. Zu Abschnitt II/2: Informationspolitik

Nach Vorlage des Umweltberichtes der Regierung ist Punkt 2.1. wie folgt zu fassen:
Zukünftige Umweltberichte haben fundierte Umweltschadensanalysen (Landwirtschaft, Biotope, Artenschutz, Bodenbelastung, Lebensraumbewertung, Verbrauch von Naturrohstoffen usw.) einschließlich der finanziellen Bewertung zu enthalten.
Sie sind als Gesamtberichte verschiedener Ministerien und kompatibel zu entsprechenden BRD-Berichten zu gestalten. Es müssen in ihnen fundierte Aussagen über den Umweltzustand, die Sanierung von Umweltschäden, das umwelttechnologische Potential der Industrie sowie Umweltforschungsprojekte enthalten sein.

2. Zu Abschnitt II/3: Wissenschaftspolitik

Die am 29. 1. 1990 beschlossene Vorlage 10/6 ist Bestandteil der Ökologiekonzeption 10/3.

3. Zu Abschnitt II/4: Industrie und Abproduktentsorgung

– Pkt. 4.5. wird wie folgt ergänzt:
 Bei notwendigen Stillegungen sind durch die Regierung und die Kommunen territoriale Sozialprogramme auszuarbeiten um den Betroffenen eine soziale Perspektive zu geben. In die Sozialprogramme sind Umschulungsprogramme einzuarbeiten.
– Pkt. 4.7. ist wie folgt zu ergänzen:
 Vor dem weiteren Ausbau von Sondermüllverbrennungsanlagen sind alle Risiken und Kosten einschließlich der Folgeko-

sten im Vergleich zu anderen möglichen Lösungen offenzulegen und abzuwägen.
– Zusätzlich wird aufgenommen:
Der Uranbergbau ist einzustellen und in Verhandlungen mit der „SDAG Wismut" sind geeignete Maßnahmen zur Beseitigung der Folgeschäden (Altlastensanierung, Abraumeinsatz, Gesundheitsschädenausgleich über Risikofonds) festzulegen und zu realisieren.

4. Zu Abschnitt II/6: Land-, Forst- und Nahrungsgüterwirtschaft

Punkt 6.1. erhält folgende Ergänzungen:

– Stabstrich 1 (neue Fassung): Abbau der Nahrungsmittelsubventionen bei Ausgleich von Lohn, Renten, Stipendien, Kindergeld und anderen sozialen Leistungen.
– Stabstrich 3 (neue Fassung): Gestaltung der Pflanzenproduktion nach den natürlichen Standortbedingungen, Schaffung und Wiederherstellung von Grünland- und Gehölzstreifen an den Oberflächengewässern und auf erosionsgefährdeten Großflächen (Minderung von Erosion und Stoffaustrag) mit dem Ziel einer ökologisch begründeten Gliederung der Ackerflur.
– Zusätzlich wird aufgenommen:
Vorrangige Erarbeitung einer Konzeption zur Landbewirtschaftung (einschließlich Gärten) in Gebieten mit hoher Belastung.
– Staatliche Stützungen für Agrochemikalien (für Landwirtschaft und Kleinverbraucher) sind im Zusammenhang mit der Wirtschaftsreform zu streichen. Die freiwerdenden Mittel sind der Landwirtschaft für ökologische Maßnahmen bereitzustellen. Gleichzeitig sind umweltfreundliche und praktische Anwendungsvorschriften und gesetzliche Regelungen zu erarbeiten und ihre Einhaltung unter gesellschaftliche Kontrolle zu stellen.

Minderheitenvotum:

Die Einführung von Umweltabgaben in der Größenordnung einer Verdoppelung der Preise für Agrochemikalien ist vorzubereiten. Die hieraus resultierenden finanziellen Einnahmen sind der Landwirtschaft für umweltschonende Verfahren sowie ökologische Leistungen zuzuführen.

Dafür votieren: Grüne Liga, Grüne Partei.

Dagegen votieren: CDU, DBD, FDGB, LDP, PDS, VdgB.

5. Zu Abschnitt II/7: Orts- und Landschaftsgestaltung einschließlich der Einrichtung von Schutzgebieten

- Pkt. 7.1., Stabstrich 5, wird wie folgt ergänzt: dabei schrittweise Schaffung eines Biotopverbundsystems
- Zusätzlich wird aufgenommen:
Jede künftige Siedlungspolitik hat die territoriale Integration von Arbeiten, Wohnen und Erholen unter Berücksichtigung ökologischer Gesichtspunkte anzustreben.

6. Zu Abschnitt II/8: Verkehrspolitik

Die Attraktivität des öffentlichen Nah- und Fernverkehrs gegenüber dem individuellen Personenverkehr ist deutlich anzuheben. Die damit zusammenhängenden Entscheidungen sollten in einer AG „Verkehrspolitik" vorbereitet werden.

7. Der Beschluß wird durch einen neuen Abschnitt II/9 zur *Gesundheits- und Sozialpolitik* ergänzt, der als Einzelmaßnahmen enthält:

1. Überwachung des Krankheitsgeschehens in Belastungsgebieten; Ermittlung umweltbedingter Krankheitsursachen; schrittweises Ausschalten der morbiditäts- und mortalitätserhöhenden Einflüsse.

2. Bewertung des Gesundheitsrisikos in Belastungsgebieten auf der Basis von Unit-Risk-Schätzungen; Durchsetzen risikominimierender, umweltprophylaktischer und umwelttherapeutischer Maßnahmen.

3. Aufklärung psychischer und psychosozialer Folgewirkungen von Umweltbelastungen; Orientierung auf eine humanökologische Vorsorge.

4. Die Arbeiten zur MIK-Wertfestlegung (Maximale Immissionskonzentration) für die DDR gültigen Werte an die WHO-Empfehlungen heranzuführen. Dabei sind Kombinationswirkungen stärker zu berücksichtigen.

3.2. Bildung eines Umweltamtes

Die Regierung wird aufgefordert, zur Durchsetzung der neuen Umweltpolitik mit dem Ziel eines ökologischen Umbaues der Gesellschaft ein Umweltamt als Regierungsbehörde zu errichten. Das Umweltamt ist dem Geschäftsbereich des Ministers für Naturschutz, Umweltschutz und Wasserwirtschaft zuzuordnen. Das Umweltamt hat insbesondere folgende Aufgaben zu übernehmen:

1. Es leistet dem Minister für Naturschutz, Umweltschutz und Wasserwirtschaft wissenschaftliche und rechtliche Unterstützung.

2. Es sichert die zentrale Koordinierung der Tätigkeiten der Umweltkontrollorgane der ministeriellen Geschäftsbereiche für Umwelt, für Gesundheit, für umweltrelevante Industrien und für Landwirtschaft.

3. Es übernimmt die zentrale Verwaltung von Umweltdaten in einer Datenbankzentrale für regierungsamtliche Umweltdokumentation und Umweltplanung.

4. Es informiert die Öffentlichkeit über den Zustand der Umwelt, erteilt Gefahrenauskünfte und beantwortet Anfragen zu weiteren umweltrelevanten Sachlagen auf der Grundlage der in der Datenbankzentrale gespeicherten Informationen.

5. Es führt eine Umweltprobenbank zur Verwaltung nationaler Umweltstandard- und -referenzproben sowie entsprechender Bezugsproben anerkannter internationaler Organisationen.

6. Es wirkt mit bei der Entscheidung über Verträglichkeitsprüfung strukturbestimmender und länderübergreifender umweltpolitischer Maßnahmen hinsichtlich ihrer Umwelt-, Gesundheits- und Sozialwirkungen.

7. Es entwickelt einheitliche Untersuchungs- und Bewertungsmethodeninventare für die Umweltkontrolle.

8. Es übernimmt Projektträgerschaften für zentrale angewandte Forschungsvorhaben zur Sicherung der Stabilität von naturnahen und anthropogen überprägten Ökosystemen und zu technologischen Prinziplösungen im Umweltschutz.

220

3.3. Altlastsanierung

Der Runde Tisch fordert von der Regierung eine Altlastsanierung der Folgen des Uran- und Erzbergbaus in der Sächsischen Schweiz, im Erzgebirge und Ost-Thüringen (Raum Gera).

Für eine lebenswerte Umwelt, für die Gesunderhaltung der Menschen sind schnelle und wirksame Maßnahmen der Regierung zur Beseitigung bzw. Sanierung der Spuren des Altbergbaus zu fordern.

1. Chemische, physikalische und biologische Bestandsaufnahme

2. Gefährdungsanalyse für Mensch und Umwelt

3. Erarbeitung einer Sanierungsstrategie zur

a) Schließung alter Grubenbaue
b) Beseitigung bzw. Abdeckung von Uran-Bergbauhalden (Wegnahme der Spitzkegel)
c) sicheren Abdeckung der Schlammteiche der Uranaufbereitung

4. Veröffentlichung aller Maßnahmen und Einbeziehung der Kommunen in die Erarbeitung der Sanierungsobjekte.

Die komplexe, regionale Altlastsanierung ist als ein Modell der Umweltsanierung zu betrachten. (Z. B. auch für Bitterfeld anwendbar)

5. Wir fordern, daß die Sanierungsobjekte durch

a) die Wismut (DDR − UdSSR)
b) den Staatshaushalt
c) und durch einen Teil des an die Regierung übergebenen Vermögens der ehemaligen SED in Höhe von 3 Mrd. Mark
d) sowie die Inanspruchnahme des Umweltfonds der Bundesregierung zu finanzieren sind.

6. Mit der Sanierung sind neue Arbeitsplätze für die Entwicklung und den Bau von Umwelttechnologien zu schaffen.

3.4. Förderung der Sekundärrohstoffwirtschaft

Der Runde Tisch bittet die Regierung, folgende Forderungen an die Räte der Bezirke weiterzuleiten.

In vielen Städten und Gemeinden sowie Betrieben der DDR herrscht gegenwärtig ein „Müllnotstand", verursacht durch das

Fehlen geeigneter Deponieflächen und nicht vorhandener Entsorgungstechnik.

Aufrufe an die Bevölkerung zur Müllvernichtung bzw. Mülltrennung im Haushalt und Zuführung an den Sekundärrohstoffhandel bringen nicht den gewünschten Erfolg, da die örtlichen Aufkaufkapazitäten zu gering entwickelt sind.

Da in nächster Zeit mit noch höherem Haushaltsmüllanfall durch Einfuhr verpackungsintensiver westlicher Produkte zu rechnen ist, fordern wir:

1. Weiterer Ausbau der Sekundärrohstoffwirtschaft auf kommunaler Ebene

2. Bevorzugung moderner Erfassungssysteme

3. Freilenkung von Technik für diese Branche und Berücksichtigung bei Verteilung von eingehenden Technikspenden aus dem In- und Ausland

4. Verbesserung der Arbeits- und Lebensbedingungen für Beschäftigte dieses Wirtschaftszweiges und somit Erhöhung der Attraktivität dieser Tätigkeit

5. Aufklärungsarbeit bei der Bevölkerung über die derzeitige Situation der Müllentsorgung mit Unterstützung durch die Massenmedien

6. Stabilisierung und Vervollkommnung der Aufbereitungsanlagen

7. Neubestimmung der Aufkaufpreise für ausgewählte Sekundärrohstoffe.

4. Zur Umwandlung der Rechtsform volkseigener Betriebe

Der Runde Tisch fordert die Regierung und die Volkskammer auf, die Arbeiten an der Umwandlung der Rechtsform der volkseigenen Betriebe zu beschleunigen. Die Rechte und Besitzstände der Bürger der DDR müssen dabei gesichert werden.

Der Vorschlag 12/29 (Holding-Gesellschaften) ist wie andere dazu der Regierung, den Parteien und politischen Organisationen vorliegenden Ausarbeitungen in die Arbeiten zu dieser Frage einzubeziehen. Dazu müssen Eckdaten unterschiedlicher Experten auch aus dem Ausland herangezogen werden, insbesondere hinsichtlich der Feststellung und Bewertung (Schätzung) des Volkseigentums.

222

Der Runde Tisch übergibt der Regierung ohne Stellungnahme das weiterführende Material.

Anlage 1

Antrag von Demokratie jetzt

Der Runde Tisch möge beschließen:

1. Um weitere Verzögerungen der anstehenden Wirtschaftsreform in der DDR auszuschließen, ist es erforderlich, die „Treuhandgesellschaft (Holding) zur Wahrung der Anteilsrechte der Bürger mit DDR-Staatsbürgerschaft am Volkseigentum der DDR" noch vor dem 18. 3. 1990 zu errichten.

2. Die Regierung wird aufgefordert, eine aus Vertretern des Amtes für Rechtsschutz des Vermögens der DDR und vom Runden Tisch zu benennenden Experten bestehenden Kommission zu berufen, die die rechtlichen und institutionellen Modalitäten für die Errichtung dieser Treuhandstelle erarbeiten und entsprechende Beschlußfassungen durch den Ministerrat und die Volkskammer vorbereiten und beantragen kann.

Anlage 2

SPD

Antrag auf einen Beschluß des Runden Tisches

Forderungen an die Regierung im Zusammenhang mit dem Gesetzesentwurf zur Privatisierung staatlichen Eigentums

Die nachfolgend geforderte Erhebung von Daten dient der Umwandlung der Wirtschaft in eine Kapitalwirtschaft und der Neubewertung der Betriebe. Sie ist Voraussetzung für eine effektive Umstrukturierung und die Aufnahme von Fremdkapital. Die Daten werden in einheitlicher Form erhoben und in einer Registratur zusammengefaßt.

Die Bewertung umfaßt alle Bereiche staatlichen Eigentums mit Ausnahme von:

— Verteidigung
— Volksbildung/Sport
— Gesundheits- und Sozialwesen
— Forstwirtschaft
— Verkehrssystem
— Staatliche Pflichtversicherungen

Maßnahmen zur Bewertung des Volkseigentums

1. Die Regierung veranlaßt eine Schätzung aller Grundmittel und Immobilien entsprechend ihrem Zeitwert (Wiederverkaufswert) in D-Mark und in Mark der DDR.
Die genauer schätzbaren Immobilien sind getrennt von den schlechter schätzbaren Grundmitteln und Anlagen aufzuführen.
Die Schätzung soll erfolgen anhand von in den Betrieben verfügbaren Preisen der BRD. Die Schätzung soll vorsichtig, keinesfalls optimistisch erfolgen.

2. Die Regierung veranlaßt eine Schätzung des vorhandenen ideellen Eigentums der Betriebe. Dies betrifft Schutzrechte aller Art (Patente, industrielle Muster, Warenkennzeichen) einschließlich der Kosten zu ihrer Aufrechterhaltung und ihres Wertes zur Sicherung des Absatzmarktes.

3. Die Regierung veranlaßt die Feststellung aller Verbindlichkeiten der Betriebe im In- und Ausland.

4. Die Regierung veranlaßt eine Schätzung des dringendsten Sanierungsbedarfes an Gebäuden und Produktionsmitteln zur Aufrechterhaltung der Produktion in den einzelnen Betrieben.

5. Die Regierung veranlaßt eine Schätzung aller laufenden Kosten der Betriebe und der dringendsten Aufwendungen an Valuta zur Sicherung und Fertigstellung der laufenden Produktion.

6. Die Regierung veranlaßt eine Schätzung des dringendsten Finanzbedarfes zur Abstellung laufender grober Umweltverschmutzungen.
Zu jeder Position ist die davon betroffene Brutto- und Nettoproduktion auszuweisen.

7. Die Regierung veranlaßt eine Schätzung des Sanierungsbedarfes der Umwelt für Betriebe und Kommunen. Die Kommunen sichern die Berichtspflicht aller auf ihrem Territorium liegenden Deponien.

8. Die Regierung veranlaßt eine Schätzung der dringendsten Maßnahmen zur energetischen Sanierung der Produktion.

9. Die Betriebe geben ihre wichtigsten Kooperations- und Lieferbeziehungen nach Wert (subventionsfrei) und Menge an.

10. Die Betriebe schätzen ihre gegenwärtige und künftige Arbeitskräftebilanz ein nach vorhandenen Arbeitskräften, voraussichtlich freigesetzten Arbeitskräften und dem möglichen Ar-

beitskräfte-Neubedarf nach Rekonstruktion und Betriebserweite-
rungen.

Die Angaben sind zu gliedern nach Produktion, Verwaltung,
Leitung und Forschung/Entwicklung. Die Verwaltung der For-
schung/Entwicklung ist unter Verwaltung zu erfassen.

11. Die örtlichen Räte und die Wohnungswirtschaft schätzen den
Wert vorhandener staatlicher Wohnimmobilien, den dringendsten und zukünftigen Sanierungsbedarf.

12. Alle Angaben sollen sowohl in Mark der DDR als auch in
D-Mark (Marktwert) gemacht werden.

Für Problemfälle und Rückfragen bei der Bewertung in D-Mark
ist eine Beratungsstelle mit Grundmittelsachverständigen der
BRD einzurichten.

13. Die Schätzungen sind von den Personalvertretungen der Betriebe (Betriebsräte, Gewerkschaft), bei den Kommunen durch
den örtlichen Runden Tisch mit zu erarbeiten und mit zu tragen.

Ingenieurtechnische Abteilungen der Betriebe sind in jedem
Fall zur Beratung heranzuziehen.

14. Die Aussagen sollen in äußerlich einheitlicher Form erstellt
werden. Sie beziehen sich auf die Ebene des Betriebes, nicht des
Kombinates.

15. Die Angaben sind in ohne Auslassungen nach vorhandenem
Kenntnisstand bis zum 18. März zu erstellen.

Eine Präzisierung und genauere Schätzung kann später erfolgen.

Weitere Maßnahmen:

16. Die Regierung leitet unverzüglich Maßnahmen zum Aufbau
der zur Privatisierung erforderlichen Treuhandbank ein.

17. Sie stellt Räumlichkeiten und Büroausrüstung für den Vorbereitungsstab zur Privatisierung des Volkseigentums bereit.

18. Die Regierung schafft die Voraussetzungen für den Druck
und die Ausgabe von Anteilscheinen der Treuhandbank an die
Bürger sowie von Aktien.

Information 1

SPD

Aufruf zur Mitarbeit aller Parteien und der Regierung an der Vorbereitung der Privatisierung des staatlichen Eigentums

Der Vorbereitungsstab der SPD zur Privatisierung des staatlichen Eigentums ruft die Regierung und alle verantwortlichen gesellschaftlichen Kräfte zur Mitarbeit an der Vorbereitung der Privatisierung des staatlichen Eigentums auf. Der Vorbereitungsstab arbeitet auf der Grundlage der Sachaussagen folgender Papiere:

- Grundlagen und Fakten zur Privatisierung des Volkseigentums
- Begründung zur Privatisierung des Volkseigentums durch eine Treuhandbank
- Gesetzentwurf zur Privatisierung des Volkseigentums

Die Aufgaben des Vorbereitungsstabes beinhalten:

- Vorbereitung von Gesetzentwürfen.
- Organisation eines kapitalwirtschaftlichen Systems (Bank und Holding-Töchter).
- Bildung von Wohnungsgenossenschaften und Einrichtung von Wohnungsgrundbüchern, Mietrecht, Mietpreise, Wertermittlung.
- Klärung fremder Rechte am Volkseigentum.
- Klärung der Eigentumsverhältnisse an Grund und Boden, besonders in der Landwirtschaft.
- Klärung der Behandlung genossenschaftlichen Eigentums.
- Vorbereitung des Druckes von Anteilscheinen und Aktien.
- Weitere konzeptionelle Arbeit zur Privatisierung und Kapitalwirtschaft.

Der Vorbereitungsstab besteht derzeit aus 10 Personen. Der Vorbereitungsstab wird von Horst Schneider geleitet. Stellvertreter ist Dr. Martin Wolf.

Anlagen
Horst Schneider
Dr. Martin Wolf
Horst Schneider 1058 Berlin
Dr. Martin Wolf 1115 Berlin

Information 2

SPD

Grundlagen und Fakten zur Privatisierung staatlichen Eigentums

Der Übergang zur Marktwirtschaft und die damit zusammenhängenden Fragen beschäftigten heute breite Kreise unseres Volkes. Vier Probleme sind zu lösen: 1. Privatisierung des Volkseigentums. 2. Öffnung zu internationalen Märkten und Kapital, 3. Sicherung der Spareinlagen, 4. Miet- und Preisreform.

Die vier Probleme hängen sachlich eng zusammen: Die Miet- und Preisreform ist wesentliche Voraussetzung für eine Währungsunion und damit für die Öffnung zu den internationalen Märkten. Diese wiederum ist Bedingung für den Zustrom von Kapital, der allein unsere Spareinlagen sichern kann.

Devisen durch Neugründung und Erweiterung und auch den Verkauf von Betrieben sind die Grundlage aller Sanierungsmaßnahmen. Dazu muß einmal klar sein, welche Sachwerte wir für ihre Beschaffung einsetzen können. Eine Beteiligung fremden Kapitals erfordert die Organisation der Wirtschaft in Kapitalgesellschaften, deren Anteile zum Verkauf angeboten werden müssen. Wer soll Besitzer der verbleibenden Anteile und des erlösten Geldes sein, wenn nicht die Bürger? Vor allem Wohnungsanteile dämpfen die Angst vor einer Mietreform. Hier sollte kein Fremdkapital einfließen.

Was wir noch haben

Betrachten wir die Verteilung aller materiellen Werte im Lande, so müssen wir feststellen, daß mit dem Währungsverbund oder einer Währungsunion nur die Besitzer von Immobilien, Grund und Boden und Antiquitäten der Zukunft beruhigt entgegensehen können. Grund und Boden steigt auf das Hundertfache, Immobilien auf das 2 bis 3-fache und Antiquitäten behalten ihren Wert in D-Mark. Der übergroße Teil unserer Bürger hat nichts von all dem. Die Dinge in unseren Wohnungen und Garagen, − Autos, Fernsehgeräte, Waschmaschinen und Möbel −, werden nach der Währungsunion bestenfalls noch ein Drittel wert sein.

In unserem Land fiel erarbeitetes Sachkapital stets an den Staat, und so kommt es, daß bei uns die Bürger höchstens 20 % aller Werte, der Staat dagegen 80 % besitzt. In der BRD ist dies Verhältnis genau umgekehrt. Abgesehen davon reichen unser aller Ersparnisse vielleicht für den Erwerb von 10 % allen Eigentums im Lande.

Zwingend folgt, daß wir große Teile dieses Eigentums unentgeltlich übertragen müssen, soll es nicht für uns verloren sein. Es wäre außerdem pervers, noch einmal zu bezahlen, was uns de facto bereits gehört.

Der jetzt erforderliche Subventionsausgleich „Pro Kopf" kann in einem kapitalrechtlichen System ohnehin nur Bestand haben, wenn er ein Kapitalertrag ist.

Daher sollte der Staatsbesitz gleichmäßig verteilt werden. Privatisiert werden sollte staatlicher Besitz an Wohnungen und Industrieanlagen, die Medien und die Energieversorgung. Grund und Boden sowie Einrichtungen für soziale und kommunale Aufgaben bleiben staatliches oder kommunales Eigentum.

Wieviel dieser Besitz in D-Mark wert ist, wissen wir nicht. Zu seiner Sicherung sollte er schnellstens in D-Mark bewertet werden. Zu beachten sind die Eigentumsrechte Dritter, sofern sie auf einer ethisch oder rechtlich gültigen Grundlage stehen. Enteignungen als Kriegsfolge oder als Folge der Handlungen der Alliierten sowie die Bodenreform sind aufrecht zu erhalten.

Wie privatisieren?

Eine Holding allein genügt nicht. Holding-Gesellschaften teilen Betriebe untereinander auf, um wie in einer Versicherung das Risiko von Kapitalverlust zu verteilen und konstantere Kapitalerträge zu erhalten. Nach einem Vorschlag des SPD-Bundestagsabgeordneten Wolfgang Roth vom Dezember brauchten wir mindestens 20 solcher Holdings. Damit gleiche Anteilscheine ausgegeben werden können, ist nach unserer Ansicht eine übergeordnete Treuhandbank erforderlich, die das gesamte Kapital verwaltet und einen festen Zins garantiert. Die Bank ist das Bindeglied zwischen den Bürgern und dem Kapitalmarkt und gibt alle Anteilscheine erst nach mehreren Jahren zum Handel frei, wenn ihr Wert feststellbar ist. Sie muß unter parlamentarischer Kontrolle stehen, weil sie, − anders als normales Kapital −, anfangs auf soziale Erfordernisse reagieren muß. Der größere Teil ihrer Anteilscheine muß an die Bürger unentgeltlich verteilt werden. Das zu privatisierende Sachvermögen wird durch einen Rechtsakt vom Staat an die Bank und damit an die Bürger übertragen. Die Kontrolle über das Eigentum übernehmen wie üblich Aufsichtsräte aus Anteilseignern und Belegschaftsvertretern. Jeder Bürger hat mit seinen Anteilen dann drei Möglichkeiten: 1. Er erwirbt über die Bank Aktien bestehender und sich gründender Unternehmen oder Holding-Aktien. Diese Anteile verbleiben während der Sperrzeit in der Bank, dem Bürger stehen die Kapitalerträge zu. 2. Der weniger risikofreudige Bürger erwirbt über die Treuhandbank fest verzinsliche Obligationen des Staates oder Anteile der Bank selbst. Auch diese Obligationen sind während der Sperrzeit nur innerhalb der Treuhandbank handelbar. 3. Der Bürger erwirbt mit seinen Anteilen feste Wohnwerte als Privateigentum.

Die Erträge aller Einlagen sollten am Anfang gleich sein. Sie erhöhen sich automatisch in dem Maße, in dem Subventionen abgebaut werden, denn unsere erhöhten Zahlungen fließen ja in unsere eigene Bank zurück. Würde man festlegen, daß seine kostenlosen Anteile bei der Bank verliert, wer seine Staatsbürgerschaft aufgibt oder seinen Lebensunterhalt überwiegend im westlichen Ausland verdient, ist ein Anreiz gegeben, in der DDR zu bleiben.

Die Holdings müßten zumindest landesweit operieren. Eine feste Landes- oder gar bezirkliche Zuordnung widerspricht dem Wesen einer Kapitalgesellschaft. Dennoch wären gerade die Rivalitäten der Regionen unseres Landes, die das alte System hervorbrachte, ein hervorragendes Motiv für den Wettbewerb. Eine gewisse regionale Zuordnung sollte daher durchaus bestehen, und in Holding-Namen wie „Mecklenburgischer Landesfond" oder „Sächsische Investgesellschaft" ihren Ausdruck finden.

Die dritte Möglichkeit zum Kauf einer Wohnung kann nur dann attraktiv sein, wenn es neuartige Wohnungsgenossenschaften gibt, die Gemeinschaften freier Eigentümer sind. Vorbilder gibt es in der Bundesrepublik. Ihr Statut sollte so gestaltet werden, daß man auch andere als die eigene Wohnung erwerben kann. Nur sanierte Wohnungen sind verkäuflich.

Die Finanzierung erfolgt durch das ausländische Einstiegskapital in die Industrie sowie die Summen aus Verkäufen. Sie stehen über eine Beteiligung auch der Treuhandbank zur Verfügung. Wesentlich für den Kapitalzufluß und damit für jede Wirtschaftsreform ist aber ein völlig erneuertes Wirtschafts- und Eigentumsrecht. In „rechtsfreie Räume" begibt sich nur Risikokapital, d. h. geringe Kapitalmengen, für die hohe Erträge erwartet werden.

Aufgrund der Kapitalzuflüsse sollte die Treuhandbank zugleich verpflichtet werden, kontinuierlich Devisen für einen Umtausch der DDR-Altguthaben bereitzustellen. Sie muß aber auch Eigentumsanteile für Altguthaben abgeben. Wie immer auch der Umtausch bei einer Währungsunion geregelt wird, — es stünden Verwendungsmöglichkeiten für Altguthaben offen, von denen vor allem der Vorzugskauf von Wohnwert interessant sein könnte.

Resümee

Werden wir nun alle reich? Sicher nicht. Die zu verteilenden Werte haben bisher einen Teil unserer Subventionen gesichert und das tut nun ihr Zins. Den anderen Teil der Subvention erhält man über höhere Einkommen und Renten. Hauptaufgabe der Bank ist vorerst die Sanierung der Wirtschaft, nicht die Erwirtschaftung von Profit.

Auf jeden Fall kommt jetzt die Marktwirtschaft auf uns zu, und wir müssen unseren Besitz künftig selbst verwalten. Der Staat kann und will dem Bürger dabei helfen, aber die von manchen geliebte „organisierte Verantwortungslosigkeit" wird vorbei sein. Die Anteile der Treuhandbank wären somit eher ein Überbrückungsgeld, eine Entschädigung für die Jahre hinter Mauern als die Aussicht auf Reichtum für alle.

Horst Schneider
Dr. Martin Wolf
Fachgruppe Wirtschaftsstrukturen der SPD Berlin

Information 3

SPD

Begründung für die Privatisierung des Staatseigentums über eine Bank:

1. Eine Vielzahl von Kapitalgesellschaften (Holdings) ermöglicht einen sofortigen Wettbewerb im Lande und die Investition von Kapital an der gewinnbringendsten Stelle. Es entsteht sofort ein vollständiges kapitalwirtschaftliches System mit einer Bank an der Spitze.

2. In der Bank bleibt das Eigentum der Bürger in einer kapitalwirtschaftlichen Einheit konzentriert, kann sich aber nicht nur auf einer, sondern kompatibel mit dem westlichen Kapitalmarkt zugleich auch auf der Ebene der Holdings (Rentenmarkt) völlig frei mit Fremdkapital mischen.

3. In Übereinstimmung mit den Gepflogenheiten des Kapitalmarktes ist eine Bank berechtigt, für die bei ihr hinterlegten Aktien das Depotstimmrecht auszuüben. Sie sichert somit eine angemessene Vertretung der Interessen der Kleinaktionäre gegenüber anderen Kapitaleignern.

4. Die Wahl der Anlage seines Eigentums innerhalb der Beteiligungen der Bank ermöglicht dem Bürger, anders als bei einer einheitlichen Holding-Gesellschaft, eine bessere Verfügung über sein Eigentum. Die Mobilität des Kapitals innerhalb der Bank unterliegt der Kontrolle der Eigner. Die Geschäftätigkeit der Bank wird damit nicht nur pro Forma über das Parlament, sondern auch unmittelbar durch den Bürger ausgeübt.

5. Die flexible Anpassung des monatlichen Kapitalertrages der Bank ermöglicht in der Übergangsphase einen gleitenden Subventionsabbau, vor allem bei den Mieten.

6. Die Bank reagiert, – anders als normales Kapital –, anfangs auf soziale Erfordernisse. Sie stellt so einen nahtlosen Übergang vom unkontrollierten Einsatz staatlichen Eigentums für soziale Zwecke zu einer Kapitalwirtschaft sicher. Sie wird schließlich zu einer normalen Geschäftsbank.

7. Die Aufgabe der Bank und ihrer Gliederungen ist zunächst die Sanierung bzw. Konkursverwaltung von Betrieben und Immobilien.

8. Nur die Bank hat anfangs einen Sonderstatus. Alle ihre Kapitalgesellschaften arbeiten hingegen sofort frei und ohne Einschränkungen.

9. Mit dem Bankrat steht dem Parlament ein Gremium gegenüber, das zwar unter seiner Kontrolle steht, aber die Interessen des von ihr verwalteten Bürgerkapitals vertritt.

Begründung für den Ausschluß von Fremdkapital vom Immobilienmarkt und die Gründung von Wohnungsgenossenschaften.

Die Kapitalrendite bei Immobilien ist erfahrungsgemäß höher als in der Industrie. Als Ursache kann die soziale Abhängigkeit der Mieter, d. h. die Befriedigung eines Grundbedürfnisses durch eine Mietsache angenommen werden. Dieser Sektor sollte daher aus sozialen ebenso wie aus Geschäftsrücksichten nur von der Treuhandbank bewirtschaftet werden.

Wohnungsgenossenschaften als Gemeinschaften freier Eigentümer vermeiden durch die Eigenverantwortung des Bürgers für den genutzten Wohnraum eine effektive Bewirtschaftung und die bekannten Rechtsprobleme des Mietverhältnisses.

Information 4

SPD

Dr. Martin Wolf
Horst Schneider

Fachgruppe Wirtschaftsstrukturen der AG Wirtschaft Berlin der SPD

Gesetz über die Privatisierung staatlichen Vermögens zugunsten der Bürger der DDR

(Entwurf vom 25. 2. 90, noch ohne rechtskundige Durchsicht, enthält noch kommentierende Sätze)

Art. 1

Zur Sicherung des von den Bürgern der DDR erarbeiteten Vermögens unter Bedingungen bürgerlichen Rechts überträgt die Deutsche Demokratische Republik mit diesem Gesetz an ihre Bürger alles staatliche Geld- und Sachvermögen, das nicht unmittelbar staatlichen Aufgaben dient.

Art. 2

1. Mit der ersten freien Wahl eines Parlaments erfolgt ein Wechsel der Staatsform. Der despotische Staat hinterläßt mit seiner Auflösung sein Vermögen teils dem neuen Staat, teils den Staatsbürgern.

2. Das Eigentum geht mit Auflösung des alten Staates an den neuen Staat über, sofern es gesellschaftlichen oder kommunalen Zwecken dient. Alles übrige Sachvermögen, darunter auch die Energiewirtschaft sowie Post und Fernmeldewesen, fällt an die Bürger.

3. Die Details der Aufteilung des Vermögens regelt eine vom Parlament zu bildende Kommission.

4. Die Eigentumsübertragung wird mit dem Inkrafttreten dieses Gesetzes (18. 3. 1990) rechtswirksam.

Art. 3

Nach Erlaß ergänzender Gesetze durch das Parlament oder nach entsprechender Erklärung ihrer Vorstände oder Mitgliedervertretungen kann das Vermögen oder auch Vermögensteile von Parteien und Massenorganisationen in die Privatisierung einbezogen werden.

Art. 4

1. Fremde Rechte am genannten Vermögen sind vom neuen Eigentümer zu beachten, sofern sie auf einer ethisch oder rechtlich gültigen Grundlage stehen. Dies gilt für alle auf jetzt geltendem Recht beruhenden oder sich aus noch zu erlassenden Gesetzen herleitenden Eigentums- und Entschädigungsansprüchen für Handlungen des Staates auf dem Gebiet der heutigen DDR in der Zeit von 1933 bis 1989.

2. Die Bodenreform sowie alle in Zusammenhang mit den Kriegsfolgen stehenden Enteignungen sowie die Rechtsfolgen von Handlungen und Erlassen der Siegermächte werden aufrecht er-

halten und können nicht Gegenstand von Eigentums- oder Entschädigungsansprüchen sein.

Art. 5

1. Die Privatisierung des genannten staatlichen Sachvermögens zugunsten der Bürger erfolgt in Form gleichwertiger Anteile für alle Bürger.

2. Anspruchsberechtigt ist jeder, der am Tage der Eigentumsübertragung Bürger der DDR ist und einen Wohnsitz in der DDR hat.

3. Wer seinen Lebensunterhalt nachweislich außerhalb der DDR in frei konvertierbaren Währungen verdient, wird von der Verteilung ausgeschlossen.

4. Anspruchsberechtigt sind weiterhin alle vor dem 1. November 1989 geborenen Kinder, deren Mütter die Bedingungen von Abs. 2 erfüllen.

Art. 6

1. Zur Privatisierung wird das Vermögen einer treuhänderischen Bank, nachfolgend kurz Treuhandbank oder Bank genannt, übertragen.
2. Die Bürger erhalten drei Viertel der Vermögensanteilscheine der Bank kostenlos. Ein Viertel der Vermögensanteile bleibt in Reserve zur Abgabe gegen Guthaben an DDR-Mark beziehungsweise verbleibt der Bank als Geschäftsgrundlage.

Art. 7

1. Die Geschäftstätigkeit der Bank steht unter Aufsicht des Parlaments.

2. Der Aufsichtsrat der Bank, nachfolgend kurz Bankrat genannt, gibt der obersten Volksvertretung auf Verlangen, mindestens aber einmal jährlich Rechenschaft über die Geschäftstätigkeit der Bank.

Art. 8

1. Auftrag der Bank ist neben der Privatisierung die Sanierung und Konkursverwaltung von Betrieben, Unternehmen und Immobiliengesellschaften.

2. Für eine Übergangszeit übernimmt die Bank bisher von den Erträgen ihres Eigentums geleistete Sozialzahlungen und Sub-

ventionen. Sie werden den Anteilseignern (Bürgern) von der Bank als Kapitalrendite in monatlichen Raten ausgegeben.

3. Zur Sanierung vorgesehene Geschäftsbereiche oder Teile davon werden in Auffanggesellschaften organisiert.

4. Vordringlicher Auftrag der Bank ist es, Fremdkapital zur Sanierung aller Geschäftsbereiche über Industriebeteiligungen und Verkäufe heranzuziehen.

Art. 9

1. Die Vermögensanteile der Bank sind bis auf weiteres nicht handelbar.

2. Eine Aufhebung dieser Beschränkung kann nur gemeinsam durch das Parlament und den Aufsichtsrat der Bank (Bankrat) erfolgen.

3. Gehen Anteile der Bank in persönliches Eigentum über, so sichert die Bank die Unverkäuflichkeit der Vermögensanteile durch Ansprüche und dingliche Rechte auf das übergebene Eigentum, z. B. durch Eintragung einer Schuld (Hypothek) oder eines Wiederkaufsrechtes.

Art. 10

1. Die Bank gründet Auffanggesellschaften zur Umschulung von Arbeitskräften und zur Arbeitsbeschaffung.

2. Die Auffanggesellschaften demontieren Industrieanlagen und setzen unrentable Produktionen in begrenztem Maße fort.

3. Die Auffanggesellschaften werden von der Bank mit dem durch Aktivitäten nach Art. 7 Abs. 4 gewonnenen Kapital gestützt.

Art. 11

1. Die Bank organisiert das von ihr verwaltete Eigentum in Form von Aktiengesellschaften sowie Investment- und Immobilienfonds. Sie übt die Kontrolle über dieses Eigentum in den Aufsichtsräten entsprechend ihrem Kapitalanteil aus, und entsendet dazu geeignete Persönlichkeiten.

2. Das Statut der Bank ist so zu gestalten, daß alle Kapitalgesellschaften nach geltendem Recht über das von ihnen verwaltete Eigentum treuhänderisch verfügen können, insbesondere über Käufe, Verkäufe und Fusionen.

Art. 12

1. Das Parlament verabschiedet unverzüglich ergänzende Gesetze zur Regelung der Kapitalwirtschaft (Aktiengesetz, GmbH-Gesetz u. a.). Die Bank, ihr Eigentum und ihre Anteile sollen darin keinerlei Sonderrechte erhalten.

2. Die Bank kontrolliert ihr Eigentum über die Gremien der Kapitalwirtschaft, bei Kapitalgesellschaften durch Aufsichtsräte. Sie entsendet für ihren Kapitalanteil entsprechende Vertreter in die Aufsichtsräte oder bestätigt geeignete Vertreter der Betriebe.

3. Für die Dauer von 5 Jahren (bis 1995) bedürfen die Vertreter im Aufsichtsrat der Zustimmung des Betriebsrates oder der betrieblichen Gewerkschaftsorganisation. Näheres bestimmt ein Betriebsverfassungsgesetz.

Art. 13

1. Die Modalitäten der Überführung und Strukturierung des Vermögens der Bank in die Immobilien- und Investmentgesellschaften regelt das Statut der Bank.

2. Die Bank gliedert sich in Länderfilialen und Geschäftsstellen. Näheres regelt das Statut der Bank.

Art. 14

1. Aktien, Obligationen und Wohnwerte können innerhalb der Bank über Anteilscheine frei ausgetauscht werden.

2. Die Bank nimmt für ihre Anteilseigner Geschäfte innerhalb des Bereiches ihrer Kapitaloperationen vor. Sie berät ihre Anteilseigner bei der Anlage ihrer Anteile.

3. Anteilscheine können bei der Bank hinterlegt werden, um Eigentum der Bank in individuelles Eigentum des Anteilseigners zu überführen.

Art. 15

1. Die Wohnungsgesellschaften sind von der Bank anzuhalten, die Gründung von Wohnungsgenossenschaften und die Privatisierung von Wohneigentum aktiv voranzutreiben.

2. Näheres regelt das Statut der Bank.

Art. 16

Eine Beteiligung von Fremdkapital am Eigentum der Bank an Wohnimmobilien ist bis auf Widerruf durch den Bankrat und das Parlament weder auf der Ebene der Immobilienfonds noch von Immobiliengesellschaften zugelassen. Das Statut der Bank ist entsprechend zu gestalten.

Art. 17

1. Als Gegenleistung für die Übertragung von Staatseigentum übernimmt die Bank für eine Übergangszeit von 5 Jahren bisher vom Staat geleistete Zahlungen für folgende Zwecke:

- staatlichen Subventionen, die sich auf ihrem Eigentum zugeordnete Industriezweige oder deren Produkte beziehen
- Anteilige Finanzierung der Arbeitslosenunterstützung für die in solchen Bereichen der Wirtschaft freigesetzten Arbeitskräfte, auf die sich die Aktivitäten der Bank beziehen (Industrie, Wohnungswirtschaft).
- Teilweise Finanzierung der Renten.
- Rückzahlung von Guthaben der Bevölkerung in Mark der DDR.

2. Der Abbau der genannten Subventionen erfolgt schrittweise in alleiniger Verantwortung der Bank.

3. Die Zahlungen der Bank zum Rückkauf von Mark der DDR, den Renten sowie zur Arbeitslosenunterstützung erfolgen an den Staat und die Staatsbank.

Art. 18

1. Die Bank zahlt eine monatliche Gewinnausschüttung.

2. Die Gewinnausschüttung orientiert sich anfangs nicht am tatsächlichen Geschäftsergebnis, sondern entspricht mindestens den von der Bank durch Subventionsabbau erlösten Summen.

Art. 19

Die Verpflichtungen der Bank zum Arbeitslosengeld und Subventionsabbau reduzieren sich innerhalb von 5 Jahren jährlich in Stufen auf 100, 80, 60, 40 und 20 % der jeweiligen Gesamtsummen. Der Rest ist durch die normalen Zahlungspflichtigen, – Staat und Arbeitslosenversicherung, aufzubringen.

Art. 20

Die Bank ermöglicht vorzugsweisen Erwerb von Anteilscheinen aus einer Reserve für Guthaben der Bevölkerung in Mark der DDR.

Art. 21

In Ergänzung des vorliegenden Gesetzes sind unverzüglich folgende Gesetze und Bestimmungen neu zu erlassen oder zu überarbeiten: Gesetz über die Tätigkeit von Wohnungsgenossenschaften, Aktien-Gesetz, GmbH-Gesetz, Betriebsverfassungsgesetz, Joint-Venture-Gesetz, Arbeitsgesetzbuch, Mietrecht, Schutzrechtsgesetze.
Steuerrecht, Wirtschafts- und Handelsrecht sind als Ganzes zu überarbeiten.

Art. 22

Das Gesetz tritt mit dem 16. März 1990 in Kraft.

5. Freistellung zum Wahlkampf

Entsprechend der Praxis anderer europäischer Länder sind die Kandidatinnen und Kandidaten für das am 18. März 1990 zu wählende Parlament, soweit sie es wünschen, bis zum Wahltag von ihrer bisherigen Tätigkeit freizustellen, um ihnen die Möglichkeit zu geben, den Wahlkampf zu führen und sich intensiv auf ihre verantwortungsvolle politische Arbeit vorzubereiten.
Sie erhalten in dieser Zeit ihre Löhne und Gehälter weiter oder bekommen eine Vergütung in Höhe des durchschnittlichen Nettoverdienstausfalls aus öffentlichen Geldern. Für Freischaffende und Selbständige gilt die entsprechende Regelung des Ministerrates für die Arbeit des Runden Tisches.

Ergebnisse der 15. Sitzung des Rundtischgespräches am 5. März 1990

1. Zur Sozialcharta

Der Runde Tisch fordert die Regierung der DDR auf, die Sozialcharta als Standpunkt der DDR in die Verhandlungen der Kommission über die Bildung einer Wirtschafts-, Währungs- und Sozialunion einzubeziehen.

Entwurf

Grundlinie und Standpunkte für eine Sozialcharta

Präambel

1. Recht auf Arbeit

2. Demokratisierung und Humanisierung des Arbeitslebens

3. Gleichstellung der Geschlechter und Erziehung der Kinder

4. Recht auf Aus- und Weiterbildung

5. Recht auf gesundheitliche Betreuung

6. Fürsorge der Gesellschaft für ältere Bürger

7. Soziale Integration von Behinderten und Rehabilitanden

8. Recht auf Wohnen

9. Recht auf ein soziales Versicherungssystem

Präambel

1. Das Streben nach Einheit beider deutschen Staaten und die damit verbundene Wirtschafts- und Währungsunion muß einen Sozialverbund einschließen. Dieser muß zu einer Verbesserung der Lebens- und Beschäftigungsbedingungen in ihrer Einheit von Arbeit, Freizeit und Familie führen, die Sicherung vorhandener sozialer Standards gewährleisten, und den Abbau von Gefährdungen der natürlichen Lebensgrundlagen fördern.

2. Die deutsche Einheit ist auf dem Wege eines wechselseitigen Reformprozesses beider deutscher sozialer Sicherungssysteme in ihren positiven Grundzügen zu vollziehen.

Historisch gewachsene soziale Standards in beiden deutschen Staaten sind zu erhalten, weiterzuentwickeln und zu einem höheren sozialen Sicherungsniveau zu führen.

Für alle Menschen in einem sich vereinigenden Deutschland muß mittels einer sozialen Grundsicherung ein menschenwürdiges Leben gewährleistet werden.

3. Die Wirtschafts-, Währungs- und Sozialunion muß Voraussetzungen schaffen, um Arbeitslosigkeit zu begegnen und den Wohlstand aller Bürgerinnen und Bürger zu erhöhen. Eines besonderen sozialen Schutzes bedürfen benachteiligte Gruppen, z. B. Behinderte, ältere Menschen, kinderreiche Familien und Alleinerziehende.

4. Es sind Rechtsgrundlagen zu schaffen, die es den Bürgerinnen und Bürgern, Vereinigungen sowie Interessenverbänden und -gruppen ermöglichen, ihre Lebensverhältnisse auf wirtschaftlichem und sozialem Gebiet mitzubestimmen und zu gestalten.

5. Soziale Entwicklung in beiden deutschen Staaten ist an die Gleichbehandlung und Gleichstellung von Mann und Frau, von Menschen unterschiedlicher Rasse, Hautfarbe, Nationalität, Religion und Alter gebunden.

6. Im Prozeß der Herausbildung einer Wirtschafts-, Währungs- und Sozialunion zwischen beiden deutschen Staaten muß der soziale Besitzstand der Bürgerinnen und Bürger der Deutschen Demokratischen Republik gewahrt bleiben. Bei allen Varianten, die zur Angleichung der Einkommens- und Preisstrukturen vereinbart werden, ist ein umfassender Rechtsschutz für das persönliche Eigentum zu gewähren. Die Stabilität der Spareinlagen der Bürger der DDR ist zu sichern.

7. Die Herstellung der Einheit Deutschlands und die damit verbundene Sozialreform könnte als Modell einen Beitrag für die wirtschaftliche, soziale und politischen Integration eines gemeinsamen Europa leisten.

1. Recht auf Arbeit

Das in der Deutschen Demokratischen Republik gesetzlich verbriefte Recht auf Arbeit und seine Ausgestaltung besonders im Arbeitsgesetzbuch sind zu bewahren.

Durch aktive staatliche Beschäftigungspolitik und Wahrnehmung der Verantwortung der Unternehmen und Kommunen für die Arbeitsbeschaffung ist dieses Recht durch einen möglichst hohen Beschäftigungsgrad aller arbeitsfähigen Bürgerinnen und Bürger zu verwirklichen.

Das Recht auf Arbeit

- schließt Tarifautonomie und Streikrecht ein
- verbietet den Unternehmen die Aussperrung der Werktätigen
- garantiert Kündigungsschutz entsprechend geltendem Recht
- erfordert die Aus- und Weiterbildung und Umschulung von Werktätigen zum Erhalt der Arbeit bzw. zur Wiedereingliederung
- schließt Arbeitszeitregelungen durch die Tarifpartner und das Ablehnungsrecht von Überstunden durch die Werktätigen ein
- begründet das Recht auf Erholung und verlangt grundsätzlich das freie Wochenende sowie die Verkürzung der Wochenarbeitszeit auf 40 Stunden und darunter.

2. Demokratisierung und Humanisierung des Arbeitslebens

Unabhängig von den Eigentumsformen ist in allen Unternehmen und Einrichtungen das Mitbestimmungsrecht der Werktätigen und die ungehinderte Tätigkeit von Gewerkschaften und anderen Interessenvertretungen zu garantieren.

Folgende soziale Anforderungen sind in den Unternehmen und Einrichtungen mindestens zu erfüllen und zu finanzieren:

- gesundheitsverträgliche Arbeitsumweltbedingungen einschließlich Gesundheits-, Arbeits- und Brandschutz sowie die Sicherung der ökologischen Verträglichkeit der Produktion und der Produkte;
- sozial und sanitärhygienische Einrichtungen;
- betriebliche Gemeinschaftsverpflegung, die eine vollwertige, warme Hauptmahlzeit und eine angemessene Pausenversorgung gewährleistet;
- arbeitsmedizinische Dispensairebetreuung und gesundheitliche Überwachung durch ein Betriebsgesundheitswesen;
- Erhalt und Erweiterung der Kapazitäten des betrieblichen Ferien- und Erholungswesens;
- betriebliche Kinderbetreuung in Kinderkrippen, -gärten und -ferienlagern.

Weitere soziale Forderungen sind z. B. geistig-kulturelle und sportliche Aktivitäten, Wochenend- und Naherholung, Veteranenbetreuung.

240

Dazu sind zwischen den Unternehmensleitungen und gewählten Vertretern der Werktätigen Verhandlungen zu führen und Vereinbarungen abzuschließen.

Im Falle zeitweiliger Arbeitslosigkeit durch Betriebsbankrott, Betriebsauflösung auf Grund von Umstrukturierungen, Wechsel der Eigentümer und Rationalisierungsmaßnahmen ist ein Sozialplan zur Absicherung der Werktätigen verbindlich zu vereinbaren.

Als Bestandteil von Entwicklungskonzeptionen und Investitionsvorhaben in Unternehmen und Einrichtungen sind rechtsverbindliche Sozialprojekte mit den Schwerpunkten Arbeits-, Lebens- und Umweltbedingungen auszuarbeiten.

3. Gleichstellung der Geschlechter und Erziehung der Kinder

Das Recht auf Gleichstellung der Geschlechter im Erwerbs- und Familienleben sowie das Recht der Familien und Kindererziehenden auf sozialen Schutz müssen gesichert werden.

Gleichstellung im Erwerbsleben verlangt:

- jede Frau und jeder Mann muß die Möglichkeit haben, ihren/seinen Lebensunterhalt durch eine frei übernommene Tätigkeit zu verdienen. Dazu sind als grundlegende Voraussetzungen eine aktive Beschäftigungspolitik und ein staatlich subventioniertes, bedarfsdeckendes Netz an Kinderbetreuungs- und Versorgungseinrichtungen sowie eine Familien- und Kinderfreundliche Infrastruktur zu sichern;
- jeder Frau und jedem Mann muß das gleiche Recht auf Berufsbildung gewährt werden. Geschlechtsspezifische Ausbildungsangebote sind abzubauen;
- jede Frau und jeder Mann muß die gleiche Chance zum beruflichen Aufstieg haben. Dieses Recht schließt Frauenförderungsmaßnahmen, insbesondere hinsichtlich der beruflichen Qualifizierung ein, um allmählich zu einem paritätischen Verhältnis der Geschlechter auf allen Ebenen des Erwerbslebens zu kommen;
- jeder Frau und jedem Mann müssen gleiche Arbeitsbedingungen gewährt werden. Das schließt den Erhalt besonderer arbeitsschutzrechtlicher Bestimmungen für Frauen sowie jene arbeitsrechtlichen Regelungen zum Schutz der Frau bei Schwanger- und Mutterschaft ein, die den Frauen die Teilnahme am Erwerbsleben garantieren und sichern;

- Frauen und Männer haben das Recht auf gleiches Entgelt bei gleicher und vergleichbarer Arbeit. Indirekte und direkte Lohndiskriminierungen müssen beseitigt werden.

Um die Gleichstellung in der Familie zu erreichen und den sozialen Schutz Kindererziehender zu garantieren, müssen

- den Eltern gleiche Rechte und Pflichten in bezug auf die Kinder unabhängig vom Bestehen einer Ehe eingeräumt werden;
- staatliche Geburtenbeihilfe, staatliches Kindergeld, die besondere Unterstützung kinderreicher Familien, Ehen mit 3 oder mehr Kindern, Alleinstehender mit Kindern sowie von Erziehenden mit schwerstgeschädigten Kindern erhalten und ausgebaut werden und
- das Recht der Frau auf selbstbestimmte Schwangerschaft und kostenlosen Schwangerschaftsabbruch gesichert bleiben.

4. Recht auf Aus- und Weiterbildung

Der ungehinderte Zugang zu allen Formen der Bildung ist ein unverzichtbares Recht jeder Bürgerin und jedes Bürgers der Deutschen Demokratischen Republik. Er dient der vollen Entfaltung der Persönlichkeit.

Die Verwirklichung dieses Rechtes erfordert:

- obligatorische Grundschulbildung sowie bei entsprechenden Leistungen allgemeine Zugänglichkeit zur Oberschulbildung mit Gewährung von angemessenen Ausbildungsbeihilfen;
- Berufsausbildung mit Gewährung des Lehrlingsentgeltes;
- allgemeiner Zugang zum Fach- und Hochschulstudium auf der Grundlage der Leistungsfähigkeit des einzelnen, verbunden mit der Gewährung eines angemessenen Stipendiums;
- Aufbau eines wirksamen Systems der Umschulung zur Sicherung des Rechts auf Arbeit bei Strukturveränderungen;
- Vervollkommnung des Systems der Weiterbildung entsprechend der Anforderungen des Arbeitsprozesses.

Bei der Bildung einer Währungs-, Wirtschafts- und Sozialunion zwischen der Deutschen Demokratischen Republik und der Bundesrepublik Deutschland sind

- Grundschulbildung, Oberschulbildung, Fach- und Hochschulbildung weiterhin unentgeltlich;
- Ausbildungsbeihilfen für Oberschüler, Lehrlingsentgelt sowie Stipendien mindestens in der bisherigen Höhe weiterzuge-

242

währleisten und schrittweise entsprechend der sozialen Lage des einzelnen und der Entwicklung der Lebenshaltungskosten anzupassen;

- die Kosten für die Umschulung und für Weiterbildung im Interesse der Unternehmen und Einrichtungen nicht dem einzelnen anzulasten.

Die erworbenen Abschlüsse aus der Berufsausbildung, aus einem Fach- oder Hochschulstudium sowie anderer staatlicher, nach den Rechtsvorschriften der Deutschen Demokratischen Republik erworbenen Abschlüsse, behalten ihre anerkannte Gültigkeit.

5. Recht auf gesundheitliche Betreuung

Das Grundrecht auf den Schutz, die Erhaltung und die Wiederherstellung der Gesundheit ist für jeden Menschen zu verwirklichen.
Dazu sind der Gesellschaft die Aufgaben gestellt,

- durch Pflichtversicherung für alle Bürgerinnen und Bürger die Chancengleichheit bei der Inanspruchnahme medizinischer Leistungen zu garantieren;
- ein bürgernahes, modernes und pluralistisch organisiertes Gesundheitswesen ohne Vernachlässigung der öffentlichen Gesundheitsdienste und -leistungen aufzubauen;
- eine unentgeltliche, bedarfsgerechte und vom Wohnort, Einkommen und sozialen Status unabhängige Gesundheitsversorgung zu sichern;
- die staatliche subventionierte Prävention und Dispensaire zu bewahren;
- die finanziellen Leistungen für alle Bürgerinnen und Bürger bei Alter, Krankheit, Unfall, Berufskrankheit, Mutterschaft und Invalidität beizubehalten und auszubauen;
- die freie Wahl des Arztes bzw. der Betreuungseinrichtung zu wahren und
- die Eigenverantwortung jedes Arztes und Zahnarztes zu fördern und die fachärztliche Weiterbildung zu garantieren.

Durch Aufklärung und umfassende Information der Bevölkerung sowie durch Zurückdrängen gesundheitsschädigender Einflüsse von Umwelt, Arbeitsbedingungen und Konsumgewohnheiten und die finanzielle Begünstigung gesundheitsfördernder Waren, Maßnahmen und Leistungen ist die gesunde Lebensweise der Bevölkerung zu fördern.

6. Fürsorge der Gesellschaft für ältere Bürger

Das Recht auf Fürsorge im Alter ist durch soziale Integration, materielle und finanzielle Sicherstellung, eine umfassende gesundheitliche und soziale Betreuung sowie die Befriedigung geistig-kultureller Bedürfnisse zu gewährleisten.
Das erfordert:

- Schaffung von Möglichkeiten, die Lebenserfahrungen und das Wissen der älteren Generation nutzbar zu machen sowie ihrem Bedürfnis nach sinnvoller Tätigkeit zu entsprechen;
- Erweiterung der Interessenvertretung älterer Bürger durch gesellschaftliche Organisationen, Interessenverbände und -gruppen;
- ein Rentenrecht, das den Erfordernissen der sozialen Sicherheit entspricht;
- Vergrößerung des Angebots altersgerechter Wohnungen bei staatlicher Sicherung durch den sozialen Wohnungsbau;
- Sicherung und Erweiterung des Systems einer unentgeltlichen Hauswirtschaftspflege;
- Ausbau der Seniorenbetreuung in Heimen, der Tagesbetreuung und geriatrischen Rehabilitation bei Erhaltung der staatlichen Subventionierung und
- Ausbau eines gewerkschaftlichen und privaten Systems von Seniorenkuren und -reisen sowie des Altensports;
- flexible Ruhestandsregelungen und die Möglichkeit der Teilzeitarbeit in den letzten Berufsjahren.

7. Soziale Integration von Behinderten und Rehabilitanden

Die soziale Integration und Betreuung Behinderter und Rehabilitanden ist unter Sicherung ihres rechtlichen Status durch geeignete Bildungs- und Arbeitsmöglichkeiten sowie durch komplexe Rehabilitations- und Betreuungsmaßnahmen zu gewährleisten.
Dazu gehören folgende Aufgaben:

- Einflußnahme auf eine positive Grundhaltung der Bevölkerung zu einem Leben mit Behinderten in der Gesellschaft;
- Förderung von Modellen des Zusammenlebens mit Behinderten in der Gemeinschaft;
- Förderung, Bildung und Erziehung behinderter Kinder und Jugendlicher einschließlich integrativer Modelle von Schulen und anderen Einrichtungen;

244

- Eingliederung bzw. Wiedereingliederung Behinderter in den Arbeitsprozeß und in das gesellschaftliche Leben durch eine Quotenregelung für die Bereitstellung vielfältiger Arbeitsmöglichkeiten und garantierte Sicherung des Arbeitsplatzes, Neuschaffung von Arbeitsplätzen für Schwerstbehinderte in geschützten Betriebsabteilungen und Werkstätten sowie von Einzel- und Heimarbeitsplätzen;
- Gewährung finanzieller Leistungen und Zuwendungen, wie Wohngeld, PKW-Zuschuß, Steuervergünstigung und Zusatzurlaub;
- Gewährleistung einer differenzierten Interessenvertretung Behinderter auf allen Ebenen der demokratischen Mitbestimmung unter Teilnahme am politischen und kulturellen Leben;
- Ausbau und Förderung der Forschung zur sozialen Integration und Überprüfung vorhandener Organisationsformen;
- Behindertengerechte Ausstattung von Wohnungen, öffentlichen Gebäuden, Straßen und Verkehrsmitteln.

8. Recht auf Wohnen

Das Grundrecht auf Wohnung und einen wirksamen Mieterschutz ist unabhängig von den Eigentumsformen für alle Bürgerinnen und Bürger zu garantieren.
Das erfordert:

- staatliche Aufsicht über die Mietpreisbildung und -bindung sowie öffentliche Kontrolle darüber;
- Neuschaffung und Rekonstruktion von staatlichem, genossenschaftlichem, betrieblichem und privatem Wohnraum;
- Ausbau eines Systems von Unterstützungen und Beihilfen zur Sicherung der Bedürfnisse sozial Schwächerer;
- Demokratisierung der Wohnungspolitik durch Förderung von Interessenvereinigungen der Mieter und unbürokratischen Verfahrensweisen bei Wohnungstausch.

Der Kündigungsschutz für die Mieter ist zu erhalten. Das Eigentum von Bürgern der Deutschen Demokratischen Republik an Wohnhäusern, Erholungsbauten u. a. Baulichkeiten sowie an verliehenen Nutzungsrechten an Grundstücken ist weiter gesetzlich zu schützen.

9. Recht auf ein soziales Versicherungssystem

Das Recht auf Fürsorge der Gesellschaft für alle Bürgerinnen und Bürger, insbesondere im Alter, bei Krankheit, bei Arbeitsunfällen, Invalidität, Ausfall des Ernährers oder Arbeitslosigkeit ist durch ein umfassendes, sozialgerechtes und entsprechend dem Leistungsprinzip funktionierendes Sicherungssystem zu gewährleisten.

Das erfordert:

- den Erhalt und den Ausbau eines einheitlichen staatlich garantierten Sozialversicherungssystems, das für alle Rentenarten und Leistungen bei eigener Krankheit, einschließlich Unfall bzw. Berufskrankheit und bei Pflege von Kindern sowie bei bezahlter Freistellung nach dem Wochenurlaub zuständig ist;
- eine Arbeitslosenversicherung zur sozialen Sicherstellung für Zeiten der Umschulung und Arbeitsvermittlung einzuführen;
- eine solche Ausgestaltung des Rentenrechts, die allen Menschen den durch Leistung erworbenen Lebensstandard in angemessener Weise sichert;
- regelmäßig eine dynamische Anpassung der Renten an die Entwicklung der Einkommen aus Erwerbstätigkeit und der Preise zu sichern, was das Heranführen der Altrenten an das neue Rentenniveau einschließt;
- Beibehaltung und Erhöhung der Grundrenten entsprechend der Anzahl der Arbeitsjahre bei niedrigem Arbeitseinkommen in Abhängigkeit von den Lebenshaltungskosten und dem Grundbedarf; das gilt auch für die Weiterentwicklung der Sozialfürsorge;
- bei der künftigen Gestaltung der Hinterbliebenenrente von ihrer sozialen Funktion auszugehen.

Im Prinzip sollen sich künftig die Renten und anderen Leistungen der Sozialversicherung schrittweise selbst finanzieren.

Jeder einzelne hat dafür seinen eigenen Beitrag entsprechend dem Einkommen aus der Erwerbstätigkeit zu leisten. Staatszuschüsse sind im bisherigen Umfang mindestens zu erhalten.

Im Zusammenhang mit den künftigen Beitragszahlungen sind die Löhne angemessen zu erhöhen. Die Beitragszahlung der Betriebe ist neu festzulegen. Bei der Höhe der Unfallumlage sind die Betriebe an fortgeschrittenen Arbeitsbedingungen zu interessieren.

Im Zuge der Harmonisierung der Sozialversicherungssysteme zwischen der Deutschen Demokratischen Republik und der Bundesrepublik Deutschland sind u. a. solche Aspekte zu berücksichtigen wie

die Einführung einer Teilinvalidenrente,
die Flexibilisierung des Rentenalters,
die Gewährung von Ausgleichszuschüssen durch den Mehrverdienenden bei Ehescheidung und besondere finanzielle Unterstützung der Familie mit pflegebedürftigen Angehörigen.

Zur öffentlichen Kontrolle über die Verwirklichung der in dieser „Sozialcharta" festgeschriebenen Grundsätze ist eine periodische Sozialberichterstattung über die Ursachen sozialer Probleme und die Wirkung der eingeleiteten Maßnahmen zu ihrer Beseitigung vor der Volkskammer der Deutschen Demokratischen Republik notwendig.

Der Runde Tisch empfiehlt, die in der Anlage beigefügten Anregungen und Änderungsvorschläge der Parteien/Gruppierungen bei der Beratung der Sozialcharta in der Volkskammer zu berücksichtigen.

Stellungnahmen/Ergänzungen/Änderungsvorschläge zur Sozialcharta

1. *Ergänzung zur Frage der Rechtssicherheit von Eigentümern und Nutzern volkseigener bzw. in staatlicher Verwaltung stehender Wohn-, Erholungs- und Gewerbegrundstücke sowie des Eigentums aus der Bodenreform (Vorlage des Runden Tisches vom 26. 2. 1990)*

Eigentums- und Nutzungsrechte im Rahmen der o. g. Eigentums- und Nutzungsverhältnisse sind auf der Grundlage des bestehenden Rechtssystems der DDR wie bereits festgestellt umfassend rechtlich geschützt. Es wird nochmals betont, daß die Geltendmachung von Nutzungs- oder Herausgabeansprüchen ehemaliger Eigentümer bzw. von Eigentümern, die nicht Bürger der DDR sind, nach dem zur Zeit geltenden Recht nicht möglich sind.

1. Bezüglich der Eigentumsrechte aus der Bodenreform geht der Runde Tisch davon aus, daß diese Eigentumsrechte im historischen Kontext rechtswirksam zustandegekommen sind und von daher eine dauerhafte Rechtsgeltung gegeben ist.

2. In Weiterführung der diesbezüglichen Forderungen und Vorschläge des Runden Tisches vom 26. 2. 1990 schlägt der Runde Tisch der Regierung vor:

2.1. Die sofort einzusetzende Expertenkommission zur Klärung und Sicherung der Rechtsansprüche der Bürger unseres Landes sollte als unabhängige Kommission nach dem Prinzip der Sachkompetenz wirksam werden. In diesem Zusammenhang ist die Einbeziehung unabhängiger Rechtsexperten der Bundesrepublik zu prüfen.

2.2. Ab sofort sind rechtliche Regelungen in Angriff zu nehmen, die den Verkauf volkseigener Gewerbeobjekte und -grundstücke, die bisher von Bürgern und Genossenschaften auf der Grundlage staatlich genehmigter Nutzungsverträge genutzt werden, ermöglichen. Dies betrifft alle Arten genossenschaftlicher Nutzung, insbesondere sind Regelungen für die käufliche Übernahme volkseigener Grundstücke durch die Wohnungsbaugenossenschaften in Kraft zu setzen.

2.3. Der Runde Tisch fordert die Regierung auf, kurzfristig die bestehenden gesetzlichen Bestimmungen zum Verkauf volkseigener Eigenheime, Miteigentumsanteile bzw. Gebäuden für Erholungszwecke in ihrem sachlichen Geltungsbereich dahingehend zu erweitern, daß volkseigene Grundstücke und Bodenflächen, die auf der Grundlage gesetzlicher Nutzungsrechte zur Errichtung von Eigenheimen und Gebäuden für Erholungszwecke genutzt werden, sofort durch die Eigentümer dieser Gebäude bzw. Baulichkeiten käuflich erworben werden können. Der Kauf sollte auf der Grundlage der gegenwärtig gültigen Bodenpreise ermöglicht werden. Zur Vermeidung spekulativer Veräußerungsgewinne sollte eine eventuelle Weiterveräußerung dieser Grundstücke durch die Erwerber an ein kommunales Vorkaufsrecht gebunden sein.

2.4. Der bereits eingebrachte Vorschlag, den Wertumfang durchgeführter Werterhaltungs- bzw. Baumaßnahmen durch Nutzer von nichtvolkseigenen Grundstücken in Miteigentumsanteile zu wandeln, wird weiterhin unterstützt.
Die rechtlichen Rahmenbedingungen zur praktischen Umsetzung dieses Vorschlages sind durch die zu berufende Expertenkommission vorrangig zu prüfen bzw. notwendige Lösungsvorschläge zu erarbeiten.

Arbeitsgruppe Recht des Runden Tisches

2. *Ergänzende Stellungnahme von Demokratie jetzt zur Sozialcharta*

Die Regierung der DDR wird gebeten, umgehend ein Siedlerschutzgesetz nach folgenden Vorschlägen vorzulegen:

1. Alle bisher in der DDR abgeschlossenen Pacht-, Nutzungs- und Überlassungsverträge zum Zwecke der Erholung und Freizeitgestaltung gelten als unbefristet und können nur durch gerichtliche Entscheidungen aufgehoben werden. Die Aufhebungsgründe sind im Interesse des Schutzes der Nutzungsberechtigten gesetzlich eindeutig zu regeln.

2. Die vertraglich vereinbarten Nutzungsgebühren haben den Charakter von Festpreisen. Eine einseitige Erhöhung durch den Bodenüberlasser ist nicht gestattet.

3. Festlegungen von Kriterien für Eigenbedarfsklagen der Bodeneigentümer zum Schutz der gegenwärtigen Nutzer und Eigentümer von Baulichkeiten.

4. Allen vertraglichen Nutzungsberechtigten an Bodenflächen wird ein Vorkaufsrecht eingeräumt.

5. Es wird ein gesetzlicher Höchstpreis für den Boden festgelegt, der im Falle der Ausübung des Vorkaufsrechtes durch den vertraglichen Nutzungsberechtigten vom Grundstückseigentümer gefordert werden kann.

3. *Ergänzende Stellungnahme der PDS zur Sozialcharta*

Der Regierung wird vorgeschlagen, die zuständigen Minister zu beauftragen, kurzfristig einen Gesetzentwurf zur Sicherung des Rechtes auf Wohnraum entsprechend Artikel 37 der Verfassung der DDR auszuarbeiten, der der voraussichtlichen Entwicklung zur deutschen Einheit Rechnung trägt.

Dieser sollte insbesondere folgende Grundsätze berücksichtigen:

1. Die Gewährleistung des Fortbestandes der zivilrechtlichen Regelungen der DDR zum Kündigungsschutz für die Mieter und zur Sicherung der Eigentumsrechte der Bürger an Eigenheimen und anderen Baulichkeiten unabhängig von den Eigentumsverhältnissen an den Grundstücken sowie aller auf dieser Grundlage abgeschlossenen Verträge.

2. Die Schaffung verfassungsrechtlicher Möglichkeiten und gesetzlicher Regelungen zum Kauf volkseigener Wohnungen durch

die gegenwärtigen Nutzer auf freiwilliger Grundlage sowie zur Übergabe volkseigener Wohngebäude an Mietergemeinschaften.

3. Der Verkaufspreis sollte in Abhängigkeit vom Alter und Erhaltungszustand so gestaltet sein, daß möglichst viele Bürger angeregt werden, Wohneigentum zu erwerben und dafür ihre Ersparnisse wertbeständig anlegen. Es sollte etwa bei 50 Prozent des Zeitwertes liegen. Das hieße bei einer Neubauwohnung rund 500 Mark je Quadratmeter und bei einer vor 1945 errichteten Altbauwohnung rund 200 Mark je Quadratmeter.

Die Überlassung von Wohngebäuden in schlechtem baulichen Zustand an Mietergenossenschaften, die sich vertraglich verpflichten, die betreffenden Gebäude wieder bewohnbar zu machen, sollte kostenlos erfolgen.

4. Der Erwerb von Wohneigentum durch Bürger mit niedrigen Einkommen könnte durch Ausreichung von Krediten gefördert werden.

5. Zur Finanzierung der Rekonstruktion von Gebäuden in schlechtem Bauzustand sowie zur Gewährleistung der ordnungsgemäßen Bewirtschaftung und Erhaltung von im Privatbesitz befindlichen Wohnhäusern könnte aus dem Erlös des Verkaufs volkseigener Wohnungen ein Sonderfonds gebildet werden, aus dem zinslose und nicht rückzahlbare Darlehn gewährt werden können.

6. Der Wohnungsbau und die Wohnungsmodernisierung sind weiterhin durch staatliche Mittel und Kredite zu fördern. Mindestens 70 Prozent des Wohnungsneubaus sind als sozialer Wohnungsbau durchzuführen, über dessen Vergabe nach sozialer Dringlichkeit entschieden wird.

7. Vom Abbau von Mietsubventionen sollte zunächst abgesehen werden. Alle damit zusammenhängenden Maßnahmen bedürfen einer gründlichen Vorbereitung und sind untrennbar mit der Gewährung von Ausgleichzahlungen verbunden, um soziale Härten gegenüber Rentnern, Alleinstehenden, Behinderten und Familien mit niedrigen Einkommen zu verhindern. Sie dürfen erst nach breiter demokratischer Diskussion mit der Bevölkerung wirksam gemacht werden.

Begründung:

Diese Resultate der fleißigen Arbeit der Werktätigen unseres Landes dürfen nicht im Zuge der Herbeiführung der deutschen Einheit Boden- und Immobilienspekulanten zum Opfer fallen.

Angesichts der wachsenden Unsicherheit des Arbeitsplatzes gilt es, das Recht auf Wohnraum abzusichern. Der Verlust des Arbeitsplatzes *und* der Wohnung könnte das soziale Aus für eine große Zahl von DDR-Bürgern bedeuten. Bestrebungen des Mieterbundes der DDR, eine solche Entwicklung zu verhindern und den sozialen Besitzstand der Menschen unseres Landes zu bewahren, sollten von allen Parteien und gesellschaftlichen Organisationen unterstützt werden.

Da Wohnungsbau und Wohnungswirtschaft der DDR gegenwärtig nicht ausreichend darauf vorbereitet sind, unter marktwirtschaftlichen Bedingungen zu arbeiten, muß auf längere Sicht die Gesellschaft weiterhin für die Sicherung des Rechtes auf Wohnraum einstehen.

Auch nach den Wahlen am 18. März muß dieses verfassungsmäßig verbriefte Recht durch die Regierung die notwendige Beachtung finden. Durch Förderung des Wohneigentums soll zugleich das Interesse der Bürger an der Erhaltung des Wohnungsbestandes gefördert und eine wertbeständige Anlage von Sparanlagen ermöglicht werden. Durch Mobilisierung von Finanzierungsquellen könnte der Staatshaushalt in bestimmten Maße entlastet werden.

4. Ergänzende Stellungnahme der SPD zur Sozialcharta

Die vom Bürgerkomitee Karow eingeforderten Gästehäuser des ehemaligen Amtes für Staatssicherheit (s. Anlage) sind sofort zur Nutzung für die medizinische Grundbetreuung freizugeben.

Bei ähnlichen Nutzungsvorhaben in anderen Stadtbezirken Berlins oder anderen Städten und Gemeinden ist in entsprechender Weise im Sinne der Sicherung der medizinischen Grundbetreuung zu verfahren.

Die örtlichen Bürgerkomitees bzw. Runden Tische sind dabei zu konsultieren.

Anlage zu 4.

Protestschreiben

Betrifft: Teilfreigabe der Gästehäuser der ehem. Staatssicherheit für die Sicherstellung der medizinischen Grundversorgung in Weißensee/Karow.

Seit Jahren existieren in Karow über ein Dutzend Ein- und Zweifamilienhäuser, die in voller Funktion gehalten werden und nur selten oder gar nicht genutzt werden. Durch die friedliche Revolution erhoffte sich die Bevölkerung eine bevölkerungswirksame Nutzung zumindest eines Teiles dieser Häuser.

Das Bürgerkomitee in Berlin-Karow bemüht sich seit zwei Monaten in Zusammenarbeit mit dem Rat des Stadtbezirkes, der Gruppe Gesundheitswesen des RT Weißensee und des Virchow-Bundes in Berlin um die Schaffung einer sofort wirksamen Grundversorgung in der ambulanten Betreuung der Bevölkerung der stadtbezirklichen Quasi-Exklave Karow/Blankenburg. Durch die vor gut zwei Jahren erfolgte Stadtbezirksumstellung ist in diesem Stadtteil u. a. die Grundversorgung in der Medizin nicht mehr gewährleistet. Diese kann auch durch Berlin-Buch, Pankow oder Weißensee aus kapazitäts- und verkehrstechnischen Gründen nicht genügend erfolgen.

Die über Jahre enttäuschten, zeitweilig hoffnungsvollen und jetzt wieder enttäuschten Bürger Karows sind sozial und politisch stark verunsichert und zunehmend ungehalten. Sie fühlen sich nicht nur durch die alten Strukturen kompromittiert, sondern auch durch Entscheidungen des Zentralen Runden Tisches, der – soweit uns durch den Rat des Stadtbezirkes Weißensee mitgeteilt wurde – diese Häuser wiederum als Gästehäuser einer neuen Regierung vorbehalten will.

Wir fordern den Zentralen Runden Tisch auf, eindeutig zu o. g. Situation Stellung zu beziehen. Es handelt sich hier nicht in erster Linie um die komfortablen Häuser, sondern um fehlende medizinisch brauchbare in zentraler Lage:

Bahnhofstraße 6/7 – Bahnhofstraße 12/12 a – Rübländerstraße 10/11 – Schräger Weg 34

und eventuell auch Florastraße 19 oder dafür ein anderes, falls dieses für den Bedarf der Regierung benötigt wird.

Durch die o. g. vielseitigen und demokratischen Absprachen und Vorentscheidungen ist garantiert, daß diese Häuser nicht in die Hände von bisher Privilegierten kommen. Die Bewerber sind langjährig direkt am Patienten tätige ortsansässige bekannte und integre Bürger, die sich bereit erklärt haben, Karow/Blankenburg medizinisch zu versorgen.

Um eine baldige zusagende Entscheidung zur Erhaltung des sozialen Friedens in der Bevölkerung wird gebeten.

gez. Dr. Manfred Eckstein
Bürgerkomitte Karow

5. Änderungsvorschlag der Arbeitsgruppe Bildung, Erziehung, Jugend zur Sozialcharta Seite 6, Punkt 3:

Um die Gleichstellung in der Familie zu erreichen und den sozialen Schutz der Kinder und der Erziehenden zu garantieren, müssen

- den Eltern gleiche Rechte und Pflichten in bezug auf die Kinder unabhängig vom Bestehen einer Ehe eingeräumt und auferlegt werden;
- staatliche Geburtenhilfe, bezahlte Freistellung eines Elternteils nach der Geburt bis zur Vollendung des 2. Lebensjahres eines Kindes sowie bei Krankheit des Kindes und bei notwendigen Arzt- und Beratungsbesuchen, staatliches Erziehungsgeld, das Recht auf verkürzte Arbeitszeit für einen Elternteil, solange ein Kind unter 10 Jahren im Haushalt lebt, Unterstützung für Alleinerziehende durch den unterhaltspflichtigen Elternteil bzw. durch den Staat, so daß verkürzte Arbeit möglich wird, Kündigungsschutz bei erziehungsbedingter Freistellung bzw. Arbeitszeitverkürzung, besondere Unterstützung kinderreicher Familien mit drei und mehr Kindern, Alleinerziehender und Eltern mit geschädigten Kindern erhalten und ausgebaut werden und
- das Recht . . .

6. Ergänzungsvorschlag der LDP zu Seite 6, Punkt 3:

Im ersten Teil soll ein zusätzlicher Anstrich eingefügt werden:

- Die Rechtsstellung anderer stabiler Formen des Zusammenlebens als der Ehe (Lebensgemeinschaft zwischen Mann und Frau), aber auch zwischen Männern (Schwulen) und Frauen (Lesben) ist durch Gesetze zu fixieren und damit gesellschaftlich anzuerkennen und zu schützen.

7. Ergänzungsvorschlag der PDS zur Sozialcharta, Seite 7, Punkt 4, 1. Satz:

Der ungehinderte Zugang zu allen Formen der Bildung ist ein unverzichtbares Recht jeder Bürgerin und jedes Bürgers der Deutschen Demokratischen Republik unabhängig von Weltanschauung, Religion und sozialer Herkunft. Er dient der vollen Entfaltung der Persönlichkeit.

8. *Ergänzungsvorschlag der PDS zur Sozialcharta Seite 4, Punkt 1, letzter Anstrich*

− begründet das Recht auf Erholung und verlangt grundsätzlich das freie Wochenende sowie die Verkürzung der Wochenarbeitszeit auf 40 Stunden und darunter bei vollem Lohnausgleich.

9. *Ergänzungsvorschlag der PDS zur Sozialcharta Seite 6, Punkt 3, 2. Abschnitt:*

Um die Gleichstellung in der Familie zu erreichen und den sozialen Schutz Kindererziehender und Kinder zu garantieren.
  Zu diesem Absatz soll ein zusätzlicher Anstrich angefügt werden:

− In Familien- und Sozialgesetzgebung sowie weiteren Gesetzeswerken die juristische Stellung des Kindes und des Jugendlichen als Rechtssubjekt eingearbeitet werden.

10. *Änderungsvorschlag der SPD zur Sozialcharta Seite 4:*

Der 1. Satz ist zu streichen und zu ersetzen durch:

Am Recht auf Arbeit als verfassungsmäßigem Recht wird festgehalten. Das bedeutet aber nicht die staatliche Garantie des Arbeitsplatzes.

Der 2. Satz soll wie folgt ergänzt werden:

Durch aktive staatliche Beschäftigungspolitik und Wahrnehmung der Verantwortung der Unternehmen und Kommunen für die Arbeitsbeschaffung und regionale Strukturförderung ist dieses Recht durch einen möglichst hohen Beschäftigungsgrad aller arbeitsfähigen Bürgerinnen und Bürger zu verwirklichen.

Seite 6, 1. Anstrich − Der zweite Satz ist zu streichen und zu ersetzen durch:

Der Zugang zu allen Ausbildungsberufen muß männlichen und weiblichen Jugendlichen gleichermaßen möglich sein.

Zusätzlicher Anstrich zum 1. Absatz:

− Für Frauen und Männer müssen während des Erziehungsurlaubs bzw. danach Weiterbildungs- und Förderungsmaßnahmen angeboten werden, um den Wiedereinstieg ins Berufsleben zu erleichtern.

Seite 12, 1. Anstrich ist nach dem Komma zu streichen und zu ersetzen durch:

— den Erhalt und den Ausbau eines einheitlichen staatlich garantierten Sozialversicherungssystems mit deutlich erhöhter Beitragsbemessungsgrenze.
Die verschiedenen Versicherungsbereiche

1. Arbeitslosenversicherung, 2. Rentenversicherung, 3. Krankenversicherung, 4. Unfallversicherung müssen voneinander getrennt und in eigenständige Institutionen überführt werden.

11. Ergänzung der DBD zur Sozialcharta Seite 7, Punkt 4, 2. Teil

Im 1. Anstrich ist einzufügen:

— Grundschulbildung, Oberschulbildung, Berufsausbildung, Fach- und Hochschulbildung weiterhin unentgeltlich;

12. Ergänzungen der IFM zur Sozialcharta Seite 7, Punkt 4, 1. Teil

Ein 6. Anstrich soll eingefügt werden:

— Entwicklung eines breiten allgemeinbildenden Angebots für alle Generationen und Bevölkerungsgruppen.

Dem letzten Satz zu Punkt 4, Seite 8 soll hinzugefügt werden:

Es sind Anschlußkurse zu konzipieren, die einen wechselseitigen Ausgleich von Ausbildungsinhalten ermöglichen und somit Nachteilen bei Bewerbungen und im Beruf vorbeugen.

Seite 9, Punkt 6, sind 2 weitere Anstriche anzufügen:

— ein Sofortprogramm zur Behebung des Pflegenotstands in Alters- und Pflegeheimen.
— Möglichkeiten bezahlter Freistellung bei Pflegebedürftigkeit Familienangehöriger.

Seite 5, Punkt 3, ist nach dem 1. Absatz einzufügen:

Die rechtliche Gleichsetzung aller Formen von Partnerbeziehungen *einschließlich gleichgeschlechtlicher Beziehungen* ist zu sichern. Dazu gehört das Recht auf gegenseitige Wahrnehmung des Erziehungsrechts für Kinder.

13. Ergänzung der Grünen Partei zur Sozialcharta, Seite 9, 6. Punkt:

Anstrich 5 ist wie folgt zu ergänzen:

- Sicherung und Erweiterung des Systems einer unentgeltlichen Hauswirtschaftspflege, Errichtung von Sozialstationen zur medizinischen, psychologischen und sozialen Betreuung älterer Bürger;

14. Ergänzung der CDU zur Sozialcharta, Seite 6, 3. Punkt:

Der letzte Anstrich ist wie folgt zu ergänzen:

- das Recht der Frau auf selbstbestimmte Schwangerschaft und kostenlosen Schwangerschaftsabbruch gesichert bleiben, unter Wahrung des besonderen Schutzes des ungeborenen und geborenen Lebens durch einen verantwortungsvollen Umgang mit dem Gesetz über Schwangerschaftsabbruch und durch Maßnahmen zur allseitigen Entwicklung der Kinder.

15. Stellungnahme des Neuen Forum zur Sozialcharta

Um die Interessen der älteren Bürger und Bürgerinnen zu vertreten, ist innerhalb eines Ministeriums ein Staatssekretariat für ältere Bürger und Bürgerinnen einzurichten und auf kommunaler und regionaler Ebene Nachfolgeeinrichtungen zu schaffen.

16. Ergänzungsvorschläge der Arbeitsgruppe Bildung, Erziehung, Jugend zur Sozialcharta

Die gegenwärtige und die zukünftige Regierung wird gebeten, in einer Sozialcharta zu verankern:

- Die *Freistellung* eines Elternteils von der Arbeit bei Erkrankung eines im Haushalt lebenden Kindes unter 10 Jahren und bei notwendigen Arzt- und Beratungsbesuchen mit dem Kind,
- Die Erweiterung der *bezahlten Freistellung* eines Elternteils nach der Geburt eines Kindes („Babyjahr") bis zum vollendeten 2. Lebensjahr des Kindes,
- die Zahlung eines staatlichen *Erziehungsgeldes* zur Aufwertung der gesellschaftlich so bedeutsamen Betreuung unserer Kinder,
- das *Recht auf verkürzte Arbeitszeit* für einen Elternteil, solange ein Kind unter 10 Jahren im Haushalt lebt, und eine solche

Unterhaltszahlung von dem unterhaltspflichtigen Elternteil, daß auch alleinerziehende Mütter und Väter verkürzt arbeiten können, bzw. gesellschaftliche Unterstützung,
- *Kündigungsschutz* bei erziehungsbedingter Freistellung und bei erziehungsbedingter Arbeitszeitverkürzung,
- generelle *Verringerung der Gruppenstärke* in Vorschuleinrichtungen, die Aufhebung der Trennung von Krippe und Kindergarten und die Unterstellung beider unter ein neu zu schaffendes *Ministerium für Kinder, Jugend, Familie und Soziales.* (Diesem sollten auch die grundsätzlich reformbedürftigen Bereiche Jugendhilfe und Heimerziehung unterstellt werden.)
- umgehende Schaffung von *familienähnlichen Heimformen* und der Ausbau von Lebensräumen, die den Bedürfnissen der Kinder entsprechen,
- die Früherfassung und adäquate Förderung von Kindern und Jugendlichen mit *Leistungsschwächen und Behinderungen,* den schrittweisen Aufbau integrativer Bildungseinrichtungen mit den dafür notwendigen finanziellen und personellen Mitteln (Physiotherapeuten, Pflegekräfte, Rehabilitationspädagogen ...) sowie die Integration „schwieriger Kinder und Jugendlicher" mit Unterstützung von Psychologen und Therapieeinrichtungen.

17. *Stellungnahme des FDGB zu Fragen, die die Sozialcharta betreffen*

Wir bitten die Parteien und Organisationen des Runden Tisches zur Kenntnis zu nehmen,

- daß unter der wachsenden Zahl der Bürger in der DDR, die arbeitslos werden, der Anteil der Werktätigen/Angestellten/Beschäftigten mit Hoch- und Fachschulabschluß überproportional groß ist. Arbeitsmöglichkeiten, die der Qualifikation entsprechen, können nur in geringem Maße vermittelt werden;
- daß in den nächsten Jahren hunderttausende Menschen dieser sozialen Gruppe von Arbeitslosigkeit betroffen sein können, darunter sehr viele Frauen;
- daß gegenwärtig Studenten im letzten Studienjahr von Betrieben die abgeschlossenen Arbeitsverträge gekündigt werden und daß Delegierungsverträge gegenüber Absolventen nicht eingehalten werden;
- daß die bisherigen Umschulungskonzepte nicht den gegenwärtigen und zukünftigen Erfordernissen entsprechen;

- daß keine Strategien dazu vorliegen, wie neue Arbeitsfelder für Umgeschulte tatsächlich verfügbar gemacht werden können;
- daß Regelungen für den weiteren Anspruch auf eine erworbene Altersversorgung offen sind;
- daß letztlich die Gefahr besteht, geistiges Potential nicht in notwendigem Maße für Wirtschaft und Gesellschaft zu nutzen.

Mit Beginn des Jahres hat sich die „Initiative für den sozialen Schutz der Werktätigen/Angestellten/Beschäftigten mit Hoch- und Fachschulabschluß" gebildet, die sich das Ziel setzt, produktiv diesem Zustand entgegenzuwirken. Sie arbeitet eng mit den Gewerkschaften zusammen und hat bisher landesweite hohe Zustimmung erfahren.

Der Runde Tisch möge beschließen:

1. Die Regierung wird beauftragt, eine *objektivierte Umschulungsstrategie* zu erarbeiten, die in die konzeptionellen und praktischen Schritte der Schaffung einer Wirtschafts- und Währungsunion sowie eines Sozialverbundes DDR-BRD eingebettet ist.

Eine unabhängige deutsch-deutsche Expertengruppe ist zu bilden, unter Mitwirkung der Gewerkschaften.

2. Die Regierung wird verpflichtet, die notwendigen Voraussetzungen dafür zu schaffen, daß den umgeschulten Werktätigen mit Hoch- und Fachschulabschluß *Arbeitsfelder verfügbar sind, die der neuen Qualifikation entsprechen.*

Dazu ist eine umfassende Prognose zu den Tendenzen für Einsatzmöglichkeiten von Akademikern Grundlage.

3. Die Regierung wird aufgefordert, die *Rahmenorientierungen für den gegenwärtigen und zukünftigen Bedarf* an Hoch- und Fachschulabsolventen im Zusammenhang mit einer prinzipiellen Veränderung des Ausbildungssystems neu zu bestimmen, unter besonderer Beachtung einer künftigen staatlichen Einheit.

Es ist Sorge dafür zu tragen, daß *Übergangslösungen für Studienabschlüsse und Absolventen,* deren Fachrichtungen nicht mehr gefragt sind, einschließlich finanzieller Unterstützung bei Arbeitslosigkeit, verbindlich festgelegt werden.

Die Regierung wird verpflichtet, in Abstimmung mit allen europäischen Staaten eine europaweite Anerkennung von Studienabschlußzeugnissen und wissenschaftlichen erworbenen Graduierungen zu erwirken, einschließlich der Notwendigkeit, daß zur Anerkennung Zusatzqualifizierungen nachgewiesen werden müssen.

18. Ergänzungsvorschläge der Volkssolidarität

Seite 9, Punkt 6, ist nach dem 1. Anstrich ein zusätzlicher Anstrich einzufügen:

- Sicherung der kostenlosen Bereitstellung der vorhandenen Klubs und Treffpunkte sowie Ausbau dieses Netzes zur kulturellen und sozialen Betreuung;

Bei Anstrich 5 ist zu ergänzen:

- Sicherung und Erweiterung des Systems einer unentgeltlichen Hauswirtschaftspflege und einer Mittagessenversorgung mit vertretbarer Kostenbeteiligung des Essenteilnehmers.

19. Stellungnahme der LDP und des Mietervereins Leipzig zu Fragen, die die Sozialcharta betreffen:

Am 16. 2. hat in Leipzig mit über 250 Teilnehmern die Gründungsversammlung des Landesverbandes Sächsischer Mietervereine und des Mietervereins Leipzig stattgefunden. Aus Sorge um den weiteren Bestand wohnungs- und mietrechtlicher Regelungen in der DDR wurde folgende Erklärung verabschiedet, die im Auftrag der Gründungsmitglieder ADN, der Volkskammer der DDR, dem Zentralen Runden Tisch und dem Ministerrat der DDR zugeleitet wird:

1. Der Landesverband Sächsischer Mietervereine und der Mieterverein Leipzig fordern die Regierung, insbesondere den Minister für Wohnungswirtschaft, und den Zentralen Runden Tisch auf, nicht zuzulassen, daß bestehende wohnungs- und mietrechtliche Regelungen beseitigt werden, sondern umgehend Gesetzesentwürfe für den weiteren sozialen Schutz der Mieterrechte bzw. des Grund und Bodens gegen private Spekulationen sowie für den Erwerb von gemeinschaftlichem oder persönlichem Gebäudeeigentum bzw. für die Begründung persönlichen Wohneigentums oder eines Dauerwohnrechts durch vertraglichen Erwerb auch unabhängig vom Eigentum am Wohnungsgebäude zu schaffen und der Volkskammer noch vor dem 18. 3. zur Beschlußfassung zuzuleiten.

2. Der Landesverband Sächsische Mietervereine und der Mieterverein Leipzig erwarten von allen Parteien, politischen Vereinigungen und Wahlbündnissen, die sich mit eigenen Kandidaten an den Volkskammerwahlen beteiligen, im Interesse der Wähler

umgehend eindeutige, klare, programmatische und öffentliche Aussagen zur Frage der Gewährleistung des in der geltenden Verfassung verankerten Grundrechts auf Wohnraum in der DDR nach dem 18. 3., insbesondere zum Schutz von Mietern, Nutzern und Pächtern sowie zur Gestaltung der Wohnraumversorgung einschließlich der Mieten und der weiteren Entwicklung des kommunalen Wohnungswesens.

3. Der Landesverband Sächsischer Mietervereine und der Mieterverein Leipzig erklären ihre uneingeschränkte Bereitschaft, sach- und fachkundig im Interesse der Bürgerinnen und Bürger dieses Landes an der Ausarbeitung entsprechender Gesetzesentwürfe mitzuwirken und dazu eigene Vorschläge einzubringen bzw. öffentlich zu machen.

4. Der Landesverband Sächsischer Mieterverein und der Mieterverein Leipzig rufen alle Bürgerinnen und Bürger dieses Landes auf, sich in Wort, Schrift und Tat gegenüber der Regierung, dem Zentralen Runden Tisch bzw. den in der Gesellschaft verantwortlich Handelnden für die Sicherung sozialer Wohnbedürfnisse einzusetzen und sich zu diesem Zweck dem Mieterverein Leipzig anzuschließen bzw. sich in weiteren örtlichen Mietervereinen bzw. Landesverbänden zu organisieren. Nur eine starke Interessenvertretung kann dafür sorgen, daß unsere Interessen beachtet werden.

Landesverband Sächsischer Mieterverein
Mieterverein Leipzig
LDP

20. *Ergänzende Stellungnahmen zu Fragen, die die Sozialcharta betreffen*

Der Runde Tisch möge beschließen:

— Von der Regierung und der Volkskammer wird erwartet, daß zukünftig alle Maßnahmen und Gesetze vor Beschlußfassung mit den gesellschaftlichen Vertretungen der Behinderten beraten werden.
— Es ist ein Beirat für Behindertenpolitik beim Ministerrat zu bilden, der auch das Recht hat, nachgeordnete Fachkommissionen zu berufen.
— Die Volkskammer sollte einen Beauftragten für Behindertenpolitik wählen, der u. a. einen jährlichen Bericht über die Lage der Behinderten in der DDR zu geben hat.

- In den Bezirken (Ländern) und Kreisen sind gleichfalls Räte für Behindertenpolitik zu bilden.
- An den Zentralen Runden Tisch sowie in den Rechtsausschuß und in den Ausschuß für Gesundheits- und Sozialpolitik ist eine Behindertenvertretung sofort aufzunehmen.
- Bei allen Ministerien und in den Fachgremien der Bezirke bzw. der zukünftigen Länder sind Arbeitsgemeinschaften für Behindertenpolitik einzurichten.
- Es ist ein flächendeckendes Rechtsschutzsystem für alle behinderten und leistungsgeminderten älteren Bürger in Form von „Rechtsanwaltlichen Vertretungen", die unabhängig von staatlichen Organen, Einrichtungen des Gesundheits- und Sozialwesens und anderen Organisationen, Wohlfahrts- und Sozialeinrichtungen arbeiten, aufzubauen.

Alle am Zentralen Runden Tisch vertretenen Parteien und politischen Bewegungen werden ersucht, die berechtigten Forderungen des Behindertenverbandes jetzt und auch nach der Volkskammerwahl zu unterstützen.

Unabhängiger Frauenverband, Vereinigte Linke, PDS. IFM

21. *Stellungnahme der Grünen Partei zur Sozialcharta*

Jahrzehntelang sind die Rentner unseres Landes benachteiligt gewesen, da ihre Renten stets deutlich unter dem Durchschnitteinkommen der Bevölkerung gelegen haben. Gemildert wurde dies nur teilweise durch die Subventionen für Grundnahrungsmittel, Mieten, Energie usw. Die Anhebung der Renten blieb hinter der schleichenden Teuerungsrate zurück.

Es stehen spürbare Preissteigerungen in vielen Bereichen bevor. Verschiedene Berufsgruppen haben Verlängerung des Grundurlaubs und Lohnerhöhungen erhalten. Dies begrüßen wir, aber wo bleiben die Rentner?

Wir stellen zur sozialen Absicherung der älteren und alten Bürger unseres Landes an den Runden Tisch den Antrag, folgende Vorschläge an den Ministerrat weiterzuleiten:

- Anhebung der Mindestrenten auf wenigstens 550 M
- Zahlung von mindestens 150 M Subventionsausgleich bei Anhebung der Lebensmittelpreise
- bei Preiserhöhungen von Brennstoffen und Mieten Ausgleichszahlungen, anteilige Ausgleichszahlungen bei Erhöhung der Strom- und Wasserpreise

- jährliche Anhebung der Renten um die Inflationsrate des zurückliegenden Jahres
- Zahlungen von Arbeitslosengeld, wenn Rentner aus dem Teil-
arbeitsverhältnis entlassen werden
- Kündigungsschutz für Wohnraum von Alters-, Invalidenrent-
nern und Behinderten

22. Stellungnahme der Grünen Partei zur Sozialcharta

Dringlichkeitsantrag des Behindertenverbandes

Bei einer Vielzahl von Gesetzen und Verordnungen der Regierung sowie in der gesetzgeberischen Tätigkeit der Volkskammer
und in den Beratungen des Runden Tisches bleiben die speziellen
Erfordernisse und Bedürfnisse der verschiedenen Behinderten-
gruppen unberücksichtigt.

Als Beispiele seien nur angeführt: „Die Verordnung über die
Einfuhr von Kraftfahrzeugen", „Das Wahlgesetz", „Die Verordnung über die Gewährung staatlicher Unterstützung und betrieblicher Ausgleichszahlungen an Bürger während der Zeit der Arbeitsvermittlung" und die „Verordnung über die Gewährung von
Vorruhestandsgeld".

Der Behindertenverband fordert:
- einen berufenen Rat für Behindertenpolitik beim Ministerrat,
der auch das Recht hat, nachgeordnete Fachkommissionen zu
berufen.
- einen Beauftragten für Behindertenpolitik, der von der Volkskammer gewählt wird und einen jährlichen Bericht über die
Lage der Behinderten in der DDR gibt.
- Räte für Behindertenpolitik in den Bezirken/Ländern und
Kreisen
- Arbeitsgemeinschaften bzw. Sekretariate für Behindertenpolitik bei allen Ministerien und in den Fachgremien der Bezirke-
bzw. der zukünftigen Länder.
- Änderung der „Verordnung über die Gewährung staatlicher
Unterstützung und betrieblicher Ausgleichszahlung an Bürger während der Zeit der Arbeitsvermittlung" und der „Ver-
ordnung über die Gewährung von Vorruhestandsgeld".

2. Zur Gleichstellung von Frauen und Männern

2.1. Der Runde Tisch beschließt, der Regierung folgende Grundzüge einer Politik mit dem Ziel der Gleichstellung von Frau und Mann zu übergeben.

Ausgehend davon, daß nach den von der DDR unterzeichneten UNO-Dokumenten

- Konvention über die Beseitigung aller Formen der Diskriminierung von Frauen und
- vorausschauende Strategien von Nairobi zur Förderung der Frau

Frauen und Männern gleiche Möglichkeiten der Wahrnehmung aller wirtschaftlichen, sozialen, kulturellen, zivilen und politischen Rechte zu garantieren sind und ausgehend von der Erkenntnis, daß eine humanistische, ökologisch verträgliche, sozial progressive und ökonomisch effektive Gesellschaftsentwicklung ohne die Lösung der Geschlechterfrage nicht möglich ist, steht die Emanzipation von Frau und Mann auf der Tagesordnung.

Zum gegenwärtigen Zeitpunkt ist zu konstatieren, daß das Problem der historisch übernommenen Benachteiligung der Frau in unserer Gesellschaft im wesentlichen noch immer fortbesteht:

- Frauen sind im Zusammenhang mit der zu über 90 % gegebenen Berufstätigkeit zwar weitgehend ökonomisch unabhängig, jedoch zugleich durch das Fortbestehen patriarchalischer Arbeitsteilung im Bereich der individuellen Reproduktion (Hausarbeit, Kinderbetreuung, Familienklima) einer Mehrfachbelastung ausgesetzt, die die Möglichkeiten beruflichen Engagements, der Teilhabe am gesellschaftlichen Leben und der Wahrnehmung und Ausprägung persönlicher Interessen in relevantem Maße einschränkt;
- Frauen sind in den Entscheidungsgremien bzw. Führungspositionen der Gesellschaft nicht entsprechend ihrem Anteil an der Bevölkerung und ihrer Kompetenz vertreten – geschuldet der Mehrfachbelastung, einer Erziehung, die nicht frei ist von tradierten Geschlechtsrollenzuweisungen sowie der ablehnenden Haltung vieler Männer, vor allem in Leitungspositionen;
- Berufe und Tätigkeiten, in denen vorwiegend Frauen tätig sind, werden sozial und finanziell unterbewertet. Vollberufstätige Frauen erhalten im Durchschnitt 75 % des Einkommens vollberufstätiger Männer, ohne daß dies mit Unterschieden

hinsichtlich der physischen und psychischen Belastung der Arbeitenden oder mit Unterschieden in der gesellschaftlichen Bedeutung der jeweiligen Arbeit begründet werden könnte;
- Frauen haben geringere Chancen als Männer, an anspruchsvolle interessante, kreative und gut bezahlte Arbeitsplätze zu gelangen. Ihnen obliegen sehr häufig die monotonen und routinehaften Arbeiten mit geringeren Anforderungen an Kreativität und Entscheidungskompetenz;
- Frauen sind im Alltagsleben (Öffentlichkeit, Beruf, Fa-milie etc.) vielfältigen Formen sexistischer Denk- und Verhaltensweisen ausgesetzt.

Gleichstellung bedeutet nach Auffassung der Mitglieder der Arbeitsgruppe Gleichstellungsfragen nicht formale Gleichheit, etwa reduziert auf Gleichberechtigung im juristischen Sinne, sondern vielmehr CHANCENGLEICHHEIT bezüglich selbstbestimmter persönlicher Entwicklung und bezüglich der Partizipationsmöglichkeiten in allen Bereichen des gesellschaftlichen Lebens. Bemühungen um Gleichstellung setzen die Abkehr von männlich orientierten Maßstäben voraus und erfordern die Berücksichtigung der in mehrfacher Hinsicht (ökonomisch, strukturell, informell, sozialpsychologisch, kulturell, politisch, sozial) grundsätzlich verschiedenen Ausgangssituationen von Frau und Mann in der Gesellschaft.

Nachfolgend werden drei Komplexe benannt, die nach Auffassung der Arbeitsgruppe Gleichstellungsfragen hinsichtlich der Gleichstellung von Frau und Mann von besonderer Bedeutung sind.

I. Die ökonomische Selbständigkeit und die Vereinbarkeit von Berufstätigkeit, Partnerschaft und Elternschaft für Frau und Mann als Grundwerte

1. Die ökonomisch selbständige Existenz der Frau ist elementare und unabdingbare Voraussetzung für ihre Emanzipation und Selbstbestimmung. Das Menschenrecht auf *Berufstätigkeit* ist für Frauen und Männer — insbesondere in Anbetracht der derzeitigen und künftigen Veränderungen in der Wirtschaft — in gleicher Weise und mit gleicher Konsequenz zu sichern. Berufsarbeit ist nicht nur als Mittel zum Erwerb des Lebensunterhalts faßbar, sondern hat eine sinngebende und sozial verbindende Funktion und stellt daher einen Eigenwert dar, der durch eine soziale „Abfederung" nicht ersetzbar ist. Eine Herangehensweise, die Frauen je nach wirtschaftlicher Situation aus dem gesellschaftlichen Ar-

beitsprozeß ausgrenzt bzw. in diesen integriert, läuft dem Ziel der Gleichstellung strikt zuwider.

2. Die Arbeitsgruppe Gleichstellungsfragen weist darauf hin, daß die bedarfsdeckende Bereitstellung von *Kinderbetreuungseinrichtungen* (Krippe, Kindergarten, Hort, Kinderferienlager, Schulspeisung) Voraussetzung ist für die Wahrnehmung des Rechts auf Berufstätigkeit und damit für ein selbstbestimmtes Leben von Frauen und Männern. Arbeitslosen Müttern und Vätern ist der Anspruch auf einen Kinderkrippen- bzw. Kindergartenplatz zu erhalten, da ihnen sonst die erneute Aufnahme einer Erwerbstätigkeit unmöglich gemacht wird. Werden die genannten Einrichtungen in Frage gestellt, bedeutet dies in Anbetracht des Fortbestehens der traditionellen Arbeitsteilung im häuslichen Bereich insbesondere für Frauen die weitgehende Ausgrenzung aus der Berufstätigkeit und damit ein wesentlicher Schritt hinter das bisher in der DDR Erreichte zurück. Die Gleichstellung von Frau und Mann ist unter solchen Bedingungen grundsätzlich nicht realisierbar. Die Festschreibung eines Rechtsanspruchs auf die in Anspruchnahme von Kinderbetreuungseinrichtungen ist daher unabdingbar. Gleichzeitig ist eine qualitative Verbesserung der betrieblichen und kommunalen Kinderbetreuung dringend geboten.

3. Veränderungen in den *Arbeitsbedingungen* (Arbeitszeitregelungen, infrastrukturelle Einbindung der Betriebe und Einrichtungen in das Umfeld) müssen so erfolgen, daß die Vereinbarkeit von Berufstätigkeit, Kinderbetreuung und Partnerschaft für Frauen und Männer in wachsendem Maße gesichert wird.

Hierzu gehört auch die Einführung flexibler Arbeitszeitregelungen sowohl für Frauen als auch für Männer für Tätigkeiten aller Qualifizierungsstufen. Die Festlegung zur flexiblen Arbeitszeit muß im Interesse der Arbeitenden erfolgen und deren Bedürfnissen entsprechend festgelegt werden. Die Möglichkeit zur Teilzeitarbeit in Form eines gesicherten und geschützten Arbeitsrechtsverhältnisses wäre ebenfalls der Vereinbarkeit von Berufstätigkeit und individueller Bedürfnisbefriedigung dienlich. Dies darf nicht verbunden sein mit zusätzlichen Nachteilen hinsichtlich Arbeitsplatzsicherheit, Versicherungsschutz und Rentenanspruch. Teilzeitarbeit darf nicht zu ökonomischer Abhängigkeit der Frauen führen sowie zu schlechteren Aufstiegschancen im Beruf. In Anerkennung der gesellschaftlichen Bedeutung der Kinderbetreuung ist eine Verkürzung der Arbeitszeit für Erziehende angebracht — unabhängig von der Form des Zusammenlebens und des Geschlechts. An Kinder gebundene Arbeitszeitregelungen müssen wahlweise den Erziehenden zur Verfügung stehen und dürfen sich für denjenigen bzw. diejenige, der/die sie in Anspruch nimmt, nicht nachteilig auswirken. Ähnliche Regelungen sollten für Frauen und Männer gelten, die Pflegebedürftige zu Hause betreuen.

II. Gleichstellung von Frauen und Männern in Politik und Wirtschaft

A. Politik

Auf allen Ebenen der Interessenvertretung und Entscheidungsfindung waren und sind Frauen deutlich unterrepräsentiert. Trotz der Existenz einiger wesentlicher Voraussetzungen zur Verbesserung der Stellung der Frau in der Gesellschaft (Berufstätigkeit, hohes Qualifikationsniveau) haben sich in dieser Hinsicht in den vergangenen Jahrzehnten kaum Veränderungen vollzogen. Hier sind Mechanismen wirksam, die eine − durchaus auch ungewollte − Reproduktion gegebener Verhältnisse bewirken. Um diese Mechanismen zu durchbrechen, sind nach Auffassung der Arbeitsgruppe Gleichstellungsfragen politische Instrumentarien erforderlich.

In der Legislative und auf allen Ebenen der Exekutive sind daher Einrichtungen zu installieren, die dafür Sorge tragen, daß das Ziel der Gleichstellung von Frau und Mann beachtet und realisiert wird.

Auf der Ebene der Legislative wäre dies die Bildung eines Volkskammerausschusses für Fragen der Gleichstellung von Frau und Mann sowie die Existenz eines Gleichstellungsgesetzes; in der Exekutive erfordert dies die Einrichtung eines Ministeriums für Gleichstellungsfragen sowie die Einsetzung von Gleichstellungsbeauftragten auf allen Ebenen der kommunalen Vertretungskörperschaften. Hierzu liegen der Antrag 15/2 und die Information 15/1 vor.

Basisinitiativen zur Verbesserung der Stellung der Frau sollten das Recht auf staatliche Förderung und finanzielle Unterstützung erhalten. Dazu gehören Frauenhäuser, Frauenforschungsprojekte, Beratungsstellen, Frauenbibliotheken, Frauenbegegnungszentren u. ä.

Zu den Aufgaben des Ministeriums für Gleichstellungsfragen gehört u. a. die Durchsetzung von Quotenregelungen. Eine Quotierung wirkt der strukturellen Benachteiligung von Frauen dadurch entgegen, daß bei gleicher Kompetenz und Eignung Frauen bei der Besetzung bestimmter Positionen bevorzugt werden, bis ein bestimmter Frauenanteil sich eingestellt hat. Grundsätz-

266

lich sollte die Quotierung auch dort zur Anwendung kommen, wo der Zugang für Männer erschwert ist — beispielsweise im Bereich des Sozialwesens, des Bildungswesens oder im Dienstleistungsbereich. Es sind jeweils differenzierte Quotierungsmodelle zu erarbeiten, die im zeitlichen Verlauf schrittweise verändert werden und so bewirken, daß perspektivisch Chancengleichheit für Frauen und Männer bezüglich des Zugangs zu Berufsfeldern, interessanten Tätigkeitsbereichen und Leitungsfunktionen in Wirtschaft, Wissenschaft und Kultur und zu Positionen mit politischer Verantwortung hergestellt wird. Quotierung erfordert die gleichzeitige Schaffung von Rahmenbedingungen, die es Frauen und Männern ermöglichen, die durch die Quotierung gegebenen Möglichkeiten wahrzunehmen — wozu auch die Förderung der gesellschaftlichen Akzeptanz und Sensibilität hinsichtlich der „Geschlechterfrage" zählt.

Die Arbeitsgruppe Gleichstellungsfragen weist darauf hin, daß Quotierung unumgänglich ist, wenn ein angemessener Anteil von Frauen und damit eine entsprechende Politik, eine entsprechende Art und Weise des Umgang mit Problemen, Konflikten und Aufgabenstellungen erreicht werden soll.

B. Wirtschaft

1. Die geschlechtstypische Teilung der Berufsarbeit ist verbunden mit ungerechtfertigten Benachteiligungen für Frauen — zum einen hinsichtlich des Einkommens und zum anderen hinsichtlich des Zugangs zu interessanten und kreativitätsfördernden Arbeitsplätzen. Sie trägt außerdem entscheidend dazu bei, daß die geschlechtstypische Rollenverteilung im Bereich der individuellen Reproduktion ständig reproduziert wird und ist somit ein Hindernis für eine Teilung der Arbeit nach Interessenlage und Befähigung.

Folgende Schritte sind zur Gleichstellung von Frau und Mann im Bereich der Berufstätigkeit erforderlich:

— Bei der Vereinbarung eines Tarifrahmens zwischen Staat und Gewerkschaftsdachverband muß die Aufhebung der Tarifunterschiede zwischen sog. Frauen- und Männerberufen erfolgen — auf der Grundlage einer Neubestimmung des Leistungsbegriffs. Das Leistungsprinzip herkömmlicher Art ist gleichbedeutend mit der fortgesetzten Abwertung weiblicher Arbeit. Es sind sozial gerechte Leistungskriterien zu ermitteln und zur Grundlage der in Form von Lohn und Gehalt ausgedrückten gesellschaftlichen Anerkennung zu machen, die das tatsächliche Verhältnis von aufgewendeter Zeit, eingebrachtem qualifizierten Arbeitsvermögen und erzieltem Ergebnis bewertet.

- Der nach Geschlecht quotierte Zugang zu den Ausbildungsberufen, der sich an herkömmlichen Geschlechtsrollenvorstellungen orientiert und zudem das Berufswahlfeld für Mädchen stark einschränkt, ist aufzuheben und durch das Prinzip des freien Zugangs von Mädchen/Frauen und Jungen/Männern zu allen Berufszweigen zu ersetzen. Einziges Kriterium ist die Eignung, die individuell festzustellen ist.

- Zugang und Motivation von Männern, Berufe des sozialen und Dienstleistungsbereichs zu ergreifen, sind gezielt und unter Beachtung der Folgen männlicher Sozialisation zu fördern. Gleichzeitig ist durch Erziehung und Öffentlichkeitsarbeit die gesellschaftliche Akzeptanz hierfür herzustellen.

- Zugang und Motivation von Frauen, Berufe im wissenschaftlichen und technischen Bereich − auch vor allem im high-tech-Bereich − zu ergreifen, ist durch gezielte Förderung, die die Folgen weiblicher Sozialisation berücksichtigt und auch durch entsprechende strukturelle Veränderungen, sind zu erhöhen.

2. In gewerkschaftlichen Interessenvertretungen und in den Betriebsräten sind Garantien für wirksame Wahrnehmung der Interessen und Rechte der Frauen zu installieren. In neuen gesetzlichen Regelungen zur innerbetrieblichen Mitbestimmung und in den Satzungen der Industriegewerkschaften und Gewerkschaften sollte die Verpflichtung zur Schaffung der Funktion einer Gleichstellungsbeauftragten und deren Kompetenzen festgeschrieben werden.

3. In Anbetracht der erforderlichen Umstrukturierung in der Wirtschaft und im Verwaltungsbereich sind Arbeitsbeschaffungs- und Umschulungsprogramme zu erarbeiten, die für Frauen und Männer eine chancengleiche Wiedereingliederung in die Berufstätigkeit ermöglichen. Im Zuge der Erweiterung der Selbständigkeit von Wirtschaftseinheiten und der Zulassung verschiedener Eigentumsformen ist zu sichern, daß bei Umstrukturierungen und bei der Freisetzung bzw. Neueinstellung von Arbeitskräften die soziale Lage von Frauen sich nicht verschlechtert.

4. Es ist zu sichern, daß Wirtschaftsvereinbarungen mit anderen Staaten bzw. ausländischen Firmen keine frauendiskriminierenden Regelungen enthalten.

III. Selbstbestimmung

Das Problem der Gleichstellung von Frau und Mann in der Gesellschaft ist verknüpft mit der Möglichkeit zu selbstbestimmten Verhalten und zu selbstbestimmter Lebensweise generell.

Elementare Voraussetzung hierfür ist die ökonomische Unabhängigkeit von Frau und Mann.

Die Arbeitsgruppe Gleichstellungsfragen stellt fest, daß in Vergangenheit und Gegenwart insbesondere die Selbstbestimmung der Frau eingeschränkt oder gefährdet war bzw. ist.

Gleichstellungspolitik hat die Beachtung der nachfolgend genannten Aspekte zur Bedingung, wobei der wechselseitige Zusammenhang zwischen ihnen berücksichtigt werden muß.

A. Erziehung und Bildung

Für das Verhältnis der Geschlechter zueinander und für die Stellung von Frau und Mann in der Gesellschaft haben zweifellos auch die im Prozeß der Erziehung und Bildung vermittelten Leitbilder von Frau und Mann sowie die zugeordneten Geschlechtsrollen eine große Bedeutung.

Diese beeinflussen wesentlich Selbstbild, Selbstbewußtsein, Selbstsicherheit und das Vermögen, die eigene Lebenssituation selbstbestimmt zu gestalten, sowie das Bild vom und das Verhältnis zum anderen Geschlecht.

Noch immer sind Frauen in vielen Belangen Männern gegenüber im Nachteil. Dies hat Auswirkungen in nahezu allen Lebensbereichen — so auch bei der Berufswahl und hinsichtlich der Arbeitsteilung in der Partnerschaft bzw. Familie.

Folglich sind Lehrinhalte und Bildungsziele so zu fassen, daß sie dem Grundsatz der Gleichstellung nicht zuwiderlaufen. Mädchen und Jungen sind zu einem partnerschaftlichen Umgang miteinander zu befähigen und ihnen ist in jeweils gleichem Maße eine tatsächlich selbstbestimmte Wahl des individuellen Lebensentwurfs zu ermöglichen — abseits von tradierten und einengenden Klischees. Dies schließt die Förderung der Akzeptanz aller Lebensformen ein, die das Selbstbestimmungsrecht anderer nicht beschränken.

B. Integrität

Frauen und Männer haben das gleiche Recht auf Wahrung der körperlichen und psychischen Integrität, auf Selbstbestimmung über ihren eigenen Körper.

269

Die Anwendung von Gewalt gegen Frauen und Kinder durch Männer ist jedoch gesellschaftliche Realität. In der gegenwärtig vorhandenen Unsicherheit ist eine Zunahme dieser Erscheinung zu verzeichnen. Unter Gewalt sind alle Formen verbaler, körperlicher, auch sexueller, Machtausübung zu verstehen, die die freie Willensbestimmung mißachten.

Gleichstellungspolitik muß die Schaffung wirksamer Instrumentarien zum Schutz von Frauen (auch in der Ehe) und Kindern einschließen. Das schließt eine Veränderung der §§ 121/122 des Strafgesetzbuches hinsichtlich der Wahrung der Würde der Frau ein, so wie die Aufnahme des Straffalles — Vergewaltigung in der Ehe. Möglichkeiten zur adäquaten Betreuung der Opfer von Gewalt müssen organisiert werden. Das Problem muß in der Öffentlichkeit thematisiert werden, Mechanismen und Hintergründe der Gewaltanwendung sind aufzuzeigen.

Die Arbeitsgruppe Gleichstellungsfragen spricht sich in diesem Zusammenhang gegen eine kommerzialisierte Zurschaustellung und Vermarktung insbesondere des weiblichen Körpers aus und äußert zugleich die Befürchtung, daß die in der DDR vorhandenen Defizite in der Auseinandersetzung mit dieser Problematik sowie mögliche Verschlechterung der sozialen Lage, vor allem von Frauen, die Tendenzen zur Verbreitung von Pornographie und Prostitution begünstigen.

C. Elternschaft

Zur Selbstbestimmung zählt auch das Recht der Frau auf freie Entscheidung zur Mutterschaft. Eingeschlossen darin ist das Recht auf unentgeltlichen Schwangerschaftsabbruch. Die Arbeitsgruppe Gleichstellungsfragen ist der Auffassung, daß dieses Recht im Rahmen der in der DDR geltenden Fristenregelung gewährleistet bleiben muß.

Gleichzeitig plädiert die Arbeitsgruppe Gleichstellungsfragen dafür, die Befähigung zu verantwortlichem Umgang mit Sexualität bei beiden Geschlechtern wesentlich zu fördern. In diesem Zusammenhang ist es notwendig, die gemeinsame Verantwortung von Frau und Mann in bezug auf Elternschaft deutlich zu machen. Kontrazeption kann nicht nur Sache der Frau sein.

Es sind alternative Formen der Geburtenregelung zu ermöglichen.

D. Medien

Die ungleiche Stellung von Frau und Mann in der Gesellschaft spiegelt sich auch in den Medien wider. Über frauenpolitische Ereignisse und frauenbezogene Aktivitäten wird vergleichsweise selten und in geringem Umfang berichtet. Hier wird die überkommene Bewertung wirksam, die „frauenspezifische" Angelegenheiten für weniger wichtig hält als andere. Auch sexistische Darstellungen in Wort und Bild sind üblich.

Um eine Sensibilisierung für die Geschlechterfrage zu erreichen ist eine Thematisierung und öffentliche Diskussion des Problems unumgänglich.

Eine besondere Rolle sollte in dieser Hinsicht das Ministerium für Gleichstellungsfragen spielen. Zudem sollten die Gleichstellungsbeauftragten auf den verschiedenen Ebenen der Exekutive Befugnisse erhalten, auf deren Grundlage sie gegen sexistische Darstellungen vorgehen können.

2.2. Aufträge zur Gleichstellung von Frauen und Männern

Der Runde Tisch beschließt:

1. Es ist unverzüglich eine Kommission zu bilden, die kurzfristig eine Konzeption zur Sicherung der Kinderbetreuungseinrichtungen (Krippe, Kindergarten, Hort, Kinderferienlager sowie Schulspeisung) in bedarfsdeckender Weise und ihrer Finanzierung erarbeitet. Dabei ist die Förderung alternativer Projekte, wie Kinderläden, Wohngemeinschaften usw. besonders zu berücksichtigen.

Die Kommission sollte sich aus Expertinnen bzw. Experten für Finanzfragen, Arbeitsrecht, Bildungswesen und Soziologie sowie aus Elternvertreter/innen und aus Sachverständigen interessierter gesellschaftlicher Gruppierungen zusammensetzen. Die zu bildende Kommission sollte folgende Punkte berücksichtigen:

a) Maßnahmen zur Beibehaltung der subventionierten gesellschaftlichen Kinderbetreuung durch Fondssicherung in den Kommunen und Betrieben vorzuschlagen
b) Finanzierungsmöglichkeiten für alternative Kinderbetreuung in den Kommunen durch Verwendung von Steuern u. ä. zu prüfen und entsprechende Varianten herauszuarbeiten.

2. Die Regierung erarbeitet eine Vorlage, die die Gleichstellung von Frau und Mann bzgl. der Betreuung und Erziehung der Kinder dadurch ermöglicht, daß über die Art und Weise der Inanspruchnahme der entsprechenden sozialpolitischen Maßnahmen in der jeweiligen Partnerschaft entschieden wird.

3. Die geschlechtsspezifische Bilanzierung der beruflichen Ausbildungsplätze, die sich an herkömmlichen Rollenvorstellungen orientiert und zudem das Berufswahlfeld für Mädchen stark einschränkt, ist aufzuheben.

4. Das Ministerium für Arbeit und Löhne wird beauftragt, ein neues Tarifsystem zu erarbeiten, welches die geschlechtstypischen Einkommensunterschiede, die von der erbrachten Leistung her nicht begründbar sind, beseitigt. Hierzu ist eine Neubestimmung des Leistungsbegriffs so vorzunehmen, daß alle wesentlichen Komponenten der Verausgabung menschlichen Arbeitsvermögens in nachvollziehbarer Weise berücksichtigt werden.

5. Bezüglich des Rentenalters und der Gewährung des Hausarbeitstages sind gleiche Bedingungen für Männer und Frauen herzustellen.

6. Das Ministerium für Bildung wird beauftragt, eine umfassende Analyse der in Kindergarten und Schule vermittelten Bildungsinhalte hinsichtlich des Geschlechtsrollenverständnisses und der Leitbilder von Frau und Mann zu veranlassen. Es ist zu prüfen, inwieweit das Prinzip der Gleichstellung von Mädchen bzw. Frauen und Jungen bzw. Männern Berücksichtigung findet. Gegebenenfalls sind Veränderungen an Lehrinhalten und Lehrmaterialien vorzunehmen.

2.3. Zum Recht der Kinder und Eltern

Um die UNO-Konvention vom 20. 11. 1989 über die Rechte des Kindes, insbesondere des Rechts auf regelmäßigen Umgang mit Vater und Mutter und um Artikel 7 und 38 der Verfassung der DDR durchzusetzen, fordert der Runde Tisch:

1. die Regierung auf, im Interesse der Kinder gesetzliche Maßnahmen zur Sicherung ihrer Beziehungen zu Vater und Mutter in und außerhalb von Ehe und Lebensgemeinschaft zu treffen, auch um so eine weitestgehende Gleichstellung von Vater und Mutter zu erreichen.

2. bei der Entscheidung über das elterliche Erziehungsrecht von einer wirklichen Gleichberechtigung beider Elternteile auszugehen und der überwiegend einseitigen Anwendung des Familiengesetzbuches und der Zivilprozeßordnung durch die Gerichte ein sofortiges Ende zu setzen. Der Generalstaatsanwalt und das Oberste Gericht werden aufgefordert, die Interessen der betroffe-

nen Kinder in der Rechtssprechung durchzusetzen und die des Nichterziehungsberechtigten zu berücksichtigen.

3. das Ministerium für Bildung auf, die Unzulänglichkeiten in der Arbeit der Organe der Jugendhilfe hinsichtlich der Vorbereitung der Entscheidung über das elterliche Erziehungsrecht zu beseitigen. Stellungnahmen des Organs der Jugendhilfe sind unter Einbeziehung gesellschaftlicher Kräfte, pädagogisch und psychologisch qualifiziert und entsprechend den wirklichen Verhältnissen anzufertigen. Dabei sind die psychischen Auswirkungen im Trennungsfall für das Kind besonders zu berücksichtigen.

4. die Regierung auf, in Verwirklichung der obengenannten UNO-Konvention die Umgangsbefugnis in einem durchsetzbaren Umgangsrecht zu regeln.

5. bis zum Inkrafttreten einer solchen gesetzlichen Regelung, daß sich die Gerichte und Organe der Jugendhilfe umfassend im Interesse des Kindes für die Gewährung des Umgangsrechtes des Nichterziehungsberechtigten einsetzen. Dazu sind endlich die bereits im Familiengesetzbuch vorhandenen gesetzlichen Regelungen anzuwenden.

6. die Regierung ferner auf, den Bürgerinitiativen, die sich zur Durchsetzung der Rechte des Kindes gebildet haben, materielle und finanzielle Hilfe zu geben.

2.4. Bildung eines Ministeriums für die Gleichsetzung von Frauen und Männern

Der Runde Tisch beschließt:

Die Regierung wird aufgefordert, unverzüglich ein Ministerium für die Gleichstellung von Frauen und Männern einzurichten.

Begründung:

Die Gleichstellung von Frauen und Männern in allen Lebensbereichen der Gesellschaft ist nur mit einer aktiven Gleichstellungspolitik durchsetzbar.

Hierzu ist ein politisches Instrumentarium erforderlich.

Ein Ministerium für die Gleichstellung von Frauen und Männern würde eine Einflußnahme auf die politische, ökonomische, soziale, ökologische und kulturelle Umgestaltung der Gesellschaft in Hinblick auf die Herstellung der Chancengleichheit für Frauen und Männer realisieren können.

Eine wesentliche Aufgabe dieses Ministeriums muß die Gewährleistung gleicher Chancen für Frauen und Männer hinsichtlich des Zugangs zum Arbeitsmarkt sein. Dies schließt die Erhaltung bzw. Erweiterung der dazu notwendigen wirtschaftlichen, sozialen und juristischen Rahmenbedingungen ein.

Darüber hinaus hat das Ministerium in Anbetracht des wenig entwickelten Bewußtseins in bezug auf die Gleichstellungsproblematik eine intensive Öffentlichkeitsarbeit zu leisten, die zu einer Sensibilisierung für diese Frage — als eine der Voraussetzung für Veränderungen — führen muß. Als notwendige Maßnahmen und Aufgaben in Legislative, Exekutive und Jurisdiktion hat der Unabhängige Frauenverband detailliert Vorschläge gemacht.

1. Legislative

Es ist ein Volkskammerausschuß für Fragen der Gleichstellung der Geschlechter zu bilden. Dieser hat folgende Aufgabengebiete:

- Analyse aller Gesetze, Beschlüsse, Verordnungen, Anordnungen und Durchführungsbestimmungen der Volkskammer bzw. des Ministerrats hinsichtlich ihrer Auswirkungen auf die Situation von Frauen
- Wahrnehmung des Einspruchrechts, wenn Gesetze, Beschlüsse, Verordnungen, Anordnungen, Durchführungsbestimmungen und Maßnahmen dem Ziel der Gleichstellung der Geschlechter zuwiderlaufen,
- Erarbeitung von Gesetzesentwürfen, die Fragen der Gleichstellung der Geschlechter betreffen und Maßnahmen beinhalten, die zum Abbau bestehender Ungleichheit in der sozialen, politischen, ökonomischen, strukturellen, kulturellen und psychosozialen Situation von Frauen/Mädchen und Männern/Jungen führen. Dies hat in enger Zusammenarbeit mit dem Unabhängigen Frauenverband, dem DFD, mit Bürgerinneninitiativen, mit den Zentren für Frauenforschung an Universitäten und Hochschulen bzw. der Akademie der Wissenschaften sowie in Auswertung von Eingaben und Hinweisen von Bürgerinnen und Bürgern zu geschehen.
- Kontrolle der Realisierung der zu Gleichstellungsfragen von der Volkskammer und vom Ministerrat gefaßten Beschlüsse.

Dem Präsidium der Volkskammer ist eine Gleichstellungsbeauftragte zuzuordnen, die für die umfassende Berücksichtigung der Probleme, die mit der Frage der Gleichstellung der Geschlechter im Zusammenhang stehen, verantwortlich ist und auch über die

274

erforderlichen Befugnisse verfügt. Der Volkskammerausschuß für Fragen der Gleichstellung der Geschlechter und die Gleichstellungsbeauftragte haben in ihrer Tätigkeit die Belange aller Frauen — auch die von Alleinerziehenden, Asylantinnen, Ausländerinnen, Behinderten, Frauen mit ausländischen Partnern oder Partnerinnen, Jugendlichen, Lesben, Müttern in kinderreichen Familien, Pflegebedürftigen, Rentnerinnen, Strafgefangenen etc. — zu vertreten.

2. Exekutive

Es ist ein Ministerium für Fragen der Gleichstellung der Geschlechter einzurichten. Dieses Ministerium beteiligt sich an der Ausarbeitung der Grundsätze der staatlichen Innen- und Außenpolitik und hat dabei vor allem die Frage der Gleichstellung der Geschlechter zu berücksichtigen. Darüber hinaus hat das Ministerium für Gleichstellungsfragen eine koordinierende Funktion hinsichtlich einer aktiven Gleichstellungspolitik wahrzunehmen. Dies bezieht sich insbesondere auf die Zusammenarbeit mit den in jedem Ministerium einzusetzenden Gleichstellungsbeauftragten, die ihrerseits die Tätigkeit des jeweiligen Ministeriums hinsichtlich der Frage der Gleichstellung der Geschlechter zu kontrollieren und dem Ministerium für Gleichstellungsfragen zuzuarbeiten haben. Sollten Gesetze, Verordnungen, Anordnungen, Durchführungsbestimmungen und Maßnahmen dem Ziel der Gleichstellung der Geschlechter zuwiderlaufen, hat das Ministerium für Gleichstellungsfragen das Einspruchsrecht mit sofortiger Wirkung geltend zu machen.

Die Aufgaben- und Tätigkeitsbereiche, die dem Ministerium für Gleichstellungsfragen obliegen, machen es erforderlich, dem Ministerium einen entsprechenden Etat zuzuordnen.

Weiterhin hat das Ministerium für Gleichstellungsfragen angesichts der weitverbreiteten Unkenntnis und Ignoranz gegenüber der Problematik der Geschlechterfrage eine Aufklärungsfunktion in Form wirksamer Öffentlichkeitsarbeit wahrzunehmen.

3. Jurisdiktion

Die Frage der Gleichstellung der Geschlechter und die Schaffung von Instrumentarien, die eine aktive Gleichstellungspolitik ermöglichen, ist sowohl in der Verfassung der DDR als auch in anderen Gesetzen, insbesondere in denen, die Vertretungskörperschaften auf kommunaler und betrieblicher Ebene betreffen, zu verankern.

Eine besondere Bedeutung im Zusammenhang mit einer bewußten und aktiven Gleichstellungspolitik hat die Erarbeitung eines Gleichstellungsgesetzes. Ein solches Gesetz umfaßt im Grundsatz folgende Punkte:

- Sicherung des gleichwahrscheinlichen Zugangs von Frauen/Mädchen und Männern/Jungen zu Ausbildungs- und Arbeitsplätzen
- Abbau geschlechtstypischer Erziehungsmuster, die zu persönlichkeitseinengenden geschlechtsstereotypen Denk- und Verhaltensweisen führen
- Sicherung gleicher Rechte und Pflichten von Männern und Frauen bei der Erziehung und Betreuung ihrer Kinder
- Schutz von Frauen gegen gewalttätige Übergriffe von Männern, einschließlich der Ehemänner
- Verbot sexistischer Darstellungen in den Medien
- Regelungen, die eine paritätische Verteilung von Ämtern, Mandaten und Leitungsfunktionen unter Frauen und Männern zwingend vorschreiben, wofür geeignete Quotierungsmodelle zu erarbeiten sind.

2.5. *Bildung eines Ministeriums für Familie und Soziales*

Auf Vorschlag der CDU empfiehlt der Runde Tisch, daß in Vorbereitung der Regierungsneubildung nach den Wahlen die Voraussetzungen für ein Ministerium für Familie und Soziales geschaffen werden.

Begründung:

Soziologische Forschungen haben ergeben, daß die Familie für Frauen und Männer aller sozialen Gruppen und Generationen in der DDR zu den wichtigsten Lebenswerten gehört. In der Familie werden Lebensansprüche und Lebensbedürfnisse — Emotionalität, Sicherheit, Geborgenheit und Hilfe — in vielfältiger Weise verwirklicht und erlebt. Sie ist entscheidend für die Persönlichkeitsentwicklung und für den Lebensweg des Menschen.

In der Vergangenheit wurden diese Aspekte nur ungenügend berücksichtigt, was zu Einschränkungen bei der Entfaltung des Einzelnen und der Familie sowie zu einem gravierenden ethischen Werteverlust in der Gesellschaft führte.

Deshalb ist es an der Zeit, mit der gegenwärtigen Umgestaltung die erforderlichen Rahmenbedingungen zur Verwirklichung der

276

Rechte und Interessen von Kindern, Jugendlichen, Frauen und Männern zu formulieren.

Ein dafür verantwortliches Ministerium hat die Formen, Strukturen und Beziehungen der Familien in ihrer Vielfalt zu achten und zu schützen.

Das erfordert:
- Politische, rechtliche, wirtschaftliche und soziale Gleichstellung von Frau und Mann mit Berücksichtigung der Differenziertheit innerhalb beider Gruppen
- Vereinbarkeit der Arbeit in Beruf und Familie durch
  - familienfreundliches Arbeitszeitregime
  - Neufestlegung der Tarifsysteme einschließlich der gesellschaftlichen und finanziellen Aufwertung frauentypischer Berufe
  - gesellschaftliche Aufwertung der Familie und Erhöhung ihrer Verantwortlichkeit bei der Gestaltung ihrer Lebenswerte und bei der Erziehung der Kinder
  - gleichberechtigte Partnerschaft in der Familie, bei der Erziehung und bei der Lastenteilung im Alltag
  - Soziale Sicherung nach tatsächlicher Lebenssituation der Familie
- Festlegung der Rechte des Kindes und Einräumung eines altersbedingten Subjektstatus (in Anlehnung an die UNO-Konvention über die Rechte des Kindes)
- Verwirklichung materieller, sozialer und geistig-kultureller Ansprüche älterer Menschen
- Novellierung von Gesetzen (Auswahl):
  - Familiengesetzbuch (Lebensgemeinschaften, Umgangsrecht mit Kindern aus geschiedenen Ehen, Adoptionsrecht)
  - Arbeitsgesetzbuch (Arbeitszeit, Hausarbeitstag, Lohnbesteuerung)
  - Strafgesetzbuch (Verstöße gegen die Würde des Menschen)
  - Rentengesetz (Lebensarbeitszeit, Vorruhestandsregelung, Anerkennung von Erziehungs- und Pflegezeiten)
  - VO über Sozialpflichtversicherung (Unterstützung für Betreuung und Erziehung der Kinder durch Mütter und Väter)
- Die Übernahme der Verantwortung für Einrichtungen der Vorschulbetreuung und -erziehung (Kinderkrippen und -gärten) sowie der Heimerziehung und qualitative Verbesserung

der Betreuung und Erziehung, z. B. Verringerung der Gruppenstärke, familienähnliche Heimformen

Schwerpunktbereiche des Ministeriums müßten sein:

- Gleichstellung der Geschlechter
- Kinder
- Jugendliche
- ältere Menschen
- Sozialwesen.

2.6. Gleichstellung bei Lehrstellenvergabe

Im Sinne einer aktiven Gleichstellungspolitik fordert der Runde Tisch, daß umgehend die Berufsberatungszentren der DDR durch das Ministerium für Bildung angewiesen werden, die Lehrstellenvergabepläne noch für das Ausbildungsjahr 1990 in bezug auf die in ihnen bislang praktizierte Quotierung verändert werden. Die Änderung muß ermöglichen, daß

1. der freie Zugang zu den Lehrstellen unabhängig vom Geschlecht gewährleistet ist,

2. die ausbildenden Betriebe verpflichtet werden, bei gleicher Eignung das in diesem Beruf jeweils benachteiligte Geschlecht bevorzugt einzustellen (Beispiel: Ausbildungsplätze als Kindergärtner/in mit durchzusetzender Bevorzugung der Bewerber und als Tischler/in mit durchzusetzender Bevorzugung der Bewerberinnen),

3. Einspruchsrecht gegen die Ablehnung von Bewerbungen bei den eingeforderten Referaten für Gleichstellungspolitik der örtlichen Räte besteht,

4. die Anerkennung der Beschwerde durch die unter Pkt. 3 genannten Einrichtungen aufhebende Wirkung gegenüber der Entscheidung des Ausbildungsbetriebes hat.

Begründung:

Durch die bisher geübte Praxis der Lehrstellen- und Studienplatzvergabe werden vor allem Frauen nach wie vor benachteiligt, so daß schon durch die Auswahlkriterien und den Geschlechterschlüssel Frauen vorwiegend in sogenannte frauentypische Berufe gedrängt und Männern selbst bei großem Engagement der Zugang zu diesen Berufen verwehrt wird.

3. Zur Bildung, Erziehung, Jugend

3.1. Positionspapier des Runden Tisches zu Bildung, Erziehung, Jugend

Politik muß von der Achtung vor der Würde jedes Menschen ausgehen. D. h., es sind Werte und Haltungen zu bewahren und zu fördern, die die Gesellschaft diesem Ziel näher bringen.

Als unveräußerliche Ausgangspunkte künftiger Politik betrachtet der Runde Tisch folgende Prinzipien:

1. Chancengleichheit für die Entwicklung jedes Menschen entsprechend seinen individuellen Voraussetzungen.

D. h., es sind entsprechende gesetzliche Rahmenbedingungen im Bereich der Familien-, Sozial-, Kinder-, Jugend- und Bildungspolitik zu erhalten und zu schaffen.

Chancengleichheit verwirklicht sich über Chancengerechtigkeit, die in der Entwicklung und Förderung von Individualität, sozialer Integration und Gleichstellung jedes Menschen besteht.

2. Sicherung des Rechts jedes Menschen auf lebenslange Bildung. D. h., es sind entsprechende gesetzliche Rahmenbedingungen zu erhalten bzw. zu schaffen, um jedem Menschen in jeder Phase seines Lebens den Zugang zu Bildungseinrichtungen zu ermöglichen.

3. Sicherung des Rechts auf soziale Geborgenheit und emotionale Zuwendung von Geburt an.

D. h., es sind Bedingungen in den Familien, Kindereinrichtungen und Heimen zu schaffen, die die gesunde Entwicklung der Kleinkinder zu bindungssicheren und emotional lebendigen Menschen ermöglichen. Dazu ist die individuelle Betreuung in kleinsten Gruppen durch die Begleitung sensibler und fester Bindungspersonen notwendig.

4. Achtung der Integrität/Unantastbarkeit der Persönlichkeit aller Kinder und Jugendlichen.

D. h., die zivilen, politischen, wirtschaftlichen, sozialen und kulturellen Grundrechte der Kinder und Jugendlichen sind in der zukünftigen Verfassung des Landes festzuschreiben und zur ideellen Grundlage der Sozial-, Bildungs- und Jugendpolitik zu machen.

5. Bildungseinrichtungen dürfen nicht nur Institutionen der Wissensvermittlung oder Mittel zum Zweck der beruflichen Qualifikation sein. Sie haben vielmehr dem inhaltlichen Anspruch einer

ganzheitlichen Erziehung gerecht zu werden. Bildungseinrichtungen sollen auch dazu dienen, den Heranwachsenden zu helfen, sich in einer komplizierten, dem schnellen Wandel unterworfenen Gesellschaft zu orientieren und ein aktives und selbstbestimmtes Leben zu führen.

D. h., es sind gesetzliche Rahmenbedingungen zu schaffen, die in Verwirklichung des Prinzips der Chancengleichheit einem solchen Anspruch gerecht werden. Dazu gehören der Erhalt einer staatlich finanzierten 10jährigen Regelschule (staatliche, konfessionelle und alternative Schulen), eine staatlich finanzierte Berufsausbildung und die staatlich finanzierte Hochschulvorbereitung bei Zulassung unterschiedlicher Schultypen; es muß Eltern oder Institutionen möglich sein, Schulen in freier Trägerschaft zu errichten.

Dabei ist die finanzielle Gleichstellung aller Schulen erforderlich; der freie Zugang zu Hoch- und Fachschulen und Universitäten und die republikweite Gleichstellung von Bildungsabschlüssen der Länder.

6. Die Achtung vor der Würde eines jeden Menschen, unabhängig von Alter, Geschlecht, sexueller Orientierung, Nationalität, sozialer und familiärer Herkunft, kultureller, politischer und religiöser Identität schließt grundsätzlich auch die individuellen gesundheitlichen, psychischen und intellektuellen Voraussetzungen ein.

D. h., es sind gesetzliche Rahmenbedingungen zu schaffen, die Ausgrenzung aufgrund von Anderssein und Andersdenken ausschließen und die uneingeschränkte Gewissens- und Glaubensfreiheit garantieren (z. B. Integration von Behinderten, interkulturelle Erziehung in allen Bildungsformen u. ä.).

7. Demokratische Mitbestimmung in allen Bereichen der Bildung und Erziehung für Lernende und deren gesetzliche VertreterInnen sowie Lehrenden bzw. deren Interessenvertretungen.

D. h., es sind gesetzliche Rahmenbedingungen zu schaffen, in denen Wahl und Mitbestimmung von Interessenvertretungen (SchülerInnen, Eltern, LehrerInnen, ErzieherInnen, WissenschaftlerInnen) zur Bildungskultur des Landes werden.

8. Entwicklung vielfältiger Möglichkeiten der Freizeitgestaltung in den Territorien einschließlich der Öffnung der Bildungseinrichtungen für ihr unmittelbares soziales Umfeld, als Stätten der Begegnung der Generationen und von sozialen Gruppen.

D. h., es sind Rahmenbedingungen zu schaffen, die diese Einrichtungen auch zu Stätten der Freizeitgestaltung, Erholung, Entspannung und persönlichen Weiterbildung werden lassen. Dazu ist der Erhalt einer subventionierten sozialen Betreuung für alle Kinder, deren Eltern dies wünschen sowie die Ausbildung und der Einsatz von Freizeit- und Sozialpädagogen dringend geboten.

9. Sicherung des Rechts auf berufliche Bildung (Berufsausbildung, Fach- und Hochschulbildung).

D. h., es sind gesetzliche Rahmenbedingungen zu schaffen, die verstärkt auf Weiterbildungs- und Umschulungsangebote orientieren, um in Korrespondenz und Konkurrenz zu den klassischen Formen der beruflichen Bildung zu bestehen. Die eigene Motivation, sich zu bilden, könnte so im Recht auf lebenslange Bildung seine wirkliche Entsprechung finden. Dabei ist besonders das Recht auf Berufsbildung für Behinderte und vorzeitige Schulabgänger zu gewährleisten.

10. Jugendweihe darf nur in freier Trägerschaft unabhängig von der Schule durchgeführt werden. Eine weltanschaulich neutrale Schulfeier vor dem Übergang in eine differenzierte Oberstufe sollte in die Entscheidung von Eltern und Schüler gelegt werden.

Die Verwirklichung dieser Prinzipien erfordert die gründliche Analyse der bestehenden Bildungssituation und der Folgen der bisherigen Sozial-, Familien- und Bildungspolitik. Vor allem darauf aufbauend (und dann erst mit Blick auf internationale Entwicklungen) muß endlich eine tiefgreifende Bildungsreform beginnen. Das neue Bildungsgesetz kann in diesem Sinne nur durch eine breite demokratische Aussprache aller Beteiligten entstehen. Dies ist denkbar über die Neugestaltung der Verfassungsgrundlage der Gesellschaft und über die Institutionalisierung eines demokratischen, überparteilichen Korrektivs zur offiziellen ministeriellen Bildungspolitik. Die Schaffung eines gesetzlichen Rates „Bildung" unter Einbeziehung der bisherigen Arbeitsgruppe „Bildung, Erziehung und Jugend" des Zentralen Runden Tisches, der offen ist für weitere Gruppen, könnte zum demokratischen Regulativ von Politik werden. Ein solches Gremium, das auf bisher gewonnene demokratische Erfahrungen baut, bereichert die deutsche Demokratielandschaft und deren Ausstrahlung auf Europa.

3.2. Einzelanträge der Arbeitsgruppe Bildung, Erziehung, Jugend

3.2.1. Zu den Rechten des Kindes

Da die Konvention über die Rechte des Kindes vom 20. 11. 1989, welche vom Ministerrat zur Ratifizierung vorbereitet wird, das Ergebnis 10jähriger internationaler Diskussionen und somit Kompromißergebnis aller Länder der Erde ist, bittet der Runde Tisch die gegenwärtige und die zukünftige Regierung, darüberhinaus die Stellung des Kindes als Rechtssubjekt zu bestimmen.

Kinder und Jugendliche müssen den Status von Objekten, die beliebig erzogen, abgegeben, verwahrt und behandelt werden können, verlieren.

Zur Einarbeitung der juristischen Stellung der Kinder als Subjekte in Verfassung, Familien-, Sozial- und weitere Gesetzeswerke bringen wir bis 15. 3. 1990 ein Rechtsgutachten bei. (Dieses Rechtsgutachten wird durch Frau Dr. Niedermeier von der Humboldt-Universität erstellt.)

Die AG „Neue Verfassung der DDR" des Runden Tisches wird gebeten, diese Gesichtspunkte zu berücksichtigen.

3.2.2. Psychologische und sozialpädagogische Hilfen für Kinder, Eltern und Erzieher

Angesichts der gesamtgesellschaftlich großen *Vernachlässigung psychologischer und sozialpädagogischer Hilfen* zur Lebensbewältigung und für die Betreuung und Erziehung von Kindern und Jugendlichen möge der Runde Tisch beschließen:

1. Die Beratungs- und Therapieangebote (einschließlich telefonische Beratung) für Kinder, Jugendliche, Familien, für *alle* Bevölkerungsgruppen ist stark zu erweitern. Der Aufbau von Selbsthilfegruppen ist zu unterstützen. An Lehrerbildenden Hochschulen und Universitäten sind ab September 1990 Beratungsstellen zu schaffen und an ausgewählten Einrichtungen mit der Ausbildung von Beratungslehrern zu beginnen. Der Bedarf an Beratungslehrern und Sozialpädagogen bzw. Sozialarbeitern für Schulen und Territorien ist umgehend zu ermitteln.

2. In die Allgemeinbildung und in die Lehrer- und Erzieheraus- und -weiterbildung ist die emotional getragene und praxisorientierte Vermittlung von Hilfen zur Lebensbewältigung verstärkt aufzunehmen.

Die Angebote zur Elternbefähigung in Schule, Jugendarbeit und während der gesamten Elternschaft sind zu entwickeln.

3. Für die unter 1. und 2. genannten Aufgaben sind unverzüglich gesetzliche und finanzielle Regelungen zu treffen. Es sind notwendige Planstellen für die Ausbildung und Tätigkeit von Psychologen, Beratungslehrern, Sozialpädagogen bzw. Sozialarbeitern zu schaffen.

Weiterhin sind gemeinnützige freie Träger bei der Schaffung von Beratungsstellen und anderer Einrichtungen zur psychologischen, sozialpädagogischen bzw. sozialen Hilfe durch den Staat finanziell und materiell zu unterstützen.

3.2.3. Zur Demokratisierung im Bildungswesen

Die stalinistischen Strukturen, Inhalte und Methoden des Bildungswesens und der pädagogischen Wissenschaften sind umfassend aufzudecken und zu beseitigen.

Der künftigen Volkskammer wird empfohlen, eine parlamentarische Kommission zu bilden, in der basisdemokratische Bildungsinitiativen mitarbeiten.

Die Kommission sollte untersuchen:
- die innere Struktur des Ministeriums für Volksbildung
- die Verflechtung des ehemaligen Volksbildungsministeriums mit dem Ministerium für Staatssicherheit
- die Rolle der Inspektoren
- den Anteil der Schulräte und Direktoren bei der Diskriminierung von Lehrern und Schülern
- die Rolle der Akademie der Pädagogischen Wissenschaften.

3.2.4. Rehabilitierung

Die Rehabilitierung und Wiedereinstellung von LehrerInnen, ErzieherInnen und anderen ehemaligen MitarbeiterInnen aus dem Bereich Volksbildung, die in der Vergangenheit aus politischen Gründen ihren Beruf nicht mehr ausüben durften bzw. aus politischen oder Gewissensgründen selbst aufgegeben haben. Ebenso ist zu gewährleisten, daß Jugendliche, die in den zurückliegenden Jahren aus politischen oder weltanschaulichen Gründen keine Zulassung zum Hoch- oder Fachschulstudium erhalten haben, rehabilitiert und bevorzugt mit einem Studienplatz ihrer Wahl versorgt werden.

3.2.5. Übernahme in den pädagogischen Dienst

Der Zentrale Runde Tisch möge den Runden Tisch in den Kreisen und Stadtbezirken empfehlen zu überprüfen, ob ehemalige Mitarbeiter von MfS und ehemalige Angehörige der NVA, die keine zivile pädagogische Ausbildung haben, von den Kreisabteilungen der Volksbildung als Pädagogen eingestellt wurden.

Liegt eine pädagogische Ausbildung vor, ist der Arbeitsvertrag unter Berücksichtigung der bisherigen Tätigkeit auf die rechtlich mögliche Frist zu begrenzen, um anschließend eine dauerhafte Entscheidung zu fällen. Liegt keine pädagogische Ausbildung vor, sind bereits abgeschlossene Arbeitsverträge für ungültig zu erklären bzw. so lange auszusetzen, bis eine pädagogische Ausbildung erfolgt ist.

3.2.6. Planstellenbestand im Hoch- und Fachschulbereich

Die Regierung der DDR, insbesondere der Minister für Bildung, werden aufgefordert anzuweisen, daß bis zum Inkrafttreten eines neuen Bildungs- bzw. Hochschulgesetzes der DDR keine Verringerungen des Planstellenbestandes im Hoch- und Fachschulbereich vorgenommen werden. Darüberhinaus ist es notwendig, unter grundsätzlicher Einbeziehung der Gewerkschaften Wissenschaften sowie Unterricht und Erziehung eine ausgewogene Konzeption zur Umstrukturierung des gesamten Hoch- und Fachschulwesens auszuarbeiten, öffentlich zu diskutieren und im Rahmen eines Stufenplanes zu verwirklichen. Das schließt Regelungen zum weiteren Einsatz, zur Umschulung oder auch zum Arbeitsplatzwechsel für Hoch- und Fachschulkader ein.

Begründung:

In einer Vielzahl von Fachschulen, Hochschulen und Universitäten der DDR ist gegenwärtig die Tendenz zu beobachten, daß Sektionen/Institute aufgelöst bzw. vorhandene Planstellen gekürzt oder gestrichen werden. Dabei geht es nicht nur um Sektionen wie Marxismus/Leninismus, Geschichte und Rechtswissenschaften, sondern z. B. auch um Rehabilitationspädagogik und Psychologie. Dies steht den zukünftig vor der Wissenschaft stehenden Aufgaben, zu denen auch die Sicherung eines wissenschaftlichen Nachwuchses gehört, konträr gegenüber. Mit der zu erwartenden Erhöhung der Studentenzahlen durch die Neuregelung des Immatrikulationsverfahrens werden zudem eher mehr Hoch- und Fachschullehrer als bisher gebraucht. Dabei geht es nicht um die Weiterbeschäftigung von Personen, sondern ausdrücklich um den Erhalt vorhandener Planstellen. Inkompetente Personen müssen durch solche ersetzt werden, die in der Lage sind, sich aktiv in die tiefgreifende Erneuerung unserer Gesellschaft einzubringen bzw. die Stellen bleiben vorläufig unbesetzt.

3.2.7. Direkte Bewerbung

LehrerInnen und ErzieherInnen ist die direkte Bewerbung zwecks Einstellung an den entsprechenden Bildungseinrichtungen zu ermöglichen. Dafür sind die entsprechenden Rechtsgrundlagen zu schaffen.

3.2.8. Kinderkulturfonds

1. Die Regierung der DDR wird beauftragt, einen Kinderkulturfonds einzurichten, mit dessen Hilfe kommunale Kinder- und Jugendfreizeitarbeit auf allen Ebenen gefördert und unterstützt werden kann.
Bisher durch und für Kinder und Jugendliche genutzte Einrichtungen sollten für sie erhalten werden unabhängig von ihrer Rechtsträgerschaft.

2. Der Runde Tisch empfiehlt der Regierung, außerschulische Bildungseinrichtungen, die auf vertraglicher Grundlage zwischen den Erziehungsberechtigten und den Einrichtungen arbeiten, weiterhin zu subventionieren (u. a. Musikschulen und Musikunterrichtskabinette).

3. Die Regierung der DDR wird beauftragt, den Lohnfonds der 5 000 Planstellen der ehemaligen Pionierleiter in den Verantwortungsbereich des Amtes für Jugend und Sport und in kommunale Verantwortung für die Einstellung der Freizeitpädagogen zu überführen. Eine entsprechende Aus- und Weiterbildung ist zu entwickeln.

4. Die Betriebe werden dringend aufgefordert, ihre Betriebsferienlager und die in ihre Rechtsträgerschaft übergegangenen zentralen Pionierlager (bzw. Kindererholungszentren) auch künftig vorrangig für Kinder zu nutzen. Die bis dato vorhandenen Subventionen sind durch staatliche Mittel auszugleichen.

5. Die Betriebe werden dringend aufgefordert, ihre Betriebssportgemeinschaften für die sportliche Freizeitgestaltung der Kinder und Jugendlichen auch weiter zur Verfügung zu stellen. Die Kosten für die Nutzung tragen die Kommunen.

6. Jede Partei benennt einen Kinderbeauftragten. Diese bilden eine Kinderkommission.

3.2.9. Zur UNESCO-Charta der Rechte der Lehrer

Der Ministerrat wird beauftragt, die UNESCO-Charta der Rechte der Lehrer anzuerkennen und in zukünftige Rechtspositionen einzubeziehen.

Durch die Anerkennung der Gültigkeit des benannten internationalen Vertrageswerks auch für das Hoheitsgebiet der DDR wird auch über den 18. 3. 1990 hinaus eine grundsätzliche Sicherung der Verantwortung des Staates gegenüber Pädagogen gewährleistet. Damit würde eine übergreifende Position gesichert werden, die der allgemeinen Unsicherheit auf diesem Gebiet begegnen könnte.

3.2.10. Fortbestand der Häuser der Lehrer

Der Runde Tisch möge die Regierung dazu veranlassen, für den Fortbestand der „Häuser der Lehrer" zu sorgen bei Überprüfung und Korrektur der Rechtsträgerschaft.

Im Zusammenhang mit der notwendigen Neubestimmung der Aufgaben dieser Einrichtungen sind die rechtlichen und organisatorisch-technischen Voraussetzungen für die ungehinderte Arbeit auch der unabhängigen bildungspraktischen Initiativgruppen zu gewährleisten.

3.2.11. Zur Erhaltung subventionierter Schulspeisung

Der Runde Tisch fordert die Regierung auf, die gesetzlichen Grundlagen zu schaffen, um die Gewährleistung der subventionierten Schul- und Kinderspeisung durch die Kommunen zu sichern. Die Kommunen haben die personellen und materiellen Voraussetzungen zu schaffen, daß an sämtlichen Bildungseinrichtungen (Kindertagesstätten, Schulen, Heimen, Berufsschulen, Fach- und Hochschulen) täglich eine regelmäßige warme Mahlzeit gewährleistet ist.

3.2.12. Positionen zur Sicherung des polytechnischen Unterrichts

Der polytechnische Unterricht sollte inhaltlich neubestimmt werden und auch in einem künftigen Bildungskonzept Bestandteil der Allgemeinbildung sein.

Es sind neue rechtliche Grundlagen für die Finanzierung des polytechnischen Unterrichts zu erarbeiten, die von einer Stützung der Betriebe aus dem Staatshaushalt ausgehen.

Die berufspraktische Arbeit der Schüler sollte in allen Bereichen, insbesondere im Sozialbereich und im Bereich des Umweltschutzes erfolgen.

3.2.13. Offenlegung der Finanzen im Bereich der Bildung

Der Runde Tisch empfiehlt der Regierung, die sofortige Offenlegung des Finanzhaushaltes im Bereich der Bildung zu veranlassen.

Im Zusammenhang mit dieser Offenlegung muß eine klare Aussage über die zur Verfügung stehenden Mittel und ihre Verwendung in den letzten 2 Jahren sowie die für dieses Kalenderjahr zur Verfügung stehenden bzw. bereits verplanten Mittel erfolgen.

3.3. Zu Kleinkindern in Dauerheimen

Die gegenwärtige Regierung wird durch den Runden Tisch gebeten, sofort zu veranlassen, daß keine Verlegung von Kleinkindern aus Dauerheimen des Ministeriums für Gesundheits- und Sozialwesen in Heime des Ministeriums für Bildung mehr stattfinden.

Auch Verlegungen älterer Heimkinder sind zur absoluten Ausnahme zu machen.

3.4. Der Runde Tisch nimmt den Einzelantrag des Unabhängigen Frauenverbandes zur Kenntnis.

Die Regierung der DDR wird gebeten, als Sofortmaßnahmen

1. Das Haus 18 (Sozialtrakt) auf dem Gelände des ehemaligen M. f. S. Normannen-/Ruschestr. als Gebäude für das „Haus der Begegnung – Kulturelles Zentrum für geistig behinderte Menschen und ANDERE zur Verfügung zu stellen.

2. Oder: ihre Autorität dafür einzusetzen, daß ein anderes verkehrsgünstig gelegenes Kulturhaus (im Zentrum bzw. dem Zentrum nahe gelegenen Stadtbezirk) dafür gefunden wird.

3. Mit dem Initiator des Projektes zu beraten, wer und auf welche Weise die notwendigen personellen, materiellen und finanziellen Voraussetzungen zu schaffen sind.

Begründung:

Geistig und anders behinderte Menschen haben ein Recht auf freie Entfaltung ihrer Individualität, auf vielfältige und sinnvolle Betätigung in der Freizeit, besonders auch auf schöpferisch-kreative Arbeit in den Künsten, damit auf uneingeschränkte Integration in die Gesellschaft. Hiermit wäre einer der notwendigen Schritte eingeleitet, um dieser großen Gruppe von Menschen, die ein diskriminiertes Leben führten und führen, in diesem Bereich Kultur Gerechtigkeit widerfahren zu lassen.

3.5. Zur Tätigkeit der Kinder- und Jugendverbände

Im Ergebnis der Tätigkeit des „Runden Tisches der Jugend", der notwendig gewordenen symbolischen Besetzung des Hauses der Jugend (ehemals Zentralrat der FDJ) und der auf der Grundlage eines Briefes des „Runden Tisches der Jugend" an den Ministerpräsidenten Hans Modrow getroffenen Festlegung der Einberufung einer Kommission unter Leitung des Amtes für Jugend und Sport zur Sicherung und Kontrolle der Objekte zur Nutzung durch Kinder und Jugendliche beschließt der Runde Tisch:

1. Die Regierung, das Parlament und alle sich zur Wahl stellenden Parteien und Bewegungen bekennen sich zur Wahrung aller grundlegenden Rechte der Kinder und Jugendlichen.

2. Die mit der Wahl am 18. 3. 1990 legitimierte Regierung unseres Landes sichert die Bereitstellung von finanziellen Mitteln aus dem Staatshaushalt für die Tätigkeit der Kinder- und Jugendverbände und -bewegungen.

3. Die mit der Wahl am 18. 3. 1990 legitimierte Regierung unseres Landes akzeptiert und unterstützt die eingesetzte Kommission im Amt für Jugend und Sport zur Sicherung der Mittel, Objekte und Werte (die vormals der FDJ zur Verwaltung übergeben wurden) für die Jugendverbände und -bewegungen.

4. Die mit der Wahl am 18. 3. 1990 legitimierte Regierung unseres Landes schafft Voraussetzungen zur Sicherung aller Objekte, die den Kindern der Nutzung übergeben wurden (z. B. Freizeit und Erholung).

288

3.6.

Der Runde Tisch übergibt 18 Anträge dem Ministerium für Bildung zur Information. Diese Anträge wurden nicht im Plenum behandelt.

4. Zu Rechtsfragen

4.1. Zum Entwurf einer Verordnung über die Tätigkeit und die Zulassung von Rechtsanwälten mit eigener Praxis

Der Runde Tisch bejaht die Verordnung als Übergangsregelung und erwartet die Überarbeitung besonders im Blick auf § 6, b (Ausbildungsfragen).

4.2. Zur Arbeitsfähigkeit der Gerichte und Gewährleistung einer unabhängigen Rechtssprechung

Briefe der Richter an die Regierung der DDR und an den Runden Tisch zeugen von der großen Sorge über die Lage in der Rechtsprechung unseres Landes.

Die Rede ist von einer ernsthaften Gefährdung der Aufrechterhaltung der Rechtsprechung auf den wichtigsten Gebieten.

In dieser Lage, die sich seither eher verschlechtert als stabilisiert hat, setzt der Runde Tisch seine demokratische Autorität und Wirksamkeit ein, um die sehr kritische Grundsituation in der Rechtsprechung zum Nötigen zu wenden.

Der Runde Tisch ruft alle Mitarbeiter der Justiz, alle demokratischen Kräfte, alle Bürger auf, mit Vernunft und Rechtsbewußtsein zur Aufrechterhaltung der Rechtsprechung, zum weiteren Herausbilden der Rechtsstaatlichkeit beizutragen.

Der Runde Tisch unterstützt die vom Minister der Justiz, Prof. Dr. Kurt Wünsche, getroffene Einschätzung in seiner Erklärung vom 29. 1. 1990, daß die große Mehrzahl der Verfahren, die Zivil-, Familien- und Arbeitssachen sowie Straftaten der allgemeinen Kriminalität betrafen, unter Wahrung rechtsstaatlicher Prinzipien durchgeführt worden sind.

Der Runde Tisch unterstützt die Grundeinschätzung des Ministers, daß es nicht um eine Infragestellung der gesamten Rechtssprechung und der gesamten Richterschaft gehen kann.

Der Runde Tisch hält es für notwendig, bald den Entwurf eines Richtergesetzes zu erörtern.

Die Gründe dafür liegen vor allem in folgendem:

— In der demokratischen Revolution unseres Volkes sind entschieden Forderungen nach Herstellung von Rechtsstaatlichkeit mit der Forderung nach der absoluten Unabhängigkeit der Richter in ihrer Tätigkeit erhoben worden, wie dies im Entwurf des Richtergesetzes fixiert worden ist.
Das schließt ein, künftig keine Wahl mehr der Richter der Bezirks- und Kreisgerichte durch die jeweiligen örtlichen Volksvertretungen. Die Begründung des Dienstverhältnisses erfolgt durch Berufung.
— Wenn die Volkskammer am 18. März gewählt wird, muß die Neuwahl des Präsidenten und des Vizepräsidenten, der Richter des Obersten Gerichts (vgl. Artikel 50 der Verfassung) und des Generalstaatsanwalts innerhalb von 3 Monaten erfolgen, also bis zum 18. Juni 1990.

Analoge Überlegungen sind im Hinblick auf die am 6. Mai 1990 stattfindenden Kommunalwahlen und das Amtieren der Direktoren, Richter und Schöffen der Bezirks- und Kreisgerichte anzustellen.
Der Runde Tisch beschließt:

1. Er fordert die Regierung auf, umgehend Maßnahmen einzuleiten, um aus der Rechtsprechung alle Richter zu entfernen, die maßgeblich die damalige politische Strafrechtssprechung angeleitet und ausgeübt haben.
Das betrifft: Mitglieder des Präsidiums des Obersten Gerichts, Direktoren und Stellvertreter für Strafrecht der Bezirksgerichte sowie die für das politische Strafrecht verantwortlichen Richter (1a Senate) und die Richter, die am Sitz der Untersuchungshaftanstalten der Untersuchungsorgane des ehemaligen MfS, die von ihnen ermittelten Verfahren juristisch verantwortlich verhandelt und entschieden haben.
Im Interesse der differenzierten Feststellung einer Verantwortung ist ein unabhängiges Gremium auf zentraler Ebene einzusetzen, welches auf Antrag der Betroffenen die Begründetheit der getroffenen Maßnahmen prüft.

2. Die Volkskammer möge einen Beschluß herbeiführen, daß die Wahlperiode der Kreis- und Bezirksgerichte bis zur Annahme des Richtergesetzes verlängert wird.
Das Oberste Gericht ist umgehend von der neuen Volkskammer zu wählen.

Kandidaten für das Oberste Gericht sollten vom Richterbund, dem Minister der Justiz und vom Obersten Gericht selbst vorgeschlagen werden.

Ebenso fordert der Runde Tisch den Generalstaatsanwalt der DDR auf, in seinem Verantwortungsbereich analog dem vorliegenden Beschluß zur Sicherung der Arbeitsfähigkeit der Gerichte und der Gewährleistung einer unabhängigen Rechtssprechung zu verfahren.

4.3. Zur Aufklärung von Amtsmißbrauch, Korruption und persönlicher Bereicherung

Seit dem 22. 12. 1989 arbeiten die Untersuchungsabteilung des Ministerrates und eine unabhängige Untersuchungskommission gemeinsam an der Aufklärung von Hinweisen zu Amtsmißbrauch, Korruption, Privilegien und anderen Problemen.

Die vorliegenden etwa 1 000 Hinweise, Anfragen und Forderungen konzentrieren sich auf folgende Schwerpunkte:

- ungesetzliche Eingriffe in privates Eigentum durch Amtsträger einschließlich MfS,
- Beschwerden gegen Leistungsentscheidungen und persönliche Verhaltensweisen von Amtsträgern,
- korruptives Zusammenwirken von Amtsträgern zur persönlichen Bereicherung,
- Selbstverordnung und rigorose Nutzung von Privilegien durch Amtsträger auf allen Ebenen zum Nachteil von Volkseigentum,
- Fortsetzung von Amtsmißbrauch, besonders im Zusammenhang mit Behinderung von Maßnahmen zur Aufdeckung und ihrer Aufklärung sowie Fortbestehen ungerechtfertigter Privilegien,
- persönliche Probleme in Beruf, Familie usw.

Nach den Wahlen am 18. 3. und 6. 5. 1990 wird die Flut der Hinweise und Eingaben vermutlich weiter zunehmen, weil

- vielfältig kein Vertrauen mehr in eine ordnungsgemäße Klärung der Eingaben und
- gegenwärtig auch häufig Angst vor Repressalien

durch die noch intakten alten Leitungs- und Verwaltungsstrukturen beim Bürger vorhanden ist.

Es ist der Untersuchungsabteilung bewußt, daß die Sachkompetenz von nur 18 Mitarbeitern und die begrenzte juristische Legitimation nicht ausreichen, um auch nur annähernd die durch die Bürger an uns herangetragenen Hoffnungen und Erwartungen erfüllen zu können. Trotzdem wird in Zusammenarbeit mit dem Obersten Gericht, der Staatsanwaltschaft und den Untersuchungsabteilungen der Kriminalpolizei sowie der Räte der Bezirke eine parallele und ordnungsgemäße Bearbeitung der Vorgänge organisiert.

Die Aufarbeitung dieser aus 40 Jahren DDR resultierenden Erblast kann längerfristig nur von rechtsstaatlichen Institutionen (Verwaltungsgerichte, Verfassungsgericht, Petitionsausschüsse der Volkskammer und künftigen Länderkammern, einen parlamentarischen Untersuchungsausschuß, in den bisherige Mitglieder der Unabhängigen Untersuchungskommission kooptiert werden könnten) übernommen werden.

Die Arbeit der jetzigen Untersuchungsabteilung ist vorerst nur bis zum 10. 3. 1990 geplant. An diesem Tag wird die Untersuchungsabteilung dem Ministerpräsidenten einen Abschlußbericht über ihre Tätigkeit vorlegen.

Es ist offen, welche Institution die weitere Bearbeitung der laufenden und neu eingehenden Vorgänge übernimmt.

Wenn vermieden werden soll, daß mit dem 10. 3. 1990 die weitere Klärung zu den noch nicht abgeschlossenen Vorgängen beendet wird und die Unterlagen irgendwo abgelegt werden, ist umgehend zwischen dem Ministerrat und dem Zentralen Runden Tisch zu vereinbaren, daß zu diesem Komplex eine stabile Weiterarbeit über den Wahltermin 18. 3. hinweg zu sichern ist.

Der Zentrale Runde Tisch beschließt auf Vorschlag der Mitglieder der Untersuchungsabteilung und der Unabhängigen Untersuchungskommission:

Der Ministerrat wird aufgefordert, die Arbeit der zeitweiligen Untersuchungsabteilung des Ministerrates zu Amtsmißbrauch, Korruption und persönlicher Bereicherung in Verbindung mit der Arbeit der Unabhängigen Untersuchungskommission über den Wahltermin 18. 3. 1990 hinaus zu sichern, bis von dem dann neu zu bildenden Ministerrat über die Übernahme dieser Aufgabenstellung durch entsprechende Organe entschieden wird.

5. Zur Währungsunion

Da die Regierung der DDR kein Mandat hat, eine Währungsunion mit der BRD bis zum 18. März 1990 zu vereinbaren, ist es auch unzulässig, daß die Expertenkommission jetzt hinter geschlossenen Türen verhandelt.

Gegenstand dieser Verhandlungen sind die Existenzgrundlagen der Menschen in der DDR, wie z. B.

- das Lohn-Preis-Gefüge
- die Besteuerung der Arbeitseinkommen und das zukünftige Steuerrecht in der DDR
- die Rentenhöhe
- der Warenkorb für das Existenzminimum
- Verfügbarkeit über die Spareinlagen
- die Bodenbewertung
- die Einschätzung des produzierten Volksvermögens

Dies geht alle an. Deshalb bittet der Runde Tisch die Expertenkommission, am 12. 3. 1990 über Prämissen und Randbedingungen ihrer Arbeit zu informieren.

Ergebnisse der 16. Sitzung des Rundtischgespräches am 12. März 1990

1. Zu Unterlagen des Runden Tisches

1. Das Schriftgut des Runden Tisches und seiner Arbeitsgruppen sowie die elektronischen Datenträger werden als eigenständiger Bestand in das Archiv für Staatsdokumente beim Ministerrat übernommen.

2. Die Übernahme, Sicherung, Bearbeitung und Benutzung des Schriftgutes erfolgt entsprechend den geltenden Rechtsvorschriften.

Der freie Zugang zu diesen Materialien für in- und ausländische Institutionen, wissenschaftliche Einrichtungen und Bürger wird jeder Zeit gewährleistet.

3. Die archivische Aufbereitung aller Materialien des Runden Tisches erfolgt in direkter Zusammenarbeit zwischen dem Arbeitssekretariat des Runden Tisches und dem Sekretariat des Ministerrates und im Zusammenwirken mit dem Zentralen Staatsarchiv in Potsdam.

4. Eventuelle Einnahmen aus der Vergabe von Rechten werden für caritative Zwecke (UNICEF) zur Verfügung gestellt.

5. Die Regierung wird gebeten, die finanziellen, technischen und räumlichen Voraussetzungen für die Nacharbeit des Runden Tisches einschließlich der Arbeitsgruppen bis zum 31. März 1990 zu gewährleisten.

2. Zur Einführung einer sozialen Marktwirtschaft

Die gesellschaftliche und wirtschaftliche Entwicklung auf dem Gebiet der DDR ist abhängig davon, wie schnell es gelingt, eine effiziente soziale Marktwirtschaft zu installieren.

Dazu sind die „Zielstellungen, Grundrichtungen, Etappen und unmittelbaren Maßnahmen der Wirtschaftsreform" vom Ministerrat am 1. 2. 1990 verabschiedet, konsequent in die Praxis umzusetzen. Ein Haupthemmnis bei der Durchführung der Wirtschaftsreform besteht darin, daß die Leitung der erforderlichen Prozesse in maßgeblichem Umfang von Leitern betrieben wird, die die verfehlte SED-Wirtschaftspolitik entscheidend mitzuverantworten haben.

Es gibt Anlaß, Stellung zu nehmen zu Entscheidungen in Personalangelegenheiten, die im Zusammenhang mit Strukturveränderungen und Rationalisierungsmaßnahmen in Staatsorganen, Betrieben und Einrichtungen getroffen werden.

Leiter, die nach kaderpolitischen Prinzipien der SED-Führung eingesetzt wurden, moralisch und politisch belastet sind und immer noch unter den alten Strukturen ihre Macht ausüben, versuchen, durch personalpolitische Weichenstellungen noch vor den Wahlen zur Volkskammer am 18. März vollendete Tatsachen für eine künftige, ihren Interessen entsprechende Entwicklung zu schaffen. Mit dieser Art Machtmißbrauch verängstigen und demoralisieren sie Mitarbeiter, die ihnen in dieser Absicht nicht folgen und ihre Handlungen demokratisch kontrollieren wollen. Dabei wird rücksichtslos geltendes Recht (z. B. AGB) verletzt.

Die Regierung, die aus den Wahlen zur Volkskammer am 18. März hervorgehen wird, sollte sicherstellen, daß alle Personalentscheidungen der Leiter aus alten Machtstrukturen einer demokratischen Prüfung unterzogen und gegebenenfalls korrigiert werden. Deshalb sind in den Betrieben, Einrichtungen und Staatsorganen unverzüglich die gewerkschaftlichen Vertretungen und Betriebs- bzw. Personalräte so zu entwickeln und zu stärken, daß eine demokratisch gesicherte Personalpolitik gewährleistet wird. In diesem Sinne sind die Arbeiten am Betriebsverfassungsgesetz zu beschleunigen und zu verabschieden.

Die am Runden Tisch vertretenen Parteien und Gruppierungen werden aufgefordert, diesen Prozeß aktiv mitzutragen. Der Runde Tisch unterstützt diese Forderung.

3. Einsatz von sachkompetenten und demokratisch bestätigten Leitern

Die Regierung ist aufzufordern, zur Schaffung von Voraussetzungen für eine zukunftsfähige Entwicklung unserer Gesellschaft die durch stalinistische Kaderpolitik im Verlaufe von 40 Jahren geschaffenen Machtstrukturen aufzubrechen.

Begründung:

— Die stalinistische Kaderpolitik der vergangenen 40 Jahre hatte erklärtermaßen das Ziel, den Machterhalt, die Machterweiterung der SED und ihrer führenden Mitglieder zu sichern. Konsequenterweise ging es bei der Kaderauswahl in erster Linie um politisches Wohlverhalten. Fachliche Kompetenz, mo-

ralische Integrität und Leitungsqualitäten spielten eine unter-
geordnete Rolle.
— Es gibt zahlreiche gesicherte Beispiele, daß bisher leitende Ka-
der, nachdem sie in der Regel die nun nicht mehr führende
Partei verlassen haben, ihre bisherige Kaderpolitik des Macht-
erhalts für sich und ihre alten Freunde fortsetzen, indem sie
sich durch die von ihnen Geförderten scheindemokratisch legitimieren lassen oder durch die Schaffung neuer Strukturen
ihre persönlichen Positionen sichern. Fehlende und nicht den
gegenwärtigen Erfordernissen entsprechende Mitbestimmungsrechte der Werktätigen begünstigen dieses Vorgehen.

Sofortige Maßnahmen

1. Die Kaderleiter (Personalchefs) aller Einrichtungen der Wirtschaft, der Wissenschaft, des Bildungswesens sowie in den staatlichen Einrichtungen und Verwaltungen sind mit sofortiger Wirkung von ihrer Funktion zu entbinden. Die Neueinstellung eines
Personalchefs obliegt dem neuen Leiter. Die gewählten betrieblichen Gewerkschaftsorgane bzw. die Betriebsräte erhalten das Ve-
torecht.

2. Die Regierung wird aufgefordert, die Festlegungen in den Mi-
nisterratsbeschlüssen vom 21. 12. 1989/1. 2. 1990 (siehe Anlage),
die den Generaldirektoren bzw. den zuständigen Ministern die
Eigenverantwortung bei wirtschaftsorganisatorischen Maßnahmen einräumt, sofort aufzuheben und bereits getroffene, mit demokratischen Organen nicht abgestimmte Entscheidungen zu re-
vidieren.

3. Die Vernichtung, Veränderung bzw. Rückgabe von Kaderun-
terlagen ist *sofort* zu beenden. Der entsprechende Ministerratsbe-
schluß ist außer Kraft zu setzen. Eine einheitliche Regelung zum
Umgang mit Kaderakten ist schnellstens zu erarbeiten. In den
Personalunterlagen ist die Parteizugehörigkeit vor dem 30. 6.
1989 wahrheitsgemäß festzustellen. Sie hat den Erfordernissen
des Personen-Datenschutzes zu entsprechen.

4. Die laufenden Berufungsverfahren zu Hochschullehrern bzw.
Akademieprofessoren sind generell auszusetzen. Eine Ausnahme
bilden begründete Härtefälle, die durch den Minister für Bildung
bzw. den neu gewählten Präsidenten der AdW der DDR zu entscheiden sind. Umberufungen von Hochschullehrern sind mit sofortiger Wirkung auszusetzen, bereits erfolgte Umberufungen
müssen anhand von durch die neue Regierung zu erarbeitenden
Kriterien auf ihre Rechtmäßigkeit überprüft werden.

Künftige Maßnahmen

5. Alle zur Wahrnehmung mittlerer und höherer Funktionen berufenen oder ernannten Leiter in Einrichtungen der Wirtschaft, der Wissenschaft, des Bildungswesens sowie in den staatlichen Einrichtungen und Verwaltungen haben sich einer Vertrauensabstimmung aller Beschäftigten mit vorausgehender öffentlicher Aussprache und Anhörung zu stellen. Diese Abstimmung hat geheim zu erfolgen. Bis dahin erhalten die genannten Leiter den Status „amtierend".

6. Ein abgewählter Leiter darf seine Funktion nicht weiter ausüben. Bis zur Einsetzung eines neuen Leiters ist dessen Funktion kollektiv wahrzunehmen.

Anlage

Auszug aus dem Beschluß des Ministerrates vom 1. 2. 1990 (12/3/90)

Festlegung 6

Die Generaldirektoren der zentralgeleiteten Kombinate werden berechtigt, ab sofort jede Art von wirtschaftsorganisatorischen Maßnahmen innerhalb des Kombinates oder Handelsorgans in eigener Verantwortung zu entscheiden.

Veränderungen, die über den Rahmen des Verantwortungsbereiches der Generaldirektoren . . . hinausgehen, sind in eigener Verantwortung durch die zuständigen Minister zu entscheiden.

Grundlage Beschluß des Ministerrates vom 21. 12. 1989 (8/I.1/89)

Auszug aus dem Beschluß des Ministerrates vom 21. 12. 1989 (8/I.1/89)

S. 10, Punkt 2 a

Die Generaldirektoren der Kombinate sind berechtigt, innerhalb ihres Bereiches eigenverantwortliche Entscheidungen zur Herausbildung und Durchsetzung effektiver Leitungsstrukturen zu treffen. Das betrifft z. B. Fragen der Leitung über den Stammbetrieb, die Zusammenführung bzw. Neuordnung von Betrieben ihres Bereiches nach dem Erzeugnisprinzip. Vorschläge zur Überführung bestimmter Betriebe, Betriebsteile bzw. einzelner Erzeugnisse in andere Verantwortungsbereiche sind, sofern damit nicht Veränderungen von Eigentumsformen verbunden sind, durch die zuständigen Minister bzw. Vorsitzenden der Räte der Bezirke zu entscheiden.

4. Zu Fragen des Wohnsitzes von Führungskräften, von Parteien und politischen Vereinigungen

Im Zusammenhang mit dem Aufbau der neuen Parteien und politischen Vereinigungen, der Konstituierung eines neuen Parlaments und einer neuen Regierung ergibt sich für viele an diesen Stellen Engagierte die Notwendigkeit, ihren Wohnsitz ständig oder vorübergehend nach Berlin zu verlegen.

1. Die freie Wahl des Wohnortes ist für alle Bürgerinnen und Bürger der DDR ab sofort zu gewährleisten.

2. Der Magistrat von Berlin wird aufgefordert,
auf Antrag der jeweiligen Parteien und politischen Vereinigungen für Personen, die in den zentralen Vorständen arbeiten oder im zukünftigen Parlament bzw. der Regierung tätig sind, entsprechenden Wohnraum zur Verfügung zu stellen.

5. Zu Ämtern für Arbeit

Zur Neuprofilierung und Umstrukturierung der Ämter für Arbeit in der DDR ist u. a. dringend eine bessere Ausstattung mit Räumlichkeiten und entsprechenden materiellen Mitteln erforderlich. Um schnell den schon massiv anstehenden Problemen gerecht werden zu können, müssen die Ämter für Arbeit bei der Vergabe von ehemaligen Objekten und Inventars des MfS die notwendige Berücksichtigung finden.

6. Zum sozialen Sicherungsnetz

Der Runde Tisch empfiehlt der neuen Regierung, neben der Expertengruppe zur Wirtschafts- und Währungsunion eine eigenständige Expertengruppe zum Sozialverbund zu bilden.

Auf der Grundlage der am Runden Tisch und der Volkskammer der DDR mit Ergänzungen angenommenen Sozialcharta ist über eine Sozialordnung zu verhandeln, die den Bürgerinnen/Bürgern in der DDR und BRD ein umfassendes soziales Sicherungsnetz garantiert.

Die bestehende Arbeitsgruppe Sozialpolitik, in der FDGB, UFV, SPD, VdgB, Grüne Partei, Volkssolidarität und NDPD vertreten sind, erklärt sich bereit, in der bewährten demokratischen Form die Arbeit dieser Expertengruppe zu unterstützen.

7. Zur Privatisierung von Volkseigentum

0. Ziel der Vorlage ist die Absicht, Volkseigentum zugunsten der Bürgerinnen und Bürger der DDR zu privatisieren, um es den vielfältigen Formen der Kapitalbeteiligung im Sinne der Marktwirtschaft zu verbinden.

1. Nicht die Überführung des Volkseigentums in ein Treuhandinstitut ist der Streitpunkt, sondern es muß vor der Bildung von Kapitalgesellschaften eine unentgeltliche Eigentumsübertragung auf das Volk durch das Parlament entsprechend den am Runden Tisch beschlossenen Vorlagen erfolgen.

2. Die Regierung wird nochmals aufgefordert, die Bewertung des Volkseigentums als Vorbedingung einer Privatisierung zugunsten der Bürgerinnen und Bürger zu gleichen und unentgeltlichen Anteilen voranzutreiben.

3. Die Regierung wird nochmals aufgefordert, auf der Grundlage der am 12. 2. und 26. 2. übergebenen Materialien die Privatisierung des dafür vorgesehenen Anteils des Volkseigentums zugunsten der Bürger vorzubereiten (siehe Anlage).

4. Die Regierung wird aufgefordert, ein Rechtsgutachten erstellen zu lassen, inwiefern die rechtliche Aufwertung von genossenschaftlichem Eigentum auf die zugeteilten Eigentumsanteile anrechenbar ist.

5. Der Regierung wird empfohlen, Vorbereitungsarbeiten zu treffen, um ein Kartellamt zu installieren, das den Umstrukturierungsprozeß der Wirtschaft überwacht.

6. Der Regierung wird empfohlen, auf der Grundlage der „Verordnung zur Umwandlung von Volkseigenen Kombinaten, Betrieben und Einrichtungen sowie wirtschaftsleitenden Organen in Kapitalgesellschaften" bisher vorgenommene Eigentumsveränderungen festzuhalten, bevor sie endgültig Rechtskraft erhalten. Bis zur Arbeitsfähigkeit einer neuen Regierung sind weitere Eigentumsveränderungen nicht gültig.

Anlage

Voraussetzungen zur „Privatisierung des Volkseigentums zugunsten der Bürger" vorgelegt von der Projektgruppe Privatisierung des Volkseigentums der SPD

– Mindestvoraussetzung der Privatisierung ist die Vorbereitung folgender Gesetzestexte:

1. Gesetz über die Privatisierung des Volkseigentums.

2. Anpassung des Aktien- und GmbH-Gesetzes sowie des Handelsgesetzbuches an die EG-Bestimmungen

3. Aktualisierung des „Gesetzes gegen den unlauteren Wettbewerb".

4. Kartellgesetz

5. Betriebsverfassungsgesetz

6. Gesetz über die Bildung von Kapitalanlagegesellschaften

7. Gesetz über Kapitalanlagegesellschaften (Arbeitsweise) in Anpassung an die BRD-Fassung (Bundesrats-Drucksache 374/89 unter Berücksichtigung der Vorschläge des Finanzausschusses vom 13. 12. 89).

8. Vertragsbedingungen zur Regelung des Rechtsverhältnisses zwischen den Anteilinhabern und den Kapitalanlagegesellschaften.

9. Patentgesetz, Warenkennzeichnungsgesetz und Gebrauchsmustergesetz.

10. Anpassung des Gesetzes über den internationalen Warenverkehr.

11. Überarbeitung des Rechtsanwendungsgesetzes

Weitere Forderungen:

- Die Kontrolle durch ein Kartellamt ist Voraussetzung der Umstrukturierung der Wirtschaft.
- Gewährleistung der Tätigkeit von Wirtschaftsprüfern in ausreichendem Umfange.
- Vorbereitung einer Börse, vorzugsweise in Leipzig.
- Vorbereitung eines Wohnungs- und Mietgesetzes zur Sicherung des Wohnraums für die Bürger.

Die genannten Punkte sind Grundvoraussetzungen für einen gesetzeskonformen Kapitaltransfer in die Betriebe der DDR. Die Überwindung von Unordnung und Stagnation in der Wirtschaft ist von der schnellen Verwirklichung dieser Vorhaben abhängig.

300

8. Zur Arbeit an einer neuen Verfassung

1. Die vorgelegten und in Arbeit befindlichen Teile des Entwurfs der neuen Verfassung der DDR sollen von der Arbeitsgruppe zu einem Gesamtentwurf bearbeitet werden.

2. Der Runde Tisch beauftragt die Arbeitsgruppe, diesen Verfassungsentwurf im April 1990 der Öffentlichkeit zur Diskussion zu übergeben.

3. Der Runde Tisch empfiehlt der neugewählten Volkskammer, die Arbeitsgruppe „Neue Verfassung der DDR" dann in die Tätigkeit des zu bildenden Verfassungsausschusses einzubeziehen, wenn er die Ergebnisse der öffentlichen Verfassungsdiskussion auswertet.

4. Der Runde Tisch schlägt der neugewählten Volkskammer vor, für den 17. Juni 1990 einen Volksentscheid über die Verfassung der DDR und ein Ländereinrichtungsgesetz auszuschreiben.

5. Der Verfassungsentwurf des Runden Tisches ist in die Debatte um eine neue deutsche Verfassung gemäß Präambel und Artikel 146 Grundgesetz der BRD einzubeziehen.

9. Zu einer parlamentarischen Untersuchungskommission der Volkskammer

Für ein vertrauensvolles Miteinander von Bevölkerung und neuer Regierung ist völlige Klarheit darüber erforderlich, ob die neuen Politiker früher mit dem ehemaligen MfS kooperiert haben.

Der Runde Tisch schlägt vor, daß eine parlamentarische Untersuchungskommission, bestehend aus Personen aller in der Volkskammer vertretenen Organisationen und Parteien unter Beachtung des Personen- und Datenschutzes zu diesem Zweck Einsicht in die Akten erhält.

10. Dankesworte der Regierung überbracht vom stellvertretenden Vorsitzenden des Ministerrates, Herrn Dr. Moreth

Im Namen des Ministerrates der Deutschen Demokratischen Republik, im Namen des Ministerpräsidenten Dr. Hans Modrow und in meinem eigenen Namen möchte ich allen am Runden Tisch vertretenen Parteien und politischen Gruppierungen für die in den zurückliegenden Monaten geleistete Arbeit herzlich danken. Besonderer Dank gilt den Herren Oberkirchenrat Ziegler, Monsignore Ducke und Pastor Lange, die mit Sachkunde und Einfühlungsvermögen die 16 Beratungen des Runden Tisches in beeindruckender Weise moderiert haben.

Die Regierung sieht den Runden Tisch als eine Institution an, die maßgeblichen Anteil daran hatte, daß die Revolution in unserem Land mit Konsequenz vorangebracht wurde und was uns besonders wichtig ist, friedlich verlief. Ohne die Unterstützung und ohne das engagierte Wirken des Runden Tisches wäre es kaum möglich gewesen, das gesellschaftliche Leben im Lande aufrechtzuerhalten und die ersten freien Wahlen am 18. März 1990 vorzubereiten. Die Regierung, so meine ich, hat durch ihr Auftreten und durch ihre Beschlüsse bewiesen, daß sie den Runden Tisch ernst genommen und als einen kritischen und konstruktiven Begleiter ihrer Arbeit verstanden hat.

Sie stimmen sicher mit mir darin überein, daß das dreimalige Auftreten des Ministerpräsidenten Dr. Hans Modrow spürbar zu einer hohen Qualität der Zusammenarbeit, zu Sachlichkeit und Konsens beigetragen hat. Die Regierung ist überzeugt, daß der Runde Tisch mit seinen Beschlüssen nicht nur geholfen hat, die Aufgaben der Gegenwart ausgewogen zu gestalten, sondern daß auch bemerkenswerte Zeichen für die Zukunft gesetzt wurden. Ich denke hier, um nur einiges aufzuzählen, an die Fragen der Wirtschaftsreform, der sozialen Sicherheit der Bürger dieses Landes, der Ökologie, ich denke an die Eigentumsverhältnisse, die Kultur sowie die Rechtsordnung und die innere Sicherheit. Hier ist im Interesse aller Bürger Unverzichtbares geleistet worden, das in dem Vereinigungsprozeß der beiden deutschen Staaten von Bedeutsamkeit sein wird.

Schließlich, ich möchte auch ein Wort des Dankes an die Medien des In- und Auslandes richten, die es ermöglichten, die Beratungen des Runden Tisches einer breiten Öffentlichkeit zugänglich zu machen und die mit ihren sachlichen Berichterstattungen die Anliegen und Vorstellungen des Runden Tisches an die Bevölkerung herangetragen haben.

Und nicht zuletzt, ich möchte danken den Kolleginnen und Kollegen dieses Objektes Niederschönhausen. Ich möchte ihnen Anerkennung aussprechen dafür, daß sie die materiellen Voraussetzungen der Arbeit des Runden Tisches und das Wohlbefinden seiner Teilnehmer in vorbildlicher Weise beförderten.

Meine sehr verehrten Damen und Herren. Ich wünsche Ihnen allen in Ihrer weiteren Arbeit zum Gedeihen des Landes und im Interesse seiner Bürger viel Erfolg sowie Ihnen persönlich alles erdenklich Gute. Herzlichen Dank.

11. Abschlußerklärung des Zentralen Runden Tisches

Am 7. Dezember 1989 trat der Runde Tisch zur ersten Beratung zusammen. Seine Initiatoren waren verantwortungsbewußte Vertreter jener neuen politischen Kräfte und der Kirchen, die die friedliche Revolution auf den Weg gebracht haben. Die Teilnehmer trafen sich aus tiefer Sorge um das in die Krise geratene Land und seine Eigenständigkeit. Sie wollten keine parlamentarische oder Regierungsfunktion ausüben, sich aber mit Vorschlägen zur Überwindung der Krise an die Öffentlichkeit wenden. Dazu forderte der Runde Tisch von Volkskammer und Regierung, vor wichtigen rechts-, wirtschafts- und finanzpolitischen Entscheidungen informiert und einbezogen zu werden.

Er verstand sich als Bestandteil der öffentlichen Kontrolle.

Die Verwirklichung dieser Ziele war anfänglich mit manchen Schwierigkeiten verbunden; es ging um Arbeitsfähigkeit und Bestimmung der Inhalte, um mehr Öffentlichkeit bei Vorbereitung gemeinsamer Entscheidungen und Kontrolle, um eigene Autorität und Akzeptanz durch die Regierung von Ministerpräsident Modrow. Die erste gemeinsame Beratung Anfang Januar setzte die dafür erforderlichen Zeichen. Seitdem trug die zunehmend von Konstruktivität geprägte Zusammenarbeit von Rundem Tisch, Volkskammer und Übergangsregierung dazu bei, die politische Stabilität des Landes und seine außenpolitische Handlungsfähigkeit zu bewahren. Ausdruck dafür ist auch die Mitarbeit von 8 Ministern aus den neuen Parteien und Bewegungen in der Regierung.

Gestützt auf die Tätigkeit von 17 Arbeitsgruppen, auf Tausende von Vorschlägen und Hinweisen der Bürger sowie auf zahlreiche Experten aus Regierung und Wissenschaft wurden in insgesamt 16 Beratungen zu vielen wesentlichen Bereichen der gesellschaftlichen Entwicklung Empfehlungen und Gesetzesentwürfe geschaffen, die dem Willen des Volkes der DDR und den außenpolitischen Erfordernissen für eine friedliche Zukunft, für den Weg zu freien Wahlen, in die deutsche Einheit und in das europäische Haus weitgehend entsprechen. Hervorzuheben sind hierbei

- das Gesetzeswerk zur Vorbereitung und Durchführung der Wahlen am 18. März und 6. Mai,
- die Grundzüge einer Wirtschaftsreform und Sozialcharta sowie einer neuen Umweltpolitik;
- Prämissen für eine neue Kultur- und Bildungspolitik, Frauen- und Jugendpolitik,

– der Übergang zur Rechtsstaatlichkeit durch ein neues Mediengesetz, durch Justiz- und Verwaltungsreform sowie die Ausarbeitung von Grundsätzen einer neuen Verfassung.

Damit hat der Runde Tisch die seinem Selbstverständnis entsprechenden Aufgaben für den bis zur Wahl geplanten Zeitraum seines Wirkens unter ständig komplizierteren und schneller ablaufenden Entwicklungsprozessen im wesentlichen erfüllt. Der neu zu wählenden Volkskammer und der aus ihr hervorgehenden Regierung übermittelt der Runde Tisch folgende politische Empfehlungen:

1. Vordringlich ist es, die soziale Stabilität der DDR aus eigener Anstrengung und mit Unterstützung der BRD und anderer Länder zu bewahren und wieder zu festigen. Fortgesetzte Abwanderungen würden in beiden deutschen Staaten zu Spannungen und Konflikten führen, die nicht mehr beherrschbar wären, den vertraglich geregelten Weg in die deutsche Einheit gefährden und die europäische Sicherheit empfindlich belasten würden.

2. Die DDR muß in erster Linie ihrer eigenen Verantwortung für die Erhöhung der wirtschaftlichen Leistungsfähigkeit nachkommen. Das verlangt zügige und konsequente Fortführung der Wirtschaftsreform, in deren Mittelpunkt der Übergang zu einer sozial und ökologisch verpflichteten Marktwirtschaft steht.

3. Die deutsche Einheit sollte unter Wahrung des Selbstbestimmungsrechts der Bürger mit der gleichberechtigten Einbringung beider deutscher Staaten und Berlins herbeigeführt werden. Dazu sind gemeinsam die erforderlichen rechtsstaatlichen Voraussetzungen zu schaffen sowie die internationalen Verpflichtungen zu berücksichtigen.

4. Der Weg in die deutsche Einheit muß in den europäischen Einigungsprozeß eingeordnet sein. Das setzt die Anerkennung der existierenden Grenzen zu den Nachbarländern voraus und bleibt Ziel einer künftigen europäischen Friedensordnung. Die auf deutschem Boden befindlichen ausländischen wie eigenen Militärpotentiale sollten ohne Veränderung der Einflußbereiche der Blöcke schrittweise im Rahmen des KSZE-Prozesses mit dem Ziel ihrer vollständigen Auflösung abgebaut werden.

5. Mit dem Runden Tisch und der Arbeit in Ausschüssen und Arbeitsgruppen, in denen neben den Parteien und Bewegungen auch viele Initiativgruppen und Einzelpersönlichkeiten mitwirkten, sind viele neue Erfahrungen konsequenter Demokratiegestaltung verbunden, die erhalten bleiben und im Sinne basisde-

mokratischer Prinzipien rechtlich fixiert werden sollten. Das ist auch künftig von Bedeutung für die öffentliche Transparenz und die Beratung der Volkskammer sowie der Regierung bei Entscheidungen von gesellschaftlicher Tragweite. Geschaffen werden sollten Möglichkeiten, um die Mitarbeit von Parteien, Bürgerinitiativen und Minderheiten zu gewährleisten, die nicht im Parlament vertreten sind.

6. Der Runde Tisch hebt die für seine Arbeit charakteristisch gewordene Kultur des politischen Streits hervor, die vor allem darin zum Ausdruck kommt, die Meinung des Andersdenkenden zu respektieren, gemeinsam nach konstruktiven Lösungen zu suchen und durch Bürgernähe Vertrauen zu schaffen. Das sollte um so mehr für den Wahlkampf und die Wahlen selbst gelten. Sofern noch Arbeitsgruppen des Runden Tisches tätig sind, sollten sie unter diesen Prämissen ihre Arbeit zur Unterstützung der jeweiligen staatlichen Organe bis zur Neubildung der Regierung fortsetzen und auf die Einhaltung der Beschlüsse des Runden Tisches achten.

Der Runde Tisch dankt abschließend sehr herzlich seinen Moderatoren und den Leitungen der Kirchen für die ausgewogene sachkundige Führung des Dialogs. Dank gilt der Regierung von Ministerpräsident Modrow, der Volkskammer, den in- und ausländischen Medien für die Arbeitsbedingungen und die öffentliche Wirksamkeit.

Berlin-Niederschönhausen, den 12. März 1990

12. Schlußansprache der Moderatoren (OKR Martin Ziegler)

Der Zentrale Runde Tisch beendet mit dieser 16. Sitzung seine Arbeit. Nach eigenem Selbstverständnis wollte er für eine Übergangszeit bis zur Durchführung freier, demokratischer und geheimer Wahlen tätig sein. Er wußte sich mitverantwortlich für unser in eine Krise geratenes Land. Sein Ziel war es vor allem, mit seinen Beratungen und Vorschlägen zur Überwindung der Krise beizutragen.

Es waren gut drei Monate in einer intensiven Arbeit in bewegter und bewegender Zeit. Seit wir uns am 7. Dezember 1989 auf engstem Raum im Dietrich-Bonhoeffer-Haus zusammenfanden, haben wir alle an diesem Runden Tisch nicht nur am Wandel zum Besseren gearbeitet, wir haben selbst Wandlungen durchgemacht. Der Runde Tisch war eine Schule der Demokratie. Es galt, gemeinsam politisch zu denken. Es galt, gegensätzliche Meinungen zu tolerieren und nach Konsens zu suchen.

In der Anfangsphase führten uns die Aufarbeitung der Vergangenheit, besonders die Auseinandersetzungen um das Amt für Nationale Sicherheit in eine Krise (8. 1. 1990). Die hätte das vorzeitige Ende des Zentralen Runden Tisches bringen können. Zunehmend verlangten jedoch auch die Bürger, die die Verhandlungen am Runden Tisch dank der Übertragungen durch Radio DDR und das Zweite Fernsehen verfolgten, konstruktive Vorschläge zur Überwindung der wirtschaftlichen und gesellschaftlichen Probleme. Der 15. Januar 1990 mit dem ersten Besuch des Ministerpräsidenten Modrow am Runden Tisch markiert einen deutlichen Einschnitt. Der Weg zur Übernahme unmittelbarer Mitverantwortung wurde eröffnet. Sie kam schließlich durch den Eintritt von Vertretern der neuen Parteien und Gruppierungen in die „Regierung der nationalen Verantwortung" (28. 1. 1990) am eindrücklichsten zum Ausdruck. Der Runde Tisch behielt auch danach seine harten Kanten. Er machte Aufgaben bewußt, brachte Probleme und Fragen an die Öffentlichkeit. Doch die Kritik wurde immer mehr Mittel zur Entwicklung konstruktiver Vorschläge. Ermöglicht wurde das durch die Offenheit und Bereitschaft der Regierung zu fairer Zusammenarbeit. Wir danken es zuerst dem Ministerpräsidenten Dr. Hans Modrow. Dank gebührt ebenso den Mitgliedern der Regierung, die sich dem Gespräch am Runden Tisch stellten. Zu danken haben wir den Vertretern aus dem Sekretariat des Ministerpräsidenten, die die Zusammenarbeit vermittelten und dafür sorgten, daß der Runde Tisch und seine Arbeitsgruppen Arbeitsmöglichkeiten hatten. Ich nenne die Namen Halbritter, Hegewald und Sauer.

Wir danken den Mitarbeitern des Konferenzzentrums, die uns versorgten und ideale Arbeitsmöglichkeiten boten. Wir danken den Mitarbeitern des Rundfunks und des Fernsehens und den Leuten von der Technik im Hintergrund. Wir danken den Vertretern der Presse. Ohne sie wäre es nicht möglich gewesen, die Öffentlichkeit an den Verhandlungen des Runden Tisches zu beteiligen. Wir danken der Deutschen Volkspolizei, die sorgsam und unaufdringlich die Verantwortung für die Sicherheit unserer Arbeit wahrnahm. Vor allem aber nenne ich nun die Mitarbeiter des Arbeitssekretariats, namentlich Frau Grüner, Frau Schäffner und den Leiter Herrn Reichelt. Ohne ihren Einsatz wären unsere bis zu 12 Stunden dauernden Mammutsitzungen nicht zu bewältigen gewesen. Wir danken ihnen und auch allen nicht namentlich genannten, die im Hintergrund halfen. Wir danken endlich auch den Pressesprechern Frau Helm-Schubert, Herrn Grande und

306

Herrn Günther, die die Ergebnisse unserer Beratungen gesammelt und festgehalten haben.

Als wir am 7. Dezember 1989 die erste Sitzung eröffneten, wußten wir Moderatoren nicht, worauf wir uns einließen. Wir wußten nicht, daß Monate einer zeitaufwendigen, angespannten Arbeit vor uns standen. Es war eine dichte und intensive Zeit. Sie hat uns viele neue Erfahrungen gebracht, vor allem aber viele Begegnungen mit verantwortungsbereiten, kreativen und engagierten Menschen. Wir danken, daß sie uns und unsere Mittlerdienste akzeptierten.

Der Runde Tisch beendet seine Arbeit. Die ersten freien demokratischen Wahlen stehen bevor. Der Runde Tisch nahm Verantwortung wahr in einer Übergangszeit. Jetzt ist es an den Bürgern, ihre Entscheidung zu treffen und ein freies Parlament zu wählen, das nun die schweren und riesengroßen Aufgaben zu lösen hat, vor denen unser Land nach wie vor steht. Die Wahlvorbereitungszeit war kurz, zu kurz, so daß viele noch fragen: Wen sollen wir wählen? Wir bitten, nehmen Sie das nicht zum Vorwand, sich nicht an der Wahl zu beteiligen. Nehmen Sie Ihr Stück Verantwortung wahr und gehen Sie zur Wahl!

Gegenüber großen Worten sind wir zurückhaltend geworden. Große Worte verbrauchen sich, auch gute Worte verbrauchen sich. Häme und Mißbrauch zernagen sie wie der Rost den Stahl. Und dennoch fangen sie etwas ein von dem Wollen und von der Sehnsucht, die im tiefsten Grunde – das ist meine Überzeugung – die vielen Menschen beseelte, die sich zum Wohl unseres Landes mit ihrer Kraft, mit ihrer Kritik und mit ihren Ideen eingesetzt haben, „daß die Sonne schön wie nie über Deutschland scheint", über einem einigen Deutschland in einem befriedeten Europa.

Alphabetisches Register aller Teilnehmer des Runden Tisches in der Zeit zwischen dem 7. Dezember 1989 und dem 12. März 1990 sowie ein Abkürzungsverzeichnis aller Parteien und politischen Gruppierungen am Runden Tisch.

Albrecht, Petra
PDS
(13. Sitzung)

Balke, Detlef
Grüne Partei
(14. Sitzung)

Barbe, Angelika
SPD
(15. Sitzung)

Baresch, Franz
FDGB
(15. Sitzung)

Bartsch, Dr. Udo
CDU
(14. Sitzung)

Beese, Anette
Vereinigte Linke
(1. Sitzung)

Behrend, Dr. Armin
LDPD
(8./10. Sitzung)

Bein, Wolfgang
NDPD
(2.–8. Sitzung)

Berghöfer, Dr. Wolfgang
SED
(1./2./5./7. Sitzung)

Berndt-Bärte, Jürgen
Grüne Liga
(9./10./15. Sitzung)

Beyermann, Lutz
Grüne Partei
(7./12. Sitzung)

Bialas, Dr. Christiane
Unabhängiger Frauenverband
(11. Sitzung)

Bisky, Dr. Lothar
SED
(2.–7. Sitzung)

Blanik, Herbert
DBD
(5./8. Sitzung)

Blum, Dr. Katherina
Unabhängiger Frauenverband
(8. Sitzung)

Böhm, Franz
FDGB
(14. Sitzung)

Böhm, Dr. Georg
DBD
(1./2./3./6. Sitzung)

Böhme, Ibrahim
SPD
(1.–10. Sitzung)

Börner, Rainer
PDS
(12.–16. Sitzung)

Bohley, Bärbel
Neues Forum
(14. Sitzung)

Bohr, Hans Günter
DBD
(14. Sitzung)

Böhm, Tatjana
Unabhängiger Frauenverband
(7./13./16. Sitzung)

Braband, Jutta
Vereinigte Linke
(8./9./13./15./16. Sitzung)

Brückmann
Grüne Liga
(14.–16. Sitzung)

Brandenburg, Dr. Klaus
Neues Forum
(3./8./11. Sitzung)

Brinksmeier, Dankward
SPD
(8./13. Sitzung)

Brandenburg, Dr. Ingrid
Neues Forum
(7./13. Sitzung)

Bugiel, Hartwig
FDGB
(1. Sitzung)

Burghardt, Dr. Paul
VdgB
(3.–6. Sitzung)

Burkert, Petra
Neues Forum
(15. Sitzung)

Clemen, Robert
DA
(14. Sitzung)

Clemenz, Norbert
LDP
(14./15. Sitzung)

Decker, Margitta
NDPD
(15. Sitzung)

Deneke, Marlies
PDS
(15. Sitzung)

Dörfler, Dr. Ernst
Grüne Partei
(11. Sitzung)

Dörfler, Dr. Marianne
Grüne Partei
(1.–10./13./16. Sitzung)

Döring, Brigitte
FDGB
(5.–9. Sitzung)

Dshunussow, Aigali
*Initiative Frieden und Menschen-
rechte*
(1./2./4. Sitzung)

Ebeling, Dr. Fred
DA
(1.–4./7./10./11./13./14./16.
Sitzung)

Elsner, Prof.
DBD
(15. Sitzung)

Emstedt, Dr. Joachim
LDP
(12. Sitzung)

Engel, Eberhard
CDU
(4./5./11./13./16. Sitzung)

Eppelmann, Rainer
DA
(6.–9./14. Sitzung)

Fritzlaff, Dr. Karl-Heinz
NDPD
(15. Sitzung)

Fischbeck, Dr. Hans-Jürgen
Demokratie jetzt
(5./10./14./16. Sitzung)

Freiberg, Dr. Rolf
NDPD
(11. Sitzung)

Frister, Prof. Siegfried
FDGB
(2. Sitzung)

Funke, Christoph
LDP
(14./15. Sitzung)

Galley, Susanne
Demokratie jetzt
(12./15. Sitzung)

Gehlmann, Werner
LDPD
(11. Sitzung)

Gehrke, Bernd
Vereinigte Linke
(2.−5./16. Sitzung)

Gerber, Dr. Volker
PDS
(8. Sitzung)

Gerlach, Prof. Dr.
LDPD
(1./2. Sitzung)

Glaeser, Wolfgang
NDPD
(9. Sitzung)

Gruel, Karl-Friedrich
PDS
(16. Sitzung)

Günther, Joachim
LDP
(13. Sitzung)

Günther, Karin
NDPD
(15. Sitzung)

Gutzeit, Martin
SPD
(1.−6./9./12./13./14./16. Sitzung)

Gutzmer, Werner
VdgB
(13./14. Sitzung)

Gust, Horst
CDU
(7./11./15. Sitzung)

Gysi, Dr. Gregor
PDS
(1.−3./6./9./16. Sitzung)

Hahn, Andre
PDS
(15. Sitzung)

Halm, Dr. Fritz
PDS
(11. Sitzung)

Hammer, Gero
NDPD
(14. Sitzung)

Hammer, Wolfgang
VdgB
(9.−13./15./16. Sitzung)

Harde, H.-Henning
DA
(15. Sitzung)

Hartmann, Günther
NDPD
(1./3./5./7. Sitzung)

Hegewald, Prof. Helmar
PDS
(8.−11./13./14. Sitzung)

Hellner, Bernhard
CDU
(16. Sitzung)

Heyne, Dr.
Grüne Partei
(14. Sitzung)

Henrich, Rolf
Neues Forum
(1./2./5./6./8. Sitzung)

Höhn, Ingrid
CDU
(15. Sitzung)

Holland, Dr. Witko
LDPD
(2.−5./9./11. Sitzung)

Hojzyk, Ulrich
NDPD
(14. Sitzung)

Iulian, Bernd
DA
(4. Sitzung)

Jordan, Carlo
Grüne Partei
(1.–16. Sitzung)

Jürk, Dr. Juliane
DBD
(6./11./12./14./15./16. Sitzung)

Junghans, Ulrich
DBD
(11./12./13./15./16. Sitzung)

Kallabis, Dr. Heinz
FDGB
(10. Sitzung)

Kammer, Wilhelm
LDP
(12./16. Sitzung)

Kirchner, Martin
CDU
(11.–14. Sitzung)

Klein, Dr. Thomas
Vereinigte Linke
(2.–15. Sitzung)

Kochan, Dr. Wolfgang
DBD
(9. Sitzung)

Kögler, Brigitte
DA
(9./16. Sitzung)

Köppe, Ingrid
Neues Forum
(1.–11. Sitzung)

Koplanski
DBD
(1.–5./7./8./9. Sitzung)

Kraetz, Eva
Vereinigte Linke
(9. Sitzung)

Krause, Dr. Rudolf
CDU
(1./5.–7./9./10./12./15. Sitzung)

Krebs, Joachim
DBD
(3.–7. Sitzung)

Kretschmar, Dr. Ute
PDS
(15. Sitzung)

Kreutziger, Gerhild
Unabhängiger Frauenverband
(15. Sitzung)

Kreuzberg, Dr. Michael
(14./15. Sitzung)

Knoche, Hanka
DA
(15. Sitzung)

Künstler, Elfgard
NDPD
(7./16. Sitzung)

Laßen, Uwe
NDPD
(10. Sitzung)

Lehmann, Joachim
VdgB
(9.–14./16. Sitzung)

Lichtenhahn, Reinhard
Vereinigte Linke
(14. Sitzung)

Lietz, Heiko
Neues Forum
(10./12.–16. Sitzung)

Lindner, Gerhard
LDPD
(1./4./7./9. Sitzung)

Linstedt, Dr. Joachim
LDP
(13. Sitzung)

Lucht, Dr. Dietmar
Grüne Liga
(2.–8./11.–16. Sitzung)

Mäde, Michael
Vereinigte Linke
(13./15. Sitzung)

Mahling, Jan
Vertreter des Sorbischen Runden Tisches
(7.–16. Sitzung)

de Maizière, Lothar
CDU
(1.–4. Sitzung)

Maleuda, Dr. Günther
DBD
(1./2./4. Sitzung)

Matschie, Christoph
SPD
(11./12./14.–16. Sitzung)

Meckel, Markus
SPD
(7./10./11. Sitzung)

Meißner, Dr. Wolfgang
DBD
(10.–14./16. Sitzung)

Merbach, Dr. Wolfgang
DBD
(10./13. Sitzung)

Merkel, Dr. Ina
Unabhängiger Frauenverband
(1./14. Sitzung)

Meßner, Dr. W.
DBD
(15. Sitzung)

Metzker, Dr. Günter
NDPD
(12. Sitzung)

Möller, Dr. Friedrich
NDPD
(8./10./13. Sitzung)

Mühlmann, Prof. Manfred
NDPD
(2. Sitzung)

Müller, Jochen
Vereinigte Linke
(15. Sitzung)

Müller, Silvia
Vereinigte Linke
(8. Sitzung)

Musch, Dr. Reinhard
Vereinigte Linke
(10.–13. Sitzung)

Neubert, Erbart
DA
(4./9. Sitzung)

Nissel, Dr. Reinhard
LDPD
(7. Sitzung)

Nooke, Günter
DA
(8./10. Sitzung)

Ordnung, Carl
CDU
(8./11./14. Sitzung)

Pautz, Dr. Uwe
DA
(12./13. Sitzung)

Pawliczak, Lothar W.
(3. Sitzung)

Platzeck, Matthias
Grüne Liga
(2.–5./7. Sitzung)

Pflugbeil, Sebastian
(4./7./9./10. Sitzung)

Pöltert
Demokratie jetzt
(16. Sitzung)

Poppe, Gerd
Initiative Frieden und Menschenrechte
(2. – 16. Sitzung)

Poppe, Ulrike
Demokratie jetzt
(1. – 4./6. – 8./10./11./12./15./16. Sitzung)

Raspe, Hans-Dieter
LDPD
(1. – 7./9. Sitzung)

Rauls, Wolfgang
NDPD
(13. Sitzung)

Renatus, Christian
LDPD
(6. Sitzung)

Rödelstab, Ingvelde
CDU
(15. Sitzung)

Röth, Dr. Uta
Unabhängiger Frauenverband
(2. – 13./15./16. Sitzung)

Rottenbach, Heidrun
Grüne Liga
(11./12. Sitzung)

Rump, Bernd
PDS
(14. Sitzung)

Saari, Ann
Unabhängiger Frauenverband
(14. Sitzung)

Saler, Siegfried
FDGB
(11. – 13./15./16. Sitzung)

Sauer, Dr. Wolfgang
VdgB
(8. Sitzung)

Schelter, Manfred
VdgB
(2. Sitzung)

Schenk, Christina
Unabhängiger Frauenverband)
12./15. Sitzung)

Schieferdecker, Dr. Helmut
PDS
(8. – 10. Sitzung)

Schimmank, Dr. Wilfried
DBD
(7. – 10. Sitzung)

Schießl, Prof. Dr. Karin
FDGB
(11. – 16. Sitzung)

Schlomann, Gustav-Adolf
NDPD
(1./4./6. Sitzung)

Schlüter, Klaus
Grüne Liga
(6./8./9./10./13. Sitzung)

Schmidt, Gertraude
Unabhängiger Frauenverband
(8. – 10. Sitzung)

Schmidt, Peter
CDU
(2./6. – 10./14./16. Sitzung)

Schmitt, Walfriede
Unabhängiger Frauenverband
(1. – 6. Sitzung)

Schmutzler, Hans-Jürgen
NDPD
(9. Sitzung)

Siegert, Lore
VdgB
(3. – 7. Sitzung)

Schneider, Horst
SPD
(16. Sitzung)

Schnur, Dr. Wolfgang
DA
1. – 3./5./6./8./11./12./13. Sitzung)

313

Schönenburg, Dr. Arnold
PDS
(7. Sitzung)

Schramm, Rainer
FDGB
(1.–3. Sitzung)

Schult, Reinhard
Neues Forum
(1.–9./12./15./16. Sitzung)

Schultz, Werner
Neues Forum
(10.–16. Sitzung)

Schulze, Andreas
Grüne Partei
(12. Sitzung)

Schuster, Dr. Hans-Georg
PDS
(4./6. Sitzung)

Seelig, Marion
Vereinigte Linke
(6./7. Sitzung)

Seidel, Dr. Eberhard
Neues Forum
(7. Sitzung)

Sell, Thomas
DA
(7. Sitzung)

Siegert, Lore
VdgB
(3.–7. Sitzung)

Sievert, Ulrike
Unabhängiger Frauenverband
(15. Sitzung)

Steinitz, Prof. Klaus
PDS
(12. Sitzung)

Stief, Dr. Eberhard
NDPD
(1.–16. Sitzung)

Succow, Prof. Dr.
LDPD
(8./10. Sitzung)

Templin, Wolfgang
*Initiative Frieden und Menschen-
rechte*
(6.–16. Sitzung)

Teschke, Birgit
(13. Sitzung)

Tippel, Gertrud
PDS
(10.–16. Sitzung)

Töpfer, Dr. Marion
FDGB
(3.–10. Sitzung)

Ullmann, Dr.
Demokratie jetzt
(1.–9./11. Sitzung)

Venus, Ludwig
LDPD
(3./5. Sitzung)

Vogel, Christine
NDPD
(15. Sitzung)

Vogler, Martin
FDGB
(14. Sitzung)

Wallburg, Dr. Klaus
PDS
(4. Sitzung)

Walsmann, Marion
CDU
(1.–3./5.–7./9./12. Sitzung)

Weigt, Dr. Gerhard
Demokratie jetzt
(14./16. Sitzung)

Weiske, Dr. Chr.
Grüne Partei
(15. Sitzung)

Weiß, Konrad
Demokratie jetzt
(9./11.−16. Sitzung)

Weißhun, Reinhard
Initiative Frieden und Menschen-
rechte
(13./16. Sitzung)

Wendt, Horst
Neues Forum
(14. Sitzung)

Wellkisch, Hans-Dieter
VdgB
(2. Sitzung)

Wiedemann, Eberhard
CDU
(8./10./14. Sitzung)

Will, Prof. Dr. Rosemarie
PDS
(8. Sitzung)

Willich, Klaus
NDPD
(8./9./11./12./14./16. Sitzung)

Wilkening, Gerhard
CDU
(4./11. Sitzung)

Wolf, Dr. Hans-Peter
LDPD
(8./10.−16. Sitzung)

Wolff, Christina
Grüne Partei
(15. Sitzung)

Wolff, Wilfried
Grüne Partei
(15. Sitzung)

Wolfram, Klaus
Neues Forum
(14. Sitzung)

Zierholz, Petra
FDGB
(15. Sitzung)

Zinnow, Stefan
DA
(15. Sitzung)

CDU
Christlich-Demokratische Union

DBD
Demokratisch Bauernpartei
Deutschlands

Demokratie jetzt

DA
Demokratischer Aufbruch

FDGB
Freier Deutscher Gewerkschaftsbund

Grüne Liga

Grüne Partei

Initiative Frieden und Menschen-
rechte

LDP
Liberal-Demokratische Partei
Deutschlands

NDPD
National-Demokratische Partei
Deutschlands

Neues Forum

SPD
Sozialdemokratische Partei
Deutschlands

PDS/SED
Partei des Demokratischen Sozialismus

Unabhängiger Frauenverband

VdgB

Vereinigte Linke

Vertreter des Sorbischen Runden
Tisches

Die drei Moderatoren
des Runden Tisches

Kurzporträts und Interviews

Monsignore Dr. Karl-Heinz Ducke

Monsignore Dr. Karl-Heinz Ducke wurde am 6. November 1941 in Langenau, Kreis Böhmischleipa (Sudetenland) geboren. Er wuchs nach dem Krieg in Udestedt, Kreis Erfurt-Land, und Apolda in Thüringen auf. Auch er vermerkt in seinen persönlichen Angaben: „Kein FDJ-Mitglied". Trotzdem schloß er mit dem Abitur ab.

Nach einem Sprachenkurs in Latein und Griechisch studierte er katholische Theologie in Erfurt und Neuzelle. 1967, nach dem Ende des Studiums, wurde er zum Priester geweiht. Danach arbeitete er drei Jahre als Kaplan in Jena. Anschließend wurde er Präfekt am Priesterseminar zu Erfurt sowie Assistent für Moraltheologie und Ethik. Seine akademischen Studien schloß Karl-Heinz Ducke mit einer Doktorarbeit über die Morallehre des Papstes Hadrian VI. ab, des Papstes aus dem niederländischen Utrecht, der für viele Deutsche als der „letzte deutsche Papst" gilt.

Vom 1. Januar 1974 bis zum 31. Juli 1986 war Ducke Regent am Priesterseminar in Erfurt mit einem Lehrauftrag für Ethik. 1986 wurde er Leiter des Seelsorgeamtes im Bischöflichen Amt Erfurt-Meiningen und Beauftragter für den Aufbau einer Studienstelle der Berliner Bischofskonferenz, des Zusammenschlusses der katholischen Bischöfe in der DDR. 1988 wurde er Direktor der Studienstelle der Berliner Bischofskonferenz. Duckes Arbeitsschwerpunkte sind der gesellschaftliche Dialog und der Aufbau einer katholischen Akademie. Monsignore Ducke ist stellvertretender Generalsekretär der Berliner Bischofskonferenz.

Pastor Martin Lange

Martin Lange wurde am 20. Juli 1932 im sächsischen Zwickau geboren; er wuchs in Dresden auf. Nach der Zerstörung der Stadt am 13. und 14. Februar 1945 kehrte er nach Zwickau zurück. 1951 machte er das Abitur – dem schlossen sich ein Gemeindepraktikum und das Theologiestudium an.

1956 und 1957 wirkte er als Pastor in Reichenbach (Vogtland). In der Zeit von 1957 bis 1964 war Pastor Lange an der Erlöserkirche in Plauen (Vogtland). Diesem Dienst folgten pastorale Tätigkeiten bis 1970 in Oelsnitz (Vogtland) und danach an der Friedenskirche in Berlin-Oberschöneweide.

Neben der Gemeindearbeit wirkte er ab 1962 als Jugendpastor in der Evangelisch-Methodistischen Kirche, ab 1969 als Leiter des Jugendwerkes dieser Kirche in der DDR; darüber hinaus arbeitete er im Ökumenischen Jugendrat in Europa und im Methodistischen Jugendrat Europas mit. Von 1971 bis 1981 war Lange Vorsitzender der Arbeitsgemeinschaft Christlicher Jugend und des Ökumenischen Jugendrates in der DDR. Seit 1981 ist er Sekretär der Arbeitsgemeinschaft Christlicher Kirchen in der DDR.

Pastor Martin Lange ist seit 1959 verheiratet mit Frau Evelin. Sie haben zwei Töchter.

Oberkirchenrat Martin Ziegler

Martin Ziegler wurde im Jahre 1931 in Berlin geboren; er wuchs in Pommern auf und kam schließlich 1945 nach Stendal. Nach dem Abitur studierte er von 1950 bis 1955 an der Ostberliner Humboldt-Universität evangelische Theologie. Danach arbeitete er auf eigenen Wunsch als Transportarbeiter für ein Jahr in einer Fabrik, um dort einen Einblick in die Probleme seiner Mitmenschen zu erhalten, die er nicht nur theoretisch kennenlernen wollte.

Dem schloß sich ein Vikariat und eine Pfarramtstätigkeit in Großkayna und Kötzschen an. Von 1968 bis 1975 war Martin Ziegler Superintendent im Kreis Merseburg, seit März 1975 Direktor des Diakonischen Werkes, Innere Mission und Hilfswerk der Ostregion der Kirche Berlin-Brandenburg. Im Oktober 1982 wurde er zum Leiter des Evangelischen Kirchenbundes der DDR berufen – das Amt selbst trat er im September 1983 an.

Ziegler nahm stets einen Predigerauftrag wahr. Demnächst wird er wieder in der Gemeinde Schildow, Kreis Oranienburg, predigen. Er ist parteilos. Häufiger hatte Oberkirchenrat Ziegler Probleme mit der Staatsgewalt; so beispielsweise, als er einen Protest gegen den Einmarsch der Warschauer-Pakt-Truppen 1968 in Prag unterschrieb. Kurz vor dem Abitur wäre er beinahe aus der Schule entfernt worden, weil er nicht der FDJ beitreten wollte – eine Schwierigkeit, welche später auch seine Kinder haben sollten.

Oberkirchenrat Martin Ziegler ist seit 34 Jahren mit Frau Gertraude verheiratet. Sie haben vier Kinder und fünf Enkelkinder.

Telefonisches Interview von Ewald Rose am 4. April 1990 mit Monsignore Karl-Heinz Ducke von der Katholischen Berliner Bischofskonferenz

Frage: Die evangelische Kirche in der DDR war in den letzten 40 Jahren durchaus bereit, zugunsten der Bürger im Lande mit den Herrschenden zumindest auf einer Arbeitsebene zusammenzuarbeiten, ohne damit mit diesen zu colaborieren.
Die katholische Kirche hingegen hat sich eigentlich strikt einer Zusammenarbeit verweigert. Wie erklären Sie sich dennoch Ihre Mitarbeit als Moderator am „Runden Tisch"?

Karl-Heinz Ducke: „Das würde ich natürlich nicht so sagen. Die Verhandlungen mit der Caritas bezüglich der Ausreisen waren genauso, wie mit den anderen Kirchen. Da würde ich keinen Unterschied zwischen den einzelnen Kirchen sehen."

Worin würden Sie dann die Unterschiede sehen?

Karl-Heinz Ducke: „Mehr im landeskirchlichen Denken. Für uns hatte der weltkirchliche Aspekt immer mehr den Vorrang."

Liegt es vielleicht nicht auch daran, daß die katholische Kirche in der DDR ohnehin nie eine große Rolle gespielt hat?

Karl-Heinz Ducke: „Das kommt natürlich hinzu. Damit meinte ich die extreme Diaspora-Situation. Hinzu kommt noch die Tatsache, daß es sich vor dem Krieg – als die katholische Kirche auf diesem Gebiet Fuß faßte – um ein Staatskirchentum handelte und zum anderen wir eine Flüchtlingskirche sind. Also erst nach 1945 die katholische Kirche überhaupt innerhalb dieses Raumes zahlenmäßig an Bedeutung gewann."

Was hat Sie bewogen, am Runden Tisch mitzuarbeiten?

Karl-Heinz Ducke: „Zunächst einmal war es die Initiative der neuen politischen Gruppierungen. Die Dankbarkeit, die uns gebührt, geht an die evangelische Kirche – konkret Bischof Forck – der von vornherein gesagt hat, daß man dies ökomenisch machen solle. So kam es zu der Dreierbesetzung – Bund der Evangelischen Kirche, Arbeitsgemeinschaft der Christlichen Kirchen und der Berliner Bischofskonferenz. Ich würde immer unterscheiden zwischen Staat, Gesellschaft und Kirche. Die gesellschaftliche Verantwortung war schon im Blick, als das Problem auftauchte, daß die Okupation durch Partei und Staat nicht nur manchmal respektiert sondern auch manchmal innerlich akzeptiert wurde – bei vielen Christen ganz sicher; man machte sein Privates und das ist sicher auch das Problem für unsere Kirche gewesen."

Würden Sie meinen, daß auf Grund des Engagements der Kirchen am Runden Tisch das Gewicht der Kirchen in der DDR größer geworden ist?

Karl-Heinz Ducke: „Das würde ich nicht sagen. Ich hoffe nur, wir haben das richtige Gewicht bekommen, im Sinne, daß wir deutlich machen konnten, daß es eine gesellschaftliche Dimension auch in der katholischen Kirche gibt. Für mich ist besonders wichtig, daß wir nicht mitabgestimmt haben, als ein Zeichen des Vertrauens in alle politischen Kräfte, die am Runden Tisch diskutierten, so daß es keine Favorisierung einer bestimmten Partei gab. Ich bin heute noch dankbar, daß der Pastoralrat in Erfurt bereits im Oktober des vergangenen Jahres erklärt hat, die Christen sind aufgefordert – konkret die Katholiken – in allen Gruppierungen mitzuarbeiten, die den Willen nach einer Veränderung erkennen lassen – das halte ich für einen sehr wichtigen Punkt."

Könnten Sie sich vorstellen, daß es in der Zukunft auch einen großen Runden Tisch gibt, an dem Teilnehmer aus der DDR und der Bundesrepublik sitzen?

Karl-Heinz Ducke: „Ich könnte mir durchaus denken, daß man Verhandlungen zwischen den legitimierten Vertretungen – die wir ja bereits jetzt auch haben –, zwischen der Volkskammer und einer Regierung vielleicht einen Runden Tisch nennt. Das wäre aber nicht die Fortsetzung *des* Runden Tisches – der ist endgültig am 12. März gestorben. Es gab zwar einmal den Wunsch, ihn weiterzuführen, aber dies widerspricht zutiefst meinem Demokratieverständnis."

Sie würden an einem solchen Tisch auch nicht teilnehmen wollen?

Karl-Heinz Ducke: „An einem neuen ja, aber nicht an der Weiterführung *des* Runden Tisches, der am 7. Dezember gegründet worden war. Wenn man die Verhandlungen zwischen den legitimierten Vertretern der Bundesrepublik und den neu legitimierten Vertretern der DDR einen Runden Tisch nennt, so ist das eine neue Qualität. Wenn da Moderatoren gefragt würden, würden sich die Kirchen nicht verweigern. Ich glaube aber nicht, daß dies dringlich oder notwendig ist – da gibt es ja andere Mechanismen."

Sind Sie mit den Ergebnissen des Runden Tisches zufrieden, so quälend der Anfang auch war und im Januar gar der Tisch zusammenzubrechen drohte?

Karl-Heinz Ducke: „Ich würde die Frage stellen, ob der Runde Tisch überhaupt ein Ergebnis hatte. Eigentlich nur *ein* Ergebnis, nämlich daß die Wahlen stattgefunden haben. Das zweite Ergebnis, daß nämlich eine neue Form der Demokratie in bezug auf die Eigenständigkeit der DDR überholt wurde durch das neu aufgekommene Denken über Deutschland und dessen Einigung. Die Sachfragen, die diskutiert wurden, waren Sachfragen, die in die Öffentlichkeit mußten. Wenn Sie das ein Ergebnis nennen, bin ich sehr zufrieden damit, daß endlich einmal etwas öffentlich diskutiert wurde. Aber daß Lösungen gegeben worden sind − da würde ich nicht zustimmen."

Die Tageszeitung „Die Welt" schrieb am 12. März: „Viel Wehmut über das Ende des Runden Tisches." − Hatten Sie selbst auch Wehmut?

Karl-Heinz Ducke: „Da bin ich gemischten Gefühles. Ich bin natürlich froh, daß eine so starke Akzeptanz bezüglich der Leitung des Runden Tisches festzustellen war. Andererseits Wehmut, weil die Begegnung mit den Vertretern politischer Kräfte nun nicht mehr so selbstverständlich ist. Das war auch persönlich ein Gewinn und hat Freude gemacht. Wehmut, daß er als Faktum zu Ende gegangen war, nicht − ich war froh, daß freie Wahlen stattgefunden haben."

Wie erklären Sie sich, daß in einem erklärtermaßen atheistischen Staat, der es, gelinde ausgedrückt, den Kirchen in den letzten 40 Jahren nicht gerade leicht gemacht hat, plötzlich die Kirchen eine so zentrale, demokratisierende Rolle spielen konnten?

Karl-Heinz Ducke: „Zunächst gibt es für mich nicht nur eine Erklärung dafür. Ich könnte mir vorstellen, daß hier mehrere Faktoren eine Rolle gespielt haben. Ich habe selbst sehr viel darüber nachgedacht, weil die Kirche nicht immer unbedingt mit Demokratie in Verbindung gebracht wurde − zumindest die katholische nicht. Das Erste, was mir wichtig ist, ist die Feststellung, daß die Kirche einen Raum der Freiheit geboten hat − besonders im geistigen Sinn. Dort würde ich auch persönlich meine Heimat sehen. Man konnte dort frei denken, frei sprechen, man wurde mit Dingen außerhalb der Grenzen konfrontiert − dies halte ich für ein großes Verdienst der Kirchen. Das Zweite − und dies ist sicherlich ein Verdienst der evangelischen Kirche −, daß sie die Kirchenräume quasi wie Brutkästen geöffnet haben. Ob das nicht manchmal aus der Frustration der Pfarrer, bezüglich ihres eigentlichen Auftrages geschehen ist, wage ich auch nicht endgültig zu sagen. So wie Pfarrer Eppelmann einmal gesagt hat „In der Kirche werde ich nicht gefragt, jetzt werde ich Politiker."

Konnten Sie es mit Ihrem christlichen Gewissen vereinbaren, den Karren zu ziehen, den ein sozialistischer Staat in den Dreck gezogen hatte?

Karl-Heinz Ducke: „Das sehe ich nicht so. Ich sehe unsere Verpflichtung darin, den Menschen zu helfen, unter den Konditionen, unter denen sie leben müssen. Wir sind nicht für eine Ausreisewelle gewesen, sondern wir sind für Bedingungen gewesen, die es den Menschen möglich machten, hier als Menschen zu leben. Ich wollte nicht ein Staatsgebilde neu schaffen, sondern eigentlich deutlich machen, daß wir eine Gesellschaft wünschen, in der wir christliche Werte finden, ohne das Etikett zu suchen."

Meinen Sie, daß die DDR jetzt menschlicher und menschenwürdiger geworden ist?

Karl-Heinz Ducke: „Das kann ich nicht beantworten. Ich glaube, im Moment natürlich nicht – Sie wissen um die Probleme, die auf uns zukommen mit der Aufarbeitung der Vergangenheit. Hier sehe ich das Problem, daß manche Leute sehr schnell den Blick nach Westen wenden. Der Theologe Hertsch hat das einmal in einer freien Übersetzung des Jonas-Buches beschrieben: „Den Blick nach Westen wandte er – erst lief er nur, dann rannte er." – Ich glaube, wir haben noch sehr viele Aufgaben vor uns – aber, daß es möglich ist, die Vergangenheit aufzuarbeiten, sehe ich als ein Positivum."

Wie sehen Sie nach dem Runden Tisch und den Wahlen am 18. März die Rolle der Kirchen in der DDR?

Karl-Heinz Ducke: „Das, was sie bisher stets gemacht hat – unter den neuen Bedingungen das Evangelium zu verkünden. Ich hoffe, daß deutlich geworden ist, daß wir die Kraft hatten, auch für eine Gesellschaft einzutreten und diese Kraft aus dem Evangelium kommt, nicht aus irgendeiner politischen Überzeugung."

Wird die Kirche in der DDR in Zukunft politischer oder die Politik kirchlicher?

Karl-Heinz Ducke: „Nein, das glaube ich nicht. Ich glaube, daß die Kirche als eine gesellschaftliche Kraft akzeptierter wird. Aber sie

328

wird sich genauso in einem offenen Pluralismus auseinanderset-
zen müssen — mit all den Ansprüchen, die auf den Menschen
einstürmen. Wir wissen noch nicht, wie wir in diesem offenen
Pluralismus bestehen können — mit der Kritik der Medien, mit
der Begleitung durch die Medien, mit einer Öffentlichkeit, die
auch neu für uns ist."

„Blutvergießen konnte vermieden werden!"

Gespräch von Ewald Rose mit den Moderatoren Oberkirchenrat Martin Ziegler und Pastor Martin Lange in Ost-Berlin am 3. April 1990

Frage: Wer kam aus welchem Grunde auf die Idee, den Runden Tisch am 7. Dezember 1989 einzurichten?

Martin Ziegler: Die Idee ist aus Gesprächen erwachsen, die Bischof Dr. Forck von Berlin-Brandenburg in den Wochen vor dem November und Dezember mit verschiedenen Berliner Gruppierungen geführt hatte. Das waren „Demokratie Jetzt", „Neues Forum" und noch eine Reihe anderer Gruppierungen. In diesen Gesprächen kam die Idee auf, alle politischen Kräfte an einen Tisch zu bekommen. Zunächst gab es die Vorstellung, daß dies Bischof Forck machen solle. Nach einem Gespräch mit Dr. Ullmann von „Demokratie Jetzt" mit mir kamen wir überein, daß sich die politischen Gruppierungen offiziell an die Kirche wenden sollen. Von Beginn an waren wir der Ansicht, daß diese Gespräche möglichst ökumenisch sein sollten. Wir haben uns dann darauf geeinigt, daß die ersten Einladungen von uns — also vom Sekretariat — ausgehen sollten. Ich habe daraufhin die Einladungen zum 7. Dezember 1989 in das Dietrich-Bonhoeffer-Haus ausgesprochen, denn dies war die zweite Bitte, daß wir nicht nur einladen sollten, sondern auch einen Raum zur Verfügung stellen."

Frage: Ist demnach die Vermutung richtig, daß der Runde Tisch nicht von der Regierung — wie in vielen westdeutschen Medien behauptet — einberufen wurde, sondern vielmehr von den Kirchen?

Martin Ziegler: „Von Herrn Krenz sicherlich nicht. Aber auch nicht unmittelbar von der Kirche. Wenn man hier die Urheberschaft genau festlegen will, kommt man etwas ins Dunkel.

Man kann sagen, daß in Leipzig acht Jahre lang jeden Montag Friedensgebete stattgefunden haben. In den letzten Jahren gingen von diesen Friedensgebeten die Demonstrationen aus. Nun kann man natürlich sagen, weil es mit den Friedensgebeten angefangen hat, kam die Initialzündung von den Kirchen. Ich würde dies aber sehr vorsichtig sehen, denn die Friedensgebete in Leipzig oder hier in der Gethsemanekirche waren Gottesdienste, in denen die Kirche die Verkündigung sagte und in denen es echte Gebete gab. Für viele war es jedoch eine politische Versammlung. Dort waren viele Menschen, die nicht der Kirche angehörten und sich inzwischen längst wieder verlaufen haben. Wir bedauern das nicht. – Der Staat jedenfalls hat nicht nach der Kirche gerufen. Der Anstoß zum Runden Tisch kam von den Gruppierungen. Die Idee ist aus den verschiedenen Gesprächen erwachsen – wer nun zuerst gesagt hat, man müsse einen Runden Tisch machen, das kann ich nicht sagen. So klar war das am Anfang nicht, weil die Gruppierungen auch gleich Bedingungen für die Einladung gestellt hatten. Sie hatten gefordert, daß jeweils zwei Vertreter jeder der sieben Gruppierungen und darüber hinaus parithetisch die Vertreter der in der Volkskammer vertretenen Parteien an diesem Tisch vertreten sein sollten. Das führte zu internen Schwierigkeiten. Ich habe zunächst die Einladungen im Verhältnis zwei zu zwei versandt. Dann hatte es ein Gespräch mit den Vertretern der Gruppierungen gegen – das war nicht sehr freundlich, weil sie sich da aufspielten, anders kann ich das leider nicht sagen – als die, die uns die Befehle zu geben hätten, was wir zu machen haben. Dagegen habe ich mich energisch gewehrt und gesagt: „Wenn die Kirchen schon die Plattform, den Raum und die Einladung geben, dann müssen sie auch die Möglichkeit haben, selbst mitzureden und nicht bloß auszuführen." – Das gab gleich eine Auseinandersetzung, und wir haben uns auf den Kompromiß geeinigt, daß von den fünf in der Volkskammer vertretenen Parteien jeweils drei, von den politischen Gruppierungen jeweils zwei Vertreter entsandt werden. Ausnahme war das „Neue Forum", das ebenfalls drei Vertreter entsandte, weil sie die damals größte Gruppierung war. Das war der Grundbestand bis zum 7. Dezember 1989. Dann kam die Schwierigkeit der Eröffnung, denn es war überhaupt nicht klar, ob nicht bereits am 7. Dezember der Runde Tisch beendet war, da einige bereits den Tisch besetzt hatten und es nicht ein Musterbeispiel von Demokratie war, wie es anfänglich gelaufen war."

Frage: Wie kam es dazu, daß ausgerechnet die Kirchen den Karren aus einem zugegebenermaßen atheistischen Staat aus dem Dreck zogen?

Martin Ziegler: „Die Kirchen haben in den zurückliegenden Jahren – und vor allem auch in den letzten Monaten – in unserem Land eine nicht unwichtige Rolle gespielt. Wir haben eine gute Erfahrung mit der Ökumenischen Versammlung gemacht, deren erste Sitzung zunächst im Februar 1988 stattfand. 19 Kirchen waren daran beteiligt und es ging vorrangig um die Fragen des sogenannten konziliaren Prozesses, das heißt Fragen der Gerechtigkeit, der Friedensbewahrung und der Schöpfung. Das waren auch die Themen, die in unserem Land sehr intensiv beraten worden sind, wo die Kirchen auch den Eindruck hatten, daß sie in ihrem eigenen Haus das verwirklichen, was wir von einer Weltversammlung der Kirchen auf ökumenischer Ebene erwarten. Hier gab es einen wichtigen Vorlauf. Neben den verschiedenen Gruppierungen nahmen auch Vertreter von verschiedenen Gruppen teil, die schon lange unter dem Dach der Kirche tätig gewesen waren. Nun muß man sagen, vorrangig in Kirchen und kirchlichen Gebäuden der Landeskirchen, also des Bundes der evangelischen Kirchen. Wir haben in den zurückliegenden Jahren immer gesagt, daß die Kirche in unserem Staat eine Art Stellvertreterrolle wahrnehmen muß, weil nur in den Kirchen der Informations- und Gedankenaustausch möglich war, wie wir ihn in unserer Gesellschaft nicht kannten. Das war eine wichtige Voraussetzung, weil damit auch für viele ein Stück Hoffnung verbunden war, die bisher keine Verbindung zur Kirche hatten. So ist man an die Vertreter der Kirchen herangetreten, um eine Vermittlung herbeizuführen. Man brauchte jemanden, der die unterschiedlichen Kräfte zusammenbringt, nachdem die neue Regierung etabliert war. – Ich denke, die Vertreter der Kirchen hatten auch ein Stück Vertrauen durch die kritischen Situationen in den vergangenen Jahren gewonnen und dies hat sich sehr deutlich artikuliert."

Frage: In der Zeit von 1945 bis 1989 gab es ein „Amt für Kirchenfragen", deren jeweiliger Staatssekretär eher für Kirchenverfolgung zuständig war. Das Verhältnis zwischen der Kirche und dem sozialistischen Staat war stets sehr problematisch. Dennoch ein so starkes Engagement der Kirchen zur Rettung des Staates?

Martin Ziegler: „So undifferenziert ist das Verhältnis Staat und Kirche nie gewesen. Die Einrichtung eines Staatssekretärs für Kirchenfragen war schon ein bestimmter Knotenpunkt auf dem Weg, den die Kirchen gegangen sind. Im ökumenischen Bereich war diese Anlaufstelle ein Fortschritt, denn dadurch wurden die kleineren Kirchen erstmalig gleichbehandelt. Die Auseinandersetzung mit dem System hatten wir in unterschiedlicher Intensität all die Jahre hindurch seit der Gründung der DDR. Ehe es zur Gründung der DDR kam, war es jedoch nicht so – die Kirchen waren sogar bevorzugt, denn sie galten als antifaschistische Kräfte. Das hat sich auch niedergeschlagen in der Verfassung von 1949, wo geschrieben stand, daß nämlich die Kirchen zu den Lebensfragen des Volkes Stellung nehmen konnten. Darüber haben wir uns die letzten Jahre – besonders seit 1988 – unentwegt gestritten. In den 50er Jahren und auch später war es in der Tat so, wie Sie es in Ihrer Frage anklingen ließen.

Vor allem hatten die Kinder der Familien mit christlicher Erziehung zu leiden, aber auch die, die in bestimmten Leitungspositionen nicht vorankamen. Um 1953 hatten die Studentengemeinden und die Jungen Gemeinden besonders zu leiden, das könnte man noch am ehesten mit Verfolgung bezeichnen.

In den 60er Jahren wurde die Institution Kirche aus der Gesellschaft möglichst herausgedrängt. In der Verfassung von 1968 stand über das Recht der Kirchen, zu Lebensfragen Stellung zu nehmen, kein Wort mehr. Das ließ sich alles nicht halten, denn die Kirchen waren ja da, die Kirche war eine gesellschaftliche Kraft. In einem Gespräch vom 6. März 1978 kam es dazu, daß die Kirche als Institution praktisch anerkannt wurde und bestimmte Dinge auch akzeptiert wurden. Bis zum Luther-Jahr im Jahre 1983 konnten wir eine Annäherung verzeichnen. Dies kam besonders durch die außenpolitischen Fragen und die Fragen der Abrüstung und der Raketenbekämpfung. In diesem Jahr kamen also zwei Dinge zusammen: einmal das Luther-Jahr – da hatte der Staat das Interesse, die Kirche etwas freundlicher zu behandeln, weil es weltweites Interesse fand. Zum anderen war 1983 das Jahr des Kampfes gegen die Raketenaufstellung. An diesem Punkt waren wir mit der Außenpolitik unseres Staates – wenigstens galt dies für die evangelischen Kirchen – sehr nahe beieinander. Das brach dann wieder sehr schnell auseinander.

Seit 1983 kamen in den Mittelpunkt die innenpolitischen Fragen, die sich bis 1988, 1989 ständig zuspitzten. Die Kirchen machten nun die innenpolitischen Fragen – eigentlich nicht mehr ihre eigenen –, sondern die der Bürger zum Gesprächsthema und boten den Raum dafür, daß sich Gruppierungen, die dies besonders klar und profiliert zum Ausdruck brachten, zusammenfügen konnten."

Könnte man demnach sagen, daß die Kirchen oder kirchlich orientierte Gruppen die Oktober-November-Revolution des vergangenen Jahres wesentlich beeinflußt oder bestimmt haben?

Martin Lange: „Ich kann das so eigentlich nicht sehen. Wir sind immer wieder einmal gefragt worden, wie wir uns in unserem Dienst und unserem Zeugnis verstehen. Wir sind zum Beispiel gefragt worden „Wollen Sie eine politische Oppositionspartei sein?" – Das haben wir immer verneint, weil wir der Meinung sind, daß die Kirche keine parteipolitische Gruppierung sein soll. Sie ist eine gesellschaftliche Größe – das ist unbestritten. Es gab und gibt bei uns immer die Trennung zwischen Staat und Kirche – das war nicht nur eine formale Frage, sondern die Diskussion, was könnte es unter den veränderten Verhältnissen für die Zukunft bedeuten? Trennung von Staat und Kirche hieß aber nie Beziehungslosigkeit. Es gab Beziehungen, denn es ging ja im Dienst und im Zeugnis der Kirchen um Menschen, Menschen zu helfen und letztlich auch die Verantwortung in der Friedensfrage, im Zusammenleben wahrzunehmen. Es ist sicher unbestritten so, daß vieles im Bereich der Außenpolitik eine breite Mehrheit in unserem Volk gefunden hat und daß man um so schmerzlicher empfunden hat, daß diese Auswirkungen und Entwicklungen außenpolitischer Art nicht die Entsprechungen in der Innenpolitik gefunden haben. Um auf Ihre Frage zurückzukommen „Wie kamen die Kirchen dazu?" finde ich nur eine Antwort: Einfach aus der Verantwortung heraus, die wir als Kirchen für die Menschen haben, nicht nur für die, die sich als Christen verstehen."

Martin Ziegler: „Keimzellen waren schon vorher, nämlich die Gruppierungen – beispielsweise der „Friedensdekade" – Anfang der 80er Jahre, denen die Kirchen ein Dach boten. Es waren zunächst sehr kleine Gruppierungen, die sich in der Kirche Gedanken machten. Brisant wurde es erst durch die Menschenrechtsgruppierungen."

Die evangelische Kirche hat sich zugunsten der Bürger mit dem Staat in gewissem Maße arrangiert. Die katholische Kirche hingegen verweigert. Ist diese Einteilung so richtig?

Martin Ziegler: „Arrangiert ist ein Wort, das ich gar nicht gerne höre. Das ist genau das, was in der westlichen Presse – Dank der katholischen Kirche kolportiert wird; nämlich der Katholischen Bischofskonferenz in Fulda. „Die evangelischen Anpasser" und „die katholischen standhaften Gegner". Dieses ist reiner Unsinn! Wir waren immer der Meinung, daß Trennung von Staat keine Beziehungslosigkeit bedeutet. Wenn wir hier leben wollen, müssen wir auch mit denen reden, die die Macht haben – und dies haben wir gemacht. Die heißen Eisen haben die evangelischen Kirchen angerührt. Die harten Verhandlungen haben die evangelischen Kirchen geführt. Die Prügel für die Kirchenzeitungen haben die evangelischen Kirchen bekommen. Die katholische Kirche hatte sich bis zum 9. Oktober auf den Standpunkt der gesellschaftlichen Abstinenz gestellt – dies haben wir nicht gemacht. Wir waren immer der Meinung, daß die Gesellschaft mit in den Verantwortungsbereich der Verkündigung gehört. Wo es um Probleme der Gesellschaft geht, melden wir uns zu Wort – ob es nun paßt oder nicht."

Was hat die Katholische Kirche bewogen, dennoch am Runden Tisch mitzuwirken?"

Martin Lange: „Als wir begonnen hatten, die ökumenische Versammlung vorzubereiten, war die Katholische Kirche zunächst im Beobachterstatus. Erst im Verlauf der Arbeitsgruppensitzungen zur Vorbereitung hat es sich so entwickelt, daß sich die Bischofskonferenz entschlossen hatte, voll dieses Unternehmen mitzutragen. Das war auch zugleich eine neue Qualität der ökumenischen Zusammenarbeit, die Bedeutung bekommen hat für das gemeinsame Zeugnis der Christen hier in diesem Land. Hier hat die gemeinsame Sacharbeit von der Botschaft der Bibel her dazu geführt, daß die Katholische Kirche am Runden Tisch vertreten war."

Welches Verdienst hatte der Runde Tisch?

Martin Ziegler: „Der Runde Tisch hat stabilisierend gewirkt für dieses Land. Der Runde Tisch hat stabilisierend gewirkt zur Verlängerung der Existenz der DDR. Dies war auch unbedingt nötig um der Bürger und der Menschen Willen in diesem Land. Was hätte denn sonst werden sollen? Wir können nicht dankbar genug dafür sein, daß es bis heute gewaltlos und nicht nach rumänischem Muster gegangen ist – oder auch nach chinesischem Muster. Mein letztes Gespräch mit dem Staatssekretär für Kirchenfragen endete damit am 7. Oktober, daß er mir sagte: „Sie sollen wissen, China ist nicht so weit, wie es geographisch erscheint" – Wir hatten die Furcht, daß es zu Blutvergießen kommt. Deshalb geniere ich mich nicht, zur Stabilisierung dieses Staates beigetragen zu haben. Einen Beitrag dazu geleistet zu haben, daß dieses Land ohne Blutvergießen und ohne Gewalt in eine bessere Zukunft geführt wird – ob das nun der einheitliche Staat wird, war ja nicht von Anfang an klar, das hat sich erst im Laufe der Zeit entwickelt. Für die Kirchen selbst hat es nicht stabilisierend gewirkt, es hat aber dafür gesorgt, daß es ein großes Sympathisantenfeld gewonnen hat."

Martin Lange: „Wir drei Moderatoren haben ganz bewußt nicht in die politische Diskussion am Runden Tisch eingegriffen. Wir haben versucht, die Gespräche zu vermitteln. Wir haben dort nicht die Meinung der Kirchen ausgebreitet – da gab es andere Möglichkeiten.

Wir haben uns diese Aufgabe nicht gesucht, wir sind von den etablierten Parteien und den Gruppierungen gebeten worden. Der Runde Tisch hatte in dieser Zeit eine lebensnotwendige Aufgabe wahrgenommen, denn es ging auch darum, daß die Menschen in unserem Land Informationen erhalten haben, die sie vorher nicht kannten und wo es keine Möglichkeit gab, daß sie an diese Informationen herankamen. Das hat an vielen Stellen Verärgerung hervorgerufen, hat aber auch entlastend gewirkt, daß endlich einmal Dinge auf den Tisch gelegt wurden, die man vorher nicht kannte."

Haben die Kirchen durch ihre Mitarbeit am Runden Tisch einen größeren Einfluß in der DDR gewonnen?

Martin Lange: „Ich denke, daß wir das Bonhoeffer-Wort der „Kirche für andere", also nicht die herrschende sondern die dienende Kirche, nicht aus den Augen verlieren."

Martin Ziegler: „Die Kirche hat sich zur Unzeit gemeldet, als es nicht opportun war, sie wird hoffentlich − das ist meine große Hoffnung −, wachsam sein und sich zu Wort melden, wo sie meint, um der Menschen Willen es tun zu müssen. Aber wir geben uns überhaupt keinen Illusionen hin. Dies möchte ich Ihnen am Fall Honecker demonstrieren. Ich bin Vorsitzender der Hoffnungsthaler Anstalten in Lobethal. Ich habe mitgewirkt, daß Honecker dort untergebracht ist. Damals waren wir Moderatoren auf dem Höhepunkt der Sympathien. Was wir in dieser Zeit an Anwürfen und Beschimpfungen zu hören bekommen haben − davon macht man sich keine Vorstellungen. Wir sind durchaus darauf gefaßt, daß die Stimmung auch wieder einmal umschlägt; dann wird die Kirche wieder angegriffen werden. Der Sitz zwischen den Stühlen ist zwar nicht der Bequemste, aber auch nicht verwunderlich. Ich rechne nicht damit, daß die Sympathiewelle sehr lange andauert − zum Glück sind wir davon nicht abhängig. Wir werden zur Zeit reden − ob es paßt oder nicht paßt."

Könnten Sie sich einen neuen, anderen Runden Tisch in naher oder ferner Zukunft zu anderen Themen vorstellen? Möglicherweise zur Stasi-Affäre?

Martin Ziegler: „Ja, vorstellen kann ich mir das durchaus. Ich könnte mir vorstellen, wenn sich die Verhältnisse wieder so verknoten und das Vertrauen gegenüber der Kirche da sein sollte, wir gebeten werden − und wir werden dann wieder zur Verfügung stehen."

Martin Lange: „Wir legen zunächst einmal Wert darauf, daß die gewählte Volkskammer tätig wird. Hinsichtlich der Stasi-Vergangenheit von Abgeordneten müssen die Parteien aktiv werden. Es

sind zwar kirchliche Vertreter gebeten worden, mitzuwirken
— und dies geschieht auch in Einzelfällen —, aber für einen Runden Tisch würde ich dieses Thema nicht geeignet halten, weil wir
dann das unterlaufen, was die Wahlen am 18. März gebracht haben."

Martin Ziegler: „Ich möchte noch auf eine andere Kategorie Runder Tisch hinweisen. Es gibt einen Runden Tisch der NVA, der
Nationalen Volksarmee; es gibt einen Runden Tisch für Bildungs-
fragen, für Jugend, für Ökologie — der Grüne Runde Tisch. Es
könnte durchaus einmal einen Runden Tisch geben für Sozialfra-
gen für eine Sozialcharta — und da könnte es bald passieren, daß
wir wieder mitten im Gerangel sind. In Sachen Stasi würde ich
nicht gerne bereit sein, weil ich der Meinung bin, daß sich das,
was sich jetzt bei der Stasi abspielt, mit dem Hochziehen von einzelnen Anwürfen, nicht belegten Verdächtigungen — kein Thema
des Runden Tisches ist. Das ist ein Thema, das einer geordneten
Rechtsprechung zukommt. Darauf müssen wir hinwirken, daß
dies einem geordneten Gerichtsverfahren unterliegt. Aber diese
Tour würde ich nicht mitmachen. Wir sind ja auch beide gefragt
worden. Ich mache da nicht mit, bei diesen Stasi-Sachen."

*Die Tageszeitung „Die Welt" bemerkte am 12. März „Abschied vom
Runden Tisch mit Wehmut". — Hatten Sie am 12. März Wehmut?*

Martin Ziegler: „Ich habe dort die Arbeit nicht mit Wehmut beendet, weil sehr viel auf mich wartete, das in der Zwischenzeit lie-
gengeblieben war. Im Rückblick war es eine Zeit, die ich für eine
sehr intensive und wertvolle Zeit ansehe. Vor allen Dingen wegen der Begegnungen mit vielen engagierten Menschen und mit
Sachzwängen, die ich sonst nicht so gesehen habe."

Martin Lange: „Wehmut ist nicht das richtige Wort. Ich habe Zeit
noch nie so intensiv erlebt wie zwischen dem 7. Dezember und
dem 12. März. Es war eine ungeheure Anspannung, es war eine
echte Herausforderung. Es war aber auch eine Zeit, die mich un-
wahrscheinlich bereichert hat — in vieler Hinsicht. Es war eine
Bereicherung, die dazu beigetragen hat, daß man durch die ganz
persönlichen, menschlichen Begegnungen hinzugelernt hat. Man
hat gemerkt, die Politik, die ja manchmal durch eine gewisse An-
onymität gekennzeichnet ist, hat auch menschliche Gesichter.
Es war auch deshalb bei einigen ein so starker Eindruck vorhanden, weil es nicht zu erwarten war, daß wir über eine so lange
Zeit in der Weise miteinander am Runden Tisch sitzen würden.
Wenn ich mich erinnere, wie die erste Sitzung durchgeführt wor-

337

den ist – mit dieser chaotischen Hektik und wir eigentlich nicht
wußten, wie das weitergehen sollte –; zum anderen wir gemerkt
haben, wie groß das Mißtrauen war, offen miteinander zu reden – dann war das schon beeindruckend. Wenn man dann die
letzten Sitzungen überdenkt und feststellt, daß es plötzlich ganz
neue Mehrheiten gab, daß man von den Sachanliegen her zu einem Consens gefunden hat – hier ist etwas geschehen, das diese
Wochen ganz entscheidend geprägt hat."

*Könnten Sie sich vorstellen, daß es einen großen Runden Tisch geben
sollte oder müßte wegen der Entwicklung in den beiden deutschen Staaten vor und nach dem 18. März – und, daß Sie vielleicht an diesem sitzen würden?*

Martin Ziegler: „Das ist eine Frage des Verständnisses vom Runden Tisch. Wir haben jetzt gewählte Vertreter und ich bin nicht
sehr davon angetan – und das haben wir von Anfang an so verfolgt –, daß neben den geordneten parlamentarischen Gremien
Nebenkonstruktionen existieren. Der Runde Tisch war für eine
Übergangszeit eine notwendige Nebenkonstruktion. Ich denke,
der Runde Tisch sollte für solche Zeiten, wo es nicht anders geht,
als Möglichkeit übrigbleiben. In dieser Weise, wie der Runde
Tisch neben der Volkskammer und neben der Regierung tätig
war, kann ich mir das nicht wünschen für eine geordnete demokratische Gesellschaft. Im Interesse der Bürger dieses Landes
kann ich nur wünschen, daß er nicht notwendig wird, denn wenn
es zu einem Runden Tisch kommen sollte, wäre dies nur wieder
eine Hilfsmaßnahme, damit die Bürger dieses Landes eine Stimme haben – aber dies kann man doch nicht wünschen und hoffen."

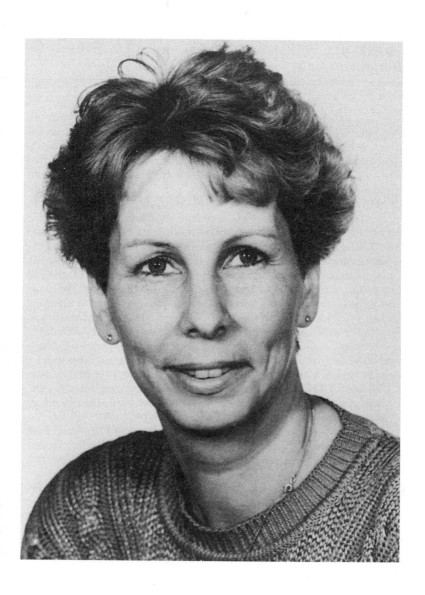

Volkskammerpräsidentin
Dr. Sabine Bergmann-Pohl

Porträt der Volkskammerpräsidentin Dr. Sabine Bergmann-Pohl

Der Amtsbeginn der ersten Volkskammerpräsidentin Sabine Bergmann-Pohl erinnerte mit Nervosität und mangelnder Routine an den Anfang der ersten Bundestagspräsidentin, an Annemarie Renger, der man damals den Spitznamen „Pannen-Marie" gab, an den heute längst niemand mehr denkt. Heute ist Frau Renger eine souveräne Präsidentin. Aber solche Unsicherheit birgt auch den Charme des Menschlichen, allzu Menschlichen in sich und unterscheidet sich wohltuend vom aalglatten Politprofitum. Die Bundestagspräsidentin Süssmuth hatte deshalb ihre Kollegin sofort angerufen und ihr Mut zugesprochen.

Die evangelische Christin Bergmann-Pohl empfand dies als „schwesterlich" und wünscht sich, daß sie gemeinsam mit Frau Süssmuth das erste gesamtdeutsche Parlament leiten könnte. Diesen Wunsch könnten ihr nur die niedersächsischen Wähler erfüllen, wenn sie der CDU eine Niederlage bereiteten. Denn Frau Süssmuth will als Nachfolgerin von Ministerpräsident Albrecht in die Landespolitik gehen. Ermutigt fühlt sich die neue Volkskammer-Präsidentin auch durch Bundespräsident von Weizsäcker, der für sie ein Vorbild ist und den sie als amtierendes Staatsoberhaupt der DDR offiziell zum 70. Geburtstag gratulierte. Die Volkskammerpräsidentin ist auch Staatsoberhaupt, bis ein neuer Präsident gewählt ist.

Sie stammt aus Eisenach in Thüringen, wo sie am 20. April 1946 geboren wurde. 1957 zog sie mit ihren Eltern nach Berlin, wo sie an der Humboldt-Universität studierte. An der Charité übertrug man ihr 1980 die Leitung einer poliklinischen Abteilung für Lungenkrankheiten. 1985 wurde sie Chefin der Bezirksstelle des Ost-Berliner Magistrats, in der sie 24 Ärzte leitete. 1981 war sie in die CDU eingetreten. Dem „Neuen Deutschland" der PDS (SED) sagte sie dazu: „Ein Grund ist, weil ich kirchlich gebunden bin, und ein weiterer, weil ich nicht in die SED wollte." In der CDU kümmerte sie sich vor allem um das Gesundheits- und das Sozialwesen und die Behindertenarbeit. Sie gehört dem Ost-Berliner Landesvorstand der CDU an.

Dr. Sabine Bergmann-Pohl ist mit einem Maschinenbau-Ingenieur verheiratet und Mutter zweier Kinder. Charakteristisch für ihre Lebenseinstellung ist ein Wandspruch in ihrem Büro: „Immer wenn du denkst, es geht nicht mehr, kommt von irgendwo ein Lichtlein her." Sie hat aus der christlich-sozialen Ethik die „Vision der Hoffnung von geschwisterlichen Beziehungen zwischen den Menschen". Trotz ihrer Skepsis gegenüber der Berufspolitik ist auch für sie nun die Zeit der Berufsparlamentarierin angebrochen. Darüber möchte sie weder ihre Familie noch ihren Garten noch die Medizin vernachlässigen: „Ja, es war für mich mehr als nur Beruf, auch Hobby. Ich werde den sogenannten kleinen Zeh in der Medizin drinbehalten." Ihr Vorsatz für das neue Amt ist: „Menschlich bleiben."

Volkskammer der Deutschen Demokratischen Republik
10. Wahlperiode, 1.(konstituierende) Tagung, Donnerstag, den 5. April 1990

Alterspräsident Piche:

Verehrte Abgeordnete! Meine Damen und Herren des Diplomatischen Corps! Sehr geehrte Gäste! Meine Damen und Herren! Die Geschäftsordnung der Volkskammer der Deutschen Demokratischen Republik legt im § 1 Absatz 2 fest:

„Die erste Tagung der neu gewählten Volkskammer wird von dem an Jahren ältesten Abgeordneten oder, wenn dieser verhindert ist, vom nächstältesten Abgeordneten bis zur Wahl des Präsidiums der Volkskammer geleitet."

Der älteste Abgeordnete unseres Hauses ist Herr Dr. Günter Kilias, geboren am 25. Mai 1926, Sozialdemokratische Partei Deutschlands. Herr Kilias kann aus gesundheitlichen Gründen das Amt des Alterspräsidenten der Volkskammer nicht wahrnehmen. Somit fällt auf mich, den an Jahren nächstältesten Abgeordneten, in Übereinstimmung mit allen Fraktionen diese Aufgabe. Ich heiße Lothar Piche, Deutsche Soziale Union, und wurde am 27. Mai 1926 geboren.

Meine Damen und Herren Abgeordnete! Ich erkläre die 1.(konstituierende) Tagung der Volkskammer der Deutschen Demokratischen Republik der 10. Wahlperiode für eröffnet.

(Beifall)

Verehrte Abgeordnete! Ich freue mich, die konstituierende Sitzung bis zur Wahl des Parlamentspräsidenten leiten zu dürfen, und hoffe auf Ihre Mitarbeit. Über die Bedeutung dieses historischen Ereignisses sind wir uns alle bewußt. In dieser Stunde schauen nicht nur die Menschen unseres Landes auf uns, sondern auch unsere Nachbarvölker und die gesamte Welt. 40 Jahre eines schweren Weges gehen in diesem Augenblick zu Ende. Wir schauen zwar immer noch zurück, und wir wissen um die tragischen, uns alle belastenden Ereignisse in unserer Geschichte. Das gilt für die Katastrophe des Dritten Reiches wie auch für die stalinistische Epoche. Wir wissen damit auch um das Leid, das Deutsche anderen Völkern angetan haben. Wir stellen uns dieser Geschichte, und wir wissen um die Verantwortung für eine gute Zukunft.

Möge es gelingen, daß von diesem Parlament eine Botschaft des Friedens und der Versöhnung in die Welt hinausgeht. Möge es uns dazu auch gelingen, daß wir als Abgeordnete dieses Parlaments und als Vertreter der verschiedenen Parteien zu einer Zusammenarbeit finden, die für die Menschen, die uns ihr Vertrauen geschenkt haben, das Beste bewirkt. Dazu möge uns Kraft und Mut geschenkt werden. Ich wünsche uns hierzu viel Erfolg. Gott schütze unser deutsches Vaterland!

(Lebhafter Beifall bei CDU, DSU und DA, bei anderen Parteien schwacher Beifall; die Abgeordneten der CDU, der DSU und des DA erheben sich von den Plätzen.)

Werte Abgeordnete! Ihnen liegt die Tagesordnung der heutigen konstituierenden Tagung der Volkskammer vor. Kann ich darüber Einverständnis feststellen? – Das ist der Fall, dann verfahren wir so.

Bevor ich den Punkt 2 der Tagesordnung aufrufe, teile ich Ihnen mit, daß durch die Vertreter der Parteien und politischen Vereinigungen folgende Abgeordnete als Schriftführer benannt wurden:

Fraktion der CDU: Karin Stange, Dr. Hans von Essen, Rolf Berend;

Fraktion der SPD: Constanze Krehl, Reinhard Weis;

Fraktion der PDS: Dr. Marion Morgenstern, Dr. Petra Albrecht;

Fraktion der DSU: Dr. Gotthard Voigt;

Fraktion der Liberalen: Jürgen Bohn;

Fraktion Bündnis 90/Grüne: Ilse Nierade;

Fraktion DBD/DFD: Per-René Seeger.

Ich bitte die Schriftführer bei Abstimmungsfeststellungen um ihre Mitwirkung. Sie werden dabei von Mitarbeitern der Verwaltung der Volkskammer unterstützt.

Verehrte Abgeordnete! Entsprechend dem § 1 Absatz 3 der noch gültigen Geschäftsordnung der Volkskammer haben wir als Punkt 2 der Tagesordnung über die Gültigkeit der Wahl der Volkskammer vom 18. März 1990 zu beschließen.

Dazu liegt mir das Schreiben der Vorsitzenden der Wahlkommission der Deutschen Demokratischen Republik, Frau Petra Bläss, vor, das folgenden Wortlaut hat:

„Zur Herbeiführung eines Beschlusses auf der 1.(konstituierenden) Tagung der Volkskammer über die Gültigkeit der Wahl zur Volkskammer der DDR am 18. März 1990 überreiche ich Ihnen das endgültige amtliche Wahlergebnis."

In diesem Dokument heißt es:

„Die Wahlkommission der DDR erklärt entsprechend § 37 Absatz 1 des Wahlgesetzes:
Die Wahl zur Volkskammer der Deutschen Demokratischen Republik wurde ordnungsgemäß durchgeführt. Es wird das umstehend genannte endgültige Ergebnis der Wahl zur Volkskammer der Deutschen Demokratischen Republik festgestellt.

1. Gesamtzahl der Wahlberechtigten   12 426 443
2. Gesamtzahl der abgegebenen Stimmen   11 604 418
3. Gesamtzahl der gültigen Stimmen   11 541 155
4. Gesamtzahl der ungültigen Stimmen   63 263

Auf der Grundlage des § 31 des Wahlgesetzes wurde für die einzelnen Listen nachfolgende Anzahl der Mandate errechnet:

Liste 1 Aktionsbündnis Vereinigte Linke (AVL)
Die Nelken − Vereinigte Linke   1 Mandat

Liste 3 Bündnis 90
NEUES FORUM − DEMOKRATIE JETZT −
IFM   12 Mandate

Listenplatz 4
Bund Freier Demokraten − DFP − LDP − F. D. P.
Die Liberalen   21 Mandate

Listenplatz 6
Christlich-Demokratische Union Deutschlands
(CDU)   163 Mandate

Listenplatz 8
Demokratische Bauernpartei Deutschlands
(DBD)   9 Mandate

Listenplatz 9
Demokratischer Aufbruch − sozial + ökologisch
(DA)   4 Mandate

Listenplatz 10
Demokratischer Frauenbund Deutschlands
(DFD)   1 Mandat

Listenplatz 12
Deutsche Soziale Union (DSU)   25 Mandate

Listenplatz 16
Grüne Partei + Unabhängiger Frauenverband
(Grüne + UFV)   8 Mandate

Listenplatz 18
National-Demokratische Partei Deutschlands
(NDPD)   2 Mandate

Listenplatz 19
Partei des Demokratischen Sozialismus (PDS)   66 Mandate

Listenplatz 20
Sozialdemokratische Partei Deutschlands
(SPD)   88 Mandate."

Das amtliche Dokument wurde als Schlußbericht am 23. März 1990 bestätigt. Es enthält die Unterschriften der Vorsitzenden der Wahlkommission, der Stellvertreter der Vorsitzenden sowie aller Mitglieder und des Sekretärs der Wahlkommission der DDR. Bei der Volkskammer ist kein Einspruch dagegen eingegangen. Wir können also zur Abstimmung kommen.

Zuvor teile ich mit: Von den 400 gewählten Abgeordneten der Volkskammer haben sich in die Anwesenheitsliste 390 Abgeordnete eingetragen. Wir sind damit also beschlußfähig.

Wer von Ihnen, verehrte Abgeordnete, dafür ist, die Gültigkeit der Wahl zur Volkskammer der Deutschen Demokratischen Republik am 18. März 1990 zu beschließen, den bitte ich hiermit um das Handzeichen. – Gegenstimmen, bitte. – Stimmenthaltungen. –

Ich stelle fest: Die Volkskammer der Deutschen Demokratischen Republik hat die Gültigkeit ihrer Wahl beschlossen. Damit erkläre ich die Volkskammer der 10. Wahlperiode für konstituiert.

(Beifall)

Ich rufe nun auf den Punkt 3 der Tagesordnung:

Geheime Wahl des Präsidenten der Volkskammer der Deutschen Demokratischen Republik.

Für die Wahl des Präsidenten der Volkskammer wurden folgende Vorschläge unterbreitet, die ich in alphabetischer Reihenfolge vortrage:

Frau Abgeordnete Dr. Sabine Bergmann-Pohl, vorgeschlagen von der CDU-Fraktion,

Herr Abgeordneter Dr. Reinhard Höppner, vorgeschlagen von der SPD-Fraktion,

Herr Abgeordneter Dr. Günther Maleuda, vorgeschlagen von der DBD/DFD-Fraktion,

Herr Abgeordneter Dr. Hans Modrow,
vorgeschlagen von der PDS-Fraktion,

Herr Abgeordneter Dr. Wolfgang Ullmann,
vorgeschlagen von der Fraktion Bündnis 90/Grüne

Ich bitte jetzt die Vertreter der Fraktionen, die von Ihnen vorgeschlagenen Persönlichkeiten vorzustellen. Zunächst bitte für die
CDU-Fraktion.

Abg. de Maizière (CDU):

Frau Dr. Sabine Pohl ist Mitglied der CDU, Mitglied des Landesverbandes Berlin. Sie ist Ärztin, bei ihren Patienten und bei ihren
Kollegen hochgeschätzt. Sie ist in besonderer Weise politisch tätig
geworden in den Zeiten nach der Wende und stellt einen Aktiv-
posten in unserer Fraktion dar.

Alterspräsident Piche:

Für die SPD-Fraktion, bitte.

Abg. Meckel (SPD):

Dr. Reinhard Höppner ist Mathematiker, arbeitet hier in Berlin
am Akademie-Verlag, wohnt in Magdeburg, ist langjähriger Prä-
ses der Synode der Evangelischen Kirche in der Kirchenprovinz
Sachsen, hat viel Gesprächsleitungserfahrung und ist deshalb
von uns vorgeschlagen worden.

Alterspräsident Piche:

Für die DBD/DFD-Fraktion.

Abg. Seeger (DBD/DFD):

Dr. Günther Maleuda. Im Namen der Fraktion der Demokratischen Bauernpartei Deutschlands und des Demokratischen Frauenbundes Deutschlands unterbreiten wir den Vorschlag,
Dr. Günther Maleuda als Kandidat zur Wahl als Präsident der
Volkskammer der Deutschen Demokratischen Republik aufzustellen. Dr. Günther Maleuda ist Vorsitzender der Demokratischen Bauernpartei Deutschlands und Vorsitzender der Fraktion
DBD/DFD.

Er ist den meisten hier anwesenden Damen und Herren sicher
bekannt. Er genießt in seiner Partei und darüber hinaus in weiten
Teilen unseres Volkes großes Vertrauen. Mit Sachkompetenz,

347

Überparteilichkeit und korrekt übte er seit der Wende in unserem Land das hohe und in dieser Zeit recht schwere Amt des Präsidenten der Volkskammer der DDR aus. Seinem sachlichen und konsequenten Wirken ist es mit zu verdanken, daß sich der Charakter des Parlaments in wenigen Wochen grundlegend änderte.

Alterspräsident Piche:

Für die PDS-Fraktion, bitte.

Abg. Gysi (PDS):

Dr. Hans Modrow ist Maschinenschlosser und Ökonom und z. Z. der Ministerpräsident der Deutschen Demokratischen Republik. Dr. Hans Modrow verkörpert Geschichte, Gegenwart und Zukunft dieses Landes. Er vertritt

(Heiterkeit)

eine bestimmte Generation und genießt großes Vertrauen nicht nur in seiner Partei, sondern in der Bevölkerung überhaupt.

(Zuruf: Aufhören!)

Er ist ein Mann, der bewiesen hat in den letzten Monaten, daß er unparteiisch sein kann und überparteilich

(Bewegung im Saal)

seine Verantwortung wahrnehmen kann und deshalb gerade für eine solche Tätigkeit besonders geeignet ist.

Alterspräsident Piche:

Für die Fraktion Bündnis 90/Grüne, bitte.

Abg. Prof. Dr. Reich (Bündnis 90/Grüne):

Wir schlagen Dr. Wolfgang Ullmann vor, geboren 1929, verheiratet, Vater von drei Kindern und Großvater von 6 Enkelkindern.

(Heiterkeit)

Er ist lange Jahre Pfarrer gewesen, dann später Dozent für Kirchengeschichte, dann Dozent im Sprachenkonvikt, und ist seit vielen Jahren in der Friedensbewegung und der Demokratisierungsbewegung uns allen bekannt. Er gehört zu den Mitbegründern der Bürgerbewegung „Demokratie Jetzt". Seine politische Aktivität reicht in die Zeit vor der Wende.

(Beifall seitens seiner Fraktion und der SPD-Fraktion)

Alterspräsident Piche:

Verehrte Abgeordnete! Die Wahl des Präsidenten erfolgt geheim. Zur Vorbereitung und zum Ablauf informiere ich Sie nunmehr darüber:

Die Abgeordneten erhalten durch Vorzeigen ihrer Abgeordnetenkarte an den Tischen der Anwesenheitsliste einen Stimmzettel und einen Umschlag A 5. Die Buchstaben A—K an der Platzseite, also rechts von mir, die Buchstaben L—Z an der Spreeseite, also links von mir.

Die Beaufsichtigung erfolgt jeweils durch zwei Schriftführer. Bei der Ausgabe wird die Nummer auf der Abgeordnetenkarte mit der Nummer in der Liste verglichen und abgestrichen.

Danach begeben Sie sich, bitte, in die Konferenzräume 1 und 2 zur Wahlkabine, treffen Ihre Entscheidung durch Ankreuzen nur eines Namens und stecken den Stimmzettel in den Umschlag. Danach erfolgt im Plenarsaal Ihre Stimmabgabe auf der Seite, wo Sie den Stimmzettel erhalten haben, da hier Ihr Namensverzeichnis liegt.

An den beiden Wahlurnen stehen jeweils ein Schriftführer und ein Mitarbeiter der Zählergruppe.

Durch Ertönen des ersten Klingelzeichens wird das Ende des Wahlaktes angezeigt und mit Ertönen von zwei Klingelzeichen ist der Wahlakt beendet.

Die Wahlurnen werden zum Auszähltisch getragen und unter Aufsicht der Schriftführer entleert und gemischt.

Die Mitglieder der Zählergruppe öffnen die Umschläge und legen die Stimmzettel aus.

Unter Kontrolle der Schriftführer verliest Herr Kelle die angekreuzten Namen zur Auszählung und Feststellung des Ergebnisses.

Die Zählergruppe vermerkt auf Zählprotokollen die Ergebnisse für den einzelnen Kandidaten.

Nach Feststellen des Gesamtergebnisses wird dies im Wahlprotokoll festgehalten.

Gewählt ist, wer die Stimmen der Mehrheit der Abgeordneten der Volkskammer, das heißt mindestens 201 Stimmen, erhält.

Sollte keiner der Kandidaten die Stimmenmehrheit der anwesenden Abgeordneten erhalten, wird die Tagung erneut unterbrochen, und es werden die Stimmzettel für die Stichwahl vorbereitet. In die Stichwahl gehen die beiden Kandidaten mit dem höchsten Stimmenergebnis. Unter Vorlage der Abgeordnetenkarte erhalten die Abgeordneten wie beim ersten Wahlgang ihren Stimmzettel. Die Wahlhandlung erfolgt analog. Ist das amtliche Wahlergebnis festgestellt, erfolgt die Verkündung durch den Alterspräsidenten.

Ich bitte nunmehr die Damen und Herren Schriftführer sowie die Zählergruppe, ihre Aufgaben zu übernehmen, und erkläre die Wahlhandlung für eröffnet. Die Tagung der Volkskammer ist für diese Zeit unterbrochen. Ich danke Ihnen.

(Unterbrechung der Sitzung)

Alterspräsident Piche:

Verehrte Abgeordnete! Die Wahlhandlung ist abgeschlossen. Wir beginnen nun mit der Auszählung.

(Unterbrechung der Tagung)

Alterspräsident Piche:

Meine sehr verehrten Abgeordneten! Es hat keiner der Kandidaten die absolute Mehrheit erreicht, so daß sich ein zweiter Wahlgang erforderlich macht, und zwar zwischen der Abgeordneten Frau Dr. Sabine Bergmann-Pohl und dem Abgeordneten Herrn Dr. Reinhard Höppner.

Wir treten in eine kurze Pause ein. Während dieser Zeit werden die Wahlscheine vorbereitet.

(Zuruf: Ergebnisse nennen!)

Ich verlese die Stimmen, die auf die Kandidaten entfallen sind:

Frau Dr. Sabine Bergmann-Pohl	188 Stimmen,
Herr Dr. Reinhard Höppner	83 Stimmen,
Herr Dr. Günther Maleuda	22 Stimmen,
Herr Dr. Hans Modrow	65 Stimmen,
Herr Dr. Wolfgang Ullmann	31 Stimmen,

1 Stimme war ungültig.
Das ergibt 390 Stimmen.

Zur Geschäftsordnung bitte.

Abg. de Maizière (CDU):

Herr Präsident! Meine Damen und Herren! Die Fraktion der CDU erbittet eine Pause, um eine kurze Fraktionssitzung durchführen zu können.

Alterspräsident Piche:

Wir treten in eine Pause von 30 Minuten ein. Die Fraktionssitzung der CDU findet im Theater im Palast statt. Die Abgeordneten erreichen das Theater im Palast über die 5. Etage, Platzseite.

Sehr verehrte Damen und Herren Abgeordnete! Wir kommen nun zum zweiten Wahlgang. Bitte, nehmen Sie Ihre Stimmzettel wie vorhin in Empfang und füllen Sie diese entsprechend aus.

(Unterbrechung der Sitzung)

Alterspräsident Piche:

Meine verehrten Damen und Herren! Wir beginnen wieder mit der Ergebnisfeststellung. Als gewählt gilt, wer die einfache Mehrheit der gültigen Stimmen auf sich vereinigt.

(Unterbrechung der Sitzung)

Alterspräsident Piche:

Meine Damen und Herren Abgeordnete! Ich komme zur Feststellung des amtlichen Ergebnisses über die Wahl des Präsidenten der Volkskammer der Deutschen Demokratischen Republik. Abgegebene Stimmen: 390. Die Abgeordnete Frau Dr. Sabine Bergmann-Pohl erhielt 214 Stimmen.

(Beifall)

Auf den Abgeordneten Dr. Reinhard Höppner entfielen 171 Stimmen.

(Beifall)

Ungültige Stimmen: 5.

Damit ist Frau Abgeordnete Dr. Sabine Bergmann-Pohl zur Präsidentin der Volkskammer der Deutschen Demokratischen Republik gewählt. Herzlichen Glückwunsch!

(Beifall)

(Die Mehrheit der Abgeordneten spendet lebhaften Beifall. Die Abgeordneten der CDU, der DSU und des DA erheben sich dabei von ihren Plätzen. Es folgt die Gratulation zur Wahl)

Verehrte Frau Abgeordnete Dr. Sabine Bergmann-Pohl! Wir wünschen Ihnen bei der Ausübung Ihres von Parteiinteressen unabhängigen hohen Amtes eine glückliche Hand und viel Erfolg.

Ich bitte die Fraktionen, in der Pause je zwei Vorschläge für die Wahl der Stellvertreter des Präsidenten im Tagungsbüro in der 5. Etage, Zimmer 1514, abzugeben, damit mit der technischen Vorbereitung der Stimmzettel begonnen werden kann.

Wir treten nunmehr in eine Pause von eineinhalb Stunden ein, und ich bitte Sie, Frau Präsidentin, nach der Pause die weitere Leitung der 1.(konstituierenden) Tagung der Volkskammer zu übernehmen.

(Pause)

Präsidentin Dr. Bergmann-Pohl:

Meine Damen und Herren! Ich werde zu meiner ersten Amtshandlung greifen und mal klingeln, damit wir anfangen können.

Ich sitze hier, und bevor ich meine Ansprache beginne, möchte ich Ihnen sagen, daß ich das Amt annehme; das habe ich vorher noch nicht gesagt, und das mit Gottes Hilfe.

(Beifall)

Sehr verehrte Abgeordnete! Ich danke Ihnen für das Vertrauen und verbinde meinen Dank mit der Hoffnung für Sie alle, auch diejenigen, die mir heute ihr Vertrauen noch nicht geschenkt haben, eine gerechte Volkskammerpräsidentin zu werden.

Mit der Übernahme meines hohen Amtes habe ich den Wunsch und die Erwartung an alle gewählten Vertreter unseres Volkes unabhängig von ihren politischen Auffassungen, gemeinsame Beschlüsse der Volkskammer zu tragen; denn der Ruf „wir sind das Volk" sollte uns immer in den Ohren klingen.

Im Herbst 1989 erzwang das Volk der DDR spontan den politischen Umbruch, auf der Straße, in Kirchen, durch den nicht enden wollenden Exodus Hunderttausender vor allem junger Menschen.

Rasant und schier unaufhaltsam fiel das alte stalinistische Regime in sich zusammen. Das Ausmaß der Demütigung, der Defizite an Sinn und Werten des Lebens sind noch nicht absehbar. Wir mußten erfahren, daß hier nichts mehr zu erneuern war, keine Zeit für Reformen blieb.

Viele Menschen in unserem Lande erkennen immer deutlicher, daß zukünftig politisches Denken und Handeln radikal neu angesetzt werden muß. Was wir mitnehmen aus der alten Zeit, ist die Vision der Hoffnung von geschwisterlichen Beziehungen zwischen den Menschen, die, erneut verraten, als unabgegoltene Aufgabe bleibt.

Heute nun, in dieser Stunde, sind wir Zeuge eines Momentes von historischer Bedeutung: Das erste freigewählte Parlament in der 40jährigen Geschichte der DDR tritt zusammen.

In meinen Gedanken bin ich bei den Opfern stalinistischer Herrschaft in unserem Lande, bei alljenen, die unter der Teilung der Deutschen gelitten haben, die an der Trennung der menschlichen Bande zerbrachen, deren Freiheitswille an der Mauer scheiterte.

Das Vermächtnis der Opfer und der Lebenswille unseres Volkes sollten uns in der parlamentarischen Arbeit stets Verpflichtung sein, für die Einheit in Freiheit tätig zu werden.

(Beifall)

Über jeglichen Parteienegoismus hinweg muß es uns gelingen, durch eine kluge, von vielen getragene Politik wieder die Hoffnung in das Leben der Menschen zu geben, erneut das Vertrauen in die Zukunft zu wagen.

Durch unsere gesetzgeberische Arbeit sind Rahmenbedingungen zu schaffen, die den Leistungswillen des Volkes kräftigen und Leistung erfahrbar machen, die verantwortliches und solidarisches Handeln fördern und das Netz sozialer Sicherheit fest knüpfen. Das zarte Pflänzchen Demokratie, das mehr als 50 Jahre überwinterte, ist uns nun anvertraut. Tragen wir mit unserer Arbeit den Frühling in das Land!

(Beifall. Abg. de Maizière überreicht der Präsidentin einen Blumenstrauß.)

Der Dank aller Abgeordneten gilt insbesondere den Moderatoren und den anderen Teilnehmern des Runden Tisches für ihre geleistete Arbeit

(lebhafter Beifall)

in einer schwierigen Zeit des demokratischen Beginns in unserem Lande.

Unser Gruß gilt von hier aus allen Bürgern unserer Republik und darüber hinaus ganz Deutschlands.

(Beifall)

Es ist sicher der Wunsch aller Abgeordneten, alsbald geregelte Beziehungen zum Deutschen Bundestag aufzunehmen, weil es ganz wichtig ist, daß beide deutsche Parlamente das staatliche

Zusammenwachsen aktiv gestalten – und nicht nur die Regierungen.

(Beifall)

Ich möchte von hier aus bereits die Kolleginnen und Kollegen des Deutschen Bundestages ganz herzlich grüßen – vor allem auch die Präsidentin.

(Beifall)

Uns ist bewußt, daß der Einigungsprozeß Deutschlands eingebettet sein muß in die europäische Einigung. Uns liegt eine stetige gute Nachbarschaft nach Ost und West am Herzen. Deshalb auch unser Gruß an die östlichen Nachbarn und ihre Parlamente.

(Starker Beifall)

Bitte erlauben Sie mir auch noch ein persönliches Wort als Berlinerin. Berlin – eine noch geteilte Stadt, die Klammer zwischen Ost und West, sollte wieder zu einem politischen und kulturellen Zentrum Europas und zu einer gemeinsamen Hauptstadt in einem vereinten Deutschland werden.

(Beifall)

Und lassen Sie mich bitte noch ein ganz persönliches Wort sagen. Viele Abgeordnete waren heute früh in der Kirche. In der Predigt hat mich etwas ganz besonders berührt: Die Macht des Herrschenden sollte nicht mißbraucht werden. – Wir sind vom Volk dazu auserwählt, zu dienen, und daran sollten wir immer denken.

(Starker Beifall)

Meine Damen und Herren! Wir wollen jetzt an die Arbeit gehen, mit unserer Arbeit beginnen.

Wir kommen zum Punkt 5 der Tagesordnung:

Beschlußfassung über den Entwurf des Gesetzes zur Veränderung und Ergänzung der Verfassung der Deutschen Demokratischen Republik.

Dazu liegt Ihnen, verzeichnet in der Drucksache Nr. 1, der Antrag aller Fraktionen der Volkskammer der DDR zur Änderung und Ergänzung der Verfassung der DDR vor. Die in der Volkskammer vertretenen Parteien und politischen Vereinigungen haben sich darüber verständigt, auf eine Aussprache in der Volkskammer zu verzichten.

Bevor wir zur Beschlußfassung kommen, teile ich Ihnen mit, daß gemäß Artikel 63 Absatz 2 der Verfassung verfassungsändernde Gesetze beschlossen sind, wenn mindestens zwei Drittel der gewählten Abgeordneten zustimmen. Von den 400 Abgeordneten der Volkskammer sind das 267 Abgeordnete.

Wir kommen zur Abstimmung. Wer dem Gesetz zur Änderung und Ergänzung der Verfassung der Deutschen Demokratischen Republik – Drucksache Nr. 1 – seine Zustimmung gibt, den bitte ich um das Handzeichen. – Ich glaube, das ist die Mehrheit. Ich danke Ihnen. Gegenprobe. – Stimmenthaltungen? – Das ist nicht der Fall. Der Antrag ist einstimmig angenommen.

(Beifall)

Ich rufe nun Punkt 6 der Tagesordnung auf:

Beschlußfassung zur vorläufigen Geschäftsordnung der Volkskammer der Deutschen Demokratischen Republik.

Auch dazu liegt Ihnen ein gemeinsamer Antrag aller Fraktionen, verzeichnet in der Drucksache Nr. 2, sowie ein gemeinsamer Änderungsantrag zu § 2 vor. Auch hier wird auf eine Aussprache verzichtet.

Können wir so verfahren? Sind Sie damit einverstanden? – Wer der vorläufigen Geschäftsordnung der Volkskammer der Deutschen Demokratischen Republik, verzeichnet in der Drucksache Nr. 2, unter Berücksichtigung des Änderungsantrages seine Zustimmung gibt, den bitte ich um das Handzeichen. – Danke. Die Gegenprobe. – Stimmenthaltungen? – 2 Stimmenthaltungen.

Ich stelle fest, daß die vorläufige Geschäftsordnung der Volkskammer der Deutschen Demokratischen Republik ihre mehrheitliche Zustimmung gefunden hat.

Wir kommen nunmehr zum Tagesordnungspunkt 7:

Beschluß über die Bildung der Fraktionen in der Volkskammer der Deutschen Demokratischen Republik.

Gemäß § 7 der vorläufigen Geschäftsordnung der Volkskammer haben sich die Abgeordneten der Parteien und politischen Vereinigungen, die in der Volkskammer vertreten sind, zu Fraktionen vereinigt:

Fraktion der Christlich-Demokratischen Union Deutschlands, Fraktion der Sozialdemokratischen Partei Deutschlands, Fraktion der Partei des Demokratischen Sozialismus, Fraktion der Deutschen Sozialen Union, Fraktion der Liberalen, Fraktion Bündnis

90 und Grüne, Fraktion der Demokratischen Bauernpartei Deutschlands sowie Demokratischer Frauenbund Deutschlands.

Die Abgeordneten des Demokratischen Aufbruchs sowie der Abgeordnete der Vereinigten Linken gehören keiner Fraktion an.

Dem Präsidenten der Volkskammer wurden entsprechend § 7 Absatz 3 der vorläufigen Geschäftsordnung die Bildung der Fraktionen, ihre Bezeichnungen, die Namen der Vorsitzenden und Mitglieder schriftlich mitgeteilt.

Verehrte Abgeordnete! Ich bitte um Kenntnisnahme über die Bildung der Fraktionen und um Ihre Zustimmung. Ich hoffe, die liegt vor. Wollen wir abstimmen? — Ich glaube, das brauchen wir nicht. Ich danke Ihnen.

Ich rufe nun den Punkt 8 der Tagesordnung auf:

Wahl der Stellvertreter des Präsidenten der Volkskammer der Deutschen Demokratischen Republik.

Gemäß der von uns beschlossenen vorläufigen Geschäftsordnung haben wir nach § 2 sechs Stellvertreter des Präsidenten geheim zu wählen. Da ich als Präsidentin von der Fraktion der Christlich-Demokratischen Union Deutschlands vorgeschlagen und durch das Hohe Haus gewählt wurde, haben die anderen sechs Fraktionen für die Wahl des Stellvertreters des Präsidenten jeweils zwei Kandidaten benannt.

Abg. Dr. Heltzig (SPD):

Zur Geschäftsordnung! Wenn in der Tagesordnung ein Beschluß vermerkt ist, dann muß er auch durch Abstimmung festgestellt werden. Tagesordnungspunkt 7: Ein Beschluß muß schließlich ein Beschluß werden.

Präsidentin Dr. Bergmann-Pohl:

Ich hatte nach Zustimmung gefragt. Also, wir beschließen: Wer für den Beschluß ist, den bitte ich um das Handzeichen. — Danke. Die Gegenprobe. — Eine Gegenstimme. Stimmenthaltungen. — Eine Stimme.

Ich danke Ihnen. Damit ist der Beschluß angenommen.

Wir kommen nun zur Wahl der Stellvertreter. Ich lese noch einmal vor: Gemäß der von uns beschlossenen vorläufigen Geschäftsordnung haben wir nach § 2 sechs Stellvertreter des Präsidenten geheim zu wählen. Da ich als Präsidentin von der Fraktion der Christlich-Demokratischen Union Deutschlands vorgeschlagen und durch das Hohe Haus gewählt wurde, haben die anderen sechs Fraktionen für die Wahl des Stellvertreters des Präsidenten jeweils zwei Kandidaten benannt.

Jeder Abgeordnete verfügt über sechs Stimmen. Das heißt, Sie, verehrte Abgeordnete, haben sich jeweils zwischen den beiden Kandidaten der jeweiligen Fraktion zu entscheiden. Ich bitte, den Vorschlag, der nicht Ihre Stimme erhält, zu streichen. Gültig ist eine Stimme nur, wenn Sie sich für einen Kandidaten der jeweiligen Fraktionen entscheiden.

Ich wiederhole: Sie müssen auf dem Stimmzettel in jeder Fraktion einer Persönlichkeit Ihre Stimme geben, indem Sie die andere Persönlichkeit von der gleichen Fraktion streichen.

Ergibt sich für eine Fraktion Stimmengleichheit für beide Kandidaten, so entscheidet die Fraktion selbst darüber, wer von ihren Kandidaten als gewählter Stellvertreter des Präsidenten gilt. Da wir sechs Stellvertreter des Präsidenten auf einem Stimmzettel zu wählen haben, erfolgt die Ergebnisfeststellung durch die Beauftragten, indem diese für jede Fraktion gesondert die Stimmergebnisse feststellen und die Zahl für jeden Kandidaten ermitteln, die ich dann verkünden werde.

Folgende Abgeordnete wurden als Kandidaten für das Amt des Stellvertreters des Präsidenten vorgeschlagen . . .

Abg. Werner Schulz (Bündnis 90/Grüne):

Zur Geschäftsordnung! Werte Präsidentin! Ich bitte darum, daß die jetzt zur Wahl stehenden Abgeordneten sich selbst zumindest visuell vorstellen. Ich fand es vorhin schon bei Ihrer Wahl etwas merkwürdig, daß uns Ihr Anblick vorenthalten wurde.

(Heiterkeit)

Präsidentin Dr. Bergmann-Pohl:

Hätten Sie vorher gewußt, wie ich aussehe, hätten Sie mich dann nicht gewählt? Oder hätten Sie mich dann gewählt?

(Beifall)

Abg. Werner Schulz (Bündnis 90/Grüne):

Möchten Sie, daß ich darauf antworte?

Präsidentin Dr. Bergmann-Pohl:

Ich finde den Vorschlag gut und bitte die Kandidaten, sich für alle sichtbar zu erheben.

Fraktion der SPD:
 Herr Abg. Dr. Reinhard Höppner
 Frau Abg. Susanne Seils

Fraktion der PDS:
 Herr Abg. Dr. Hans Modrow
 Frau Abg. Dr. Käte Niederkirchner

Fraktion der DSU:
 Herr Abg. Dr. Stefan Gottschall
 Herr Abg. Lothar Piche

Fraktion der Liberalen:
 Herr Abg. Dr. Jürgen Schmieder
 Herr Abg. Dr. Gert Meißner

Fraktion Bündnis 90/Grüne:
 Herr Abg. Dr. Wolfgang Ullmann
 Frau Abg. Marianne Birthler

Fraktion DBD/DFD:
 Herr Abg. Dr. Günther Maleuda
 Herr Abg. Dieter Helm

Ich wundere mich, daß hier keine Frau kandidiert.

(Heiterkeit)

Gut, Ihr Vorschlag.

Die Wahl der Stellvertreter des Präsidenten der Volkskammer erfolgt wie der bereits vorangegangene Wahlgang in geheimer Abstimmung.

Zur Vorbereitung der Stimmzettel ist eine kurze Pause erforderlich.

Nehmen Sie, bitte, nach der Fertigstellung der Stimmzettel diese an den Anwesenheitslisten in Empfang.

Ich bitte die Schriftführer und die Mitarbeiter der Verwaltung, wieder ihre Verantwortung wahrzunehmen.

Eine kurze Mitteilung: Die Stimmzettel sind fertig, und wir können zum Wahlgang kommen.

(Unterbrechung der Sitzung)

Präsidentin Dr. Bergmann-Pohl:

Meine Damen und Herren! Das Ergebnis der Wahl liegt vor. Bei der Wahl der Stellvertreter sind insgesamt 389 Stimmen abgegeben worden. Von den 389 Stimmen waren 45 Stimmen ungültig.

Ich verlese die Namen und die Anzahl der abgegebenen Stimmen und sage anschließend, wer damit gewählter Stellvertreter ist.

Abg. Dr. Reinhard Höppner	271 Stimmen

(Beifall)

Abg. Susanne Seils	73 Stimmen
Abg. Dr. Hans Modrow	95 Stimmen
Abg. Dr. Käte Niederkirchner	249 Stimmen

(Beifall)

Abg. Dr. Stefan Gottschall	212 Stimmen
Abg. Lothar Piche	133 Stimmen

(Beifall)

Abg. Dr. Jürgen Schmieder	219 Stimmen
Abg. Dr. Gert Meißner	125 Stimmen

(Beifall)

Abg. Dr. Wolfgang Ullmann	215 Stimmen
Abg. Marianne Birthler	129 Stimmen

(Beifall)

Abg. Dr. Günther Maleuda	141 Stimmen
Abg. Dieter Helm	203 Stimmen

(Beifall)

Ich bitte jetzt folgende Abgeordnete, als meine Stellvertreter hier oben Platz zu nehmen:

Herrn Dr. Reinhard Höppner
Frau Dr. Käte Niederkirchner
Herrn Dr. Stefan Gottschall
Herrn Dr. Jürgen Schmieder
Herrn Dr. Wolfgang Ullmann
Herrn Dieter Helm.

Ich beglückwünsche die Stellvertreter zu ihrer Wahl.

(Unter dem Beifall der Abgeordneten nehmen die Stellvertreter der Präsidentin der Volkskammer der Deutschen Demokratischen Republik ihre Plätze im Präsidium ein.)

Präsidentin Dr. Bergmann-Pohl:

Es geht hier streng ordentlich zu, es dauert einen kleinen Moment.

Ich bin beruhigt, daß ich nicht mehr einsam und verlassen hier oben sitze.

Meine Damen und Herren! Die gemäß § 2 der vorläufigen Geschäftsordnung unter Berücksichtigung der Stellenanteile des § 8 zu benennenden weiteren 13 Mitglieder des Präsidiums bitte ich bis morgen, Freitag, den 6. April 1990, 18.00 Uhr, dem Präsidenten der Volkskammer schriftlich mitzuteilen.

Wir kommen nun zum Punkt 9 der Tagesordnung:

Vorschlag für den Vorsitzenden des Ministerrates der Deutschen Demokratischen Republik und Beschlußfassung über die Erteilung des Auftrages zur Bildung der Regierung der Deutschen Demokratischen Republik.

Gemäß der Verfassung der Deutschen Demokratischen Republik Artikel 79 Abs. 2 wird der Vorsitzende des Ministerrates von der stärksten Fraktion der Volkskammer vorgeschlagen und von der Volkskammer mit der Bildung des Ministerrates beauftragt.

Seitens der stärksten Fraktion der Volkskammer, der Fraktion der Christlich-Demokratischen Union Deutschlands, liegt mir ein schriftlicher Antrag vor, den ich hiermit verlese:

„Die Fraktion der Christlich-Demokratischen Union Deutschlands schlägt Herrn Abgeordneten Lothar de Maizière als Vorsitzenden des Ministerrates vor und bittet die Volkskammer gemäß Artikel 79 Abs. 2 der Verfassung der DDR, ihn mit der Bildung des Ministerrates zu beauftragen."

Verehrte Abgeordnete! Wir haben also heute darüber zu befinden, Herrn Abgeordneten Lothar de Maizière gemäß Artikel 79 Abs. 2 der Verfassung der DDR mit der Bildung des Ministerrates zu beauftragen. Die Wahl zum Vorsitzenden des Ministerrates der Deutschen Demokratischen Republik erfolgt auf der 2. Tagung der Volkskammer in geheimer Wahl.

Bitte, Geschäftsordnungsantrag. Bitte das Mikrofon benutzen, und ich möchte Sie bitten, sich mit Namen und Fraktion vorzustellen.

Abg. Dr. Meyer-Bodemann (DBD/DFD):

Warum wählen wir nicht den Ministerratsvorsitzenden, ehe wir ihn mit der Regierungsbildung beauftragen? Anfrage meiner Fraktion.

Präsidentin Dr. Bergmann-Pohl:

Es gibt dazu eine Wortmeldung.

Abg. Reichenbach (CDU):

Meine Damen und Herren! Die Verfassung, die ich hier in den Händen halte, besteht noch. Im Artikel 79 Abs. 2 steht eindeutig, daß der Vorsitzende des Ministerrates von der stärksten Fraktion vorgeschlagen wird und daß die Volkskammer ihn mit der Bildung der Regierung beauftragen muß. Es steht nichts von einer Wahl hier. Falls das die vorhergehenden Volkskammersitzungen so gemacht haben, dann war es falsch. Es kann erst zur 2. Tagung der Volkskammer diese Wahl durchgeführt werden, und es können auch erst nach dieser Wahl entsprechend die Minister behandelt werden. Es ist heute nicht möglich – laut Verfassung – zu wählen.

Abg. Meckel (SPD):

Ich frage, ob dies eine Festlegung ist – die Frage der zweiten Sitzung und der Wahl des Ministerpräsidenten. Es ist klar: Auch wir – und das haben wir in den Gesprächen mit der CDU deutlich gemacht – wollen eine schnelle Regierungsbildung. Aber dies als Beschluß und als Feststellung zu machen ist unserer Meinung nach jedenfalls so nicht möglich. Deshalb sollte man sagen: Dies wird in Aussicht genommen. Wir wollen dies. Aber die Verhandlungen werden zeigen, ob dies so möglich ist.

(Unruhe im Saal)

Präsidentin Dr. Bergmann-Pohl:

Ich schlage vor: Wir verfahren so, wie ich das verlesen habe; denn ich glaube, unser Volk erwartet von uns, daß wir schnell eine Regierung vorschlagen, und wir werden bei der nächsten Volkskammertagung den Ministerpräsidenten wählen.

(Beifall)

Noch eine Wortmeldung. Ja, bitte.

Abg. Weiß (Bündnis 90/Grüne):

Ich habe auch die Verfassung der Deutschen Demokratischen Republik in der Hand. Ich kann aus dem Artikel 79 Abs. 2 nicht entnehmen, daß der Ministerrat und der Vorsitzende des Ministerrates nicht durch eine Wahl der Volkskammer bestätigt werden sollte, auch beauftragt werden sollte. Ich denke, man kann das doch nicht hier dem Hohen Hause vorschlagen und wir alle haben nicht die Möglichkeit, darauf durch unsere Abstimmung zu reagieren. Ich denke, dazu haben uns die Bürgerinnen und Bürger dieses Landes beauftragt.

Präsidentin Dr. Bergmann-Pohl:

Ja, bitte.

Abg. Richard Schröder (SPD):

Wenn es um die Frage geht, was die Verfassung vorsieht, dann muß man 2 und 3 lesen. In 2 steht: Die stärkste Fraktion schlägt den Ministerpräsidentskandidaten vor. Die Volkskammer − das kann nur durch Abstimmung geschehen − beauftragt ihn. Dann ist nicht erwähnt, daß er mit der Regierungsbildung beginnt − was sonst. Aber in 3 steht, daß, wenn das fest ist, dann der Ministerpräsident und seine Minister gewählt werden. Beauftragung und Wahl sind zwei verschiedene Akte, die die Volkskammer nacheinander vollziehen muß.

(Beifall)

Präsidentin Dr. Bergmann-Pohl:

Ja, bitte.

Abg. Meckel (SPD):

Eine Ergänzung: Das Parlament kann nicht beschließen, wann der Ministerpräsident mit der Regierungsbildung fertig zu sein hat. Wir wollen uns alle wünschen, daß es schnell geschieht, aber dies kann nicht durch Beschluß geschehen, sondern nur durch schnelles und aktives Handeln.

(Beifall)

362

Präsidentin Dr. Bergmann-Pohl:

Die Tagesordnung zur 2. Volkskammersitzung wird im Präsidium festgelegt und Ihnen dann vorgelegt. Ich bitte Sie, jetzt so zu verfahren und Herrn Lothar de Maizière mit der Regierungsbildung zu beauftragen, die dann zu wählen ist.

(Unruhe im Saal)

Wer ist für die Beauftragung? –
Wer ist dagegen? – 62 Gegenstimmen. Wer enthält sich der Stimme? – Wir haben 31 Stimmenthaltungen. Damit ist der Antrag angenommen.

(Beifall)

Herr Abgeordneter de Maizière! Nehmen Sie den Auftrag an?

Abg. de Maizière:

Ja, mit Gottes Hilfe.

(Beifall)

Präsidentin Dr. Bergmann-Pohl:

Wir kommen zu Punkt 10 der Tagesordnung:

Beschlußfassung über die Bildung und zahlenmäßige Zusammensetzung eines Zeitweiligen Ausschusses der Volkskammer für Geschäftsordnung, Wahlprüfung und Immunität und Erteilung des Auftrages zur Ausarbeitung einer neuen Geschäftsordnung der Volkskammer der Deutschen Demokratischen Republik.

In Übereinstimmung mit allen Fraktionen der Volkskammer wird der Antrag unterbreitet, die Bildung und zahlenmäßige Zusammensetzung eines Zeitweiligen Ausschusses der Volkskammer für Geschäftsordnung, Wahlprüfung und Immunität zu beschließen. Die zahlenmäßige Zusammensetzung dieses Zeitweiligen Ausschusses wird nach § 8 der vorläufigen Geschäftsordnung unter Zugrundelegung der Anpassungszahl von insgesamt 20 Abgeordneten angewandt.

Wer mit der Bildung und zahlenmäßigen Zusammensetzung dieses Zeitweiligen Ausschusses der Volkskammer einverstanden ist, den bitte ich um seine Zustimmung durch Handzeichen. – Danke. Gibt es Gegenstimmen? – Eine Gegenstimme. Gibt es Stimmenthaltungen? – Eine Stimmenthaltung. Damit ist dieser Antrag angenommen. Ich bitte alle Fraktionen, die Namen ihrer Vertreter für diesen Zeitweiligen Ausschuß umgehend dem Präsidium der Volkskammer schriftlich mitzuteilen.

Ich rufe auf den Punkt 11 der Tagesordnung:

Beschlußfassung über die Bildung eines Zeitweiligen Prüfungsausschusses der Volkskammer der Deutschen Demokratischen Republik.

Gestatten Sie mir folgende Vorbemerkungen: Der Volkskammer sind eine große Anzahl von Willensbekundungen, von Forderungen, von Briefen und Telegrammen zugegangen, die die tiefe Sorge der Bürger unseres Landes zu den Fragen eventueller Verbindungen von Abgeordneten zu den Organen des ehemaligen Ministeriums für Staatssicherheit ausdrücken. Ihnen ist, glaube ich, allen heute auch ein entsprechender Brief, unterschrieben von Matthias Büchner, Neues Forum, Viktor Lieberenz, Grüne Partei, Dr. Kerstin Schön, Frauen für Veränderung im UFV, vorgelegt und zur Kenntnis gegeben worden.

Präsidentin Dr. Bergmann-Pohl:

Die Abgeordneten dieses Hauses haben sich freiwillig bereiterklärt, sich einer Prüfung zu unterziehen. Alle Fraktionen haben dies getan; bei der Fraktion der CDU läuft in Anbetracht ihrer zahlenmäßigen Stärke diese Prüfung gegenwärtig noch.

Aber vielleicht für Ihr Verständnis: Meine Prüfung ist bereits erfolgt, damit Sie auch Vertrauen zu mir haben können.

(Beifall)

Um Zweifelsfälle auszuräumen, wird die Volkskammer einen Zeitweiligen Prüfungsausschuß bilden, dessen Aufgaben und Zusammensetzung in der 2. Tagung der Volkskammer beschlossen werden sollten. Bis dahin sind die namentlichen Vorschläge für den Zeitweiligen Prüfungsausschuß dem Präsidenten zu übermitteln.

Ich bitte Sie, diesem Vorschlag über die Bildung eines Zeitweiligen Prüfungsausschusses Ihre Zustimmung zu geben. Ich bitte um Ihr Handzeichen? Wer ist dafür? − Danke schön. Wer ist dagegen? − Einer. Wer enthält sich der Stimme? − Einer.

Meine Damen und Herren! Sie wissen, ich bin neu in diesem Amt, und ich bin natürlich lernfähig, und mir ist wahrscheinlich etwas Unverzeihliches unterlaufen, was ich nachholen möchte. Aber ich hoffe, die Abgeordneten, die es betrifft, werden mir dies verzeihen. Ich habe natürlich unserer vorübergehenden Regierung – Herrn Dr. Maleuda, Herrn Dr. Modrow und allen anderen Ministern – vergessen zu danken, und ich möchte dies nachholen, und ich bitte um Ihr Verständnis, daß ich das vorhin vergessen habe und daß mir das nachgesehen wird. Und ich hoffe, daß wir trotzdem gut zusammenarbeiten.

(Starker Beifall)

(Abgeordneter Meckel geht zur Präsidentin der Volkskammer und sagt ihr etwas. Zuruf: Öffentlich!)

Ein Geschäftsordnungsantrag.

Abg. Meckel (SPD):

Ich bitte um Entschuldigung. Wir haben heute erfahren, und die Parlamentarischen Geschäftsführer haben zusammengesessen, es geht um die Frage der Kommunalwahlen. Es hat hier ein Registrierungsende gegeben für den morgigen Tag. Heute oder gestern, ich habe es nicht genau im Kopf, hat die republikweite Wahlkommission beschlossen, daß auch Doppelmandate möglich sind für Kreis- und Kommunalwahlabgeordnete.

Dies widerspricht den Regelungen vorher, und morgen ist Schluß. Deshalb haben sich die Parlamentarischen Geschäftsführer verständigt, hier noch eine Beschlußfassung zu beantragen, um hier vom Parlament her in Bezug auf die Wahlkommission zu sagen, eine Registrierung sollte nicht morgen beendet sein, sondern eine Woche später, damit die verschiedenen Parteien, die Kandidaten aufstellen, die Möglichkeit haben, dies auf der neuen Grundlage, die für alle Parteien günstiger ist, wenn beides möglich ist, noch einmal zu überprüfen und dann die Kandidaten endgültig einzureichen.

Dieser Beschluß liegt im Text jetzt noch nicht vor. Das heißt, wir warten jeden Augenblick darauf, daß derjenige, der damit beauftragt worden ist, hereinkommt. Es muß aber heute sein; deshalb die Unruhe hier vorn.

Also Antrag: Kurze Unterbrechung oder warten, bis der Antrag da ist. Wir haben ausgeschickt, ihn zu suchen, weil die noch dabei sind, das zu formulieren.

Präsidentin Dr. Bergmann-Pohl:

Sind Sie einverstanden mit der Ergänzung dieser Tagesordnung, dann bitte ich um Ihr Handzeichen. Danke schön. Gegenstimmen? – Das ist nicht der Fall. Stimmenthaltungen? – Drei.
Ein Geschäftsordnungsantrag.

Abg. Dr. Gysi (PDS):

Ich wollte vorschlagen, daß wir einfach abstimmen, daß wir die Frist verlängern. Die schriftliche Formulierung können wir gern dem Präsidium überlassen. Es geht ja nur um die Tatsache an sich. Das ist ja keine Gesetzesveränderung, diesem Antrag können wir so stattgeben, wenn wir uns darüber einig sind.

(Beifall)

Abg. Gutzeit (SPD):

Meine Damen und Herren! Entschuldigen Sie, wir versuchten noch, die Landeswahlkommission zu erreichen. Das gelang nicht. Uns ist die Information über unseren Landesverband Dresden zugegangen. Man sagte, die Wahlkommission hätte bis um ein Uhr in der Nacht getagt und wollten das vielleicht noch gegenprüfen, wie das möglich ist. Aber das ist uns leider telefonisch nicht gelungen. Das war das Problem.

Ansonsten haben wir den Antrag formuliert, ich verlese ihn mal:

„Antrag aller Fraktionen: Die Volkskammer wolle beschließen, die Frist für die Einreichung der Wahlvorschläge zur anstehenden Kommunalwahl am 6. Mai 1990 wird bis zum 17. April 1990 – das ist Dienstag nach Ostern – verlängert."

Dieser kurze Satz ist als Antrag vorgelegt.

Präsidentin Dr. Bergmann-Pohl:

Dankeschön, Herr Abgeordneter. Es gab da einen Geschäftsordnungsantrag.

Abg. Werner Schulz (Bündnis 90/Grüne):

Ich möchte Sie darauf aufmerksam machen, um vielleicht einmal die Qualität unserer parlamentarischen Arbeit hier deutlich zu machen, daß wir mit dieser Debatte, die wir jetzt eröffnet haben, bereits § 10 der vorhin verabschiedeten Geschäftsordnung unseres Parlamentes verletzen. So etwas ist nicht möglich, heute zu diesem Zeitpunkt die Tagesordnung zu verändern.

Präsidentin Dr. Bergmann-Pohl:

Es war ein Geschäftsordnungsantrag. Über den Geschäftsordnungsantrag ist abgestimmt worden, und ihm ist mit großer Mehrheit zugestimmt worden.

(Beifall)

Abg. de Maizière (CDU):

Ich hätte weniger Bedenken wegen der Einhaltung der Geschäftsordnung als vielmehr, daß wir mit diesem Beschluß materielles
Recht ändern. Es gibt ein Gesetz über die Kommunalwahlen, das
bestimmte Fristen vorschreibt, zu denen eine Nominierung erfolgen soll. Es müßte demnach meines Erachtens heißen:
„In Abänderung des Gesetzes der Volkskammer vom . . . (das
Datum ist mir nicht in Erinnerung) über die Kommunalwahl wird
die Frist zur Meldung der Kandidaten auf die und die Zeit abgekürzt."

(Zurufe: Verlängert!)

Nein, vom Endpunkt her abgekürzt.

Abg. Dehnel (CDU):

Vorhin ist mündlich mitgeteilt worden, daß auch etwas hinsichtlich der Möglichkeit von Doppelmandaten geändert werden soll.
Es sollte in den schriftlichen Text mit aufgenommen werden, damit es mit beschlossen werden kann.

Abg. Höpcke (PDS):

Ich wollte nur zur Beruhigung wegen der Geschäftsordnung sagen, daß im § 43 vorgesehen ist, daß Abweichungen von der Geschäftsordnung sehr wohl durch uns selber beschlossen werden
können.

(Beifall)

Präsidentin Dr. Bergmann-Pohl:

Ich schlage Ihnen eine 15minütige Pause vor. Der Antrag wird
noch einmal korrekt formuliert.

(Unterbrechung der Sitzung)

Präsidentin Dr. Bergmann-Pohl:

Ich bitte Platz zu nehmen, damit wir mit der Sitzung fortfahren
können. Es fehlt noch eine gesamte Fraktion, trotzdem beginnen
wir jetzt. Ich möchte das Präsidium jetzt Herrn Dr. Höppner
übergeben.

Stellvertreter des Präsidenten Dr. Höppner:

Wir kommen noch einmal zu unserem Tagesordnungspunkt, den wir mit Zwei-Drittel-Mehrheit zusätzlich auf die Tagesordnung aufgenommen haben. Die Angelegenheit betrifft den Termin, zu dem die Wahlvorschläge für die Wahlen zu den Kreistagen, Stadtverordnetenversammlungen und Stadtbezirksversammlungen sowie den Gemeindevertretungen eingereicht werden sollen. Wir haben uns inzwischen kundig gemacht, was die Gesetzeslage betrifft. Diese Termine stehen an zwei Stellen.

Einmal stehen sie in dem Wahlgesetz, das von der Volkskammer verabschiedet worden ist. Da stehen sie natürlich nicht mit Daten drin, sondern mit Fristen von Wochen bzw. von Tagen. Dann gibt es dazu einen Beschluß des Staatsrates, der das im Blick auf diese spezielle Wahl mit speziellen Terminen versieht.

Diesen Beschluß des Staatsrates — da jetzt die Aufgaben nach der Verfassungsänderung vom Staatsrat auf das Präsidium der Volkskammer übergegangen sind — könnte natürlich das Präsidium der Volkskammer ändern. Das würde aber allein nicht genügen, weil das Wahlgesetz ja die Rahmenbedingungen dafür schafft. Damit ist aber nicht nur ein Termin zu ändern, denn an diesem Termin der Einreichung der Wahlvorschläge hängen weitere Termine, die die Einspruchsfristen und die Kontrollfristen und diese ganzen Daten betreffen. Das jetzt sozusagen aus dem Handgelenk alles zu ändern, werden wir nicht schaffen.

Also haben wir darüber nachgedacht, ob es eine andere Möglichkeit gibt, das Problem, das dadurch entstanden ist, das einige nicht wußten, daß sie sozusagen Kandidaten auch in mehreren Vertretungen aufstellen können, auch anders zu beheben. Dazu erlauben wir uns jetzt, den Vertreter der Wahlkommission zu bitten, daß er seinen Vorschlag vorstellt.

Ich hoffe, das Hohe Haus ist damit einverstanden, daß in diesem Falle auch einmal jemand zu Wort kommt, der kein Abgeordneter ist. Erhebt sich dagegen Widerspruch? — Das scheint nicht der Fall zu sein. Dann bitteschön!

Herr Dr. Schönfeldt, Pressesprecher der Wahlkommission der DDR:

Frau Präsidentin, werte Abgeordnete! Entschuldigen Sie meinen Aufzug, aber ich bin, nachdem ich das im Fernsehen gehört habe, im Laufschritt hierhergekommen, um Schaden von diesem Volke abzuwenden.

(Beifall)

Das Problem bewegt die Wahlkommission der DDR schon eine ganze Weile, weil es im Wahlgesetz aufgrund des Termindrucks verschiedene Passagen gibt, die in sich nicht ganz stimmig sind und wodurch die Wahlkommission mit Auslegungsfragen hin- und hergeworfen ist.

Wir haben in § 10, Absatz 2 die Formulierung: Eine Kandidatur ist jedenfalls nur in einem Wahlkreis zulässig. Nach bisherigen mündlichen Stellungnahmen, nicht nach Beschlußlage der Wahlkommission, wurde das dahingehend interpretiert, daß Abgeordnete wirklich auch nur in einem Wahlgebiet kandidieren können.

Wir haben uns heute als Wahlkommission der DDR intensiv Gedanken darüber gemacht, auch weil es aus den verschiedenen Wahlgebieten und den Wahlkommissionen, aus Parteien und Organisationen sehr viele Anfragen in dieser Hinsicht gegeben hat. Wir waren uns natürlich darüber im klaren, daß wir die Gesetzeslage, wie sie von der Volkskammer und vom Staatsratsbeschluß vorgegeben ist, in keiner Hinsicht ändern dürfen. Deshalb mußten wir zu einer Beschlußlage kommen, und ich möchte diese Beschlußlage an dieser Stelle verlesen. Sie stimmt nicht mit dem überein, was an Informationen aus Dresden oder woanders her hier angekommen sein soll. Wie gesagt, ich habe mich beim Fernsehen mitten reingeschaltet. Ich kenne den Anfang von der Debatte nicht.

Zu unserem Beschluß der Wahlkommission: Erstens: Der Grundgedanke des Wahlgesetzes bestand darin, Doppelkandidaturen zu vermeiden, um die Verantwortung der jeweiligen Volksvertretungen voll wahrnehmen zu können und außerdem eine größere demokratische Mitwirkung durch viele Bürger zu erreichen. Davon wurde auch in der Interpretation des § 10 Abs. 2 des Wahlgesetzes in der Wahlkommission am 29. 3. 1990 in ihrer Beratung ausgegangen. Hier wurde darauf Bezug genommen, daß das in Abs. 2 enthaltene Wort jeweils in Bezug auf die in § 10 Abs. 1 genannten Rechtsobjekte zu verwenden ist und die Zuordnung zu verschiedenen Wahlgebieten die Hervorhebung Wahlkreis eines Wahlgebietes erforderlich gemacht hätte.

Diese Formulierung ist aber im Gesetzestext nicht enthalten. Viele in der letzten Zeit eingegangenen Hinweise, Stellungnahmen und Kritiken zeugen davon, daß es sich hierbei aber um ein umfassenderes Problem handelt, als es von Anfang an einschätzbar war.

Unter diesem Gesichtspunkt wurden bereits zahlreiche Vorschläge eingerichtet, die eine Doppelkandidatur für beide Ebenen enthalten. Angesichts dieser Tatsachen und der möglichen unterschiedlichen Auslegbarkeit der Formulierung des § 10 Abs. 2 des Wahlgesetzes wird vorgeschlagen, Kandidaturen, die für Wahlkreise auf unterschiedlichen Ebenen eingereicht worden sind – und das ist eine Erscheinung mit relativem Massencharakter – nicht abzuweisen.

Zweitens: Gemäß § 12 Abs. 5 Wahlgesetz besteht für alle Einreicher von Wahlvorschlägen eine Möglichkeit, innerhalb von 3 Tagen Einspruch gegen die Entscheidung der Wahlkommission einzulegen. Auf Grund der sehr kurzfristigen Entscheidung der Wahlkommission der DDR, die eine Benachteiligung einzelner Einreicher bedeuten könnte, besteht für alle Einreicher die Möglichkeit, entsprechend vorstehendem Beschluß innerhalb der Einspruchsfrist ihre Wahlvorschläge zu aktualisieren.

Zum Zwecke der Gewährleistung der Chancengleichheit ist über den Beschluß unverzüglich eine Veröffentlichung vorzunehmen. Das heißt also, wir haben die Einspruchsfrist gegen Wahlvorschläge, die nach dem Wahlgesetz ohnehin gegeben ist, genommen als Zeitfrist, damit Parteien, die sich an unsere bisherige Auslegungslage gehalten haben, Vorschläge nachreichen können.

Diese Möglichkeit besteht dann bis zum 9., also bis zum Montag.

Die Parteien, Organisationen, Bürgerbewegungen, Bürgergemeinschaften haben damit 4 Tage Zeit, ihre Vorschläge zu aktualisieren. Voraussetzung ist natürlich, daß sie bis jetzt schon, halt bis morgen, überhaupt tätig geworden sind, also etwas eingereicht haben.

Mit dieser Beschlußlage verändern wir keine Termine des Wahlgesetzes und verändern dementsprechend auch nicht die zwingend vorgeschriebenen Nachfolgetermine.

Ich würde Sie bitten, an Ihre Parteien und politischen Vereinigungen heranzutreten und entsprechend zu reagieren und nicht durch eine eigene Beschlußlage praktisch das Wahlgesetz und die Wahlordnung in ihrer inneren Logik zu verändern.

Soweit die Stellungnahme der Wahlkommission. Vielen Dank für Ihre Aufmerksamkeit.

(Beifall)

Stellvertreter des Präsidenten Dr. Höppner:

Danke schön. Sie haben diesen Bericht zur Kenntnis genommen. Ich frage jetzt die Antragsteller, ob sie aufgrund dieses Berichtes, der nun noch einmal publik gemacht werden muß, damit in der kurzen Zeit von vier Tagen wirklich die Leute aktiv werden können, den Antrag aufrechterhalten werden.

(Zwischenruf aus der SPD-Fraktion: Das muß man mit den anderen absprechen)

Es scheint sich zu ergeben, daß die Antragsteller daraufhin bemüht sind, ihren Antrag zurückzuziehen.

(Zurufe: Nein!)

Bitte schön.

Abg. Wolfgang Krause (CDU):

Mir erscheint die Verlängerung der Frist um 4 Tage viel zu kurz. Auch in Anbetracht der technischen Probleme ist uns die Kommunalwahl zu wichtig, als daß wir wegen einer Überarbeitung dieses Gesetzes diese Frist nur so kurz halten würden. Die Klärung des Problems, daß man sowohl im Gemeinderat als auch im Kreis tätig sein kann, wird vielen Freunden vor allem in den kleineren Parteien Anlaß geben, sich noch nominieren zu lassen. Deshalb bestehen wir als CDU-Fraktion auf dem gestellten Antrag.

(Vereinzelt Beifall)

Stellvertreter des Präsidenten Dr. Höppner:

Das würde allerdings jetzt bedeuten, daß wir tatsächlich Gesetzestexte durchgehen müssen, Termine ändern müssen. Das ist nicht anders zu machen, es sei denn, wir fassen einen Grundsatzbeschluß und geben das irgendwo in Auftrag. Bitte schön, Abg. de Maizière.

Abg. de Maizière (CDU):

Es geht konkret um die 30-Tage-Frist, die im § 11 Abs. 3 des Wahlgesetzes genannt ist. Hier war vorhin davon die Rede, daß die Frist Dienstag nach Ostern sein sollte. Das hieße, daß die Änderung lauten müßte:

„Die Wahlvorschläge sind spätestens 18 Tage vor dem Wahltag bei der Wahlkommission einzureichen."

Der schriftliche Antrag ist überfraktionell erarbeitet worden und lautet:

„Die Volkskammer möge in Abänderung von § 11 Abs. 3 des Gesetzes über die Wahl zu Kreistagen, Stadtverordnetenver-

sammlungen, Stadtbezirksversammlungen und Gemeindevertretungen am 6. Mai vom 6. März 1990 beschließen."
Und dann:
„Die Wahlvorschläge sind spätestens 18 Tage vor dem Wahltag
bei der Wahlkommission einzureichen."
Und es wäre dann meines Erachtens ein Leichtes für unser nun
besetztes Präsidium, den Staatsratsbeschluß dahingehend zu ändern, damit dieser Beschluß unverzüglich in Kraft treten kann.

Stellvertreter des Präsidenten Dr. Höppner:

Das ist richtig. Aber im Wahlgesetz stehen nun noch weitere Termine, was die Einspruchsfristen und dergleichen anbetrifft.

Abg. de Maizière (CDU):

Die Einspruchsfristen binden aber, wenn ich das richtig im Kopf
habe, an den Einreichungstermin an und werden von daher dadurch nicht berührt.

Stellvertreter des Präsidenten Dr. Höppner:

So ist es. Da sind weitere Termine im Wahlgesetz genannt. Wir
sind es hier durchgegangen. Das betrifft nicht nur den § 11, wo
die 30 Tage genannt sind, sondern es betrifft nachher auch weitere Paragraphen. Diese Einspruchsfrist von 21 Tagen, die eben erwähnt worden ist, steht ja auch im Wahlgesetz, und die wäre ja
dann länger als diese Antragsfrist. Das ist das Problem. Jedenfalls
müßte das noch einmal auf die Folgen kontrolliert werden.
Wir sind jetzt noch einmal an dem gleichen Punkt angekommen, an dem wir vor Beginn der Pause waren. Wir dachten, wir
hätten das in der Pause geklärt.

Abg. Prof. Dr. Heuer (PDS):

In § 13 steht:
„Die zuständige Wahlkommission legt spätestens 18 Tage vor
dem Wahltag verbindlich fest . . ."
Das wären dann 9 Tage oder so, und das ist alles sehr kurz.

Stellvertreter des Präsidenten Dr. Höppner:

Und das geht noch weiter. In § 13 steht auch noch in Abs. 3, daß
bis zum 10. Tag vor dem Wahltag das Recht, Kandidaten zu nominieren, nominierte Kandidaten von einer Liste zu nehmen usw.,
besteht. Das ist auch ein Termin, den das betrifft.

372

Abg. Prof. Dr. Heuer (PDS):

Vielleicht könnte man die Verlängerung etwas kürzen, damit wir bis zum 6. Mai überhaupt noch in die Reihe bringen können, daß wir also nicht auf dieser langen Dauer bestehen.

Stellvertreter des Präsidenten Dr. Höppner:

Danke schön. Zur Geschäftsordnung der Abgeordnete Natzius von der SPD.

Abg. Natzius (SPD):

Ich bin nicht bereit, die redaktionelle Bearbeitung dieses Antrages in diesem Gremium jetzt und hier so mitzumachen, sondern bitte darum, daß das extern gemacht wird und die Debatte an dieser Stelle in dieser Form abgebrochen und die Tagesordnung weiter bearbeitet wird und dann, wenn eine beschließbare Vorlage da ist, darüber abgestimmt wird.

(Vereinzelt Beifall)

Stellvertreter des Präsidenten Dr. Höppner:

Dieser Geschäftsordnungsantrag bedeutet, daß Sie darum bitten, daß zu diesem Antrag ein ergänzender Text mit weiteren Terminänderungen erarbeitet wird. Dazu müßten wir die Sitzung unterbrechen. Wer will zu dem Geschäftsordnungsantrag sprechen?

Abg. de Maizière (CDU):

Ich sehe es auch so, daß wir nicht all diese Fristenfragen jetzt hier klären können. Ich denke, wir könnten uns helfen, indem wir sagen: Diese 30-Tage-Frist in § 11 Abs. 3 wird aufgehoben, und wir stellen einfach fest: „wird verkürzt". Und wir könnten dann bei der Sitzung in der kommenden Woche ein Bündel von Terminen und Gesetzesänderungen vorlegen, die dann ineinander stimmig sind.

(Vereinzelt Beifall bei der CDU)

Stellvertreter des Präsidenten Dr. Höppner:

Also, das würde folgendes bedeuten: Bis zum nächsten Donnerstag tritt noch keiner der nächsten Termine ein, wenn ich das jetzt richtig übersehe, weil 18 Tage dann als nächstes kommt. Mit anderen Worten: Wir brauchten heute für den dringenden Fall nur

den Termin von vier Wochen, also den 6. April, als Einreichungstermin aufzuheben und könnten die nächsten Termine dann in
der nächsten Volkskammersitzung in einer abgestimmten Gesetzesvorlage vorlegen. Das würde allerdings auch bedeuten, daß
der Termin für die Einreichung dann auf alle Fälle bis zur nächsten Volkskammersitzung verlängert ist. Das heißt also, eine Woche hätten alle noch Zeit, entsprechende Änderungen einzureichen. Der frühestmögliche festzusetzende Termin ist dann der
Termin der nächsten Sitzung der Volkskammer. Ist die Sachlage
klar?

(Zurufe: Jawohl)

Dazu bitte noch Wortmeldungen.

Abg. Claus (PDS):

Ich beantrage, daß zu diesem neuen Vorschlag, den Sie jetzt unterbreiten, der Vertreter der Wahlkommission zumindest gehört
wird, daß wir erfahren können, ob ein solcher Vorschlag aus der
Sicht derjenigen, die das bisher bearbeiten, akzeptabel ist.

Stellvertreter des Präsidenten Dr. Höppner:

Da es sich nicht um einen Abgeordneten handelt, muß ich Sie
wieder fragen, ob dem jemand widerspricht. Das ist nicht der
Fall. Bitte schön.

Herr Dr. Schönfeldt:

Frau Präsidentin! Werte Abgeordnete! Ich habe auf der Zeitachse
einige Termine, die unbedingt zu berücksichtigen wären. Der
nächste Termin, Endtermin, ist der 15. 4., d. h. die Entscheidung
des Präsidiums bei der Wahlkommission über Wahlausschüsse
gemäß § 9 Abs. 2, Entscheidung über Beschwerden gegen Nicht-
registrierung von Wahlvorschlägen durch die Wahlkommissionen der Kreise, Entscheidung über Beschwerden gegen die Nicht-
registrierung von Wahlvorschlägen durch Wahlkommissionen
der Städte und Gemeinden gemäß § 12 Abs. 5.
    Aber es hat natürlich auch noch Konsequenzen hinsichtlich der
Vorbereitung, des Drucks der Stimmzettel, ein sehr großes Problem. Sie wissen alle, daß die Stimmzettel mehrfaches
DIN-A-4-Format haben können. Technische Vorbereitungspha-
sen, das sind alles Dinge, die dort hineinspielen, die wir jetzt als
Vertreter der Wahlkommission ohne Hilfe des Wahlbüros auch
nicht genau klären können.

374

Was aus unserer Sicht möglich erschiene, wäre, wenn man einen Zeitraum von drei Tagen für die Prüfungsfragen läßt, 15. 4. maximal oder 11. bis 12. 4. als Endtermin für die Einreichung der Wahlvorschläge. Dann sind aber die Wahlkommissionen der Wahlgebiete unter einen sehr, sehr großen Zeitdruck gesetzt, weil sie ja die Prüfungshandlung vornehmen müssen, weil Beschwerdeverfahren eingeleitet werden müssen und die nächsthöheren Wahlkommissionen entscheiden müssen.

Stellvertreter des Präsidenten Dr. Höppner:

Danke schön. Herr Gysi, bitte.

Abg. Dr. Gysi (PDS):

Ich glaube, wir müssen jetzt aufpassen, daß wir hier nicht irgendetwas beschließen, daß Sie gezwungen sind, uns morgen wieder zusammenzurufen und wir uns irgendwie vor aller Welt mehr oder weniger lächerlich machen, weil das Ganze ja überhaupt nicht durchforstet ist.

Meines Erachtens gibt es nur eine Möglichkeit einer Entscheidung zur Delegierung: Wir müßten das Wahlgesetz um einen Paragraphen ergänzen. Der könnte lauten, daß das Präsidium der Volkskammer in Abstimmung mit der Wahlkommission der DDR berechtigt ist, Fristen, die im Gesetz geregelt sind, soweit erforderlich, abzuändern. Und dann müßte das Präsidium zusammen mit der Wahlkommission tagen. Und wenn es hier solche Erfordernisse gibt, neue Fristen festzulegen und diese sofort zu veröffentlichen, dann ist das Präsidium in Abstimmung mit der Wahlkommission dazu befugt. Dann kann man vorher alles ganz genau durchrechnen, welche Fristen man wie ändern muß. Das kann ein Gesetz immer ermöglichen, daß jemand befugt wird, etwas in diesem Gesetz zu ändern.

Das wäre mein Vorschlag, daß wir dieses Gesetz um diese Bestimmung erweitern und damit die Verantwortung auf das Präsidium und die Wahlkommission delegieren, damit jetzt hier nicht ein Fehler passiert, indem wir etwas machen, was wir morgen schon wieder ändern müßten.

(Beifall)

Stellvertreter des Präsidenten Dr. Höppner:

Also, dieser Antrag würde bedeuten — ich sage Ihnen gleich noch die Entscheidungsvarianten, die wir haben —, daß wir in dem von der Volkskammer verabschiedeten Wahlgesetz zu den Kommunalwahlen am 6. Mai, der zur Zeit 43 Paragraphen hat, einen § 44 aufnehmen mit folgendem Inhalt: Das Präsidium der Volkskammer ist berechtigt, in Abstimmung mit der Wahlkommission der DDR die in diesem Wahlgesetz festgesetzten Termine — mit Ausnahme des Wahltermins — zu verändern. — Das heißt, wir würden jetzt einen Antrag auf Änderung des Gesetzes über die Wahlen zu den Kreistagen, Stadtverordnetenversammlungen, Stadtbezirksversammlungen und Gemeindevertretungen am 6. Mai 1990 vom 6. März 1990 beschließen, indem es heißt: Das Gesetz wird um einen Paragraphen ergänzt mit folgendem Wortlaut, und jetzt käme der eben von mir genannte Wortlaut.

Bitte, Herr Gysi hat noch mal das Wort.

Abg. Dr. Gysi (PDS):

Ich will sagen: Das ist der § 1 dieses Änderungsgesetzes, daß eben der § 43 hinzugefügt wird. Und § 2 müßte lauten: Dieses Gesetz tritt mit der Beschlußfassung in Kraft. — Und dann ist diese Befugnis entsprechend an die beiden Gremien übertragen.

Stellvertreter des Präsidenten Dr. Höppner:

Das ist jetzt eigentlich ein Verfahren, das die Not zeigt, in der wir uns wieder mal befinden. Wir kennen das aber aus den letzten Wochen und Monaten. Wir behandeln jetzt hier ein Gesetz nicht nur in einer, sondern nur in einer halben Lesung, ohne es schriftlich zu haben. Die Not zwingt uns dazu. Die Sache ist jedenfalls klar. Das ist wichtig. Das muß jeder wissen. Auf den Gesetzesbuchstaben kommt es nicht an. Hier wird eine Kompetenz auf das Präsidium der Volkskammer übertragen, nämlich die Termine so zu ändern, daß es paßt.

Herr de Maizière.

Abg. de Maizière (CDU):

Eine einzige Vokabel: Sie hatten verlesen: Das Präsidium der Volkskammer ist berechtigt, in Abstimmung mit der — ich glaube, es müßte heißen: Wahlkommission der DDR — die in diesem Gesetz festgesetzten Fristen — muß es heißen, nicht Termine, Fristen sind dort genannt — mit Ausnahme des Wahltermins zu ändern.

(Beifall)

376

Stellvertreter des Präsidenten Dr. Höppner:

Gut. Also das nehme ich jetzt natürlich in meine Formulierung mit auf. Es muß heißen: „Wahlkommission", und es muß heißen: „Fristen", und es tritt am 5. 4. in Kraft. Das reicht auch, weil der Termin, um den es geht, erst morgen ist.

Jetzt muß ich Sie erst mal zum Verfahren fragen: Sind Sie bereit, nach diesem etwas komplizierten und für Juristen auch fragwürdigen Verfahren solch ein Änderungsgesetz zu beschließen? Ich muß das jetzt erst mal abstimmen lassen, ob Sie bereit sind, so ein Änderungsgesetz zu beschließen. Wer dafür ist, den bitte ich um das Handzeichen. – Wer ist dagegen? – Wer enthält sich der Stimme? – Ich stelle fest, eine Zweidrittelmehrheit ist dafür gewesen. Damit sind alle Geschäftsordnungsprobleme, die wir eventuell hätten, auch erledigt. Soll ich den Gesetzestext jetzt noch mal aus dem Kopf wiederholen?

(Zuruf: Nein.)

Danke schön. Sie strapazieren mein Gedächtnis nicht übermäßig. Sind Sie bereit, darüber abzustimmen? Wer stimmt dieser Gesetzesänderung in der von mir genannten Form zu? Den bitte ich um das Handzeichen. – Danke schön. Wer ist dagegen? – Drei Gegenstimmen. Wer enthält sich der Stimme? – 9 Stimmenthaltungen zähle ich. Damit ist dieses Gesetz in einer halben Lesung beschlossen. Ich kann die Leitung wieder abgeben.

(Beifall)

Präsidentin Dr. Bergmann-Pohl:

Ich danke Herrn Dr. Höppner, daß er diesen sehr komplizierten Vorgang übernommen hat.

(Beifall)

Es ist in der Pause der Wunsch herangetragen worden, die Stellvertreter nochmals vorzustellen, aber ich würde sagen, in Anbetracht der fortgeschrittenen Zeit und des schon verdünnten Präsidiums würden wir das vielleicht bei der nächsten Tagung vornehmen. Wir kommen dann zum Schluß.

Verehrte Abgeordnete! Meine Damen und Herren! Punkt 12 der Tagesordnung ist:

Bekanntgabe des Termins der 2. Tagung der Volkskammer der Deutschen Demokratischen Republik.

Diese Bekanntgabe veranlaßt mich, in Übereinstimmung mit dem mit der Bildung der Regierung der Deutschen Demokratischen Republik beauftragten Abgeordneten, Herrn Lothar de Maizière, die 2. Tagung der Volkskammer der Deutschen Demokratischen Republik für Donnerstag, den 12. April 1990, 10.00 Uhr, einzuberufen.

Bitte, nehmen Sie Ihre Abgeordnetenausweise an den Anwesenheitslisten in Empfang. Ich habe mir vorhin die Finger wundgeschrieben und 400 Unterschriften geleistet.

(Beifall)

Die 1. Tagung der Volkskammer der DDR in der 10. Wahlperiode ist damit geschlossen.

(Beifall)

Volkskammer der Deutschen Demokratischen Republik
10. Wahlperiode, 2. Tagung
Donnerstag, den 12. April 1990

Präsidentin Dr. Bergmann-Pohl:

Verehrte Abgeordnete! Meine Damen und Herren! Die 2. Tagung der Volkskammer der Deutschen Demokratischen Republik ist eröffnet. Das Präsidium der Volkskammer begrüßt sehr herzlich alle Abgeordneten und Gäste, besonders die Damen und Herren des Diplomatischen Corps.

Den Abgeordneten liegt die Tagesordnung schriftlich vor. Sie wurde im Präsidium vereinbart. — Ja bitte, ein Geschäftsordnungsantrag.

Abg. Dr. Günther Krause, Sprecher der Fraktion der CDU:

Die CDU hat gestern vor 18.00 Uhr gemäß der vorläufigen Geschäftsordnung einen Antrag bei Ihnen eingereicht, in dem wir um eine Änderung der Eidesformel nachsuchen. Ich bitte darum, daß die Tagesordnung ergänzt wird durch einen Tagesordnungspunkt 7 a, in dem wir über den Text der neuen Eidesformel sprechen und ihn beschließen mögen.

Präsidentin Dr. Bergmann-Pohl:

Ich möchte einem Mitglied des Präsidiums das Wort geben.

Stellvertreter des Präsidenten Dr. Höppner:

Das Präsidium hat gestern in seiner Beratung über diesen Punkt gesprochen. Ihm lag der mir hier jetzt vorliegende Text vor: Antrag aller Fraktionen der Volkskammer der DDR zur Änderung und Ergänzung der Verfassung der Deutschen Demokratischen Republik. — Dann kam ein Gesetzestext, der offenkundig nicht vollständig war. Das ist aber vielleicht nicht das Entscheidende. Entscheidend war, daß im Präsidium eine Reihe von Fraktionen erklärten, daß ihnen dieser Antrag nicht bekannt sei und daß es auch nicht ein Antrag ihrer Fraktionen sei. Auf Grund dieser Formfehler, die wir nicht mehr ausräumen konnten — weil die Fraktionen um diese Zeit nicht mehr zusammenzubekommen waren —, sahen wir uns außerstande, diesen Antrag in dieser Form in die Tagesordnung aufzunehmen.

Abg. Dr. Günther Krause (CDU):

Es ist vielleicht korrekt, daß statt „alle" „in alle" enthalten ist. Der Antrag ist korrekt vor 18.00 Uhr gestellt worden, und ich hatte eigentlich erwartet, daß Pro- und Kontrabeiträge zum Geschäftsordnungsantrag, den ich eben eingebracht habe, hier beraten werden und das Parlament dann über die Änderung der Geschäftsordnung abzustimmen hat.

(Beifall bei der CDU)

Präsidentin Dr. Bergmann-Pohl:

Ich schlage vor, daß jede Fraktion Gelegenheit bekommt, zu diesem Geschäftsordnungsantrag einen Redebeitrag bis zu drei Minuten abzugeben. Gibt es da einen Widerspruch? – Ich sehe, das ist nicht der Fall. Dann würden wir so verfahren. Wer wünscht das Wort von der CDU? – Von der SPD? –

Abg. Frau Seils, Sprecherin der Fraktion der SPD:

Ich habe gestern abend an der Diskussion über dieses verfassungsändernde Gesetz teilgenommen. Ich habe an dieser Stelle ganz starke verfassungsrechtliche Bedenken angemeldet, erstens über den Inhalt dieses Gesetzes – es geht um eine Änderung des Artikels 68, der kann hier nicht zur Diskussion stehen –, und zum zweiten halte ich es nicht für möglich, heute in einer Lesung, ohne Behandlung in einem Ausschuß ein verfassungsänderndes Gesetz in dieser Wichtigkeit zu beschließen.

(Lebhafter Beifall)

Präsidentin Dr. Bergmann-Pohl:

Ich bitte jetzt einen Vertreter der PDS, dazu Stellung zu nehmen.

Abg. Dr. Gysi, Vorsitzender der Fraktion der PDS:

Ich stimme zunächst dem zu, was hier eben von der Vertreterin der SPD-Fraktion gesagt worden ist. Es ist auch schlechte politische Kultur, wenn wir jede Sitzung damit eröffnen, daß wir erst mal die Verfassung ändern, ohne daß die Abgeordneten auch nur einen Antrag auf dem Tisch haben.

(Beifall vor allem bei der PDS)

Und da die bisherige Verfassung nicht mehr verlangt, als daß der Ministerpräsident und die Mitglieder des Ministerrates auf die Verfassung vereidigt werden — und ich finde, dazu sollte man sich schon bekennen, daß man bereit ist, eine Verfassung einzuhalten, die ja dann übrigens auch wieder geändert werden kann —, sehe ich auch gar kein inhaltliches Problem. Außerdem muß man sich eben daran gewöhnen, daß das Präsidium der Volkskammer bestimmte Entscheidungen zu treffen hat. Wir haben gestern auch vor 18.00 Uhr einen Antrag eingebracht, der heute nicht auf der Tagesordnung steht, sondern das nächste Mal auf der Tagesordnung stehen soll. Wir respektieren diese Entscheidung des Präsidiums.

(Beifall vor allem bei der PDS und der SPD)

Präsidentin Dr. Bergmann-Pohl:

Ich möchte jetzt — die Reihenfolge entspricht der Fraktionsstärke — einen Vertreter der DSU bitten, dazu Stellung zu nehmen.

Abg. Prof. Dr. Walther, Vorsitzender der Fraktion der DSU:

Wir unterstützen den Antrag der CDU. Es ist meines Erachtens eine Zumutung für einen frei gewählten Ministerpräsidenten unseres Landes, auf die alte Verfassung zu schwören, wegen der in diesem Lande eine Revolution gemacht wurde.

(Beifall bei CDU und DSU)

Präsidentin Dr. Bergmann-Pohl:

Ich möchte jetzt einen Vertreter der Liberalen bitten, dazu Stellung zu nehmen.

Abg. Prof. Dr. Ortleb, Vorsitzender der Fraktion der Liberalen:

Der Tagesordnungspunkt sollte aufgenommen werden.

(Beifall bei der CDU, der DSU und den Liberalen)

Präsidentin Dr. Bergmann-Pohl:

Ich bitte einen Vertreter des Bündnis 90/Grüne, dazu zu sprechen.

Abg. Weiß, Sprecher der Fraktion Bündnis 90/Grüne:

Meine sehr geehrten Damen und Herren! Unsere Fraktion lehnt es aus grundsätzlichen verfassungsrechtlichen Erwägungen ab, diesen Antrag zu unterstützen. Es geht nicht an, daß eine so schwerwiegende Frage entschieden werden soll, ohne daß den Damen und Herren Abgeordneten dieses Hohen Hauses auch nur der schriftliche Entwurf vorgelegen hat, ohne daß darüber beraten worden ist. Das ist wirklich schlechte politische Kultur.

(Lebhafter Beifall, vor allem bei der SPD, beim Bündnis 90/Grüne, bei der PDS)

Im übrigen kann ich auch die verfassungsrechtlichen Bedenken des Juristen Lothar de Maizière, unseres künftigen Ministerpräsidenten, nicht teilen, und ich möchte Sie darauf hinweisen, daß es bisher ja auch noch nicht gelungen ist, den Entwurf für eine neue Verfassung, der ja vorliegt und auf den er sich hätte vereidigen lassen können,

(Gelächter bei der CDU und der DSU)

hier zur Diskussion zu bringen.

(Beifall)

Präsidentin Dr. Bergmann-Pohl:

Wir müssen noch der Fraktion DBD/DFD Gelegenheit geben, das Wort zu nehmen.

Abg. Dr. Maleuda, Vorsitzender der Fraktion DBD/DFD:

Frau Präsidentin! Meine Damen und Herren! Die Fraktion der DBD/DFD lehnt diesen Antrag ab.

Wir akzeptieren den Beschluß des Präsidiums der Volkskammer. Wir sind der Auffassung, daß es hier um eine sehr grundsätzliche Frage einer Verfassungsänderung geht, die man nicht so im Vorbeigehen stellen sollte, sondern den Fraktionen ist die Gelegenheit zu geben, sich überhaupt mit dem Inhalt zu beschäftigen. Uns ist der Inhalt überhaupt nicht bekannt. Wir lehnen diesen Antrag demzufolge ab.

(Beifall)

Präsidentin Dr. Bergmann-Pohl:

Herr de Maizière möchte noch zum Geschäftsordnungsantrag das Wort nehmen. Die CDU-Fraktion hatte noch nicht das Wort.

Abg. de Maizière (CDU):

Ich kann die verfassungsrechtlichen Bedenken, so wie sie insbesondere vom Bündnis 90 genannt worden sind, nicht teilen, zumal der von Ihnen favorisierte Verfassungsentwurf die Eidesformel enthält:

„Ich schwöre, daß ich meine Kraft dem Wohl des Volkes widmen, Recht und Gesetz der Deutschen Demokratischen Republik wahren, meine Pflicht gewissenhaft erfüllen und Gerechtigkeit gegen jedermann üben werde. So wahr mir Gott helfe."

Dort ist keine Vereidigung auf die Verfassung vorgesehen.

Präsidentin Dr. Bergmann-Pohl:

Ich danke. Jede Fraktion hatte die Gelegenheit, dazu Stellung zu nehmen. Wir müßten jetzt zur Abstimmung kommen, ob der Antrag auf die Tagesordnung kommt oder nicht.

Wer dafür ist, daß dieser Antrag auf die Tagesordnung kommt, den bitte ich um das Handzeichen. — Ich bitte um Auszählung der Stimmen. — Wer ist gegen diesen Antrag? — Ich bitte, die Stimmen auszuzählen. — Gibt es Stimmenthaltungen?

Meine Damen und Herren! Ich muß Ihnen leider mitteilen, daß es mit der Auszählung nicht geklappt hat. Im Plenarsaal sind 368 eingetragene Abgeordnete. Ich gehe davon aus, daß alle Abgeordneten, die sich eingetragen haben, im Sitzungssaal sind. Abgegeben worden sind aber nur 349 Stimmen bzw. gezählt.

Abg. de Maizière (CDU):

Sie haben die Stimmenthaltungen . . .

Präsidentin Dr. Bergmann-Pohl:

Doch, ich habe zusammengezählt.

(Beifall)

Im Rechnen war ich auch ganz gut, Herr de Maizière. Es sind Nein-Stimmen 163, Ja-Stimmen 162, 24 Stimmenthaltungen. Das ergibt nach meiner Rechnung 349. Stimmt das, Herr de Maizière?

(Heiterkeit)

Wir müssen leider noch einmal abstimmen.

Abg. Prof. Dr. Heuer (PDS):

Warum? Es sind eben nur 349 hier. Ich habe die Rechnung so verstanden, daß 349 Menschen hier im Saal sind. Oder wieviel? Es müßten 368 im Saal sein, aber es haben sich offenbar nur 349 an der Wahl beteiligt im Ergebnis der Rechnung der Frau Präsidentin. Und wenn davon die Mehrheit abgelehnt hat, ist der Antrag abgelehnt. Ich sehe keine andere Lösung.

(Vereinzelt Beifall)

Präsidentin Dr. Bergmann-Pohl:

Ich möchte Herrn Dr. Höppner das Wort geben.

Stellvertreter des Präsidenten Dr. Höppner:

Wir haben diese Auszählung von oben verfolgt. Es ist uns ein Versäumnis unterlaufen. Wir hätten vor dieser Abstimmung die Schriftführer bitten müssen, jeweils einen Block zu zählen, damit das korrekt vor sich geht. Das hat sich erst im Laufe der Abstimmung entwickelt. Ich glaube, es ist ein Gebot der Fairness, daß diese Abstimmung noch einmal nachgezählt wird. Wenn dann auch nur 349 Leute, das heißt Abgeordnete, hier abstimmen, dann ist die Sache korrekt. Im Moment erheben sich im Präsidium Zweifel darüber, ob diese Abstimmung korrekt ausgezählt ist. Dann bleibt nichts anderes übrig, es muß noch einmal gezählt werden. Ich würde es gut finden, wenn jeweils ein Schriftführer eine Zweierreihe übernimmt, diese zählt und dann von den Helfern die Zahlen zusammengezählt und uns vorgebracht werden. Ich bitte, die Abstimmung zu wiederholen.

Präsidentin Dr. Bergmann-Pohl:

Wir kommen noch einmal zur Abstimmung.

Abg. Dr. Voigt (DSU):

Ich habe die Ergebnisse zusammenzutragen, und ich möchte doch darum bitten, daß die jeweiligen Zähler an ihren Reihen verbleiben und daß ich dort die Ergebnisse abhole. Ich kann es nicht auf einmal überschauen, von welchem Block jeweils mir die Zahlen übergeben werden. Wo dann ein Schriftführer fehlt bzw. wenn die Personenzahl nicht erfüllt wird, möge sich bitte einer freiwillig zur Verfügung stellen, jeweils zwei Reihen abzuzählen.

Abg. Dr. Kröger (PDS):

Ist es nicht einfacher, festzustellen, wieviel Abgeordnete im Saal sind, ehe wir das Abstimmungsergebnis anzweifeln?

Präsidentin Dr. Bergmann-Pohl:

Letztmalig, Dr. Krause.

Abg. Dr. Günther Krause (CDU):

Wir befinden uns noch in der Abstimmung. Es ist ganz normal, daß das Präsidium das Recht hat, anzuzweifeln, ob eine Abstimmung korrekt gelaufen ist. Wir sollten jetzt vermeiden, daß jeder ein Statement darüber abgibt.

(Vereinzelt Beifall)

Präsidentin Dr. Bergmann-Pohl:

Ich bitte jetzt die Zähler, sich vor den Reihen aufzustellen, aber nicht zu vergessen, sich selbst mitzuzählen und auch uns mitzuzählen. Ich bitte darum, dann die Ergebnisse hier oben vorzulegen.

Wer für den Antrag zur Veränderung der Tagesordnung ist, den bitte ich um das Handzeichen. –

Ich bitte die Abgeordneten, mir zuzuhören, auch die Abgeordneten, die da hinten noch diskutieren. Sie können nachher noch diskutieren, wenn die Auszählung stattfindet.

Wer dagegen ist, daß der Antrag auf die Tagesordnung kommt, den bitte ich um das Handzeichen. – So, bitte mal mir zuhören, auch wenn es Ihnen schwerfällt. Gibt es Stimmenthaltungen? Dann bitte ich um das Handzeichen. –

Meine Damen und Herren, ich möchte Ihnen das Ergebnis der Abstimmung bekanntgeben. Mit Ja haben 219 Abgeordnete gestimmt,

(Beifall, vor allem bei der CDU und DSU)

mit Nein 134 Abgeordnete. Es gab 27 Stimmenthaltungen. Damit ist die Tagesordnung dahingehend verändert, daß sie um Punkt 7 a ergänzt wird.

Es gibt einen Geschäftsordnungsantrag.

Abg. Platzeck (Bündnis 90/Grüne):

Frau Präsidentin! Hohes Haus! Der Antrag ist für meine Begriffe damit abgelehnt. 10.2. unserer vorläufigen Geschäftsordnung besagt, daß bis 18.00 Uhr ein form- und fristgerechter Antrag eingebracht werden muß. Das war gestern, wie Herr Reinhard Höppner gesagt hat, nicht der Fall. Diesem Antrag ist nicht stattgegeben worden wegen Formfehler. Wenn wir jetzt diesen Antrag trotzdem noch auf die Tagesordnung bringen möchten, was ja möglich ist nach § 43 unserer vorläufigen Geschäftsordnung, brauchen wir dazu eine Zweidrittelmehrheit, und die habe ich eben nicht erkennen können. Danke schön.

(Beifall, vor allem bei PDS und Bündnis 90/Grüne)

Präsidentin Dr. Bergmann-Pohl:

Nach meinem Verständnis muß ich Ihnen da leider widersprechen. Von Form ist da kein Wort. Es steht:

„Die Tagesordnung wird den Abgeordneten der Volkskammer und dem Ministerrat mitgeteilt. Sie gilt, wenn kein Widerspruch erfolgt, mit dem Aufruf des Punktes 1 als festgestellt. Nach Eröffnung jeder Tagung kann vor Eintritt in die jeweilige Tagesordnung jeder Abgeordnete der Volkskammer eine Änderung der Tagesordnung beantragen, wenn dieser Antrag"

– und es war ein Antrag –

„von mindestens 12 Abgeordneten unterstützt wird"

– er war von der CDU-Fraktion unterstützt –

„bis spätestens 18.00 Uhr des Vortages dem Präsidenten vorgelegen hat."

Und das ist korrekt gewesen, er hat vorgelegen.

(Zurufe: Schluß!)

Abg. Platzeck, (Bündnis 90/Grüne):

Das zeigt, wie Ihr Rechts- und Verfassungsverständnis ist, wenn Sie jetzt schon wieder „Schluß!" rufen. Das hatten wir auch im Präsidium gestern den ganzen Abend. Die Verfassung, die Geschäftsordnung und ähnliches scheint Sie sehr wenig zu interessieren, sondern wenn auch der Ministerpräsident nur darauf vereidigt wird, zum Wohle des Volkes zu handeln, ohne Verfassung, zeigt mir das ganz deutlich: Er bestimmt zukünftig, was das Wohl des Volkes ist, und Rechtsfragen werden dazu nicht gebraucht.

(Beifall, vor allem bei PDS und Bündnis 90/Grüne)

Gestern ist dieser Antrag ganz deutlich als nicht existent betrachtet worden, da er ernsthafte formale Fehler aufwies. Und das ist heute früh auch ganz klar gesagt worden.

Präsidentin Dr. Bergmann-Pohl:

Ich bitte Herrn Dr. Höppner.

Mitglied des Präsidiums Dr. Ullmann:

Ich habe mich aber vorher zu Wort gemeldet.

Ich habe zweierlei zu bemerken: Es ist vorhin im Namen des Präsidiums gesprochen worden. Ich muß feststellen, daß ich um meine Meinung nicht gefragt war.

Zweitens habe ich zu bemerken, daß der Antrag wegen Formfehlers zurückgewiesen worden ist, nicht angenommen worden ist. Es geht nicht an, daß ein Antrag im Namen aller Fraktionen präsentiert wird und heute früh eine Interpretation nachgeliefert wird, die uns erklären will, „alle" besage: ein Antrag der CDU. Ich kann nur feststellen: Das scheint die Regierungsauffassung zu sein.

(Beifall, vor allem bei PDS und Bündnis 90/Grüne)

Präsidentin Dr. Bergmann-Pohl:

Herr Dr. Höppner, bitte.

Stellvertreter des Präsidenten Dr. Höppner:

Da ich direkt angesprochen worden bin, will ich hier sagen, daß ich versucht habe, das, was gestern im Präsidium dazu beraten worden ist, wiederzugeben. Sollten einige eine andere Erinnerung haben, dann bitte ich um Verzeihung.

Ich wollte zweitens darauf hinweisen, daß wir entschieden haben, daß der Antrag wegen dieser Mängel, die er hat, nicht auf die Tagesordnung kommen soll. Diese Entscheidung kann freilich durch diese Kammer korrigiert werden. Dann ist klar, daß

(Beifall bei der CDU)

dieser Kammer der Antrag in der Form, die wir für mangelhaft hielten, vorgelegt wird. Dann muß die Kammer sehen, wie sie diesen Antrag im Laufe ihrer Tagesordnung so gestaltet, daß er verabschiedet werden kann oder wie anders damit umgegangen wird. Jedenfalls wird er jetzt in der Form, wenn dies auf die Tagesordnung kommt, und so ist abgestimmt worden, in der, ich darf das jetzt mal in Klammern sagen, mangelhaften Form, in der er uns gestern abend vorgelegen hat, auf die Tagesordnung kommen.

(Beifall bei der CDU)

Präsidentin Dr. Bergmann-Pohl:

Ich bitte die Abgeordnete da hinten ums Wort. Ich mache dann einen Vorschlag.

Abg. Frau Wegener (PDS):

Für mich ist noch unberücksichtigt, wie wir auf 380 Stimmen kommen, wo Sie vorhin sagten, verehrte Präsidentin, 368 haben sich eingetragen. Wie verfahren wir da?

(Beifall, vor allem bei der PDS)

Präsidentin Dr. Bergmann-Pohl:

Diese Frage kann ich Ihnen beantworten. Nach der Zusammenzählung haben einige Abgeordnete festgestellt, daß sie sich nicht eingetragen hatten. Sie haben das nachgeholt, und damit hat sich die Gesamtzahl der Abgeordneten verändert.

(Unruhe im Saal)

(Abg. Platzeck, Bündnis 90/Grüne: Dann dürfen sie nicht abstimmen. Wir haben eine Geschäftsordnung, die haben wir extra für diese Zwecke gemacht. Wir können sie nicht andauernd außer Kraft setzen.)

Herr Dr. Gysi, zur Geschäftsordnung.

Abg. Dr. Gysi (PDS):

Die letzte Frage ist dabei noch nicht berücksichtigt. Da müßte ich nachschauen. Wenn in der Geschäftsordnung geregelt ist, daß nur abstimmen darf, wer sich eingetragen hat – das weiß ich jetzt nicht –, dann müßte das natürlich geprüft werden. Aber ich glaube, die Lösung besteht darin, daß es sich entweder um einen Fall des § 10 Abs. 2 handelt oder um einen Fall der Änderung der Geschäftsordnung. Ich bin auch der Meinung: Wenn ein Antrag eingebracht wird als Antrag aller Fraktionen und am nächsten Morgen gesagt wird, es ist nunmehr ein Antrag der CDU-Fraktion, dann ist es ein neuer Antrag.

(Zwischenruf: Genau)

Und dann ist es nicht ein Fall des 10.2, sondern ein Fall der Änderung der Geschäftsordnung. Aber es muß nun jemand darüber entscheiden, und deshalb würde ich empfehlen, kurz zu unterbrechen, daß das Präsidium berät und uns dann die Entscheidung mitteilt; denn anders kommen wir hier nicht weiter. Dafür haben wir ein Präsidium gewählt.

(Beifall, vor allem bei der PDS)

Präsidentin Dr. Bergmann-Pohl:

Ja, bitte, Herr de Maizière.

Abg. de Maizière (CDU):

Ich muß meinem Kollegen Dr. Gysi widersprechen. Es ist möglicherweise ein Fall der streitbaren Auslegung der Geschäftsordnung. Insofern verweise ich auf § 44, wo es heißt:
„... auftretende Zweifel über die Auslegung dieser Geschäftsordnung entscheidet der amtierende Präsident für den Einzelfall."

(Beifall bei der CDU, Unruhe, vor allem bei Bündnis 90/Grüne und bei der PDS)

Präsidentin Dr. Bergmann-Pohl:

Also dann fällt mir dieses schwere Amt zu. – Jetzt muß ich erst darauf antworten. Es handelt sich also um den § 10 Abs. 2, und damit wäre der Antrag angenommen.

(Beifall bei der CDU, erregte Zwischenrufe, vor allem beim Bündnis 90/Grüne)

Abg. Prof. Dr. Heuer (PDS):

Eine Frage: Die Präsidentin soll sagen, was sie unter dem 10.2. versteht.

(Unruhe im Saal)

Darf ich eines sagen: Ich kenne die Mehrheitsverhältnisse dieses Hauses. Wenn die Mehrheit der Meinung ist, daß die Minderheit überflüssig ist,

(Zwischenrufe: Dann können wir gehen.)

dann haben wir kein Parlament.

(Beifall, vor allem bei PDS und Bündnis 90/Grüne)

Präsidentin Dr. Bergmann-Pohl:

Es ist ein Antrag, daß dieser Tagesordnungspunkt auf die Tagesordnung kommt. Es wird nachher darüber debattiert werden. Damit ist dieser Antrag überhaupt noch nicht angenommen.
(Abg. Platzeck, Bündnis 90/Grüne: Darum geht es nicht. Hier muß endlich Korrektheit einziehen. Ich denke, daß es hier vor allem um § 4 Abs. 1 der Geschäftsordnung geht, daß der Präsident diese Verhandlung unparteiisch zu leiten hat.

(Beifall)

Das ist das, was wir bei Ihrer Wahl befürchtet hatten.)

(Beifall)

Präsidentin Dr. Bergmann-Pohl:

Das weise ich zurück.

(Beifall bei der CDU)

Ich habe das mit . . . − Moment.
(Abg. Werner Schulz, Bündnis 90/Grüne: Daß Sie unparteiisch handeln, oder was weisen Sie zurück?)
Ihre Worte. − Ich habe das mit Herrn Dr. Höppner besprochen, und Herr Dr. Höppner ist ebenfalls meiner Meinung, und er ist nicht CDU-Fraktion.

(Unruhe im Saal.)

(Zwischenruf: Hier liegt ein Geschäftsordnungsantrag vor)

Ich schlage vor, daß die Debatte dazu beendet ist.

(Beifall bei der CDU. Unruhe im Saal. Abgeordnete von Bündnis 90/Grüne verlassen den Saal.)

Abg. Felber (Liberale):

Ich bin von der liberalen Fraktion. Ich wollte diesen Antrag gerade selber einbringen. Es widerstrebt meinem liberalen Demokratieverhältnis, daß wir durch Diskussionen und Abstimmungen uns selbst widerrufen. Dafür haben wir eine Präsidentin, kraft ihres Amtes, daß sie Fragen entscheiden kann im Demokratieverständnis. Ich bin der Meinung, so ist es akzeptabel − auch von unserer Seite als Liberale. Danke.

(Beifall, vor allem bei der CDU)

Präsidentin Dr. Bergmann-Pohl:

Ich möchte jetzt hier darüber abstimmen, wer für Schluß der Debatte ist. Wer für Schluß der Debatte ist, der möchte die Hand erheben.

(Zwischenbemerkung)

Dafür können wir nichts. Das tut mir leid.

(Zwischenbemerkung: Ich denke, daß die Hälfte gegangen ist, ist das Problem der Hälfte, die gegangen ist.)

Ich leite hier die Debatte, und ich habe gesagt: Wir stimmen ab, ob Schluß der Debatte ist. Und es gibt jetzt auch keinen Geschäftsordnungsantrag mehr.

Abg. . . . (PDS):

Ich finde es schlicht undemokratisch, daß jemand, der sich schon die ganze Zeit über meldet, hier in dem Hause überhaupt nicht zu Worte kommt. Alle anderen, die zwischendurch aufgestanden sind, sind zu Worte gekommen. Ich wollte im Grunde genommen nur einen Satz sagen: Ich würde darum bitten, die Zahlen der ersten und zweiten Abstimmung zu überprüfen. Es schienen mir nämlich bei der ersten Abstimmung mehr Gegenstimmen und mehr Stimmenthaltungen zu sein, und damit bin ich nicht einverstanden.

(Unruhe im Saal)

Präsidentin Dr. Bergmann-Pohl:

Es wird jetzt abgestimmt, und damit Schluß. Wer ist für den Schluß der Debatte? − Wer ist dagegen? − Wer enthält sich der Stimme? − Damit ist eindeutig dafür gestimmt worden,

(Unruhe im Saal)

daß Schluß der Debatte ist zu diesem Punkt.

(Beifall, vor allem bei der CDU. Unruhe im Saal)

Es ist ausgezählt worden.

Abg. Platzeck (Bündnis 90/Grüne):

Würden Sie uns bitte noch sagen, mit welchem Ergebnis. − Es sind draußen 374 Abgeordnete eingetragen. Das am Rande.

(Unruhe im Saal)

Abg. Dr. Gysi (PDS):

Herr Dr. Höppner, ich muß Ihnen sagen: Sie sind nicht eingetragen. Der Vizepräsident ist nicht eingetragen, er hat aber abgestimmt.

Präsidentin Dr. Bergmann-Pohl:

Herr de Maizière zur Geschäftsordnung. Das muß ich jetzt so sagen.

Abg. de Maizière (CDU):

Frau Präsidentin! Meine Damen und Herren! Ich glaube, daß das, was im Moment passiert, des Hohen Hauses nicht würdig ist.

(Sehr richtig! und Beifall)

Ich möchte Sie bitten, eine Pause von einer viertel Stunde einzulegen. Vielleicht gelingt es den Fraktionsvorsitzenden, ein paar Fragen zu vereinbaren, wie wir diesen Tag in einer angemessenen Weise gestalten können.

(Beifall)

Präsidentin Dr. Bergmann-Pohl:

Wir werden eine viertel Stunde Pause machen und sehen uns hier wieder fünf nach elf.

(Zuruf: Also, das kann doch noch nicht das Ende gewesen sein. Da muß doch wenigstens abgestimmt werden dazu.)

(Unterbrechung der Sitzung)

Stellvertreter des Präsidenten Dr. Höppner:

Meine Damen und Herren! Die Fraktionsvorsitzenden sind noch in ihrer Beratung. Die Beratung ist noch nicht abgeschlossen. Die Pause muß darum um mindestens 10 Minuten verlängert werden.

Präsidentin Dr. Bergmann-Pohl:

Meine Damen und Herren! Die Fraktionsvorsitzenden haben getagt und haben sich auf einen Vorschlag bzw. eine Erklärung geeinigt. Ich möchte jetzt den Abg. Jens Reich bitten, diese Meinung vorzutragen.

Abg. Prof. Dr. Reich (Bündnis 90/Grüne):

Frau Präsidentin! Meine Damen und Herren! Obwohl die Fraktionsvorsitzenden die Art und Weise des Ablaufs im Verfahren um den Antrag auf Ergänzung der Tagesordnung bedauern, respektieren wir die Entscheidung der Präsidentin.

(Ganz vereinzelter Beifall)

Damit wird der Antrag Gegenstand der Tagesordnung und in zwei Lesungen behandelt werden.

(Beifall vor allem bei der CDU und SPD)

Präsidentin Dr. Bergmann-Pohl:

Damit ist die Tagesordnung bestätigt, und ich rufe auf den Punkt 1 der Tagesordnung. Der Punkt 1 der Tagesordnung:

Antrag aller Fraktionen der Volkskammer der Deutschen Demokratischen Republik zu einer gemeinsamen Erklärung

Die Erklärung liegt Ihnen in der Drucksache Nr. 4 vor. Ich verlese diese Erklärung.

„Wir, die ersten frei gewählten Parlamentarier der DDR bekennen uns zur Verantwortung der Deutschen in der DDR für ihre Geschichte und ihre Zukunft und erklären einmütig vor der Weltöffentlichkeit:

Durch Deutsche ist während der Zeit des Nationalsozialismus den Völkern der Welt unermeßliches Leid zugefügt worden. Nationalismus und Rassenwahn führten zum Völkermord, insbesondere an den Juden aus allen europäischen Ländern, an den Völkern der Sowjetunion, am polnischen Volk und am Volk der Sinti und Roma.

Diese Schuld darf niemals vergessen werden. Aus ihr wollen wir unsere Verantwortung für die Zukunft ableiten.

1.: Das erste frei gewählte Parlament der DDR bekennt sich im Namen der Bürgerinnen und Bürger dieses Landes zur Mitverantwortung für Demütigung, Vertreibung und Ermordung jüdischer Frauen, Männer und Kinder. Wir empfinden Trauer und Scham und bekennen uns zu dieser Last der deutschen Geschichte.

Wir bitten die Juden in aller Welt um Verzeihung. Wir bitten das Volk in Israel um Verzeihung für Heuchelei und Feindseligkeit der offiziellen DDR-Politik gegenüber dem Staat Israel und für die Verfolgung und Entwürdigung jüdischer Mitbürger auch nach 1945 in unserem Lande.

Wir erklären, alles uns mögliche zur Heilung der seelischen und körperlichen Leiden der Überlebenden beitragen zu wollen und für eine gerechte Entschädigung materieller Verluste einzutreten.

Wir wissen uns verpflichtet, die jüdische Religion, Kultur und Tradition in Deutschland in besonderer Weise zu fördern und zu schützen und jüdische Friedhöfe, Synagogen und Gedenkstätten dauernd zu pflegen und zu erhalten.

Eine besondere Aufgabe sehen wir darin, die Jugend unseres Landes zur Achtung vor dem jüdischen Volk zu erziehen und Wissen über jüdische Religion, Tradition und Kultur zu vermitteln.

Wir treten dafür ein, verfolgten Juden in der DDR Asyl zu gewähren. Wir erklären, uns um die Herstellung diplomatischer Beziehungen und um vielfältige Kontakte zum Staat Israel bemühen zu wollen.

2.: Uns, den Abgeordneten des ersten frei gewählten Parlaments der DDR ist es ein tiefes Bedürfnis, uns mit der folgenden Erklärung an die Bürgerinnen und Bürger der Sowjetunion zu wenden:

Wir haben die furchtbaren Leiden nicht vergessen, die Deutsche im Zweiten Weltkrieg den Menschen in der Sowjetunion zugefügt haben. Diese von Deutschland ausgegangene Gewalt hat schließlich auch unser Volk selbst getroffen. Wir wollen den Prozeß der Versöhnung unserer Völker intensiv fortführen.

Unser Anliegen wird es daher sein, Deutschland so in ein gesamteuropäisches Sicherheitssystem zu integrieren, daß unseren Völkern künftig Frieden und Sicherheit garantiert sind.

Wir sind uns bewußt, daß die Umgestaltung in unserem Land nicht möglich gewesen wäre ohne das neue Denken und die Perestroika in der Sowjetunion. Wir sind den Bürgerinnen und Bürgern der Sowjetunion dankbar für die Ermutigung und Anregung, die wir durch sie in dieser Hinsicht empfangen haben. Wir fühlen uns mit ihnen eng verbunden in der Auseinandersetzung mit dem Erbe des Stalinismus und dem Wirken für Demokratie.

Ausgehend von den sich verändernden Bedingungen in unseren Ländern und den neuen Tendenzen in den internationa-

len Beziehungen, werden wir uns mit den Völkern der Sowjetunion um eine konstruktive Politik für Frieden und internationale Zusammenarbeit bemühen. In diesem Sinne regen wir
an, die bestehenden Verträge mit der Sowjetunion allmählich
und einvernehmlich den neuen Realitäten anzupassen.

3.: Die Volkskammer der DDR bekennt sich zur Mitschuld der
DDR an der Niederschlagung des „Prager Frühlings" 1968
durch Truppen des Warschauer Paktes.

Mit der unrechtmäßigen militärischen Intervention wurde den
Menschen in der Tschechoslowakei großes Leid zugefügt und
der Prozeß der Demokratisierung in Osteuropa um 20 Jahre
verzögert. Der Einmarsch der Volksarmee geschah unter Verletzung des Artikels 8 Absatz 2 der Verfassung der DDR. Wir
haben in Angst und Mutlosigkeit diesen Völkerrechtsbruch
nicht verhindert.

Das erste frei gewählte Parlament der DDR bittet die Völker
der Tschechoslowakei um Entschuldigung für das begangene
Unrecht.

4.: Die Bevölkerung der DDR hat durch ihre friedliche Revolution
im Herbst 1989 die trennende Wirkung der menschenverach-
tenden innerdeutschen Grenze beseitigt. Nun sollen die beiden Teile Deutschlands zusammenwachsen und dabei die
Herausbildung einer gesamteuropäischen Friedensordnung
im Rahmen des KSZE-Prozesses fördern.

Wir sehen eine besondere Verantwortung darin, unsere historisch gewachsenen Beziehungen zu den Völkern Osteuropas
in den europäischen Einigungsprozeß einzubringen.

In diesem Zusammenhang erklären wir erneut feierlich, die
im Ergebnis des Zweiten Weltkrieges entstandenen deutschen
Grenzen zu allen Anrainerstaaten ohne Bedingungen anzuerkennen. Insbesondere das polnische Volk soll wissen, daß
sein Recht, in sicheren Grenzen zu leben, von uns Deutschen
weder jetzt noch in Zukunft durch Gebietsansprüche in Frage
gestellt wird.

Wir bekräftigen die Unverletzbarkeit der Oder-Neiße-Grenze
zur Republik Polen als Grundlage des friedlichen Zusammenlebens unserer Völker in einem gemeinsamen europäischen
Haus.

Dies soll ein künftiges gesamtdeutsches Parlament vertraglich
bestätigen.

Berlin, den 12. April 1990

Die Fraktionen der Volkskammer der Deutschen Demokratischen Republik."

Verehrte Abgeordnete! Wer der soeben verlesenen Erklärung
— dem Antrag aller der in der Volkskammer vertretenen Fraktionen — seine Zustimmung gibt, den bitte ich um das Handzeichen. — Danke. Gegenstimmen? — Stimmenthaltungen? — 21
Enthaltungen. Damit stelle ich fest, daß die Erklärung die Zustimmung des Hohen Hauses findet.

(Die Abgeordneten erheben sich von den Plätzen und
applaudieren lebhaft.)

Ein Geschäftsordnungsantrag.

Abg. Weiß (Bündnis 90/Grüne):

Frau Präsidentin! Ich schlage Ihnen vor, daß Sie den Damen und
Herren Abgeordneten vorschlagen, sich zum Zeichen des Geden-
kens an die Opfer, über die wir eben gesprochen haben, zum
Schweigen oder zum Gebet zu erheben.

Präsidentin Dr. Bergmann-Pohl:

Ich schlage vor, daß wir uns diesem Antrag anschließen und uns
erheben.

(Die Abgeordneten erheben sich zum schweigenden
Gedenken.)

Ich danke Ihnen.

Wir kommen jetzt zum Punkt 2 der Tagesordnung:

**Antrag aller Fraktionen über die Aufgabenstellung des Zeit-
weiligen Prüfungsausschusses der Volkskammer der Deutschen Demokratischen Republik**
(Drucksache Nr. 5).

Ich verlese nochmals diesen Antrag:

„Mit der Wahl zur Volkskammer am 18. März 1990 hat die Bevölkerung der DDR einen entscheidenden Schritt zur demokratischen Umgestaltung unseres Landes vollzogen. Die durch die
Wahl legitimierten Abgeordneten haben nun vielfältige und komplizierte Aufgaben zu lösen. Dazu benötigen sie neben der Legitimation durch freie Wahlen vor allem das Vertrauen der Bevölkerung. Die Bürger unseres Landes müssen wissen, daß ihre Abgeordneten nicht durch die Schatten der Vergangenheit gelähmt
oder durch immer wieder aufkommende Anschuldigungen erpreßt werden können. Das Vertrauen in die moralische Integrität
und die politische Handlungsfähigkeit unserer jungen Demokra-

tie muß wachsen. Dazu will die Volkskammer der DDR beitragen.
Geleitet von diesem Ziel, beschließt die Volkskammer:

1. Mitglieder der Volkskammer, die als hauptamtlicher oder informeller Mitarbeiter des MfS/AfNS auf Grund einer Verpflichtungserklärung oder gegen Geld zum Nachteil von Mitbürgern für das MfS/AfNS tätig gewesen sind, ist der Rücktritt aus der Volkskammer zu empfehlen.
2. Jede Fraktion entsendet einen Vertreter in den Prüfungsausschuß.
3. Nachdem sich alle Mitglieder der Volkskammer bereiterklärt haben, sich einer Sicherheitsüberprüfung zu unterziehen, beauftragt die Volkskammer den Prüfungsausschuß, die Unterlagen derjenigen Abgeordneten, bei denen auf Grund der ersten Überprüfung ein Verdacht auf eine unter 1. genannte Tätigkeit besteht, zu prüfen. Entsprechend ist bei den Ministern zu verfahren, die keine Abgeordneten sind.
4. Der Ausschuß erhält zu diesem Zweck das Recht, die dazu notwendigen Akten und sonstigen Unterlagen des MfS/AfNS beizuziehen. Alle Behörden und Dienststellen der Deutschen Demokratischen Republik sind verpflichtet, dem Prüfungsausschuß sämtliche die diesbezüglichen Abgeordneten der Volkskammer betreffenden Akten und sonstigen geeigneten Beweismittel zur Verfügung zu stellen.
5. Der Ausschuß ist berechtigt, Sachverständige zu befragen.
6. Liegen entsprechende Voraussetzungen vor, hat der Ausschuß dem Abgeordneten den Rücktritt zu empfehlen. Unabhängig davon ist dem Präsidium ohne namentliche Nennung ein Abschlußbericht zu übermitteln und − falls erforderlich − ein Zwischenbericht zu erteilen.
7. Die Volkskammer geht beim Auftrag an den Ausschuß davon aus, daß damit die Fragen der Tätigkeit des ehemaligen MfS/AfNS, der Einschätzung dieser Tätigkeit und der Verantwortung für sie noch nicht aufgearbeitet sind."

Ich möchte zu diesem Antrag die Aussprache eröffnen. Wir hatten uns im Präsidium auf die Redezeit geeinigt. Ich rufe jetzt die Abgeordneten der Fraktionen auf.
Ich bitte den Abgeordneten und die Abgeordnete der Fraktion Bündnis 90/Grüne das Wort zu nehmen. Der Abgeordnete Ullmann hat das Wort.

Abg. Dr. Ullmann, Sprecher der Fraktion Bündnis 90/Grüne:

Frau Präsidentin! Meine Damen und Herren Abgeordnete! Die Fraktion Bündnis 90/Grüne begrüßt die Tatsache, daß es möglich gewesen ist, diesen Antrag von allen Fraktionen in das Hohe Haus einzubringen als einen Akt demokratischen Konsenses, den wir mit tragen und für den wir dankbar sind. Wir unterstreichen das gerade, weil wir dem Dokument gegenüber Vorbehalte haben, weil es formale und inhaltliche Bedenken bei uns erregt.

Es handelt sich vor allen Dingen um das, was in Satz 7 gesagt ist, daß Fragen der Verantwortung für die Tätigkeit des ehemaligen Ministeriums für Staatssicherheit/Amt für Nationale Sicherheit noch nicht aufgearbeitet sind. Das entspricht unserer Überzeugung und ist nach unserem Dafürhalten eine Aufgabe, die im Zusammenhang mit der Arbeit des Prüfungsausschusses, aber mit der Arbeit dieses Parlaments noch der Lösung harrt. Erlauben Sie mir aus diesem Grunde im Hintergrund und auf der Basis dieses gemeinsamen Entschlusses folgende grundsätzliche Stellungnahme:

Um die Chance der Freiheit geht es bei allem, was in diesem Haus gesagt oder getan wird. Wir sind hier, weil diese Chance am 18. 3. wahrgenommen worden ist. Die Deutschen in Sachsen, Thüringen, Anhalt, Brandenburg, Mecklenburg und Pommern wollen nicht länger zwei Vaterländer haben, sondern eines. Sie wollen nicht länger drüben, sondern drinnen leben, nicht länger Deutsche zweiten Grades, sondern Freie mit Freien sein. Wenn wir uns darin alle einig sind, was kann dann die nationale Verantwortung der Opposition in diesem Land sein, in dem immer noch Prüfungsausschüsse arbeiten müssen? Wir sind dafür, daß sie arbeitet.

Was kann die nationale Verantwortung der Opposition in diesem Parlament sein? Die Opposition steht dafür, daß die Chance der Freiheit nutzbar bleibt, indem sie eines wieder und wieder klarstellt: Parlament heißt, meine Damen und Herren Abgeordnete, Sprache. Sprechen aber kann nur, wer zuvor gehört hat.

(Schwacher Beifall)

Die Opposition ist hier, um diese Frage zu stellen: Habt ihr gehört, wer dieses Volk ist, das die Überprüfung der Abgeordneten und einen Untersuchungsausschuß forderte, damit endlich eines klar sei: In diesem Land gibt es keine Staatsgewalt, die nicht öffentliche Gewalt ist!

(Vereinzelt Beifall)

Staatsgewalt ist in diesem Lande hier vor diesem Haus öffentliche Gewalt geworden am 4. November. Der 4. November, nicht der 9., ist die Voraussetzung des 18. März!

(Beifall)

Nicht die sind das Volk, die weglaufen oder die hinterherlaufen, nachdem sie lange genug aus dem Fenster geschaut haben, um zu sehen, wo die sichere Mehrheit ist; das Volk sind die, die so mündig sind, daß sie ja sagen, wo das Land sie braucht, nein, wo die Chance der Freiheit gefährdet ist.

Es ist dieser Zusammenhang, in dem die Fraktion Bündnis 90 und Grüne die Aufgabe des Prüfungsausschusses sieht. Sie sind der Meinung, daß erklärt werden muß – und ich bin dankbar, daß ich das hier vor Ihnen allen und auf der Basis eines Konsenses tun darf –, daß Personalüberprüfungen, Prüfungs- und Untersuchungsausschüsse nie ans Ziel gelangen werden, solange nicht klar ist, was die Maßstäbe sind, an denen dabei gemessen werden muß.

Es kann nicht länger dabei bleiben, daß man auf das Problem, zu dem sich der Staatssicherheitsdienst in diesem Lande ausgewachsen hat, mit der unerträglichen Trivialität antwortet, da sei in einer in allen Ländern, auch der Bundesrepublik, üblichen Einrichtung ein etwas übertriebenes Sicherheitskonzept beherrschend geworden. Nein, dieses Land, das sich in ein Land der Untersuchungsausschüsse und der Bürgerkomitees verwandeln mußte, wenn seine Bewohner und Bewohnerinnen sich wieder ehrlich in die Augen schauen wollten, dieses Land hat lernen müssen: Nichtöffentliche Gewalt ist niemals eine Sicherstellung, sondern eine Gefährdung, ja, wie wir haben sehen müssen, eine Zerstörung der Demokratie.

Das Staatssicherheitsproblem, meine Damen und Herren, ist das Verfassungsproblem, und das Verfassungsproblem ist nicht ein Problem der Staatsrechtslehrer; denn in unserem Lande ist es nach dieser Geschichte der 40 Jahre zu einem Zustand der Rechtlosigkeit ohnegleichen gekommen, dahin, daß in diesem Lande ein großer Teil der Bevölkerung nicht mehr weiß, wem was gehört, ein Land, das tagtäglich miterleben muß, daß diejenigen, denen es notorisch nicht zusteht, über ihre Sparkonten diskutieren, und ein Land, in dem mehr und mehr Bürger, und ich hatte reichlich Gelegenheit, das zu erfahren, nicht mehr wissen, bei wem sie zur Miete wohnen.

Und an dieser Stelle ist das Verfassungsproblem ein Lebensproblem für Leute, die aus dem Sumpf der Verdächtigungen und Verunglimpfungen herausfinden müssen und herausfinden wollen. Diesen Rechtsboden der Verfassung müssen wir selbst finden, und wir werden ihn nicht finden, wenn wir fremde Antworten nachsprechen. Die neue Verfassung, die wir brauchen, können wir nicht von irgendwoher geschenkt bekommen,

(Vereinzelt Beifall)

am allerwenigsten von jenen westdeutschen Verfassungsjournalisten, die ihre Leitartikel als Verfassung anbieten.

Zwei Gründe, zwei Erfahrungen habe ich für diese Behauptung. Wenn sich in unserem Lande etwas als Irrtum erwiesen hat, dann die Auffassung, Rechtsfragen seien Verfahrensfragen. Nein, Rechtsfragen sind Lebensfragen, denn sie sind Fragen der Freiheit und Würde von Männern, Frauen und Kindern.

(Zwischenruf Abg. Prof. Dr. Heuer, PDS: Sehr gut! Beifall, vor allem bei der PDS, Bündnis 90/Grüne und teilweise bei der SPD)

Die zweite Erfahrung: Wir haben nach 1945 versucht, in beiden deutschen Staaten Grundrechte als nationale Rechte zu formulieren. Das hat uns dahin gebracht, wo wir jetzt sind, daß Selbstbestimmung als Bestimmung der einen über die anderen ausgeübt wird. In diesem Lande, wo erst nach 50 Jahren Synagogen aufgebaut werden, wo immer Deutsche und Nichtdeutsche zusammengelebt haben. In diesem Lande, hier – das wissen wir nun – kann Menschen- und Bürgerrecht nur als soziales und politisches Recht formuliert werden. Bürger unseres Landes ist man nicht kraft Abstammung, sondern weil man Anteil hat an der Souveränität dieses Volkes, das am 4. November gerufen hat, daß es das Volk sei.

Wir stehen hier, hergekommen aus der Opposition gegen eine wirklichkeitsblinde Parteidiktatur. Wir rufen Sie, Sie alle als demokratische Opposition der Bürgerbewegungen dieses Landes zur Opposition gegen alles, was uns hindern will, uns selbst die Verfassung zu geben, in der die Sicherheit des Landes nicht durch Geheimorganisationen, sondern durch die Öffentlichkeit aller Gewalt und Gewaltausübung gewährleistet wird im Dienst der Freiheit, der Gleichheit und der Mitmenschlichkeit. Ich danke Ihnen.

(Starker Beifall, vor allem beim Bündnis 90/Grüne, der PDS und teilweise bei der SPD)

Präsidentin Dr. Bergmann-Pohl:

Ich danke Herrn Ullmann und bitte nun als zweiten Redner einen Abgeordneten der Fraktion der Christlich-Demokratischen Union.

Abg. Dr. Wieczorek (CDU):

Sehr geehrte Frau Präsidentin! Meine Damen und Herren Abgeordnete! Ich möchte mich vorstellen. Mein Name ist Bertram Wieczorek, CDU-Fraktion.

Im Namen der CDU-Fraktion möchte ich folgende Erklärung hier abgeben: Es ist das gemeinsame Anliegen aller Fraktionen, den Bürgerinnen und Bürgern unseres Landes die Gewißheit zu vermitteln, daß ihre Abgeordneten nicht durch den Schatten der Vergangenheit gelähmt und vor allem durch immer wieder aufkommende Anschuldigungen erpreßt werden können, daß sie für das ehemalige Ministerium für Staatssicherheit bzw. für das Amt für Nationale Sicherheit tätig gewesen sind.

Deshalb haben sich auch sämtliche Abgeordnete der Fraktion der CDU bereit erklärt, sich überprüfen zu lassen. Dies geschieht gegenwärtig entsprechend den vereinbarten Modalitäten.

Unsere Fraktion hat festgelegt, daß die von ihr benannte und bei der Karteieinsichtnahme anwesende Vertrauensperson alle einen Abgeordneten betreffenden Hinweise dem Fraktionsvorsitzenden mitteilt. Es soll dann in einem Gespräch dem Abgeordneten die Möglichkeit gegeben werden, sich zu erklären. Bleiben nach diesem Gespräch noch Unklarheiten oder Zweifel bestehen, soll der Prüfungsausschuß tätig werden.

Wir sind dafür, diesen Ausschuß so klein wie irgend möglich zu halten, um eine absolute Vertraulichkeit zu gewährleisten.

(Beifall, vor allem bei der CDU)

Wir fordern, eine Geheimhaltungspflicht rechtlich zu fixieren. So wie wir unseren Wählerinnen und Wählern verpflichtet sind, sind wir es auch unseren Abgeordneten. Ihre persönliche Integrität und Würde gilt es zu wahren. Wir wollen und dürfen nicht den Eindruck entstehen lassen, es seien zunächst erst einmal alle belastet, und jeder sei verpflichtet, sich von einem imaginären Verdacht zu befreien. Diese Umkehr der Beweislast halten wir sowohl aus moralischen als auch aus rechtsstaatlichen Gründen für nicht vertretbar. Sie ist für den einzelnen und für das Hohe Haus unerträglich.

Wir wehren uns mit Entschiedenheit gegen pauschale Anschuldigungen und Verdächtigungen, und wir sagen es ganz offen:

Uns gilt das Wort eines Abgeordneten mehr als anonyme Hinweise, Verdächtigungen und Anschuldigungen aus ehemaligen Stasikreisen.

(Beifall, vor allem bei CDU und DSU,
teilweise auch bei der SPD)

Ganz besonders bedauern wir, daß es die raffinierte Arbeitsweise und die parteipolitisch geprägte Struktur des ehemaligen Ministeriums für Staatssicherheit ausschließen, auch jene in die gleiche Überprüfung einzubeziehen, die sich in der Vergangenheit als politische Befehlsgeber

(starker Beifall bei fast allen Fraktionen)

und damit als persönlich verantwortlich für die Arbeit dieses Ministeriums oder seiner Dienststellen möglicherweise schuldig gemacht haben.

Wir möchten, daß der Prüfungsausschuß seine Arbeit so verrichtet, daß er bald zu einem endgültigen Ergebnis kommt und das erste frei gewählte Parlament, befreit von den Belastungen der Vergangenheit, seine Arbeit vollziehen kann.

(Beifall, vor allem bei CDU und DSU)

Präsidentin Dr. Bergmann-Pohl:

Ich danke dem Abgeordneten und rufe nun den Abgeordneten der Fraktion der Demokratischen Bauernpartei Deutschlands und des Demokratischen Frauenbundes Deutschlands.

Abg. Dr. Goepel, Sprecher der Fraktion DBD/DFD:

Werte Frau Präsidentin! Meine Damen und Herren! Die Fraktion DBD/DFD steht voll hinter diesem Antrag und entspricht damit der Forderung ihrer Wähler. Es haben sich alle Mitglieder unserer Fraktion einer Überprüfung im Vorfeld dieses Antrages unterzogen. Wir sehen darin eine Voraussetzung zur Herstellung und Vertiefung des Vertrauens der Abgeordneten zu ihren Wählern sowie der Parlamentarier dieses Hauses untereinander. Ich danke Ihnen.

(Vereinzelt Beifall)

Präsidentin Dr. Bergmann-Pohl:

Ich danke dem Abgeordneten und bitte nun den Abgeordneten der Deutschen Sozialen Union, das Wort zu nehmen.

Abg. Prof. Dr. Walther, Vorsitzender der Fraktion der DSU:

Frau Präsidentin! Meine Damen und Herren! Im ersten frei gewählten Parlament auf dem Territorium des östlichen Teils Deutschlands sieht die Deutsche Soziale Union die historische Chance, die Freiheit in unserem Vaterland wieder herzustellen.

Über 40 Jahre sozialistisch-kommunistische Zwangsdiktatur der SED haben es nicht vermocht, den Freiheitswillen im deutschen Volk auszurotten.

(Beifall)

Die erste friedliche Revolution in der deutschen Geschichte hat in unseren Bürgern gewaltige Kräfte freigelegt, so daß jetzt die klare Mehrheit den gewählten Abgeordneten den Auftrag erteilte, die Schatten der Vergangenheit zu beseitigen und eine demokratische Ordnung zu schaffen.

Unbelastet von alten Strukturen des stalinistischen Machtapparates der Parteien und Massenorganisationen geht die DSU voller Optimismus ihren Weg in die Zukunft. Doch ein Neuanfang ohne Aufarbeitung des Alten ist nicht möglich.

(Vereinzelt Beifall)

Uns alle belastet das Wissen um Schild und Schwert der Partei, der Staatssicherheit. Wir wollen dieses dunkle Kapitel der Geschichte aufarbeiten. Es war für uns alle als DSU-Fraktion ein furchtbares Gefühl, auf dem Hof der Mafia-Stasi-Zentrale in der Normannenstraße zu stehen. Eine unabhängige Gruppe betrauten wir mit der Einsicht in unsere Akten. Mittels Karteikarte, die von einer von der SED installierten Verbrecherorganisation angelegt worden war, um die Herrschaft einer Clique über ein ganzes Volk auf ewige Zeiten zu zementieren, wurde die Sauberkeit der DSU vollständig nachgewiesen.

(Beifall, vor allem bei der CDU)

Zwar empfanden wir dabei eine gewisse Befriedigung und Befreiung, aber ich möchte betonen, daß die Fragwürdigkeit dieser Methoden unbestritten bleibt. Ich möchte diese Gelegenheit nutzen, im Namen aller Abgeordneten der Deutschen Sozialen Union allen Opfern dieses Staatssicherheitsdienstes unser Mitgefühl auszusprechen und unsere solidarische Hilfe anzubieten. Die Abgeordneten der Fraktion der DSU halten es für dringend erforderlich, diese Schatten der Vergangenheit zu beseitigen. Es kann unserem Volk, das über 40 Jahre von dieser Verbrecherorganisation drangsaliert wurde, nicht zugemutet werden, daß unter den frei gewählten Abgeordneten dieses Hohen Hauses Personen sind, die für die am deutschen Volk begangenen Verbrechen mit Verantwortung tragen.

(Beifall)

Die Fraktion der DSU stimmt dem Antrag zu.

(Beifall, vor allem bei der CDU)

Präsidentin Dr. Bergmann-Pohl:

Ich danke dem Abgeordneten der DSU und rufe nun den Abgeordneten der Fraktion der Liberalen auf.

Abg. Felber (Liberale):

Frau Präsidentin! Verehrte Abgeordnete! Ich möchte hier versuchen, mit Blick auf ein großes Arbeitsprogramm des heutigen Tages die Auffassung der Fraktion der Liberalen in kurzen Worten zu umschreiben. Wir sollten uns auf Sachfragen verständigen.

Die liberale Fraktion steht in der Grundauffassung zu dem vorliegenden Dokument. Wir möchten aber anführen, daß weiterhin die Strukturen des ehemaligen Amtes für Nationale Sicherheit und des Ministeriums für Staatssicherheit in sich und in Verbindung mit der ehemaligen Partei- und Staatsführung aufgeklärt werden. Und wir sind dafür, daß alle Abgeordneten und Minister ohne Abgeordnetenmandat sorgfältig geprüft werden auf eine Verbindung zu diesen Ämtern. Es muß aber ein Konsens gefunden werden, der eine Bearbeitung in rechtmäßigem und rechtlichem Rahmen garantiert, und der Ausschuß sollte die Entscheidung behalten, wie in entsprechenden Fällen die Verantwortlichkeit bearbeitet wird.

Wir sollten uns in den Fällen davon leiten lassen, daß wir jetzt einen demokratischen Rechtsstaat aufbauen und nicht wieder eine diktatorische Form oder in Selbstjustiz verfallen.

Um dieses zu ergänzen, möchte ich den Punkt 7 bitte präzisieren, daß der Ausschuß an die Regierung den Auftrag gibt, die Aufdeckung der Strukturen in der Verbindung des ehemaligen Ministeriums zu der ehemaligen Partei- und Staatsführung abzusichern, und gegebenenfalls nach Erledigung der Überprüfung der Abgeordneten dem Ausschuß das Recht gibt, in dieser Frage weiter tätig zu sein. – Danke.

(Beifall)

Präsidentin Dr. Bergmann-Pohl:

Ich danke den Abgeordneten der Liberalen und rufe nun den Abgeordneten der Fraktion der Partei des Demokratischen Sozialismus auf.

Abg. Dr. Gysi, Vorsitzender der Fraktion der PDS:

Frau Präsidentin! Meine Damen und Herren! Im Namen der Fraktion der PDS erkläre ich unsere Zustimmung zu diesem Antrag. Es handelt sich hier um ein Stück Geschichtsbewältigung und um die Fähigkeit, daß alle Abgeordneten dieses Hohen Hauses mit dem Gesicht zum Volk zukünftig sprechen und beraten können. Und das ist uns wichtig.

(Beifall)

Präsidentin Dr. Bergmann-Pohl:

Ich danke dem Abgeordneten und rufe nun Dankward Brinksmeier der Fraktion der Sozialdemokratischen Partei Deutschlands auf.

Abg. Brinksmeier, Sprecher der Fraktion der SPD:

(Heiterkeit, Beifall; weil der Abgeordnete zuerst einen Schluck Wasser trinkt)

Frau Präsidentin! Werte Damen und Herren! Als die SDP sich im Oktober vergangenen Jahres gründete, wußte sie, daß sie sich im aktiven politischen Widerstand befindet.

Als die SPD durch Entscheidung vieler Wähler in parlamentarische Verantwortung gestellt wurde, wußte sie, daß auch ihre Abgeordneten Verdächtigungen und Spekulationen ausgesetzt sein werden.

Das Vertrauen der Wähler in das erste frei gewählte Parlament darf nicht vom Zweifel an der moralischen Integrität seiner Abgeordneten überschattet werden.

Als es noch nicht genau absehbar war, wie sich alle Abgeordneten des Parlaments gegenüber berechtigten Zweifeln der Bevölkerung verhalten werden, beschloß die Fraktion der SPD bereits in einer geheimen Abstimmung einstimmig, daß sich alle ihre Abgeordneten einer Sicherheitsprüfung stellen werden. Es darf kein Zweifel daran bestehen, daß die Bevölkerung von Menschen vertreten wird, die hier in ihrem Leben sich nicht dazu haben mißbrauchen lassen, Menschenrechte und die Würde ihrer Mitmenschen mit Füßen zu treten.

(Starker Beifall)

Wir wollen dies Land so gestalten, daß die Würde und Freiheit des Menschen geschützt werden. Deshalb darf es keine Geheimpolizei geben. Keiner darf eine Möglichkeit haben, im Privatleben anderer herumzuschnüffeln und mit diesem Wissen sie so zu erpressen und zu mißbrauchen. Wir wollen die Macht des Staates unter die unbedingte Kontrolle des Volkes stellen.

Wir wollen, daß nur durch Recht und Gesetz bestimmt wird, wie die Freiheit des einzelnen im Zusammenspiel aller gestaltet ist. Es ist der angemessene Preis einer unblutigen und gewaltfrei eingeleiteten Veränderung, daß Unrecht nur durch Recht abgelöst werden kann. Dabei darf es nicht passieren, daß Täter jetzt als Opfer erscheinen.

(Beifall)

Denn wenn es um die Machtfrage ging, war der SED jedes Mittel recht. Der Kodex der Unmoral ist die Richtlinie des Ministerrates 1/79 für die Arbeit der Staatssicherheit mit den inoffiziellen Mitarbeitern, genannt IM, den gesellschaftlichen Mitarbeitern, genannt GM, vom 1. Januar 1980. Sie ist im trockenen Amtsdeutsch eine Dienstanweisung für Teufeleien, wie Erpressung, Verleumdung und Psychoterror, erlassen im Namen des Ministerrates; ein sozialistischer Hexenhammer.

Die SED und ihre Stasi haben unsere Seelen verwüstet, weil sie Vertrauen durch Kontrolle ersetzten und Ergebenheit einforderten. Nichts war ihnen heilig, und besonders gern haben sie im intimen Bereich herumgewühlt.

Das alles haben sie in ihren Akten gesammelt und gehortet. Sie wollten uns zu „gläsernen Menschen" machen und haben es in dieser teuflischen Kunst sehr weit gebracht. Sie wollten jeden durchschauen, um ihn in der Hand zu haben. Aber wer alles durchschaut, sieht nichts.

(Beifall)

Es darf nicht passieren, daß Täter jetzt als Opfer erscheinen, und solange wie die Verfilzung SED-PDS und Stasi nicht offengelegt und aufgeklärt ist, kann eine Überprüfung allein kein realistisches Ergebnis einbringen.

(Beifall bei der CDU und SPD)

Die Fraktion der SPD fühlt sich zwei Zielen verantwortlich. Das erste ist Benennung und Verhinderung von Unrecht. Und das zweite Schaffung und Durchsetzung von Recht unter den Augen und der Kontrolle des Volkes. Beiden Ansprüchen wollen die Parlamentarier der SPD gerecht werden. Ich danke Ihnen.

(Beifall bei der SPD)

Präsidentin Dr. Bergmann-Pohl:

Das Präsidium dankt den Rednern der Fraktionen.

Wir kommen nun zur Abstimmung des Antrages aller Fraktionen über die Aufgabenstellung des Zeitweiligen Prüfungsausschusses der Volkskammer der Deutschen Demokratischen Republik.

Wer mit dem in der Drucksache Nr. 5 verzeichneten Antrag aller Fraktionen einverstanden ist und seine Zustimmung gibt, den bitte ich um das Handzeichen. Danke. Gegenstimmen. Das ist nicht der Fall. Enthaltungen: Zwei. Bitte nochmal die Enthaltungen: Ja, drei Enthaltungen. Damit ist dieser Antrag angenommen.

Verehrte Abgeordnete! Wir kommen nunmehr zum Punkt 3 der Tagesordnung:

Erklärung zur Regierungsbildung und Vorstellung der Kandidaten.

Dazu liegt Ihnen der Vorschlag des designierten Ministerpräsidenten, Herrn Lothar de Maizière, vor. Ich bitte Sie, auf der Ihnen vorliegenden Liste Seite 3 die letzten beiden Positionen einzuklammern, denn hier handelt es sich nicht um Mitglieder des Ministerrates. Ich möchte Herrn de Maizière das Wort geben.

Abg. de Maizière (CDU):

Frau Präsidentin! Meine Damen und Herren Abgeordnete! In der 1. Volkskammersitzung am 5. 4. 1990 haben Sie mir gemäß Artikel 79 Absatz 2 der Verfassung den Auftrag erteilt, eine Regierung zu bilden. In Verhandlungen haben sich die Fraktionen der CDU, der DSU, des Demokratischen Aufbruch, der Liberalen und der SPD darauf verständigt, eine große Koalition zu bilden. Der Regierung werden Angehörige der in der Koalition vereinigten Parteien, aber auch parteilose Bürger angehören.

Verehrte Abgeordnete! Die vorgesehenen Mitglieder sind Ihnen in der ausgeteilten Broschüre vorgestellt. Ich danke all jenen, die die Fertigstellung der Broschüre in so kurzer Zeit von gestern bis heute ermöglichten.

(Beifall bei der CDU)

Da Sie es wünschen, bin ich bereit, die einzelnen Kandidaten einzeln aufzurufen und darf die so aufgerufenen Kandidaten bitten, sich von ihrem Platz zu erheben. Darüber hinaus darf ich schon jetzt die Bitte an Sie richten, Frau Präsidentin, mir nach der Wahl des Ministerrates die Zeit für eine kurze Erklärung zu geben.

Ich rufe auf Herrn Klaus Reichenbach.
Ich darf Herrn Dr. Peter-Michael Diestel bitten, sich von seinem Platz zu erheben.
Ich bitte Herrn Markus Meckel, dies zu tun. −
Ich rufe auf Herrn Manfred Preiß, −
Herrn Dr. Gerhard Pohl, −
Herrn Dr. Walter Romberg, −
Frau Sibylle Reider, −
Herrn Prof. Dr. Kurt Wünsche, −
Herrn Dr. Peter Pollack, −
Frau Dr. Regine Hildebrandt, −
Herrn Rainer Eppelmann, −
Frau Cordula Schubert, −
Frau Dr. Christa Schmidt, −
Herrn Prof. Dr. Jürgen Kleditzsch, −
Herrn Horst Gibtner, −
Herrn Prof. Dr. Karl-Hermann Steinberg, −
Herrn Dr. Emil Schnell, −
Herrn Dr. Axel Vieweger, −
Herrn Prof. Dr. Frank Terpe, −
Herrn Prof. Dr. Hans-Joachim Meyer, −
Herrn Herbert Schirmer, −
Herrn Dr. Gottfried Müller − und
Herrn Hans-Wilhelm Ebeling. −
Schönen Dank.

Präsidentin Dr. Bergmann-Pohl:

Vielen Dank, Herr de Maizière.
    Wir kommen jetzt zu Punkt 4 der Tagesordnung:

Wahl des Vorsitzenden des Ministerrates der Deutschen Demokratischen Republik

Per

§ 3 Abs. 1 der vorläufigen Geschäftsordnung der Volkskammer wird der Ministerpräsident auf Vorschlag der stärksten Fraktion auch ohne Aussprache geheim gewählt.

Gewählt ist, wer die Stimmen der Mehrheit der Abgeordneten der Volkskammer erhält, d. h. 201 Stimmen.

Seitens der stärksten Fraktion der Volkskammer, der Fraktion der Christlich-Demokratischen Union Deutschlands, wurde in der 1. Tagung der Volkskammer Herr Lothar de Maizière als Vorsitzender des Ministerrates der Deutschen Demokratischen Republik vorgeschlagen und gemäß Art. 79 Abs. 2 der Verfassung der DDR mit der Bildung des Ministerrates der DDR beauftragt.

Damit kommen wir zur Wahl.

Die Beaufsichtigung erfolgt durch die Schriftführer.

Gestatten Sie mir einige Bemerkungen zum Ablauf des Wahlvorganges:

Die Abgeordneten erhalten nach Vorzeigen ihres Abgeordnetenausweises an den Tischen der Anwesenheitslisten einen Stimmzettel und einen Umschlag A 5.

Abgeordneten, die noch nicht in Besitz des Abgeordnetenausweises sind, legitimieren sich durch Vorzeigen ihres Personalausweises.

Abgeordnete der Fraktionen der CDU, der DSU, der Liberalen und die Abgeordneten des Demokratischen Aufbruchs begeben sich, bitte, auf die Platzseite, also rechts von mir.

Die Abgeordneten der Fraktionen der SPD, des Bündnisses 90/Grüne, der PDS, DBD/DFD und der Abgeordnete der Vereinigten Linken erhalten ihre Stimmzettel auf der Spreeseite, also links von mir.

Danach begeben Sie sich, bitte, in die Konferenzräume 1 und 2 zur Wahlkabine, treffen Ihre Entscheidung durch Ankreuzen und stecken den Stimmzettel in den Umschlag. Danach erfolgt im Plenarsaal Ihre Stimmabgabe. An den beiden Wahlurnen stehen jeweils ein Schriftführer und ein Mitarbeiter der Zählgruppe.

Durch Ertönen des ersten Klingelzeichens wird das Ende des Wahlaktes angezeigt, und mit Ertönen von zwei Klingelzeichen ist der Wahlakt beendet.

Die Wahlurnen werden zum Auszähltisch getragen, der sich außerhalb des Plenarsaales, im Innenfoyer — Spreeseite —, befindet. Dort erfolgt die öffentliche Auszählung unter Kontrolle der Schriftführer. Nach Feststellen des Gesamtergebnisses wird dieses im Wahlprotokoll festgehalten und durch die Präsidentin verkündet.

Während der Auszählung wird die Tagung fortgesetzt.

Ich bitte nunmehr die Damen und Herren Schriftführer sowie die Zählergruppe, ihre Aufgaben zu übernehmen, und erkläre die Wahlhandlung für eröffnet.

(Die Abgeordneten erheben sich von ihren Plätzen.)

Moment!

(Heiterkeit)

Die Tagung der Volkskammer ist für diese Zeit unterbrochen. – Ich danke Ihnen.

(Unterbrechung der Sitzung)

Präsidentin Dr. Bergmann-Pohl:

Meine Damen und Herren! Auch wenn ich feststellen muß, daß nicht alle Abgeordneten im Saal sind, setze ich jetzt die Tagung fort. Ich rufe den Punkt 5 der Tagesordnung auf:

Festlegung des Wahlmodus für die Wahl des Ministerrates der Deutschen Demokratischen Republik.

Die Verfassung schreibt vor, entsprechend Artikel 79 Absatz 3 – ich zitiere –:

„Der Vorsitzende und die Mitglieder des Ministerrates werden nach der Neuwahl der Volkskammer von ihr für die Dauer der Legislaturperiode gewählt."

Der Wahlmodus bleibt offen. Dazu liegen zwei Vorschläge vor:

1. der Vorschlag der Koalitionsfraktionen: Die Wahl erfolgt geheim und wird gemäß dem Antrag des noch designierten Vorsitzenden des Ministerrates der DDR en bloc vorgenommen.
2. Die Wahl erfolgt geheim und einzeln für jeden Kandidaten für den Ministerrat der DDR. Das bedeutet, die Abgeordneten müssen für jede Persönlichkeit auf dem Stimmzettel ihre Entscheidung mit Ja, Nein oder Stimmenthaltung durch Ankreuzen treffen.

Bevor wir zur Abstimmung über die beiden Varianten kommen, teile ich ihnen mit, daß im Präsidium festgelegt wurde, daß die Fraktionen die Möglichkeit haben, ihren Standpunkt zu den Vari-

410

anten äußern zu können. Dafür sind 2 Minuten Redezeit je Fraktion vorgesehen.

Ich möchte die Fraktion DBD/DFD bitten, sich dazu zu äußern.

Abg. Frau Bencze Sprecher der Fraktion DBD/DFD:

Unsere Fraktion vertritt den Standpunkt, daß wir auf den Wahlmodus, der als zweites vorgeschlagen wurde, eingehen, daß heißt, wir nehmen eine Einzelwahl vor und nicht en bloc.

Wir sagen, mit dem neuen Demokratieverständnis ist ein Bruch mit der Vergangenheit vorzunehmen, und es soll ein Wahlmodus fortgesetzt werden, den wir mit der Wahl zur Vizepräsidentenschaft bereits vollzogen haben. Das heißt also, jeder Abgeordnete dieses Hohen Hauses soll die Möglichkeit haben, zu den vorgeschlagenen Ministern persönlich Stellung zu beziehen.

(Stellenweise Beifall)

Präsidentin Dr. Bergmann-Pohl:

Danke schön. Jetzt die Fraktion Bündnis 90/Grüne.

Abg. Platzeck, Sprecher der Fraktion Bündnis 90/Grüne:

Frau Präsidentin! Hohes Haus! Die Fraktion Bündnis 90/Grüne hält es in der komplizierten Lage, in der sich unser Land zur Zeit befindet, für dringend erforderlich, daß den erstmals wirklich gewählten Volksvertreterinnen und Volksvertretern auch bei der Auswahl der Minister die Chance gegeben wird, diese Auswahl demokratisch und sorgfältig vorzunehmen. Dies wäre en bloc nicht möglich. Wir freuen uns sehr — auch in Anbetracht der Ereignisse von heute morgen —, daß wir in dem hier zu behandelnden Punkt scheinbar Übereinstimmung mit den Vertretern der DSU und der CDU konstatieren können, deren Vertreter am 4. 4. 1990 in der interfraktionellen Sitzung zu Gehör brachten, daß es für sie unzumutbar und untragbar wäre, jemals wieder in diesem Lande en bloc zu wählen. Wir teilen diese Gefühle. — Danke schön.

(Beifall vor allem beim Bündnis 90/Grüne, der SPD und der PDS)

Präsidentin Dr. Bergmann-Pohl:

Ich bitte jetzt einen Abgeordneten der Fraktion der Liberalen, das Wort zu nehmen.

Abg. Prof. Dr. Ortleb, Vorsitzender der Fraktion der Liberalen:

Frau Präsidentin! Meine Damen und Herren! Wir halten es für richtig, daß der Ministerpräsident, der mit seiner Regierung zusammenarbeiten muß, in der Verantwortung steht, sich eine Regierung zusammenzustellen, mit der er regieren kann. Die Personen, die für die Ministerämter vorgeschlagen wurden, sind in sorgfältigen Beratungen der Koalitionspartner bestimmt worden, auch mit Rückgriff auf die Basen der betreffenden Parteien. Ich bitte auch mit Hinweis darauf, daß es Demokratien gibt, die sehr lange und gut funktionieren, wo es auch in diesem Falle en bloc entschieden wird, entsprechend zu verfahren.

(Beifall bei den Liberalen, der CDU und der DSU)

Präsidentin Dr. Bergmann-Pohl:

Ich bitte jetzt einen Vertreter der Fraktion der DSU, das Wort zu nehmen.

Abg. Prof. Dr. Walther, Vorsitzender der Fraktion der DSU:

Es ist mir natürlich eine große Ehre, daß bereits Rücksicht auf uns genommen wird aus dem Kreis derer, die anderer Ansicht sind als wir. Aber wir haben auch folgendes zu konstatieren. Wir wollen – das haben wir in unserem Wahlprogramm deutlich gesagt – die deutsche Einheit so schnell wie möglich, und da wollen wir uns auch den Wahlmodalitäten, die in der Bundesrepublik üblich sind, nähern,

(Hört, hört! Unruhe im Saal, Beifall bei CDU und DSU)

und dort – dies als Argumentation zu meinem Vorredner – muß der Ministerpräsident die Freiheit haben, sich sein Kabinett zusammenzubauen, damit es arbeitsfähig ist.

(Bewegung im Saal)

Nun, wir wählen ja. Es ist ja kein Problem: Wenn es Ihnen nicht paßt, können Sie ja mit Nein wählen. Es ist ja Gott sei Dank möglich. Wir empfehlen unserer Fraktion, en bloc zu wählen.

(Beifall bei CDU, DSU, DA)

Präsidentin Dr. Bergmann-Pohl:

Ich rufe jetzt einen Vertreter der Fraktion der PDS auf.

Abg. Prof. Dr. Riege, Sprecher der Fraktion der PDS:

Frau Präsidentin! Meine Damen und Herren! Meine Fraktion plädiert für eine zweite Variante, die vorgeschlagen worden ist. Wir halten es für ein demokratischeres Verfahren, wenn sich jede einzelne der für die Mitgliedschaft im Ministerrat vorgeschlagenen Persönlichkeiten der Entscheidung dieses Hohen Hauses stellt.

Das würde aus unserer Sicht auch ein besserer Stil sein als der, der in der Vergangenheit in diesem Hause geherrscht hat.

(Beifall, vor allem bei der PDS — Gelächter bei der CDU und der DSU)

Ich würde für richtig halten, wenn die Volkskammer die Möglichkeit hätte, echt, auch in bezug auf die einzelnen Ressorts und deren Besetzungen, zu wählen, zumal ja auch die Verantwortung der Mitglieder des Ministerrates nicht nur eine kollektive, sondern auch eine individuelle gegenüber der Volkskammer ist. Und ich möchte nicht verhehlen, daß es uns sehr angenehm wäre, wenn wir auch die Möglichkeit hätten, uns in einer differenzierten Weise zu den Vorschlägen zu äußern.

(Beifall, vor allem bei der PDS und beim Bündnis 90/Grüne)

Präsidentin Dr. Bergmann-Pohl:

Ich bitte jetzt einen Abgeordneten der SPD, das Wort zu nehmen.

Abg. Richard Schröder, Vorsitzender der Fraktion der SPD:

Frau Präsidentin! Meine Damen und Herren! Entschuldigen Sie, wenn es etwas belehrend wirkt, es ist klärend gemeint.

Es gibt verschiedene Arten von parlamentarischer Demokratie. Die haben Elemente, die zueinander passen. Man kann sie auch mischen, so daß etwas Sinnloses rauskommt.

Typ 1, die Präsidialdemokratie: Der Präsident wird als Person vom Volk gewählt, er benennt die Minister. Die werden einzeln vom Parlament bestätigt. So in den USA, ein wenig anders in Frankreich.

Typ 2, der Ministerpräsidententyp oder Kanzlertyp: Der Ministerpräsident wird nicht als Person vom Volk gewählt. Gewählt werden vom Volk nur Abgeordnete. Das Parlament wählt den Ministerpräsidenten und die Minister.

Um eine regierungstragende Mehrheit zu ermöglichen, müssen – wenn eine Fraktion nicht die absolute Mehrheit hat – Koalitionsgespräche geführt werden. Die führen zu einer Koalitionsvereinbarung. Zu diesem Paket gehören die Personalliste und die Grundsätze, nach denen diese Koalition die Politik machen will.

Da die Ministerliste Teil dieser Koalitionsvereinbarung ist, wird sie im Block dem Parlament vorgestellt. Würde es anders sein, würde mit jeder Ablehnung eines einzelnen Ministers die Koalitionsvereinbarung hinfällig sein, die Fraktionen beginnen erneut zu verhandeln. Das kann man ohne weiteres über vier bis fünf Monate hinziehen. Es ist systemwidrig . . .

(Lebhafter Beifall bei der CDU, DSU und der SPD)

Hätten wir das System, bei dem der Ministerpräsident als Person vom Volk gewählt wird, dann könnten wir über die Minister einzeln abstimmen lassen.

Nun ist aber die Weimarer Verfassung, ergo auch die Tradition, in der die DDR verfassungsrechtlich steht, wie das Grundgesetz dem anderen Typ zuzuordnen, und wir können die Elemente sinnlos mischen, und dann haben wir das Chaos. – Danke.

(Beifall bei der SPD, der CDU und DSU)

Präsidentin Dr. Bergmann-Pohl:

Ich bitte jetzt einen Abgeordneten der CDU, das Wort zu nehmen.

Abg. Dr. Günther Krause, Sprecher der Fraktion der CDU:

Frau Präsidentin! Sehr verehrte Damen und Herren! Auch für uns geht es nicht, sich als Genie im Beherrschen des Chaos nur auszuzeichnen, sondern wir wollen eine ordnungsgemäße Regierung, möglichst schnell.

Deshalb plädieren wir natürlich für den in den Koalitionsverhandlungen ausgehandelten Vorschlag, en bloc zu wählen.

Ich möchte deutlich machen, daß wir meinen, die Bedeutung des Ministerrates als Kollegialorgan ist größer als die hier eben gegebene Darstellung, daß die einzelnen Ressortminister in etwa in einer Einzelabstimmung gewählt werden müßten.

Wir werden also zu dem Ergebnis der Koalitionsverhandlung stehen und den ersten Vorschlag empfehlen. Danke.

414

(Beifall, vor allem bei der CDU)

Präsidentin Dr. Bergmann-Pohl:

Wir kommen zur Abstimmung über diese Vorschläge. Ich bitte die Fraktionen, zu zählen, damit das korrekt erfolgt.

Wir kommen zur Abstimmung. Wer für den 1. Vorschlag ist, also, en bloc geheim zu wählen, den bitte ich um das Handzeichen. – Von hier oben kann man sehen, daß es eindeutig die Mehrheit ist. Ich bitte trotzdem um Gegenstimmen? – Wer ist dagegen? – Stimmenthaltungen? – Damit ist dieser Antrag mehrheitlich angenommen. Damit entfällt die zweite Variante.

Meine Damen und Herren! Ich gebe die Ergebnisse der Wahl des Ministerpräsidenten bekannt. Abgegebene Stimmen: gesamt 382. Ja-Stimmen: 265.

(Die Abgeordneten der Allianzparteien erheben sich von ihren Plätzen und spenden stehend starken Beifall. Zum Teil erheben sich auch die Abgeordneten der anderen Parteien und spenden Beifall.)

Ich möchte Sie trotzdem bitten, wir haben nachher eine Mittagspause, und Sie können in der Mittagspause alle Herrn de Maizière die Hand schütteln.

(Alle nicht! und dürfen schon!)

Nein-Stimmen: 108. Stimmenthaltungen: 9.

Damit wurde Herr de Maizière zum Ministerpräsidenten gewählt.

Herr de Maizière! Ich stelle Ihnen die Frage: Nehmen Sie die Wahl an? –

Abg. de Maizière (CDU):

Ja, mit Gottes Hilfe.

(Starker Beifall, vor allem bei den Allianzparteien. Die Abgeordneten dieser Parteien erheben sich von ihren Plätzen. Zum Teil erheben sich auch die Abgeordneten der anderen Parteien und spenden Beifall. Es folgt die Gratulation.)

Präsident Dr. Bergmann-Pohl:

Meine Damen und Herren! Wir treten jetzt in die Mittagspause ein. Wir treffen uns um 14.30 Uhr pünktlich hier wieder.

(Pause)

Stellvertreter des Präsidenten Dr. Höppner:

Verehrte Abgeordnete! Ich bitte Sie, Platz zu nehmen. Wir setzen die 2. Tagung der Volkskammer fort. Ich bin jetzt mit der Leitung dieses Nachmittagsteils der 2. Tagung beauftragt worden.
Der Platz rechts neben mir ist leer. Sie wissen alle, daß die Bauern in unserem Lande große Probleme haben, denen sie heute auf verschiedene Art und Weise Ausdruck verleihen. Eine Abordnung der Bauern ist heute auch hier in diesem Hause, und die Präsidentin hat sich bereit erklärt, mit ihnen zu sprechen.

(Beifall, vor allem bei den Koalitionsparteien)

Wir setzen unsere Beratungen fort und kommen zu Punkt 6 der Tagesordnung:

Anfragen an die Kandidaten für den Ministerrat der Deutschen Demokratischen Republik

Ich erinnere Sie daran, daß unsere Geschäftsordnung zwar für den Ministerpräsidenten vorsieht, daß er geheim ohne Aussprache gewählt wird, daß aber unsere Ordnung es nicht verbietet, daß bei der Wahl der Mitglieder des Ministerrates das Wort ergriffen wird. Wir hielten es im Präsidium für angemessen, daß angesichts der Tatsache, daß uns hier zwar sehr hilfreich, aber nicht umfassend Beschreibungen vorliegen, doch noch die Möglichkeit sein sollte, Anfragen zu stellen.
Wir haben uns das so vorgestellt, daß jede Fraktion, falls sie es möchte, die Möglichkeit hat, maximal 3 Minuten Fragen zu stellen. Ich werde also der Reihe nach die Fraktionen fragen, ob sie von dieser Möglichkeit Gebrauch machen wollen. Ich bitte die Kandidaten für den Ministerrat, sich die Fragen, die an sie gerichtet werden, zu notieren, damit wir dann vielleicht in der Reihenfolge, wie es hier in der Broschüre verzeichnet ist, die Angefragten bitten können, diese Fragen zu beantworten.
Ich frage also zunächst die Fraktion der CDU, ob sie an einen der Kandidaten Fragen richten möchte. Bitte schön.

Abg. Dr. Günther Krause, Sprecher der Fraktion der CDU:

Wir haben alle Kandidatenvorschläge ausgiebig diskutiert. Es besteht kein Bedarf. Danke.

416

Stellvertreter des Präsidenten Dr. Höppner:

Danke schön. − Die Fraktion der DSU?

Sprecher der Fraktion der DSU:

Keine Anfragen.

Stellvertreter des Präsidenten Dr. Höppner:

Die Fraktion der Liberalen?

Sprecher der Liberalen:

Keine Anfragen.

Stellvertreter des Präsidenten Dr. Höppner:

Die Fraktion DBD/DFD?

Abg. Zschornack, Sprecher der Fraktion DBD/DFD:

Ich habe eine Anfrage an zwei zu wählende Minister, einmal an den Ministerbereich für Ernährung, Land- und Forstwirtschaft, an Herrn Dr. Peter Pollack, und an Frau Dr. Christa Schmidt, Familie und Frauen. Wie sind Ihre Verbindungen zur Praxis, zur Landwirtschaft, konkret zur Pflanzen- und Tierproduktion, zur Forstwirtschaft, zu unseren Bäuerinnen und Bauern und zur Landbevölkerung? Und wie war Ihre bisherige politische Entwicklung?

Stellvertreter des Präsidenten Dr. Höppner:

Danke schön. − Fragen der Fraktion der PDS?

Abg. Frau Wegener, Sprecher der Fraktion der PDS:

Nun, ich mußte jetzt erfahren, daß bei der letzten konstituierenden Sitzung der Volkskammer die Wahl der Vizepräsidenten unseres Hohen Hauses eine demokratische Entscheidung war. Jeder Abgeordnete hatte die Möglichkeit, zu wählen. Heute soll der Ministerrat der Deutschen Demokratischen Republik gewählt werden, und kein Abgeordneter hat die Chance, differenziert eine Entscheidung zu treffen,

(Unruhe im Saal)

so daß unsere Fraktion der Meinung ist: An diesem Spielchen der Scheindemokratie beteiligen wir uns heute nicht.

417

(Unruhe im Saal und Pfuirufe. Vereinzelt Beifall)

Stellvertreter des Präsidenten Dr. Höppner:

Ich bitte um Ruhe. — Ich stelle fest, daß diese Frage mehrheitlich
— und damit demokratisch — durch dieses Haus entschieden
worden ist und daß darum der Begriff „Scheindemokratie" an dieser Stelle nicht angebracht ist.

(Beifall, vor allem bei der CDU und SPD)

Anfragen sind offenbar nicht gewesen. — Ich frage die Fraktion
Bündnis 90/Grüne. Bitte schön.

**Abg. Werner Schulz, Sprecher der Fraktion
Bündnis 90/Grüne:**

Eine Frage an Herrn Reichenbach: Herr Reichenbach, wie stehen
Sie zu folgenden Meinungen, die Sie noch im September 1989 geäußert haben, ich zitiere aus der „Freien Presse" vom 28. September.

Auf den Unterschied Ihrer Partei zur SED befragt, sagten Sie:
Das ist die Weltanschauung. Aber wir und die SED haben von je
her das Gemeinsame gesucht und ausgeübt.

Auf Angriffe von der bundesdeutschen CDU sagten Sie: Diese
Angriffe sind deutlich und klar. Leuten wie Rühe und Kohl und
ihren Medien geht es keineswegs um Reformen bei uns, womög-
lich gar um Beiträge zur Stabilisierung des Sozialismus, nein, sie
wollen kapitalistische Marktwirtschaft, sie wollen unser politisches Bündnis beseitigen und uns zum Kapitalismus zurückdrängen.

(Unerhört! bei Bündnis 90/Grüne)

Abg. Dr. Dörfler (Bündnis 90/Grüne):

An Herrn Dr. Pollack. Herr Dr. Pollack, erinnere ich mich richtig,
daß Sie als Direktor des wissenschaftlich-technischen Zentrums
für Melioration und treuer Verfechter der SED-Agrarpolitik an der
weiträumigen Zerstörung unserer Landschaften und Lebensräume maßgeblich beteiligt waren und auf die Spitze getrieben haben?

War es nicht so, daß für Sie Maximalerträge viel gewichtiger
waren als der notwendige Schutz unserer Trinkwasservorräte?

Stimmt es, daß Sie kraft Ihres Amtes entgegen wissenschaftlichen Gutachten die Verwendung von übermäßig verschmutztem

Wasser für die Beregnung durchgesetzt haben und damit zur Erhöhung der Schadstoffbelastung unserer Nahrung beigetragen haben?

Abg. Poppe (Bündnis 90/Grüne):

Eine Anfrage an Herrn Diestel. Sie haben verlauten lassen, daß Sie über die Bildung eines Amtes für Verfassungsschutz nachdenken.

Ist es richtig, daß Sie hierüber bereits Vorgespräche mit Offizieren des Ministeriums des Innern sowie mit Mitarbeitern des Bundesverfassungsschutzes geführt haben? Würden Sie dem Bundesverfassungsschutz Akten des ehemaligen MfS oder andere Materialien über DDR-Bürger aushändigen?

Und schließlich: Welche Verfassung wollen Sie überhaupt schützen? Die noch gültige der DDR, die Sie selbst als stalinistisch bezeichnet haben oder eine neue, die sich die Bürger der DDR in freier Selbstbestimmung geben?

(Vereinzelt Beifall)

Abg. Nooke (Bündnis 90/Grüne):

Günter Nooke, Bündnis 90, ich komme aus Forst. Herr Dr. Pohl, ist Ihnen bekannt, daß die Bürgermeister des Kreises Forst gegen Ihre Nominierung aufs schärfste protestieren und Sie der wesentlichen Mitschuld am Ruin des größten Betriebes des Kreises Forst beschuldigen, dem Sie seit 1969 als Forschungsdirektor mit vorgestanden haben?

Warum steht in Ihrem Lebenslauf nicht, daß Sie seit fast 10 Jahren im Wirtschaftsausschuß dieses Parlamentes waren und im Auftrag von Herrn Mittag, den Sie früher als Ihren Freund bezeichneten, Kombinate überprüften und Seminare für Generaldirektoren durchführten?

Wie stehen Sie zu den von Ihnen als CDU-Kreisvorsitzender unterzeichneten Lageberichten an die SED-Kreisleitung zur innerkirchlichen Arbeit und auch zu der des Ökumenischen Friedenskreises der Region Forst?

(Unerhört! bei der Fraktion Bündnis 90/Grüne)

Stellvertreter des Präsidenten Dr. Höppner:

Das sind offenbar alle Fragen der Fraktion Bündnis 90/Grüne.

(Zwischenruf bei der Fraktion Bündnis 90/Grüne: Wir hatten nur
3 Minuten, wir haben noch eine Menge.)

Das sind dankenswerter Weise 3 Minuten, die eingehalten worden sind.
Ich frage die Fraktion der SPD . . .

(Zwischenruf bei der Fraktion Bündnis 90/Grüne): Wir können
die Reihe noch fortsetzen.)

Das war vereinbart worden, daß 3 Minuten geredet werden sollte,
Sie haben die 3 Minuten ausgeschöpft.

(Unruhe bei der Fraktion Bündnis 90/Grüne)

Die Frage an die SPD, ob Fragen an die Kandidaten zum Ministerrat da sind?

(Keine Anfragen bei der SPD. Hört, hört! bei der Fraktion Bündnis 90/Grüne)

Danke schön. Dann stelle ich fest, daß nach meiner Mitschrift an 5
der Kandidaten Fragen gestellt worden sind. Sind Sie damit einverstanden, daß wir damit hier nicht die ganze Liste durchgehen,
sondern alphabetisch bitten um Antworten.
Dann wäre zunächst der Abgeordnete Diestel gebeten. Bitte
schön, ich würde Sie bitten, hier vorzukommen.

Abg. Dr. Diestel (DSU):

Herr Präsident! Meine verehrten Abgeordneten! Ich habe 6 Fragen mitgeschrieben, sollte ich eine vielleicht nicht mir gemerkt
haben, bitte ich Sie, die am Ende noch einmal zu stellen, ich werde sie dann beantworten.
Ich habe keine Gespräche mit dem Bundesnachrichtendienst
geführt und habe hierzu keinen Auftrag, ich sehe auch keine Notwendigkeit, diese in Kürze zu führen. Ich bin der Auffassung,
daß allein die Bildung eines Amtes für Verfassungsschutz einer
reiflichen Überlegung bedarf, und das hierzu der Auftrag des Parlamentes bzw. der Regierung, die mich hierzu beauftragen muß,
vorliegen wird, und ich hier selber als designierter Kandidat für
diesen Bereich keine eigenen Aktivitäten auslösen kann.

(Beifall bei der DSU)

Ich habe dem Bundesnachrichtendienst keine Akten angeboten,
und ich bin hinsichtlich der Bewältigung des Staatssicherheits-

420

problems in unserem Lande an die Aufträge des Parlaments gebunden. Wir haben hierzu heute eine Debatte geführt, hinter dieser Debatte stehe ich voll inhaltlich und werde meine Kraft einbringen, um dieses Problem für uns so zu lösen, daß wir den Neuaufbau unserer Gesellschaft konstruktiv angehen können.

Zu der Verfassung: Ich lehne inhaltlich die bestehende Verfassung ab.

(Beifall von der CDU und DSU)

Sie wissen, daß ich aus der Deutschen Sozialen Union komme, daß das meine politische Heimat ist, und ich werde meine politischen und staatlichen Aufträge dahingehend beeinflussen, daß uns der Beitritt nach Artikel 23 des Grundgesetzes möglich wird.

(Beifall von der CDU und DSU)

Ich halte den Rahmen dieser Verfassung für geeignet, künftig unsere gesellschaftlichen Belange zu regeln. Die Notwendigkeit eines Geheimdienstes wird diskutiert werden müssen. Ich bin der Auffassung, wenn andere Länder im Besitz dieses Instrumentes sind, müssen wir zumindest die Frage diskutieren, ob wir ihn auch brauchen oder nicht. Ich habe jetzt nicht die Kompetenz hierüber zu sprechen, da dies Gegenstand der Regierungserklärung und der Koalitionsvereinbarung sein wird.

Jetzt habe ich möglicherweise eine Frage nicht beantwortet, und ich würde gerne nochmal die Präzisierung hören.

Zwischenfrage eines Abgeordneten:

Sie haben nicht geantwortet, ob sie mit Mitarbeitern des MdI Vorgespräche . . .

Abg. Dr. Diestel (DSU):

Nein, habe ich nicht.

Weitere Zwischenfrage:

Sie haben nicht beantwortet die Frage, ob sie Akten an den Bundesverfassungsschutz aushändigen würden.

(Unruhe im Saal. Zwischenruf: Von der SED haben sie sie doch
schon ausgehändigt)

Stellvertreter des Präsidenten Dr. Höppner:

Darf ich bitte um Ruhe bitten.

Weitere Zwischenfrage:

Wenn ich das richtig verstanden habe, soll Herr Diestel Innenminister werden. Es ist für uns eine entscheidende Frage, wie ihm bereits am Runden Tisch klargemacht wurde, was wir von einem neuen Verfassungsschutz halten. Wenn bei ihm andere Aussagen dazu vorliegen, muß man natürlich das ganz elementare Bedürfnis nach einer Erklärung hier zum Ausdruck bringen. Es könnte ja sein, daß die Beobachtungsobjekte des neugegründeten Verfassungsschutzes genau diejenigen sind, die es schon vorher gewesen sind.

Stellvertreter des Präsidenten Dr. Höppner:

Ich möchte jetzt mal unterbrechen. Darf ich jetzt mal um Ruhe bitten. Ich denke, die Ereiferung bringt uns hier nichts. Es sollten Anfragen zur Person gestellt werden. Wir hatten uns darauf geeinigt, daß Anfragen zum Ressort und zu den Aufgaben, die dann anstehen, im Zusammenhang mit der Regierungserklärung debattiert werden müssen.

(Beifall von der CDU und DSU)

Das besagt also nicht, daß die Fragen hier in diesem Hohen Hause nicht diskutiert werden können, bloß, daß der Zeitpunkt jetzt der sein sollte, Anfragen zur Person zu stellen. Wir haben uns auf das Verfahren geeinigt, daß erst die Fragen gestellt werden, jetzt die Antworten gegeben werden. Wir würden in diesem Verfahren jetzt fortfahren und nicht durch weitere Zwischenfragen die Fragezeit verlängern. Ich denke, wenn wir uns jetzt auf dieses Verfahren geeinigt haben, können wir das nicht machen, sonst wird es eine Befragung hin und her live. Das wollten wir nicht.

(Beifall von der CDU und DSU)

Hat der Abgeordnete Diestel noch eine Ergänzung zu seiner Antwort?

Abg. Dr. Diestel (DSU):

Herr Vorsitzender, ich würde gern die letzte Frage, die mir gestellt wurde von Herrn Poppe, beantworten. Ich habe keine Gespräche geführt, und ich fühle mich an sämtliche Aufträge dieses Parlamentes gebunden, und ich bitte aber Herrn Poppe, davon

422

auszugehen, daß die Mehrheitsverhältnisse in diesem Parlament eindeutig sind und ich mich dieser Mehrheit gegenüber immer diszipliniert verhalten werden. Ich bedanke mich.

(Beifall von der CDU und DSU und vereinzelt der SPD, Unruhe im Saal)

Stellvertreter des Präsidenten Dr. Höppner:

Entschuldigung, ich muß jetzt mal schlicht und ergreifend sagen, ich habe Ihnen nicht das Wort erteilt.

Abg. Weiß (Bündnis 90/Grüne):

Ich habe einen Geschäftsordnungsantrag.

Stellvertreter des Präsidenten, Dr. Höppner:

Das habe ich gesehen, und ich bin jetzt bereit, Ihnen zu dieser Geschäftsordnung, wenn Sie wirklich zur Geschäftsordnung reden, das Wort zu erteilen. Bitte schön.

Abg. Weiß (Bündnis 90/Grüne):

Vielen Dank, Herr Vizepräsident! Ich bitte doch darum, darüber abzustimmen, ob bei schwerwiegenden Aussagen der Minister, wie z. B. bei der von Herrn Diestel, daß er die Verfassung der Deutschen Demokratischen Republik nicht respektieren will, Zwischenfragen zugelassen werden.

Stellvertreter des Präsidenten Dr. Höppner:

Ich bin bereit, über diese Frage abzustimmen. Sind Sie der Meinung, daß in dem eben bezeichneten Fall Zwischenfragen zugelassen sein sollen? Wer dafür ist, daß da Zwischenfragen zugelassen sind, den bitte ich um das Handzeichen. –

(Zustimmung vorwiegend bei PDS und Bündnis 90/Grüne)

Wer ist dagegen? – Ja, das ist dank der Sitzverteilung, die wir haben, eindeutig erkennbar die Mehrheit, die dagegen ist.

(Vereinzelt Beifall)

Danke schön. Damit können wir mit der Beantwortung der Fragen fortfahren. Wenn ich das Alphabet richtig sehe, wäre jetzt der Kandidat der Abgeordnete Pohl.

Abg. Dr. Pohl (CDU):

Herr Vizepräsident! Meine Damen und Herren! Ich kann die Aufregung der Bürgermeister des Kreises Forst über meine Kandidatur sehr gut verstehen, habe ich doch als Kreisvorsitzender der CDU in diesem Kreis vor vier Wochen den Antrag eingebracht, daß alle Entscheidungen, die getroffen worden sind seit dem 7. Oktober zu Grundstücksverkäufen, Verkäufen von Ein- und Zweifamilienhäusern u. ä., vom neu gewählten Kreistag nach dem 6. 5. durch einen parlamentarischen Ausschuß überprüft werden.

(Beifall vorwiegend bei CDU und SPD)

Ich glaube, da die Bürgermeister des Kreises Forst SED/PDS majorisiert sind — es gibt nur zwei CDU-Bürgermeister — habe ich also Verständnis,

(Zuruf: Das mußte ja kommen!)

und ich muß das auch in dieser Richtung so sagen, weil das, entschuldigen Sie bitte, ich will niemand zu nahe treten, das ist eigentlich, aber ich muß die Vergangenheit immer wieder mal hier anziehen.

(Heiterkeit bei der PDS und unverständlicher Zuruf)

Auch dieses Hauses, ja. Darauf komme ich noch zu sprechen.

Das nächste ist ja ganz interessant. Daß ich ein Freund von Herrn Dr. Mittag gewesen bin, das ist für mich völlig neu. Ich war im Ausschuß Industrie, Bauwesen und Verkehr, und zwar seit 1981. Das ist Fakt, und ich habe dort die Aufgaben, die die damalige Volkskammer zu erfüllen hatte, nämlich durch Einsatz in Kombinaten Unterlagen für Entscheidungen zu finden, die zum Gesetz werden, diese habe ich erarbeitet auf dem wirtschaftlichen Gebiet.

Das war parlamentarische Arbeit, wie wir sie in den letzten 40 Jahren nur tun konnten. Das war überhaupt die einzigste, nämlich auf Grund des Studiums der Basis Hinweise zu geben, was hier in Berlin getan werden könnte. Ob in Berlin das getan worden ist, das war in der Regel nicht der Fall.

Im übrigen muß ich sagen, daß ich auf der 12. Tagung der Volkskammer zu meinem Verhältnis eigentlich zu Herrn Dr. Mittag gesprochen habe. Leider haben wir von dieser Tagung kein Protokoll mehr. Dann wäre es nachlesbar. Aber ich habe meine Mitschrift meiner Rede hier, wo ich deutlich gesagt habe, da war ich gegen ihn, oder ihn mehrfach mit Schreiben und Vorschlägen bombardiert habe. Das lief ja damals so ab, daß die Leute, die ihn mit Schreiben bombardiert haben, hinterher so geschüttelt worden sind, daß sie aus dem Beruf gedrängt worden sind oder andere Nachteile hatten.

Ich will das bloß noch einmal sagen, und dazu habe ich auch mein ganz Spezielles.

An ZK-Seminaren habe ich nie teilgenommen. Ich wüßte nicht, woher diese Information kommt.

So, zur Rolle der Betriebsentwicklung muß ich auch folgendes feststellen: Also durch die innovativen Leistungen, die ich, glaube ich, in diesen Betrieb eingebracht habe als ein bekannter Textilfachmann in Europa,

(Zuruf: Hört, hört! und Heiterkeit vorwiegend bei der PDS und Bündnis 90/Grüne)

sage ich mal ganz deutlich, ja, von mir stammen 23 Patente, wenn es die Herren von den Grünen wissen wollen,

(Beifall vorwiegend bei der CDU)

hat mein ehemaliger Betrieb immerhin einen Zuwachs der Warenproduktion, das war damals eine wichtige Kennzahl, von 80 Millionen Mark erreicht in den letzten 20 Jahren. Das ist erst mal Fakt. Das war eine Kennziffer. Das müssen wir erst mal sehen.

(Zuruf von Bündnis 90/Grüne: Das war die Tonnenideologie!)

So, das war die Tonnenideologie, natürlich. Das war das System. Aber Sie können mir doch jetzt nicht vorhalten, was jeder, auch Sie, gehabt hat. Sie sind durch die Schule gegangen, natürlich.

(Vereinzelt Beifall und Heiterkeit)

Sie sind doch auch durch diese Schule gegangen, Sie haben doch auch die Abschlüsse hier gemacht.

Ich möchte also sagen, diese Situation meines Betriebes hat mich sehr umgetrieben, und ich habe mich im Februar vorigen Jahres an den damaligen Minister für Leichtindustrie mit Vorschlägen zur Entwicklung dieses Betriebes gewandt. Das Ergebnis war, daß ich durch die jetzt immer noch funktionierende Leitung aus meiner Stellung als 1. Stellvertreter dieses Betriebes herausgebracht worden bin. Das war die Konsequenz. Selbst der Einsatz bestimmter Leute hier in Berlin hat das nicht vermeiden können. Also, ich will Ihnen mal sagen, ich habe für die Erneuerung gerade dieses Betriebes mich auch persönlich sehr stark eingesetzt, und alle, die mit dabei gewesen sind, können das bezeugen.

Und zum Ökumenischen Friedenskreis möchte ich sagen, Herr ..., wir haben gemeinsam mit der evangelischen Stadtkirche am 13. Oktober 1989 eine Veranstaltung gehabt – am 18., ja, vielen Dank – Sie wissen, daß ich auf alle Fragen geantwortet habe, und ich habe damals gerade dem Ökumenischen Friedenskreis meinen großen Respekt und meine Unterstützung zugesagt. Was die Informationslinien, die Sie im zweiten Teil Ihrer Frage ansprechen, hier anbelangt, so muß ich Ihnen sagen: Wir haben parteiinternes Material gehabt. Wohin das dann überall verteilt worden ist, war nicht unsere Sache. Sie wissen selbst, welche Verteilungslinien gegangen worden sind.

(Unruhe bei der Fraktion der PDS)

Sie können sich auch wieder freuen. Natürlich, ich kann Ihnen hier versichern, und das werden Sie sicherlich bestätigen können, daß wir grundsätzlich als CDU-Kreisverband hinter den Aussagen der evangelischen Kirchen in unserem Kreis gestanden haben. Das haben wir auch nach Berlin sichtbar gemacht.

(Unruhe)

Das ist nachweisbar, das ist nachweisbar! – Und dieses Material stellen wir gern zur Verfügung.

(Zwischenruf Bündnis 90/Grüne: Ich beantrage Verlängerung der Redezeit, es ist so schön.)

Stellvertreter des Präsidenten Dr. Höppner:

Als nächster spricht Herr Dr. Peter Pollack.

Herr Dr. Pollack:

Herr Vizepräsident! Meine Damen und Herren!

Es ist gut, wenn man nicht kritiklos dasteht. Es ist die Frage der DBD hier gestellt worden: Wie sind meine Verbindungen zur Praxis gewesen, und wie sind sie? Und wie ist meine bisherige politische Entwicklung?

Zum zweiten Teil der Frage, weil ich die ganz schnell abhandeln kann: Ich bin seit 40 Jahren parteilos. Ich habe mich nie in einer Partei gebunden.

Zum ersten Teil der Frage: Wie sind die Verbindungen zur landwirtschaftlichen Praxis? So lege ich das mal im weitesten Sinne aus.

Zum ersten bin ich seit 1963 in der Beratung praktischer Landwirtschaftsbetriebe unmittelbar tätig – im Territorium des Bezirkes Magdeburg, das sage ich ganz deutlich einschränkend; ich mute mir nicht zu, die Republik insgesamt zu überschauen. Aber wir haben sehr differenzierte Bedingungen im Bezirk Magdeburg, und ich glaube, die Situation kenne ich sehr gut, und ich kenne sehr viele Bauern im Bezirk Magdeburg, mit denen ich sehr eng verbunden bin und mich auch sehr eng verbunden fühle.

Das zweite ist, daß ich seit nunmehr 34 Jahren in einem Dorf mit 350 Einwohnern wohne und arbeite und lebe. Es ist eine Basis, wo noch jeder jeden kennt und wo jeder mit jedem auf der Straße noch ein Wort zu wechseln hat, und ich muß Ihnen ehrlich sagen: Das ist für mich immer ein ganz wesentlicher Gesichtspunkt, mit vielen Menschen auch zuhause sprechen zu können, nicht nur „Guten Tag" und „Guten Weg", sondern auch über eine Reihe von Inhalten.

Ich glaube also, daß meine Verbindungen und Beziehungen zur praktischen Landwirtschaft außerordentlich gut sind. Ich gebe zu, daß sie zur Forstwirtschaft bisher sicher auf Sparflamme brennen.

Zum zweiten: Ich habe auf die Schnelle nicht gesehen, wer nach diesem Komplex hier gefragt hat, mit der Formulierung, ich sei ein bedingungsloser Verfechter der SED-Agrarpolitik gewesen. Ich sage, das ist nicht richtig. Sicher haben wir in dieser Funktion, in der ich seit 21 Jahren bin, nicht immer nur unseren eigenen Kopf durchsetzen können. Aber ich muß auch sagen, ich bin mit meinem Kopf sehr oft angestoßen. Und es ist falsch, zu formulieren, daß wir teilweise eine „Agrarsteppe" hinterlassen hätten. Im Gegenteil, wir gehörten zu den wenigen, die schon in den 70er Jahren in Größenordnungen mit der Pflanzung von Flurgehölzen im Bezirk Magdeburg begonnen haben. Mein persönlicher Stuhl hat gerade in diesem Zusammenhang sehr intensiv gewackelt.

Es ist überhaupt nicht richtig, daß ich es vertreten hätte, Trinkwasservorräte zu schädigen. Ich habe ganz gezielt aus meiner großen Besorgnis für den Bezirk Magdeburg die Verantwortung zur Profilierung der Pflanzenproduktion in Trinkwasserschutzgebieten auf unseren Tisch gezogen. Es ist nicht möglich, daß das schlagartig über das ganze Territorium des Bezirkes mit 740 000 ha wirksam wird, sondern es ist zweifellos ein schrittweises Stufenprogramm, nach dem es seit dem vergangenen Jahr recht gute Ansätze für brauchbare Regelungen gibt.

Es ist auch von der Formulierung her nicht richtig, daß ich mich wider besseren Wissens für Bewässerungen auf Flächen eingesetzt hätte, wo ich von vornherein gewußt hätte, daß die Schadstoffbelastung des Wassers so hoch sei, daß die Agrarprodukte

geschädigt werden. Für uns als praktische Anwender von Verfahren der Intensivierung – und wir alle haben in der Landwirtschaft unter einem Zwang zur Intensivierung gestanden – gab es
und gibt es Regelungen, an die wir uns zu halten haben. Das ist in
dem Fall der Qualität von Bewässerungswasser insbesondere die
TGL 6466 mit ihren inhaltlichen Aussagen. Ich kann Ihnen hier
versichern, daß ich sehr genau weiß, daß wir überall dort, wo wir
Bewässerungswasser eingesetzt haben, weit unter den Schwel-
lenwerten der Aussagen zur TGL liegen.

Ich weiß aber auch inzwischen, und das habe ich vor 5 oder 10
Jahren noch nicht gewußt, weil mir die Unterlagen entweder
nicht zugänglich waren oder weil sie überhaupt nicht vorlagen,
daß z. B. die gesamte Problematik der ringförmigen Kohlenwasserstoffe, der chlorierten Kohlenwasserstoffe, die wir im Bewässerungswasser inzwischen erkennen müssen, zum damaligen
Zeitpunkt nicht bekannt war und auch heute nur sehr bedingt bekannt ist, weil es Grenzwerte nur für das Trinkwasser gibt und für
das Bewässerungswasser nicht.

(Das stand schon vor 10 Jahren in der Zeitung!)

Ich würde sagen, das waren die Fragen.

(Stellenweise Beifall)

Abg. Reichenbach (CDU):

Meine Damen und Herren! 40 Jahre Stalinismus sind auch nicht
an mir vorbeigegangen.

(Gelächter bei Bündnis 90/Grüne und SPD, vereinzelt Beifall)

Ich gebe hier ein Schuldbekenntnis ab. Ich habe dieses Interview
in der „Freien Presse" gegeben. Es hat nicht meiner inneren Überzeugung entsprochen,

(Hört, hört!)

es hat aber damaliger offizieller CDU-Politik entsprochen, die ich
als Bezirksvorsitzender mit getragen habe.

(Zurücktreten! Wollen Sie so weitermachen?!)

Moment mal, ich habe ein Anderthalb-Stunden-Interview gegeben. Daraus sind jetzt zwei kleine Stellen herausgepickt worden.
Ich finde das nicht ganz fair.

(Unruhe im Saal)

Ich möchte dazu jetzt antworten. Bei dieser Frage nach der Weltanschauung, die wir entsprechend trennen nach Christen und Marxisten, ist in diesem Interview ein Zwischenschnitt gewesen. Ich habe gesagt, daß das das Gemeinsame in der Blockpolitik der damaligen Parteien gewesen ist.

Zu Kohl und Rühe — sage ich hier ganz offen — habe ich mich Gott sei Dank geirrt; denn sonst säßen wir alle nicht hier.

(Gelächter bei Bündnis 90/Grüne, SPD, PDS. Bei der CDU
vereinzelt Beifall)

Mit diesem Interview habe ich mich allen Wahlen in meinem Bezirk gestellt, bin als Spitzenkandidat entsprechend meinen Leistungen und meinen Taten als Bezirksvorsitzender und Landesvorsitzender Sachsen einstimmig gewählt worden von meinen Freunden, die mich kennen, und ich stehe dazu.

(Beifall bei CDU und DSU)

Und ich bin nicht bereit, wegen eines Interviews mit zwei Teilbröckchen jetzt einen Rücktritt zu erwägen, wie die Herren links von mir das fordern. Es tut mir leid, ich sehe diese Schuld nicht so weitgehend. Dann müßten sich andere Leute in diesem Staat, die sich nicht mit Interviews, sondern mit Kundschafterdienst, Bespitzelung ihrer entsprechenden Nachbarn befleckt haben, alle anschließend aufhängen.

(Unruhe im Saal. Beifall bei CDU und DSU)

(Abg. Poppe: Wenn man das hört, wiederholen wir noch einmal unseren Antrag auf Einzelabstimmung.)

Frau Dr. Christa Schmidt (CDU):

Herr Vizepräsident! Meine Damen und Herren! Ich möchte den Herrn Abgeordneten gern noch einmal fragen, ob der erste Teil seiner Frage mit der Landwirtschaft auf mich bezogen sein sollte. — Ich glaube nicht. Ich habe es nicht so verstanden.

(Zuruf: Es ging allgemein um Frauen in der Landwirtschaft.)

Gut. Dann muß ich Ihnen sagen, daß ich bisher mit der Dorfbevölkerung keinerlei Verbindung hatte, da ich 30 Jahre in der Stadt gearbeitet habe und als Lehrerin an einer Stadtschule tätig war.

Zu meiner politischen Laufbahn: Ich bin 1973 in die CDU eingetreten, hatte das Mandat der CDU, von 1979 bis 1989 als Abgeordnete in der Stadtbezirksversammlung Mitte der Stadt Leipzig zu arbeiten. Ich habe 1989 das Mandat der CDU für die Stadtverordnetenversammlung der Stadt Leipzig bekommen, war dort Nachfolgekandidat bis zu deren Auflösung. Das wäre zu meiner politischen Laufbahn zu sagen. Sie müßten weiter fragen, wenn es Ihnen nicht ausreicht.

(Vereinzelt Beifall)

Stellvertreter des Präsidenten Dr. Höppner:

Danke schön. Damit ist der Tagesordnungspunkt 6 — Anfragen an die Kandidaten für den Ministerrat der Deutschen Demokratischen Republik — abgeschlossen.

Wir kommen zum Tagesordnungspunkt 7:

Wahl der Mitglieder des Ministerrates der Deutschen Demokratischen Republik

Wir werden im Wahlmodus jetzt so verfahren — auch in den technischen Einzelheiten —, wie wir das bereits bei der Wahl des Ministerpräsidenten getan haben. Das heißt also, Sie werden wieder jeweils an den gleichen Stellen gegen Ihren Ausweis den Wahlzettel erhalten, in den Wahlkabinen ankreuzen, hier an den Wahlurnen im Plenarsaal Ihre Stimme abgeben.

Ich möchte aber schon jetzt sagen, daß wir die Auszählung dann zwar an der gleichen Stelle machen werden — insofern wieder öffentlich —, aber, sobald der Wahlvorgang abgeschlossen ist, hier unsere Beratungen fortsetzen.

Die Wahlhandlung ist eröffnet. Ich bitte Sie, sich an die entsprechenden Stellen zu begeben. Die Sitzung ist für diese Zeit unterbrochen.

(Unterbrechung der Sitzung)

Stellvertreter des Präsidenten Dr. Höppner:

Ich bitte die Abgeordneten Platz zu nehmen. Die Wahlhandlung ist, wie ich mir habe berichten lassen, abgeschlossen. Ich möchte mit der Beratung fortfahren.

Wir haben heute vormittag in einer für unsere Zuhörer sicherlich schwer durchschaubaren Geschäftsordnungsdebatte unsere Tagesordnung um den Tagesordnungspunkt ergänzt, den ich jetzt mit der Nummer 10 versehen möchte, falls das heute vormittag nicht geschehen ist, oder mit 7 a. Sie können wählen, was Sie wollen. Es geht um das

Gesetz zur Änderung und Ergänzung der Verfassung der Deutschen Demokratischen Republik,

die Ihnen in der Drucksache 6 vorliegt.

Ich möchte nicht die ganze Drucksache verlesen, aber noch einmal auf den Kern der Sache hinweisen. Es geht darum, auf welche Eidesformel unser Ministerpräsident und dann die Mitglieder des Ministerrates vereidigt werden sollen. Das ist der Kern dieser Gesetzesänderung.

Die Drucksache 6 ist — bis auf eine Kleinigkeit, die ich gleich sagen werde — der Text, der uns gestern abend vorgelegen hat, und nur den konnten wir heute zunächst auf die Tagesordnung nehmen.

Die einzige Änderung besteht darin, daß es jetzt nicht mehr heißt „Antrag aller Fraktionen der Volkskammer", sondern nur noch „Antrag der CDU-Fraktion". Diese Veränderung ist ganz geschäftsordnungskonform, denn es ist jederzeit möglich, einen Antrag zurückzuziehen. Das heißt mit anderen Worten auch, es ist jederzeit möglich, daß Fraktionen von einem Antrag zurücktreten. Hier ist eine ganz korrekte Änderung passiert.

Wir haben jetzt also diesen Text vorliegen und haben uns heute vormittag darauf geeinigt, daß wir diese Vorlage heute in zwei Lesungen behandeln wollen. Die 1. Lesung findet jetzt statt, und die Aussprache dazu ist eröffnet.

Da wir zu Beginn der Tagung noch nicht wußten, daß der Punkt auf der Tagesordnung steht, konnten Sie zu Beginn der Tagung auch noch keine Wortmeldung einreichen. Ich muß mich einfach umsehen und Sie bitten, sich zu melden, wenn Sie zu diesem Gesetz sprechen wollen. — Bitte schön, die Abgeordnete Wollenberger.

Abg. Frau Wollenberger (Bündnis 90/Grüne):

Die Fraktion Bündnis 90/Grüne hält an der vorgeschlagenen Eidesformel für nicht tragbar, daß der zukünftige Ministerpräsident unseres Landes auf einen imaginären freiheitlich-demokratischen und sozialen Rechtsstaat, der nicht näher benannt ist, vereidigt werden soll.

Wir schlagen deshalb vor, die Formel wie folgt zu ändern und zwar nach dem Komma statt „. . . die Grundsätze eines freiheitlich-demokratischen und sozialen Rechtsstaates zu wahren" zu setzen: „. . . Recht und Gesetze der Deutschen Demokratischen Republik zu wahren."

Damit würde die Eidesformel dem Vorschlag des Verfassungsentwurfes des Runden Tisches entsprechen. Der Verfassungsentwurf hat den Damen und Herren Abgeordneten vorgelegen, es handelt sich um Artikel 72.

Stellvertreter des Präsidenten Dr. Höppner:

Danke schön. Weitere Wortmeldungen dazu? Bitte schön, Frau Seils.

Abg. Frau Seils (SPD):

Meine Gründe liegen in verfassungsrechtlichen Bedenken zu der Art und Weise der Behandlung des Antrages. Ich habe sie heute früh in der Vormittagssitzung schon gesagt. Ich denke, ob der Wichtigkeit dieses Sachverhaltes wäre es angemessen, wenn wir heute in dieser Tagung noch eine Lösung finden. Im Namen der SPD-Fraktion schlage ich vor, genauso wie das Bündnis 90/Grüne Partei, die Eidesformel, die in Artikel 72 dargelegt ist, hier aufzunehmen. Ich meine den Entwurf des Runden Tisches zu einer DDR-Verfassung. Das ist das erste.

Und zweitens bitte ich um eine Ergänzung dieses Gesetzes um einen § 2, der lauten müßte: Dieses Gesetz tritt mit Beschlußfassung in Kraft.

Stellvertreter des Präsidenten Dr. Höppner:

Danke schön. Gibt es weitere Wortmeldungen? – Der Abgeordnete Ullmann.

Abg. Dr. Ullman (Bündnis 90/Grüne):

Ich möchte hier erklären ausdrücklich, daß ich mich mit dem Vorschlag, wie er von der Fraktion Bündnis 90/Grüne eingebracht worden ist, einverstanden erklären kann, freilich schweren Herzens. Meine Damen und Herren! Das ist in unserer Fraktion so üblich, daß wir persönliche Meinungen auch öffentlich äußern. Meine persönliche Meinung geht dahin, daß sich in diesem Hohen Hause an diesem Vormittag etwas, ich denke, in der Verfassungsgeschichte der verschiedenen deutschen Länder Singuläres abgespielt hat.

Ich erkläre erstens, daß dieser Antrag hier auf der Tagesordnung im Widerspruch zur Geschäftsordnung dieses Hohen Hauses steht. Das ist nun einmal geschehen, ich will es nur konstatieren, aber wir sind nun in der Debatte.

Zweitens: Wir stehen der Tatsache gegenüber, daß der Innenminister der künftigen Regierung hier in aller Deutlichkeit erklärt hat, daß er die Verfassung dieses Landes ablehnt. Ich frage mich:

Was ist das für eine Fraktion, die in diesem Hohen Hause zu erklären wagt, sie lehnt die Verfassung dieses Landes ab, auf Grund derer sie gewählt worden ist.

(Beifall, vor allem von der Fraktion der PDS und der Fraktion Bündnis 90/Grüne)

Ich erkläre ferner: Es dürfte einmalig sein in der deutschen Geschichte, daß der künftige Premier es ablehnt, auf die Verfassung des Landes vereidigt zu werden, auf Grund derer er gewählt worden ist.

(Beifall, vor allem von der Fraktion der PDS und der Fraktion Bündnis 90/Grüne)

Und ich frage Herrn Ministerpräsidenten de Maizière, wie es sich damit verhält: Als er stellvertretender Ministerpräsident in der Regierung Modrow gewesen ist, ist er meines Erachtens, wenn es dabei ordentlich zugegangen ist, auf eben diese Verfassung schon einmal vereidigt worden.

(Vereinzelt Beifall)

Stellvertreter des Präsidenten Dr. Höppner:

Zur Geschäftsordnung der Abgeordnete Reich.

Abg. Prof. Dr. Reich (Bündnis 90/Grüne):

Ich möchte nur darauf aufmerksam machen, daß das in der 1. Lesung Vorschläge gewesen sind, keine Sachanträge.

Stellvertreter des Präsidenten Dr. Höppner:

Das habe ich auch so verstanden. Sonst hätte ich die Sachanträge auch schriftlich haben müssen, und sie wären erst in der 2. Lesung möglich gewesen. Danke schön.

Abg. Frau Kögler (Demokratischer Aufbruch):

Brigitta Kögler, Demokratischer Aufbruch, Fraktion CDU/Demokratischer Aufbruch.

Ich meine, daß die Verfassung, die bisher eine sozialistische gewesen ist, nicht unsere Verfassung ist, und darauf wird auch nicht der Ministerpräsident vereidigt.

(Beifall bei den Koalitionsparteien)

Wir haben eine Revolution durchgeführt.

(schallendes Gelächter, vereinzelt Beifall)

Das bedeutet, diese Verfassung existiert nicht mehr. Und das, was übrig ist, ist ein Fragment.

(Protestrufe, Gelächter, Beifall)

Das ist ein Fragment, und es ist notwendig, eine neue Verfassung anzunehmen. Das steht an.

(Beifall, vor allem bei den Koalitionsparteien)

Aber darüber werden wir in demokratischer Weise entscheiden.

(Beifall, vor allem bei CDU, DA und DSU)

Stellvertreter des Präsidenten Dr. Höppner:

Der Abg. Schröder hat das Wort.

Abg. Richard Schröder (SPD):

Meine Damen und Herren! Es gibt vielleicht zwischen den beiden Alternativen, die sich hier gegenüberstehen, noch Zwischendinge. Der Text, der Wortlaut der Verfassung, in dem die Forderung, die sozialistische Moral zu akzeptieren, eine sozialistische Planwirtschaft zu akzeptieren, inbegriffen ist, ist weder von der Regierung Modrow so eingehalten worden – und das begrüßen wir ja – noch kann es ernsthaft von einem, der heute darauf vereidigt wird, verlangt werden, daß er den Torso wortwörtlich akzeptiert.

(Beifall, vor allem bei den Koalitionsparteien)

Zweitens aber enthält dieser Verfassungstext außer dem, was ich mal sozialistische Lyrik oder so nennen will,

(Heiterkeit)

das Grundgerüst, das die Verfahrensfragen regelt, nach denen hier bei uns gearbeitet wird. Dieses Grundgerüst muß als gültig angesehen werden.

(Beifall, vor allem bei der SPD)

Wenn dieses Grundgerüst gilt, dann ist es sinnvoll, den Herrn Ministerpräsidenten darauf zu verpflichten, daß er sich auf Recht und Gesetze der DDR verpflichten läßt. Dies gibt ihm die Freiheit, das substantielle Grundgerüst von der rhetorischen Lyrik, die die bisherigen Gesetzestexte haben, sinnvoll zu unterscheiden.

(Beifall, vor allem bei der SPD)

Stellvertreter des Präsidenten Dr. Höppner:

Danke schön. Ich sehe keine weiteren . . . Bitte schön. Alles korrekt. Wenn ich wirklich keinen mehr sehe, dann schließe ich die Debatte.

Abg. Prof. Dr. Heuer (PDS):

Gestatten Sie mir als Juristen eine Bemerkung. Erst einmal möchte ich vielleicht doch etwas zum Verständnis der Rolle des Rechts und der Rolle von Regeln und Verfahren sagen. Ich sehe schon, der künftige Innenminister oder vielleicht schon Innenminister schüttelt den Kopf. Ich glaube, daß es wichtig ist, sich an Regeln und Verfahren zu halten. Eine zivilisierte Gesellschaft kann sonst nicht miteinander umgehen.

(Beifall bei der PDS)

Der Abgeordnete Ullmann hat gesagt, Rechtsfragen sind Lebensfragen, und ich meine, daß wir das Recht achten müssen und hier in diesem Kreis eine Haltung zum Recht haben müssen.

Ich darf noch an einen Punkt anknüpfen, den wir heute vormittag ausgiebig diskutiert haben. Wenn festgelegt ist, daß bis zu einem bestimmten Zeitpunkt ein Geschäftsordnungsantrag gestellt werden soll, dann dient das der Vorbereitung auf die Sitzung. Das hat einen Sinn. Das ist keine Schikane, sondern man soll sich eben für den nächsten Tag vorbereiten können. Wenn wir festlegen: Ein Gesetz soll mehrere Lesungen haben −, dann machen wir das, damit man das gründlich erarbeiten kann. Die Form dient dem Inhalt, das hat schon Hegel gesagt. Und ich glaube, es gilt nach wie vor. Man braucht Form. Es gibt ohne Form keinen Inhalt.

Nächste Frage: Brauchen wir eine neue Regelung zum Eid auf die Verfassung, auch zum Eid der Minister? Ich meine, daß die bisherige ausreicht. Wir haben die Möglichkeit, daß der Eid hier abgelegt wird nach Artikel 79 Abs. 4 der geltenden Verfassung. Und nun haben wir hier eine Vorlage. Ich meine, daß in der Vorlage der einfache Hinweis auf „Volk" nicht ausreicht. Man müßte sagen „Volk der DDR" oder „Bürgerinnen und Bürger der DDR" für diejenigen, die meinen, daß die DDR kein Volk hat.

Die nächste Frage: In der Vorlage ist Bezug genommen worden auf Grundsätze des Rechtsstaates. Hier ist schon gesagt worden, daß das nicht ausreicht. Ich meine, daß wir nicht zurückbleiben können hinter dem Standard der Verpflichtung auf Verfassung und Gesetze. Nun gibt es die Diskussion, daß gesagt wird, die Verfassung sei ohnehin ein Gesetz, und insofern sei die Verpflichtung auf die Gesetze auch eine Verpflichtung auf die Verfassung. Ich hätte mich dieser Bemerkung vielleicht anschließen können, aber ich meine, nachdem ich jetzt mehrfach gehört habe, daß diese Verfassung abgelehnt wird vom Innenminister, daß eben gesagt wird, diese Verfassung verpflichtet nicht, meine ich, es geht nicht anders. Wir können in diesem Land nicht ohne Verfassung arbeiten. Und die Tatsache, daß hier mehrere Herren, die schon Minister sind oder Minister werden wollen, der Meinung sind, daß diese Verfassung für sie nicht verbindlich ist: Wieso sollen sie sich dann an die Gesetze halten? Auch in den Gesetzen wird ihnen vieles nicht gefallen. Ich bin sicher, daß ihnen vieles in den Gesetzen nicht gefallen wird. Herr Ullmann hat gesagt: Wir haben einen Zustand der Rechtsunsicherheit. Ich meine: Wir müssen uns auf diese Verfassung beziehen. Ich meine, daß es nicht anders geht. Heute ist hier über das Grundgesetz der Bundesrepublik Deutschland gesprochen worden. Ein Herr von der DSU hat gesagt, daß dieses Grundgesetz ihm so naheliegt, daß er es am liebsten gleich einführen möchte. In diesem Grundgesetz steht natürlich drin, daß der Eid auf das Grundgesetz geleistet wird. Ich meine, wir müssen fordern, nach meiner Auffassung, daß der Eid auf Verfassung und Gesetz abgelegt wird. Ich weiß, daß diese Verfassung entweder durch eine andere Verfassung ersetzt werden muß — es gibt einen Vorschlag, das kann man machen —, die zweite Variante ist, daß viele radikale Änderungen durchgeführt werden müssen. Aber sie müssen auf dem Boden der Verfassung durchgeführt werden.

(Beifall)

Wir können nicht erklären, daß diese Volkskammer ohne Verfassung existiert. Ich meine: Das geht nicht. Und heute ist das hier erklärt worden. Ich würde das nicht so scharf sagen, sondern ich hätte mich mit der Formel begnügt: Die Verfassung ist Gesetz, folglich gilt das auch —, wenn hier nicht mehrfach gesagt worden wäre: Diese Verfassung ist für einige in diesem Hause nicht verbindlich. Ich halte diesen Zustand, vor allem bei Ministern, für unerträglich.

(Beifall, vor allem bei der PDS und SPD)

Stellvertreter des Präsidenten Dr. Höppner:

Bitte schön.

Abg. Dr. Günther Krause (CDU):

Wir behandeln die Drucksache Nr. 6, und das Statement hier vorher hätte gewiß zu einer anderen Drucksache gehören müssen. Hier steht im Antrag nichts darüber vermerkt, daß die neue Regierung ohne Verfassung etwa regieren wollte. In dem Antrag geht es nur um die Eidesformel. Das wollen wir vielleicht mal ganz konkret festhalten.

(Beifall bei der CDU)

Wir haben uns in unserer Fraktion aus der Diskussion folgende Haltung erarbeitet, daß wir meinen, daß wir zu diesem Thema versuchen sollten, aus der 1. Lesung einen Konsens zu finden. Und wir würden für die 2. Lesung folgenden Vorschlag unterbreiten:

(Abg. Heuer: Zur Geschäftsordnung: In der 1. Lesung dürfen keine Sachanträge gestellt werden.)

Ist korrekt, dann korrigiere ich mich, obwohl Sie nicht das Wort bekommen haben, normalerweise läuft das hier ein bißchen anders,

(Vereinzelt Beifall)

aber ich bedanke mich für den kameradschaftlichen Hinweis, der kooperativ gemeint war.

(Vereinzelt Beifall)

Ich möchte die Haltung unserer Fraktion zum Eid noch mal deutlich formulieren und damit den Empfehlungen des Bündnis 90 entsprechen. Ich verlese insgesamt jetzt mal den Text:
„Ich schwöre, daß ich meine Kraft dem Wohle des Volkes widmen, Recht und Gesetze der Deutschen Demokratischen Republik wahren, meine Pflichten gewissenhaft erfüllen und Gerechtigkeit gegen jedermann üben werde. So wahr mir Gott helfe."
Übrigens entspricht dieser Text dann genau dem Text, der bereits am Runden Tisch schon diskutiert worden ist, und ich würde auch wirklich hier mal unterstreichen wollen, daß von der ja durch das Volk gewählten größten Fraktion dieses Hauses damit der Versuch unternommen wird, konsensfähig über eine große Breite zu werden. Danke.

(Beifall)

Stellvertreter des Präsidenten Dr. Höppner:

Ich sehe keine weiteren Wortmeldungen.

Wir haben die Ideen gehört und die Anfragen, und wir können vielleicht jetzt der CDU-Fraktion, die den Antrag in 1. Lesung eingebracht hat, die Gelegenheit geben, diese Debatte noch zu verarbeiten. Wir werden erst einen anderen Tagesordnungspunkt behandeln und dann in die 2. Lesung des Gesetzes möglicherweise in einer veränderten Fassung eintreten.

Ich rufe auf den Tagesordnungspunkt 9:

Antrag des Präsidiums der Volkskammer über die Bildung und zahlenmäßige Zusammensetzung der ständigen Ausschüsse der Volkskammer der Deutschen Demokratischen Republik.
(Drucksache Nr. 3)

Wir haben dazu die Drucksache Nr. 3 ausgeteilt bekommen, mal eine richtige Drucksache, wie man sich das früher noch vorgestellt hat.

Ich erinnere an unsere Geschäftsordnung. Im § 26 steht:

„Die Mitgliederzahl der Ausschüsse bestimmt die Volkskammer. Bei der Zusammensetzung der ständigen Ausschüsse ist § 8 zu beachten."

Das heißt, die Regelung der Aufteilung entsprechend der Stärke der Fraktionen. Wir haben hier nur über die Mitgliederzahl insgesamt zu entscheiden. Die Aufteilung geht dann sozusagen nach Mathematik.

Wir haben auch nicht die Zusammensetzung im einzelnen zu beschließen, denn die Fraktionen werden dann die Ausschußmitglieder benennen, die entsprechend ihrer Stärke in den Ausschüssen vertreten sein sollen. Entsprechend finden Sie in der Drucksache 3 auch nur die jetzt vorgesehenen – und ich bitte Sie, dabei die Änderungen zu berücksichtigen – 26 Ausschüsse.

Dabei handelt es sich unter Punkt 1 um den Ausschuß für Wahlprüfung, Geschäftsordnung und Immunität.

In Punkt 2 um den Petitionsausschuß.

Und ich gehe jetzt mal runter, im Punkt 25 um den Koordinierungsausschuß für deutsche Einheit.

Alle anderen Ausschüsse entsprechen der demokratischen Praxis und sind sozusagen Gegenüber zu jeweiligen Ministerien, die gebildet worden sind. Ich will das jetzt nicht im einzelnen noch mal verlesen, nur damit die Struktur klar ist.

Ich will außerdem darauf hinweisen, daß im Präsidium zum Punkt 14 eine Aussprache stattgefunden hat, weil da beim Aus-

438

schuß für Familie und Frauen ein Anstrich steht – Unterausschuß für Gleichstellung.

Wir haben dies nicht korrigiert, um zunächst klar zu machen, daß es eines solchen Ausschusses für Gleichstellungsfragen bedarf; möglicherweise ist es sinnvoll, und die Kammer kommt dazu, solch einen Ausschuß für Gleichstellungsfragen als einen Sonderausschuß nach unserer Geschäftsordnung und damit auch in einer anderen Besetzung herzustellen und nicht als Unterausschuß.

Dieser Anstrich ist ohnehin nur Merkpunkt und nicht Bestandteil des Beschlusses jetzt, so daß ich denke, wir können mit diesem Kommentar das so stehen lassen.

Wünscht zu dieser Vorlage jemand das Wort? An sich hatten wir keine Aussprache vorgesehen.

Das scheint nicht der Fall zu sein.

Wer stimmt dieser Vorlage des Präsidiums zu – den bitte ich um das Handzeichen.

Danke schön.

Wer ist dagegen? Wer enthält sich der Stimme? Ich sehe zwei Enthaltungen. Bei zwei Enthaltungen ist dann die Drucksache 3 so angenommen.

Ich habe jetzt die Möglichkeit, Ihnen das Ergebnis der Wahl des Ministerrates mitzuteilen.

Abgegebene Stimmen gesamt 380, Ja-Stimmen 247, Nein-Stimmen 109, Stimmenthaltungen 23, eine Stimme war ungültig, das heißt, abgegebene gültige Stimmen 379.

Ich gratuliere allen, die jetzt gewählt worden sind.

(Beifall von der CDU, DSU und SPD)

Ich hoffe, daß Ihnen eine gute Zusammenarbeit zum Wohle der Bürger der DDR gelingen möge. Das Wort hat der Ministerpräsident, Herr de Maizière.

Vorsitzender des Ministerrates, Abg. de Maizière:

Frau Präsidentin, Herr Vizepräsident! In der heutigen Tagesordnung ist eine Regierungserklärung nicht vorgesehen. Diese wird auch erst in den nächsten Tagen der Volkskammer am 19. 4. aus zeitlichen Gründen abgegeben werden können. Ich danke Ihnen dennoch, daß ich hier einige Worte sagen darf.

Verehrte Abgeordnete, meine Damen und Herren! Ich danke Ihnen zugleich auch im Namen aller Mitglieder der nunmehr gewählten Regierung für das uns ausgesprochene Vertrauen. Diese erste Regierung in der Geschichte der DDR, die von einem demokratisch gewählten Parlament bestätigt wurde, sieht sich in der Pflicht, dem Wohl unseres Landes und aller Bürger zu dienen, Schaden abzuwenden und das Recht zu mehren. Wir verpflichten uns in diesem Sinne, alles zu tun, was in unseren Kräften steht.

Wir haben die ersten Schritte auf dem Weg der Demokratie, der Freiheit und der Rechtsordnung getan. Daß Verfassungsfragen in unserer Diskussion zukünftig eine gewichtige Rolle spielen werden, hat der heutige Tag gezeigt. Daß ein Handlungsbedarf vorliegt, ist ja wohl auch die Überzeugung der Fraktion Bündnis 90, denn sonst würde sie sich nicht an einer neuen Verfassung bei der Erarbeitung derselben beteiligt haben. Ich teile auch die hier vertretene Auffassung, daß wir nicht ohne Verfassung leben und regieren können.

(Beifall)

Ziel unseres Antrages war lediglich, eine geänderte Eidesformel zu erreichen.

Die Arbeit, die jetzt vor uns liegt, die Entscheidungen, die nun anstehen, brauchen eine breite stabile Basis. Anders wird die Last der Vergangenheit und werden die Aufgaben der Zukunft nicht zu meistern sein.

Gestatten Sie mir hier ein Wort des Dankes, Dank an die bisherige Übergangsregierung für die schwierige Arbeit, Dank an Sie, Herr Dr. Hans Modrow,

(Beifall)

Dank für das, was der Runde Tisch geleistet hat, um der Demokratie den Weg zu bereiten

(Beifall)

und Dank ganz speziell für den Einsatz unserer Kirchen.

(Beifall)

Ich wende mich in dieser historischen Stunde, in der zum ersten Mal auf dem Gebiet der DDR nach 58 Jahren wieder eine aus demokratischen Wahlen hervorgegangene Regierung gewählt worden ist, an alle Bürgerinnen und Bürger in unserem Land.

Gehen Sie bitte von der festen Überzeugung aus, daß diese Regierung mit Zuversicht, mit Augenmaß und in großer sozialer Verantwortung die Probleme angehen wird, die vor uns allen stehen.

Dabei geht es um die Festigung der demokratischen Ordnung und um den Frieden nach innen, und es geht um den Geist friedlicher und freundschaftlicher Nachbarschaft nach außen. Unser Ziel ist die staatliche Einheit Deutschlands in einem einigen Europa.

(Lebhafter Beifall)

Der Vergangenheit, die uns alle geprägt hat und die bis zum Herbst 1989 beherrscht war von einer allgemeinen allgegenwärtigen Undurchschaubarkeit staatlicher Allmacht, setzen wir die offene Regierungsarbeit, den freien Bürgersinn und die soziale Gewissenhaftigkeit entgegen.

Ich bitte alle Bürgerinnen und Bürger, uns darin zu unterstützen und uns mit kritischen Anregungen zu begleiten. Ich bitte sie aber auch, uns, die wir Lernende sind, mit der notwendigen Geduld zu begegnen.

Die Regierung ist kein Selbstzweck. Wir verstehen uns vielmehr als Sachwalter in schwieriger Zeit und als Anwälte der wohl verstandenen Interessen aller Menschen in unserem Land, so auch der Interessen der Bauern, die ihre Sorgen und Nöte eben der Frau Präsidentin vorgetragen haben und die insbesondere darin bestehen, daß ungeschützt Waren des EG-Bereiches unser Territorium erreichen. Wir werden uns darum kümmern.

(Lebhafter Beifall)

Ich persönlich möchte den Anfang meiner Arbeit unter den Vorsatz stellen, den die Gründungsväter der Christlich-Demokratischen Union 1945 faßten, als sie sagten:
„Voll Gottvertrauen wollen wir unseren Kindern und Enkeln eine glückliche Zukunft erschließen."

(Lebhafter Beifall)

Stellvertreter des Präsidenten Dr. Höppner:

Danke schön. Wir kommen jetzt noch einmal zu dem Tagesordnungspunkt, den Sie entweder mit 7 a oder 10 bezeichnet haben. Es geht um die 2. Lesung des Gesetzes zur Änderung und Ergänzung der Verfassung der Deutschen Demokratischen Republik.

Dazu wird Ihnen jetzt eine neue Textfassung ausgeteilt, die der 2. Lesung zugrunde liegen soll. Die Tendenz der Änderung gegenüber der Fassung, die wir in der 1. Lesung vorliegen hatten, ist in der Aussprache deutlich geworden.

Vielleicht möchte ein Vertreter der CDU noch ein paar kurze einführende Bemerkungen zu dieser Vorlage machen. – Bitte schön, der Abgeordnete Krause.

Abg. Dr. Günther Krause (CDU):

Ich denke, daß diese Drucksache 6 a mit dem Eid und auch mit dem § 2, der in der Drucksache 6 ja noch gefehlt hat, in den die Ergänzung jetzt auf dieser Drucksache 6 a mit enthalten ist, wann dieses Gesetz in Kraft treten wird, den entsprechenden Konsens dieses Hauses finden kann, und ich denke, daß wir in der 2. Lesung dann als stärkste Fraktion hier in diesem Haus den entsprechenden Sinn für das Gemeinsame mit prägen können. Danke.

Stellvertreter des Präsidenten Dr. Höppner:

Danke schön. Ich möchte jetzt, falls es gewünscht wird, jeder Fraktion noch die Gelegenheit geben, eine kurze Stellungnahme dazu abzugeben, falls das gewünscht wird.
Ich fange mal drüben an:

Fraktion der SPD? − Nicht.
Fraktion Wahlbündnis? − Nicht.
PDS? − Auch nicht.
Bauern/DFD? − Nicht.
Ich gehe mit den Augen weiter: Liberale? − Nicht.
DSU? − Auch nicht.

CDU hat gesprochen. Ich sehe, eine Aussprache wird hierzu nicht mehr gewünscht.
Ich gehe davon aus, daß § 2, da dieses Gesetz heute, also am 12. April, in Kraft tritt, bedeutet, daß es mit Beschlußfassung in Kraft tritt und also, wenn wir es beschlossen haben sollten, angewendet werden kann.
Das ist offenbar einmütig so gemeint. Dann können wir zur Beschlußfassung kommen. Ich frage Sie jetzt: Wer stimmt dem Gesetz zur Änderung und Ergänzung der Verfassung der Deutschen Demokratischen Republik vom 12. 4. 1990 in der in Drucksache 6 a vorliegenden Fassung zu. − Den bitte ich um das Handzeichen. − Danke schön. Wer ist dagegen? − Ich sehe keine Gegenstimme − doch, da ist eine Gegenstimme. Danke schön. Stimmenthaltungen? − Die zählen wir bitte mal.

(Ergebnisfeststellung)

17 Stimmenthaltungen. − Ich habe von vorn auch 17 Stimmenthaltungen gezählt. Bitte noch einmal die Stimmenthaltungen. − 16 Stimmenthaltungen insgesamt im Saal. Damit ist das Gesetz in der Form der Drucksache 6 a angenommen.

(Beifall)

Damit kommen wir zum letzten Tagesordnungspunkt:

Vereidigung des Ministerrates vor der Volkskammer der Deutschen Demokratischen Republik.

Wir stellen uns das so vor, daß zunächst der Ministerpräsident vereidigt wird. Die Präsidentin wird den Amtseid abnehmen. Ich bitte Sie, gleich ans Rednerpult zu gehen, so daß wir danach die Minister vereidigen. Ich bitte den Ministerpräsidenten, vorzutreten und die Frau Präsidentin den Eid zu verlesen.

Präsidentin Dr. Bergmann-Pohl:

Ich schwöre, . . .

(Die Abgeordneten erheben sich von ihren Plätzen.)

Ich schwöre, daß ich meine Kraft dem Wohle des Volkes widmen, Recht und Gesetze der Deutschen Demokratischen Republik wahren, meine Pflichten gewissenhaft erfüllen und Gerechtigkeit gegen jedermann üben werde.

Ministerpräsident de Maizière:

So wahr mir Gott helfe.

Präsidentin Dr. Bergmann-Pohl:

Herr Ministerpräsident, ich wünsche Ihnen Kraft, Mut und Gesundheit für Ihr hohes Amt.

(starker anhaltender Beifall)

Stellvertreter des Präsidenten Dr. Höppner:

Wir kommen jetzt zur Vereidigung der Minister. Ich rufe der Reihe nach, wie es in unserem Heft steht, auf:

Minister im Amt des Ministerpräsidenten
Herr Klaus Reichenbach.

Ich bitte die Minister, sich hier vorn aufzustellen. Die Eidesformel wird einmal verlesen, und dann sagt jeder einzelne die Antwort darauf.

Stellvertreter des Ministerpräsidenten und Minister für Innere Angelegenheiten
Herr Dr. Peter-Michael Diestel

Minister für Auswärtige Angelegenheiten
Herr Markus Meckel

Minister für Regionale und Kommunale Angelegenheiten
Herr Dr. Manfred Preiß

Minister für Wirtschaft
Herr Dr. Gerhard Pohl

Minister für Finanzen
Herr Dr. Walter Romberg

Minister für Handel und Tourismus
Frau Sibylle Reider

Minister der Justiz
Herr Dr. Kurt Wünsche

Minister für Ernährung, Land- und Forstwirtschaft
Herr Dr. Peter Pollack

Minister für Arbeit und Soziales
Frau Dr. Regine Hildebrandt

Minister für Abrüstung und Verteidigung
Herr Rainer Eppelmann

Minister für Jugend und Sport
Frau Cordula Schubert

Minister für Familie und Frauen
Frau Dr. Christa Schmidt

Minister für Gesundheitswesen
Herr Dr. Jürgen Kleditzsch

Minister für Verkehr
Herr Horst Gibtner

Minister für Umwelt, Naturschutz, Energie und Reaktorsicher-
heit
Herr Dr. Karl-Hermann Steinberg

Minister für Post- und Fernmeldewesen
Herr Dr. Emil Schnell

Minister für Bauwesen, Städtebau und Wohnungswirtschaft
Herr Dr. Axel Viehweger

Minister für Forschung und Technologie
Herr Dr. Frank Terpe

Minister für Bildung und Wissenschaft
Herr Dr. Hans-Joachim Meyer

Minister für Kultur
Herr Herbert Schirmer

Minister für Medienpolitik
Herr Dr. Gottfried Müller

Minister für Wirtschaftliche Zusammenarbeit
Herr Hans-Wilhelm Ebeling

Ich bitte die Präsidentin, die Eidesformel zu verlesen, und dann jeden Minister, einzeln vorzutreten und die Antwort zu geben.

Präsidentin Dr. Bergmann-Pohl:

(Die Abgeordneten erheben sich von den Plätzen.)

Ich schwöre, daß ich meine Kraft dem Wohle des Volkes widmen, Recht und Gesetze der Deutschen Demokratischen Republik wahren, meine Pflichten gewissenhaft erfüllen und Gerechtigkeit gegen jedermann üben werde.

(Die Minister legen den Schwur ab und erhalten unter dem lebhaften Beifall der Abgeordneten die Glückwünsche der Volkskammerpräsidentin und des Ministerpräsidenten.)

Stellvertreter des Präsidenten Dr. Höppner:

Ich bitte die gewählten und soeben vereidigten Minister − wenn es auch gewissermaßen heute nur ein symbolischer Akt und ein Fototermin ist − auf der Regierungsbank Platz zu nehmen. − Sie sind noch so beschäftigt mit dem Entgegennehmen von Glückwünschen, daß sie es nicht gehört haben. Ich bitte die Minister, auf der Regierungsbank Platz zu nehmen! Noch wissen sie nicht genau, wo sie hingehören, das ist verständlich.

(Die Minister nehmen die Plätze ein.)

Manch einer mag es als ein sehr ehrgeiziges Ziel empfunden haben. Manch einer wird gefragt haben: Schaffen die das wirklich, vor Ostern noch eine Regierung zustande zu bekommen? Manche waren von Anfang an optimistisch. Jetzt wissen wir: Wir haben es geschafft, und darüber sollten wir uns alle freuen.

(Lebhafter Beifall vor allem bei den Koalitionsparteien)

Ich warte mit meiner Verhandlungsführung, weil sonst möglicherweise der Schluß der Volkskammertagung verkündet wird, bevor die Minister auf ihren Plätzen sitzen, und das möchte ich nicht gern.

Ich kann Ihnen inzwischen vielleicht noch bekanntgeben: Wir bitten die Abgeordneten Bechstein, Häfner, Scharf, Schiffner, Thees und Hahn sowie den Abgeordneten Kamm, zum Fotografieren für das Handbuch der Volkskammer sofort nach der Sitzung in den Bereich Organisation/Abgeordnetenangelegenheiten in der 5. Etage, Platzseite, zu kommen. Es geht einfach darum, daß ein Handbuch über alle Abgeordneten zusammengestellt werden soll, und das wird erheblich verzögert, oder Sie erscheinen dort entsprechend profillos, wenn Sie nicht zu dem Fototermin gehen.

Verehrte Abgeordnete! Meine Damen und Herren! Wir haben die 2. Tagung der Volkskammer an diesem Donnerstag vor Ostern absolviert. Die nächste Tagung der Volkskammer findet am kommenden Donnerstag, dem 19. April 1990, um 10.00 Uhr wieder hier statt.

Die 2. Tagung der Volkskammer ist damit geschlossen. – Danke schön.

Regierungserklärung des Ministerpräsidenten der Deutschen Demokratischen Republik 19. April 1990

Politik für unser Volk: demokratisch – entschlossen – umsichtig

Regierungserklärung des Ministerpräsidenten Lothar de Maiziere, abgegeben am 19. April 1990 vor der Volkskammer der Deutschen Demokratischen Republik

Frau Präsidentin!
Meine sehr verehrten Damen und Herren!
Liebe Abgeordnete!

Die Erneuerung unserer Gesellschaft stand unter dem Ruf „Wir sind das Volk!" Das Volk ist sich seiner selbst bewußt geworden. Zum ersten Mal seit vielen Jahrzehnten haben sich die Menschen in der DDR als Volk konstituiert. Die Wahlen, aus denen dieses Parlament hervorgegangen ist, waren Wahlen des Volkes. Zum ersten Mal trägt die Volkskammer ihren Namen zu Recht.

Und aus dem Ruf „Wir sind das Volk!" erwuchs der Ruf „Wir sind *ein* Volk!" Das Volk in der DDR konstituierte sich als Teil eines Volkes, als Teil des einen deutschen Volkes, das wieder zusammenwachsen soll. Unsere Wähler haben diesem ihrem politischen Willen in den Wahlen vom 18. März deutlich Ausdruck verliehen. Dieser Wille verpflichtet uns. Ihn so gut wie nur möglich zu erfüllen, ist unsere gemeinsame Verantwortung.

Der Neuanfang unserer Gesellschaft ist ein zutiefst demokratischer Neuanfang. Wir haben einen demokratischen Auftrag. Den haben uns die Bürger der DDR gegeben, und niemand sonst. Wir haben das erste freigewählte Parlament und die erste freigewählte Regierung seit zwei Generationen. Und es ist eine breite Mehrheit des Parlaments und der Wähler, auf die sich die Koalition stützt.

Alle politischen Kräfte in Europa nehmen heute teil an dem Prozeß der Einigung Deutschlands. Wir vertreten in ihm die Interessen der Bürger der DDR. Das Ja zur Einheit ist gesprochen. Über den Weg dahin werden wir ein entscheidendes Wort mitzureden haben.

Der Neuanfang unserer Gesellschaft soll auch ein ehrlicher Neuanfang sein: In dem großen historischen Prozeß unserer Befreiung haben wir einem Politiker die wirksame Bündelung vieler positiver Impulse besonders zu verdanken: Michail Gorbatschow. Wir ahnen die schwere Last, die er in der Sowjetunion zu tragen hat. Wir bitten die Bürger der Sowjetunion, die Politik der DDR und ihr Streben nach der Einheit Deutschlands nicht als bedrohlich anzusehen. Wir sind uns unserer historischen Schuld gegenüber der Sowjetunion bewußt, und wir möchten als freier Staat mit einer Sowjetunion, in der das neue Denken gesiegt hat, freundschaftlich zusammenarbeiten. Glasnost und Perestroika haben der Welt neue, lange Zeit nicht für möglich gehaltene historische Horizonte erschlossen. Sie förderten auch in der DDR eine Bürgerbewegung, die alle gesellschaftlichen Sektoren erfaßte.

Eine entscheidende Kraft dieses Prozesses waren die neuen demokratischen Gruppen, in denen sich Menschen zusammenfanden, die die Fesseln der Vergangenheit sprengten.

Die Träger der friedlichen Revolution im Herbst 1989 verdienen einen herausragenden Platz in der deutschen Geschichte. Das sollte in diesem Hause stets gegenwärtig und lebendig bleiben.

Wenn ich an dieser Stelle den Dank für unsere Freiheit ausspreche, denke auch ich an die Freiheitsbewegungen in unseren östlichen Nachbarstaaten. Die Solidarnosc-Bewegung in Polen hatte nachhaltige Wirkungen auf ganz Osteuropa. Weder Kriegsrecht noch Hetzpropaganda haben der Demokratie den Riegel vorschieben können. Namen wie Lech Walesa oder der des großen Bürgerrechtlers und heutigen Staatspräsidenten der Tschechoslowakai, Vaclav Havel, werden für immer in den Geschichtsbüchern der Welt stehen und die Herzen freiheitsliebender Menschen bewegen.

Wir denken an das ungarische Volk und seine Bürger, die den Eisernen Vorhang herunterrissen und damit auch ein Stück Berliner Mauer zum Fallen brachten. Noch in den nächsten Monaten wird dieses menschenunwürdige Schandmal abgerissen.

Ich möchte im Namen der Regierung der DDR den Bürgern der Bundesrepublik Deutschland danken. Sie haben zu uns gehalten, sie haben uns Mut gemacht und geholfen, wo immer dies möglich war. Und vergessen wir nicht: Jahrzehntelang waren, wenn auch mitunter nicht ohne Eigennutz, die westlichen Medien für viele DDR-Bürger die wichtigste Informationsquelle. Oft waren sie das einzige Sprachrohr für Unterdrückte und politisch Andersdenkende in diesem Land.

Das uneingeschränkte Bekenntnis verantwortlicher Politiker der Bundesrepublik — ich nenne nur Richard von Weizsäcker, Helmut Kohl, Willy Brandt und Hans-Dietrich Genscher — zur

Selbstbestimmung und Einheit des deutschen Volkes versetzt uns auch in die Lage, jetzt die Einheit verwirklichen zu können.

An dieser Stelle möchte ich noch einmal Hans Modrow für sein Engagement danken. Durch seine behutsame Politik ist uns sicher vieles erspart geblieben. In den schwierigen Zeiten des letzten halben Jahres blieb er als Demokrat überparteilich und stabilisierte in Zusammenarbeit mit dem Runden Tisch dieses Land:

Verehrte Abgeordnete,

ein Dank darf heute nicht fehlen. Das ist der Dank an die Kirchen. Ihr Verdienst ist es, Schutzraum für Andersdenkende und Anwalt für Rechtlose gewesen zu sein. Ihre Besonnenheit und ihr Festhalten an der Gewaltlosigkeit haben unserer Revolution die Friedfertigkeit bewahrt. Es hätte ja alles auch ganz anders kommen können. Wir haben Grund zu tiefer Dankbarkeit, daß uns die Erfahrungen erspart geblieben sind, wie sie etwa das rumänische Volk machen mußte.

Aber unsere Geschichte, das sind nicht nur die letzten fünf Jahre. Als freie Regierung und freies Parlament verneigen wir uns vor den Opfern des Faschismus. Wir denken an die Opfer der Konzentrationslager und des Krieges. Wir denken aber auch an die Opfer des Stalinismus, an die Opfer des 17. Juni 1953 und an die Opfer der Mauer. Krieg und Nachkrieg, die Verflochtenheit unendlich vieler Menschen in Schuld und Sühne und wieder neue historische Schuld haben das Gesicht unseres Volkes gekennzeichnet.

Wir möchten lernen von denen, die in diesen dunklen Zeiten politischen Widerstand gewagt und geleistet haben. Diese Menschen sind der Stolz, und ihre Leistung ist der moralische Schatz unseres Volkes.

Die Menschen des Widerstandes erinnern uns an unsere Verantwortung für unsere Geschichte. Es ist nicht die PDS allein, die unsere DDR-Vergangenheit zu verantworten hat. Auch meine Partei muß sie verantworten. Wir alle müssen sie verantworten. Es waren immer nur ganz wenige, die etwa bei Wahlen wagten, Gegenstimmen abzugeben oder der Wahl fernzubleiben. Jeder frage sich selbst, ob er immer alles richtig gemacht und welche Lehren *er* zu ziehen hat. Es sind nicht immer die Mutigen von einst, die heute am lautesten die Bestrafung anderer fordern.

Wir alle wissen, daß unser Neuanfang schwierig ist. Ihn leicht zu nehmen, wäre leichtfertig. Unsere Gesellschaft wurde gezwungen, 40 Jahre lang von der Substanz zu leben, nicht nur materiell. Wir haben Schäden auf vielen Gebieten und einen großen

Nachholbedarf. Und oft sind die Schäden derart, daß der Weg zu ihrer Heilung erst noch ausgearbeitet werden muß.

In dieser Situation sind fortwirkendes Mißtrauen, Verdrossenheit und Ermattung vieler Mitbürger nur zu verständlich. Aber unverantwortlich ist es, jetzt Angst vor den Maßnahmen zu verbreiten, die zur Behebung der Schäden notwendig sind. Wir haben es nicht mit Problemen zu tun, die erst jetzt entstehen, sondern mit alten, verdeckten Wunden der Gesellschaft, die jetzt offengelegt werden müssen, damit sie heilen können.

Dazu gehören auch Struktur und Wirkungsweise der ehemaligen Staatssicherheit. Dazu gehört, daß sich betroffene Menschen aussprechen dürfen. Es hilft nicht die Veröffentlichung der Verstrickung einzelner, bei denen man kaum sagen kann, wieweit sie Opfer oder Täter waren.

Wir haben in diesen Wochen zu spüren bekommen, wie sich unsere junge Demokratie von neuem in dem Spinnennetz der ehemaligen Staatssicherheit verfing. Wir werden eine Regierungskommission einsetzen, die die Aufklärung und Auflösung der gesamten Organisation des Ministeriums für Staatssicherheit bzw. des Amtes für Nationale Sicherheit betreibt. Diese Kommission wird dafür sorgen, daß die verdienstvolle Arbeit der Bürgerkomitees einen rechtsstaatlich geordneten Abschluß findet. Die Bewältigung der Stasi-Vergangenheit verlangt die unbedingte Beachtung der Rechtsstaatlichkeit. Um den Bürger in Zukunft vor Bespitzelungen zu schützen, werden wir ein umfassendes Datenschutzgesetz vorlegen. In Deutschland darf es nie wieder eine zentrale Stelle geben, die unkontrolliert Informationen über das Privatleben und das Denken der Bürger sammelt.

Verehrte Anwesende,

wir sind dabei, uns die Demokratie zu erarbeiten. Niemand möge Innehalten und Überlegen mit Entschlußlosigkeit verwechseln. In dieser Situation nach drei Wochen eine große Koalition zu haben, ist eine Leistung, für die ich allen beteiligten Fraktionen danke. Und ich versichere allen, wir werden uns auch in Zukunft Zeit zum verantwortlichen Nachdenken nehmen. Das wird uns helfen, den notwendigen Grundkonsens der Nation nicht durch sachlich unbegründete Zwietracht der Parteien zu zerstören.

Wir müssen alles tun, diesen Geist zu bewahren und uns unserer Freiheit würdig zu erweisen.

Damit nehmen wir das demokratische Erbe Deutschlands auf. 58 Jahre unterschiedlicher Diktaturen dürfen uns den Blick darauf nicht verstellen. Im Bauernkrieg, in den Befreiungskriegen, in der

Revolution von 1848/49, in der Novemberrevolution von 1918, in den Ereignissen vom 20. Juli 1944 und im Volksaufstand des 17. Juni 1953 — immer gab es den brennenden Willen zur Demokratie, und immer wurde er in Blut oder in Resignation erstickt.

Heute dagegen stehen wir in der geschichtlichen Situation, daß unser demokratisches Aufbegehren ausgelöst *wurde* und aufgenommen *wird* von einer den Kontinent durchziehenden Bewegung zu Demokratie, Frieden und internationalem Ausgleich.

Machen wir uns bewußt, welcher Fortschritt bei uns bereits erreicht wurde vom November 1989 bis zum April 1990, und tun wir das Unsrige, daß diese Bewegung nicht an den Grenzen Europas halt macht, sondern daß in letzter Stunde eine überlebensfähige Welt entsteht!

Nach Jahrzehnten der Unfreiheit und der Diktatur wollen wir Freiheit und Demokratie unter der Herrschaft des Rechts gestalten. Dazu brauchen wir einen prinzipiellen Ansatz.

Nicht die Staatssicherheit war die eigentliche Krankheit der DDR, *sie* war nur eine ihrer Auswüchse. Die eigentliche Erbkrankheit der sozialistischen Gesellschaft war der diktatorische Zentralismus, der aus stalinistischer Verblendung an die Stelle der Demokratie, an die Stelle der Selbstbestimmung der Menschen gesetzt worden war. Dieser Zentralismus war es, der eine alles gesellschaftliche Leben vergiftende Atmosphäre des Drucks erzeugte. Zwang und Druck vernichteten Initiative, Verantwortungsbereitschaft, eigene Überzeugung und machten es zu einer menschlichen Leistung, dem eigenen Gewissen zu folgen.

Deshalb genügt es heute nicht, *ein* Problem aufzugreifen, sondern wir müssen viel tiefer ansetzen. Wir müssen uns unsere seelischen Schäden bewußtmachen, die sich in Haß, Unduldsamkeit, in neuem, nun antisozialistischem Opportunismus, in Müdigkeit und Verzweiflung äußern. Wir müssen uns gegenseitig helfen, freie Menschen zu werden.

Die Qualität unseres Weges wird an der Bewahrung von Grundwerten der Gesellschaft zu messen sein.

Es geht um vier Dinge:

— die Freiheit des Andersdenkenden,
— Gerechtigkeit für alle,
— Frieden als Gestaltungsaufgabe nach innen und außen,
— Verantwortung für das Leben in allen seinen Gestalten.

Diese Werte zeigen die Richtung, die ich — und ich denke, wir alle — einschlagen wollen.

Dabei geben wir uns nicht der Illusion hin, daß diese neue Ordnung der Freiheit, der Demokratie und des Rechts eine mühelos zu bewältigende Aufgabe wäre. Wir geben uns nicht der Illusion hin, daß diese neue Ordnung und der Übergang zu ihr keine politisch-ethischen Qualitäten mehr benötigten. Im Gegenteil!

Dort, wo wir uns an Bevormundung und Passivität gewöhnt hatten, werden wir gesellschaftlich erwachsen werden müssen. Selbstbestimmt und aktiv. Das gilt für jeden Bürger, das gilt auch für das Parlament und die Regierung und für das gesamte gesellschaftliche Leben.

Und wir geben uns nicht der Illusion hin, daß Moral und Recht identisch wären, daß wir mit Hilfe des Rechts Moral erzwingen könnten.

Hier halte ich es mit Hölderlins Hyperion:

„Du räumst dem Staate denn doch zuviel Gewalt ein.
Er darf nicht fordern, was er nicht erzwingen kann.
Was aber die Liebe gibt und der Geist, das läßt sich nicht erzwingen.
Das lass' er unangetastet, oder man nehme sein Gesetz und schlag' es an den Pranger!
Beim Himmel! der weiß nicht, was er sündigt, der den Staat zur Sittenschule machen will.
Immerhin hat das den Staat zur Hölle gemacht, daß ihn der Mensch zu seinem Himmel machen wollte."

Wahrlich ein aktuelles Wort über unsere jüngste Vergangenheit! In diesem Sinne ist unser Umbruch Teil eines revolutionären Erneuerungsprozesses in Osteuropa, der zugleich ein gesamteuropäischer und ein Weltprozeß ist.

Manche mögen meinen, daß er letztlich konterrevolutionär sei. Nach *dieser* 70-jährigen Entwicklung des realen Sozialismus ist aber das „konter", das „gegen", eine Naturnotwendigkeit. Wer Sozialismus faktisch mit brutaler Parteidiktatur, Entmündigung der Gesellschaft, Staatseigentum an den Produktionsmitteln und mit zentralistischem Plandirigismus gleichsetzte, wer glaubte, mit solchen Mitteln eine gerechtere Gesellschaft schaffen zu können, der hat sich so gründlich geirrt, daß hier nur ein entschiedenes „kontra" möglich ist.

Wer aber glaubt, damit müßten wir uns auch von dem Ideal der sozialen Gerechtigkeit, der internationalen Solidarität, der Hilfe für die Menschen in der eigenen Gesellschaft und in der ganzen Welt verabschieden, der irrt sich genauso.

Wir betrachten die von uns angestrebte Form der Marktwirtschaft ohnehin nicht als Selbstzweck, sondern wir sehen in ihr eine natürliche, international bewährte, effektive Wirtschaftsform, die zugleich die Chance bietet, unseren moralischen Verpflichtungen in der eigenen Gesellschaft und in der Welt endlich in dem notwendigen Maße nachkommen zu können.

Wir wollen arbeiten, leben und wohnen in einer ökologisch verpflichteten sozialen Marktwirtschaft. Wir werden sie in Zusammenarbeit mit der Bundesrepublik und der EG jetzt Schritt für Schritt entwickeln. In den nächsten acht bis zehn Wochen wollen wir die Grundlagen für die Wirtschafts-, Währungs- und Sozialunion legen, damit diese vor der Sommerpause in Kraft treten kann. Dabei ist 1 : 1 der grundlegende Kurs. Dazu gehört die Sicherung der Eigentumsrechte aus der Bodenreform und aus Eigentumsübertragungen, die nach Treu und Glauben rechtens waren und daher auch rechtens bleiben müssen.

Dazu gehört, daß *vor* der Währungsumstellung die Aufwendungen für die bisherigen Subventionen differenziert den Löhnen und Renten zugeschlagen werden. Erst dann können die Preise und Mieten mit der Entwicklung der Einkommen schrittweise freigegeben werden.

Eine unserer wichtigsten Verpflichtungen gegenüber dem eigenen Volk und gegenüber der Menschheit ist die Gewährleistung einer lebenswerten und lebensfähigen Umwelt. Wir können unser Defizit auf diesem Gebiet nicht von heute auf morgen beseitigen. Aber mit Hilfe der Bundesrepublik werden wir ein durchdachtes und finanzierbares Umweltschutzprogramm in Gang setzen, das die vorhandenen Arbeitsplätze schont und neue Arbeitsplätze schafft.

Die dritte Dimension dieser Lebensqualität neben der sozial-ökonomischen und der ökologischen ist das geistige Leben. Bildung, Kultur und Medien sollen Ausdruck unserer Freiheit sein. Ihre Vielgestaltigkeit, ihre Pluralität werden ein Stück unseres gesellschaftlichen Reichtums sein. Aufgabe der Regierung wie des Parlaments ist es, über diesen Reichtum zu wachen und neuerlichen Deformierungen entgegenzuwirken.

Der Wählerauftrag, dem die Regierung verpflichtet ist, fordert die Herstellung der Einheit Deutschlands in einem ungeteilten, friedlichen Europa. Diese Forderung enthält Bedingungen hinsichtlich Tempo und Qualität.

Die Einheit muß so schnell wie *möglich* kommen, aber ihre Rahmenbedingungen müssen so gut, so vernünftig, so zukunftsfähig sein wie *nötig*.

Die Diskussionen um die Währungsumstellung 1 : 1 oder 1 : 2 haben uns mit aller Deutlichkeit vor Augen geführt, daß hier ein Zusammenhang besteht und daß wir Bedingungen vereinbaren müssen, die sichern, daß die DDR-Bürger nicht das Gefühl bekommen, zweitklassige Bundesbürger zu werden.

Beide Anliegen, Tempo *und* Qualität, lassen sich am besten gewährleisten, wenn wir die Einheit über einen vertraglich zu vereinbarenden Weg gemäß Artikel 23 des Grundgesetzes verwirklichen.

Seit dem Sommer des vorigen Jahres haben wir viele schöne Zeichen der Freundschaft, der Hilfsbereitschaft und der Offenheit der Bundesbürger erlebt. Aber wir sehen mit Sorge auch Tendenzen schwindender Bereitschaft, abzugeben und solidarisch zu sein.

Daher eine herzliche Bitte an die Bürger der Bundesrepublik:

Bedenken Sie, wir haben 40 Jahre die schwerere Last der deutschen Geschichte tragen müssen. Die DDR erhielt bekanntlich keine Marshall-Plan-Unterstützung, sondern sie mußte Reparationsleistungen erbringen. Wir erwarten von Ihnen keine Opfer. Wir erwarten Gemeinsamkeit und Solidarität. Die Teilung kann tatsächlich nur durch Teilen aufgehoben werden.

Wir werden hart und gut arbeiten, aber wir brauchen auch weiterhin Ihre Sympathie und Solidarität, so wie wir sie im letzten Herbst spürten.

Wir werden gefragt: Haben wir gar nichts einzubringen in die deutsche Einheit? Und wir antworten: Doch, wir haben!

Wir bringen ein unser Land und unsere Menschen, wir bringen geschaffene Werte und unseren Fleiß ein, unsere Ausbildung und unsere Improvisationsgabe. Not macht erfinderisch.

Wir bringen die Erfahrungen der letzten Jahrzehnte ein, die wir mit den Ländern Osteuropas gemeinsam haben.

Wir bringen ein unsere Sensibilität für soziale Gerechtigkeit, für Solidarität und Toleranz. In der DDR gab es eine Erziehung gegen Rassismus und Ausländerfeindlichkeit, auch wenn sie in der Praxis wenig geübt werden konnte. Wir dürfen und wollen Ausländerfeindlichkeit keinen Raum geben.

Wir bringen unsere bitteren und stolzen Erfahrungen an der Schwelle zwischen Anpassung und Widerstand ein. Wir bringen unsere Identität ein und unsere Würde.

Unsere Identität, das ist unsere Geschichte und Kultur, unser Versagen und unsere Leistung, unsere Ideale und unsere Leiden.

Unsere Würde, das ist unsere Freiheit und unser Menschenrecht auf Selbstbestimmung.

Aber es geht nicht nur um die letzten 40 Jahre. In Deutschland ist viel Geschichte aufzuarbeiten, vor allem die, die wir mehr den anderen zugeschoben und daher zu wenig auf uns selber bezogen haben. Aber wer den positiven Besitzstand der deutschen Geschichte für sich reklamiert, der muß auch zu ihren Schulden stehen, unabhängig davon, wann er geboren und selbst aktiv handelnd in diese Geschichte eingetreten ist.

Deutschland ist unser Erbe an geschichtlicher Leistung und geschichtlicher Schuld. Wenn wir uns zu Deutschland bekennen, bekennen wir uns zu diesem doppelten Erbe.

Doch wir bleiben bei Deutschland nicht stehen. Es geht um Europa. Wir kennen die aktuelle Schwäche der DDR. Aber wir wissen auch: Sie ist ein in seinen wirtschaftlichen Möglichkeiten nicht armes Land.

Die eigentlichen Probleme in unserer Welt − wir wissen es alle − sind nicht die deutsch-deutschen oder die Ost-West-Probleme. Die eigentlichen Probleme bestehen in der strukturellen Ungerechtigkeit zwischen Nord und Süd.

Wenn daraus nicht eine tödliche Bedrohung für das Leben der Menschen erwachsen soll, haben auch wir uns an der Überwindung dieser Ungerechtigkeit zu beteiligen. Die Errichtung einer gerechteren internationalen Wirtschaftsordnung ist nicht nur Sache der Großmächte oder der UNO, sondern ist die Aufgabe jedes Mitglieds der Völkergemeinschaft.

Auch das friedliche Zusammenleben von Deutschen und Ausländern in unserem Land kann ein Beitrag zu einer neuen Qualität des Miteinander verschiedener Völker sein.

Die Klärung der Rechtslage für ausländische Mitbürger und die Einsetzung von Ausländerbeauftragten auf verschiedenen Ebenen wird dafür ebenso nötig sein wie die Förderung solcher Initiativen, die kulturelle Vielfalt als Reichtum erfahren lassen.

Die Befreiung Nelson Mandelas und die Aufhebung der Apartheid in Südafrika, das Schicksal der tropischen Regenwälder und die Hilfe für die Dritte Welt bewegen uns wie unsere eigenen Probleme − ja, nicht nur „wie . . ." −: es *sind* unsere eigenen Probleme.

Wir wissen, unsere Fähigkeit, die eigenen Probleme zu lösen, hängt davon ab, wie wir bereit sind, auch die Probleme der anderen zu sehen.

Frau Präsidentin,
verehrte Abgeordnete!

Die gebildete Koalitionsregierung steht vor großen, schwierigen und sehr konkreten Aufgaben, die klare und strategische Entscheidungen notwendig machen.

Die wirtschaftspolitische Zielsetzung besteht darin, die bisherige staatlich gelenkte Kommandowirtschaft auf eine ökologisch orientierte soziale Marktwirtschaft umzustellen.

Die Umstellung von staatlichem Plandirigismus auf soziale Marktwirtschaft muß mit hohem Tempo, aber auch in geordneten Schritten erfolgen. In den nächsten Monaten wird beides noch nebeneinander existieren müssen, wobei wir nach dem Motto zu arbeiten haben „soviel Markt wie möglich und Staat wie nötig".

Eine herausragende Bedeutung messen wir in diesem Zusammenhang dem Wettbewerb aller Unternehmen bei. Er ist das wichtigste Regulativ der Marktwirtschaft.

Die Koalitionsregierung wird Gesetze zur Förderung der Stabilität und des Wachstums der Wirtschaft, ein Kartellgesetz, die Überarbeitung des Bankgesetzes durchführen und vor allen Dingen ein Gesetz über die Entflechtung von Kombinaten und Großbetrieben zur Schaffung branchentypischer, leistungsfähiger Unternehmenseinheiten einbringen.

In diesem Zusammenhang sind Aufgaben und Struktur der Treuhand-Anstalt so zu gestalten, daß damit ein Instrument zur Beeinflussung der Entflechtung volkseigener Betriebe und zur Überführung in geeignete Rechtsformen geschaffen wird.

Der Abbau des Planungssystems in seiner bisherigen Form sollte mit dem Stichtag Währungsunion weitgehend erreicht sein.

Ausgehend vom Angebot der Regierung der BRD an die Regierung der DDR, eine Währungs-, Wirtschafts- und Sozialunion zu schaffen, ist es die Aufgabe der Koalitionsregierung, die dafür notwendigen rechtlichen Voraussetzungen zu gewährleisten. Bei den Verhandlungen mit der Bundesregierung gehen wir von dem festen Grundsatz aus, daß Währungs-, Wirtschafts- und Sozialunion eine untrennbare Einheit bilden müssen und nur gleichzeitig in Kraft treten können. Dies schließt Anschubfinanzierungen, insbesondere im Sozialbereich, ein.

Wir bestätigen die bereits mehrfach getroffene Aussage, daß die Einführung der D-Mark auf dem Gebiet der DDR

- bei Löhnen und Gehältern im Ergebnis im Verhältnis 1 : 1 erfolgen sollte,
- bei Renten ebenfalls im Verhältnis 1 : 1, wobei ihre schrittweise Anhebung auf das Nettorentenniveau von 70 % nach 45 Versicherungsjahren erfolgen sollte, und
- bei Sparguthaben und Versicherungen mit Sparwirkung auch im Verhältnis 1 : 1, wobei Wege eines differenzierten Umtausches gegangen werden sollten.

Differenzierter sind die Inlandsschulden der VEB, Genossenschaften und der privaten Betriebe zu beachten.

Hier ist bei der Währungsumstellung prinzipiell der Produktivitätsunterschied zwischen der BRD und der DDR zugrunde zu legen. Dabei neigt die Regierung besonders bei dem privaten und genossenschaftlichen Sektor zur weitgehenden Streichung der Inlandsschulden, um dessen Wettbewerbsfähigkeit zu stärken, und bei den VEB zur Umbewertung der Inlandsverschuldung mindestens im Verhältnis 2 : 1 zu kommen sowie Anpassungshilfen für wettbewerbsfähig organisierbare Betriebe, z. B. durch Entschuldung im Rahmen der in der EG üblichen Sanierungsregeln, zu geben.

So wie für Griechenland, Portugal oder Spanien mehrjährige Übergangsregelungen zum Schutz ihrer eigenen Wirtschaft galten, werden wir vergleichbare Schutzmechanismen mit der Bundesregierung vereinbaren müssen.

Bei der Übernahme des Wirtschafts- und Sozialrechtssystems der BRD ist darauf zu achten, daß in Übergangszeiten die notwendigen Sonderregelungen getroffen werden. Wir denken hierbei an das Saarland-Modell. Gleichzeitig sollten diskriminierende Wirtschafts- und Handelsbeschränkungen abgebaut werden.

Die Koalitionsregierung wird insbesondere anstreben, die Kreativität und Motivation der Menschen in der DDR in den raschen Übergang zur sozialen Marktwirtschaft einzubringen. Besonders durch einen breiten Zustrom von privatem Kapital wird eine durchgreifende Besserung der wirtschaftlichen Lage in der DDR erwartet.

Die am Ende der 9. Wahlperiode der Volkskammer der DDR von der Regierung Modrow noch vorgelegten Gesetze zur Gewerbefreiheit, zur Gründung von privaten Unternehmen einschließlich Reprivatisierung, zum Bankgesetz und zur Ergänzung des Steuerrechts haben für viele DDR-Bürger einen Impuls gesetzt, sich selbständig zu machen.

Bis zum heutigen Zeitpunkt gibt es allerdings auf dem Gebiet der Reprivatisierung der 1972 verstaatlichten Unternehmen nur Einzelbeispiele, bei denen die Übergabe abgeschlossen ist. Die in breitem Maße vorhandenen Wünsche zur Errichtung privater Gewerbe scheitern allzuoft am chronischen Mangel von Gewerberaum.

Es ist das Ziel der Koalitionsregierung, hier sofort eine deutliche Änderung eintreten zu lassen. Deshalb werden umgehend gesetzliche Regelungen

– zum Niederlassungsrecht,

- zur Schaffung von Gewerberaum,
- von Berufs-, Vertrags- und Gewerbefreiheit sowie
- für ein Gesetz gegen unlauteren Wettbewerb

erarbeitet werden.

Radikale Änderungen zur Durchsetzung unseres marktwirtschaftlichen Konzepts sind allerdings nicht möglich, wenn nicht eine umfassende Veränderung der Preisgestaltung verwirklicht wird. Preise sind die Steuerungssignale des Marktes. Ohne ihre freie Gestaltung kann Marktwirtschaft nicht funktionieren.

Im Zusammenhang damit ist die Steuergesetzgebung dahingehend zu verändern, daß mit günstigen Startsteuersätzen für kleinere und mittlere Unternehmen, mit günstigen Startsteuersätzen für Investoren aus dem In- und Ausland Rahmenbedingungen für die schnelle Unternehmensgründung geschaffen werden.

Damit ist schrittweise der Wegfall des Abgabesystems der produktgebundenen Abgaben und Subventionen einschließlich des Beitrags für gesellschaftliche Fonds zu verbinden.

Unser Ziel ist es, noch 1990 ca. 500 000 Arbeitsplätze im Mittelstandsbereich zu schaffen. Wir wollen damit auf dem Arbeitsmarkt einen Ausgleich schaffen für Arbeitsplätze, die aus zwingenden Gründen der Wirtschaftlichkeit oder des Umweltschutzes nicht zu halten sind. Eine gute Mittelstandspolitik wird ein Schwerpunkt zukünftiger Wirtschaftspolitik sein!

Ich möchte an dieser Stelle einige grundsätzliche Bemerkungen zu unserer künftigen Haushalts- und Finanzpolitik machen.

Die Aufgabe der Regierung bei der Aufstellung und Ausführung des Staatshaushaltes für 1990 ist getragen von der notwendigen Stabilisierung der Staatsfinanzen und den Erfordernissen des gesamtwirtschaftlichen Gleichgewichts.

Eine konkretere Aussage ist erst dann möglich, wenn der neuen Regierung eine vollständige Ausgangsbilanz der Finanz- und Wirtschaftslage vorliegt. Wir werden bemüht sein, so bald wie möglich hierüber öffentlich Auskunft zu geben und die notwendigen Konsequenzen zu ziehen. Heute kann ich nur soviel sagen:

Der jetzt vorliegende Voranschlag zum Haushalt 1990 ist auf die Bedingungen der sozialen Marktwirtschaft auszurichten. Eine hohe Effizienz in der Wirtschaft für stabile Staatseinnahmen sowie die wirtschaftliche und sparsame Verwaltung der Ausgaben sind unabdingbare Voraussetzungen zum weitestgehenden Ausgleich des Haushaltes 1990. Trotz sparsamer Haushaltsführung, die wir uns vornehmen, wird eine begrenzte Kreditaufnahme nicht zu umgehen sein.

Alle Minister und Vorsitzenden der Räte der Bezirke sind in die Verantwortung genommen, die dem Staat aus Steuern und anderen Abgaben zustehenden Einnahmen rechtzeitig und vollständig zu erheben. Das betrifft auch Aufgaben wie die Umstellung der Kapitalgesellschaften auf die Steuern, die Festsetzung und den Einzug der Steuern durch die zu schaffenden Steuerbehörden. Insgesamt muß das Steuersystem der Initiative und Leistungsbereitschaft unternehmerischer Tätigkeit Rechnung tragen.

Für 1990 wird durch den Staatshaushalt der Republik gesichert, daß über den Finanzausgleich den Bezirken und Kommunen der nach strenger Wirtschaftlichkeit berechnete Finanzbedarf gedeckt wird. Die Souveränität der Kommunen in der Haushaltswirtschaft wird weitgehend hergestellt.

Der Voranschlag zum Haushalt 1990 geht davon aus, daß die sozialen Versorgungs- und Betreuungsleistungen des Staates gegenüber der Bevölkerung finanziell abgesichert werden.

Die Arbeiten im betreffenden Ressort sind in Abstimmung mit dem Bundesfinanzministerium auf die Rechtsanpassung mit der Bundesrepublik gerichtet. Vorrangig zu nennen sind die Grundsätze des Haushaltsrechts, die Haushaltsordnung sowie das bundesdeutsche Steuerrecht, insbesondere die Umsatz- und Verbrauchssteuer.

Diese Aufgaben sind so zu erfüllen, daß den notwendigen Anforderungen bei Einführung der Währungsunion Rechnung getragen wird.

Unsere Bürger haben verständlicherweise hohe Erwartungen an unsere Energie- und Umweltpolitik.

In der Energiepolitik folgen wir dem Ziel einer umweltfreundlichen und rationellen Energieerzeugung und Energieverwendung.

Wir gehen davon aus, daß die Energieerzeugung aus Rohbraunkohle in den kommenden Jahren drastisch reduziert werden muß, um die hohe Luftbelastung durch die stark schwefelhaltige Rohbraunkohle aus DDR-Aufkommen deutlich zu senken und die weitere Zerstörung wertvollen Kulturgutes und der Landschaft durch überdimensionalen Kohleabbau einzuschränken. Wir werden stärker auf die Nutzung umweltfreundlicher Energieträger wie Erdöl, Steinkohle und Erdgas zurückgreifen müssen. Ein Schwerpunkt der Rekonstruktion der Braunkohlekraftwerke ist die Rauchgasentschwefelung und die Erhöhung des Wirkungsgrades bei der Energieerzeugung.

Auch diese Probleme, die sich aus der notwendigen Bereitstellung ausreichender Energieträger ergeben, kann die DDR nicht alleine lösen. Wir setzen deshalb auf einen schnellen Energieverbund mit der Bundesrepublik, um die dort vorhandenen Kapazitätsreserven zu nutzen.

Wir gehen davon aus, daß wir wohl auf absehbare Zeit nicht auf die Nutzung von Kernenergie verzichten können. Die Gutachten werden hier das entscheidende Wort zu sprechen haben. Wir werden nach der Entscheidungsfindung die vorhandenen Kernkraftwerke durch Rekonstruktion und Modernisierung auf international geltenden Sicherheitsstandard bringen.

Mit steigender Wirtschaftskraft werden die Möglichkeiten zur Finanzierung der nicht billigen Umweltschutzmaßnahmen wachsen. Dazu zählt auch Erforschung und wirtschaftliche Nutzung alternativer Energieträger.

Wir werden die Einführung umweltfreundlicher Technik steuerlich begünstigen. Der bevorstehende Strukturwandel der Wirtschaft muß und wird so zu umweltfreundlicher und abproduktarmer, marktgerechter Produktion führen. Neue Industrieansiedlungen werden schon jetzt den EG-Standards entsprechen müssen.

Ein Schwerpunkt ist die Erarbeitung von Sanierungs- und Stillegungsprogrammen für industrielle und kommunale Altanlagen mit starker und unvertretbarer Umweltbelastung. Der Umlenkung freiwerdender Arbeitskräfte in andere wichtige Bereiche, insbesondere in die Infrastruktur, in den Handels- und Dienstleistungsbereich und in das Bauwesen, gilt dabei besondere Aufmerksamkeit und Unterstützung.

Durch den Aufbau einer leistungsfähigen Umweltindustrie kann unsere Lebensqualität entscheidend verbessert werden. Viele neue Arbeitsplätze werden so entstehen.

Die Regierung wird geeignete Maßnahmen ergreifen, die den sparsamen Umgang mit den natürlichen Ressourcen, Recycling und recyclinggerechte Produktion stimulieren.

Wir werden gesetzliche Regelungen zu progressiv gestaffelten Abgaben für Schadstoffemissionen in Wasser, Luft und Boden und andere Umweltbeeinträchtigungen erarbeiten und die Bildung eines staatlichen Öko-Fonds aus Abgaben, Gebühren und Stiftungen zur Unterstützung umweltverbessernder und naturschützender Maßnahmen, insbesondere für unvorhersehbare ökologische Folgemaßnahmen und Altlastsanierungen einführen.

Das erfordert:

460

- eine wirksame, dem internationalen Stand entsprechende Umweltschutzgesetzgebung,
- eine umfassende staatliche Umweltschutz- und Umweltkontrolle,
- eine rechtsverbindliche Raum- und Flächenordnung zur Sicherung des Flächen-, Landschafts- und Naturschutzes in kommunaler, regionaler und überregionaler Abstimmung und
- eine staatliche Förderung der Umweltforschung.

Die komplizierte Wirtschaftssituation in unserem Land spiegelt sich auch in einer unterentwickelten Infrastruktur, insbesondere im Bereich des Verkehrs-, des Post- und Fernmeldewesens und im Bauwesen wider.

Der Aufbau eines leistungsfähigen Verkehrswesens ist eine der Grundvoraussetzungen für die Entwicklung einer marktwirtschaftlichen Ordnung, für wirtschaftliches Wachstum und für den Wohlstand unseres Landes.

Wir brauchen einen Güterverkehr, der auf die Bedürfnisse unserer sich entwickelnden Wirtschaft ausgerichtet ist und das Zusammenwachsen zu einer deutschen Wirtschaftsgemeinschaft fördert.

Für den Personenverkehr benötigen wir Verkehrsmittel und Reiseverbindungen, die dem Reisebedürfnis der Menschen unseres Landes und den gestiegenen Anforderungen an die Qualität der Verkehrsmittel Rechnung tragen. Dies gilt für die Deutsche Reichsbahn ebenso wie für die Kraftfahrzeuge.

Leistungsfähige Verkehrswege sind eine Grundlage für die dauerhafte Überwindung der Teilung Deutschlands und für ein Zusammenwachsen ganz Europas.

Die Chancen der Marktwirtschaft wollen wir auf das nachhaltigste mit der Belebung von Städtebau und Architektur verbinden.

Den Kommunen muß das Recht zukommen, das Bauen in ihren Territorien weitestgehend selbst zu bestimmen.

Die Städte- und Wohnungsbauförderung, einschließlich ihrer materiellen Sicherstellung, gehört zu den Prioritäten der Regierungspolitik. Im Zusammenwirken mit den künftigen Ländern und den Kommunen setzt sie sich für die Stadt- und Dorferneuerung als Hilfe zur Selbsthilfe ein. Dringlich sind die Wiedergewinnung, Erhaltung und Bewahrung der im europäischen Kulturraum so geschätzten historisch geprägten Stadtbilder. Gleichermaßen wird sich die Regierung der Revitalisierung der in den zurückliegenden Jahrzehnten geschaffenen Wohngebiete zuwenden.

Bürgerinitiative, Länderverantwortung und gesetzgeberisches, hoheitsrechtliches Handeln des Staates sollen sich nach dem Willen der Regierung in einer wahrhaft demokratischen Baukultur, in einer sozial und ökologisch orientierten Entwicklung der Regionen, Städte und Dörfer wiederfinden. Die Regierung ist sich der Schwere dieser Aufgabe, die enorme Mittel und schöpferische Kräfte erfordert, bewußt. Sie wird das dazu nötige wirtschaftliche Potential durch umfassende Förderung der unternehmerischen Initiativen des Baugewerbes fördern und alle Instrumentarien der Raumordnung und der Stadtplanung nutzen.

Große Anstrengungen werden notwendig sein, um die erforderlichen Bauleistungen für den Ausbau und die Modernisierung der technischen und sozialen Infrastruktur und der Industrie sowie für den Wohnungs- und Gesellschaftsbau, einschließlich kirchlicher Bauten, zu erbringen.

Die Regierung stellt sich ihrer sozialen Verantwortung für die Sicherung angemessener Wohnbedingungen aller Bürger. Das erfordert eine Wohnungspolitik, mit der soziales Mietrecht und Mieterschutz gewährleistet werden sowie die Bewahrung, Erneuerung und Erweiterung des Wohnungsbestandes ermöglicht wird. Mietpreisbindung für Wohnraum, die sich in Abhängigkeit von der allgemeinen Einkommensentwicklung regelt, ist unabdingbar. Sozial Schwache erhalten Wohngeld. Kündigungsschutzregelungen für Mieter gehören zu den sozialen Grundsätzen der Koalition.

In einer sozialen Marktwirtschaft ist Wohnraum jedoch nicht nur eine Versorgungsfrage. Durch Eigentumsbildung muß Wertbildung in privater Initiative ermöglicht werden. Das kommt zugleich der Werterhaltung und der Wohnkultur zugute.

Bei beidem haben wir bekanntlich Nachholbedarf.

Zum Post- und Fernmeldewesen möchte ich nur soviel sagen: Die Zeiten, in denen man 16 Jahre auf ein Telefon warten mußte, sollen vorbei sein. Wir wollen ein leistungsfähiges, schnelles und zuverlässiges System aufbauen, das die geschäftlichen wie privaten Verbindungen durch Briefe, Telefon und moderne Kommunikationsmittel sicherstellt, und so die Postunion mit der Bundesrepublik vorbereiten.

Ziel der Regierung ist es, eine vielfältig strukturierte, leistungsfähige und ökologisch orientierte Land- und Forstwirtschaft in unserem Lande zu schaffen.

In diesem Zusammenhang müssen wir sehr schnell u. a. folgende Probleme lösen:

Erstens: Die offenen Fragen im Zusammenhang mit dem Eigentum an Grund und Boden in der Land- und Forstwirtschaft. Im Namen der Regierung stelle ich fest: Die Ergebnisse der Bodenreform auf dem Territorium der DDR stehen nicht zur Disposition. Wir gehen aber davon aus, daß künftig alle Eigentumsformen gleichgestellt werden müssen.

Ein völlig neues Bodenrecht wird die Verfügbarkeit des Eigentums am Boden unter Berücksichtigung des Gemeinwohls und bei Ausschluß von Möglichkeiten zu Spekulationen sichern.

Zweitens: Wir haben die Aufgabe, die Landwirtschaft schrittweise an den EG-Agrarmarkt heranzuführen. Dazu brauchen wir Schutzmaßnahmen jedweder Art für eine mehrjährige Übergangsperiode. Es gilt, unsere Landwirtschaft zu erhalten und die Wettbewerbsfähigkeit landwirtschaftlicher Betriebe möglichst schnell herzustellen. Wir müssen die Zusammenhänge zwischen Produktion und Absatz in Ordnung bringen, indem der Ministerrat die entsprechenden Rahmenbedingungen dafür setzt.

Dazu gehören:

- ein System neuer Agrarpreise und Steuern mit schrittweisem Übergang zur freien Preisbildung,
- die Sicherung der Interessen der DDR-Landwirtschaft bei zukünftigen Quotenregelungen,
- die schnelle Erneuerung der landtechnischen Ausrüstung,
- die schrittweise Einführung von Umweltnormen der EG in unserer Landwirtschaft,
- die beschleunigte Entwicklung und Förderung von Gewerbe und Industrien für Verarbeitung und Veredelung von Agrarprodukten im ländlichen Raum.

Drittens: Zur Förderung genossenschaftlicher Betriebe und Einrichtungen wird meine Regierung ein neues Genossenschaftsrecht vorlegen. Dabei werden auch die vermögensrechtlichen Beziehungen zwischen den Genossenschaftsmitgliedern und Genossenschaften zu ordnen sein.

Viertens: Unsere Sorge gilt gleichermaßen dem Wald. Neben der Klärung vieler offener Fragen im Zusammenhang mit dem Eigentum geht es um eine völlig neue Einstellung zum Wald. Seine ökologischen und landeskulturellen Leistungen haben Vorrang vor der Holznutzung.

Meine Damen und Herren!

Eine Wirtschaft ist kein Selbstzweck, sondern sie ist ein Mittel, um die Lebensbedürfnisse der Menschen zu sichern, um die Entfaltung der Menschen zu ermöglichen und um die Verwirklichung menschlicher Werte zu fördern.

Arbeitsförderung und die Schaffung von Arbeitsplätzen, insbesondere auch für Frauen, Alleinerziehende, für Eltern kinderreicher Familien und für Geschädigte ist Ziel unserer Regierungspolitik.

Die Bekämpfung der zu erwartenden Arbeitslosigkeit erfordert folgende Sofortmaßnahmen:

- Umschulung und Qualifizierung von Werktätigen,
- Aufbau leistungsfähiger Arbeitsämter,
- finanzielle Absicherung bei Arbeitslosigkeit,
- Schutz der Beschäftigten durch ein Kündigungsschutzgesetz, ein Betriebsverfassungsgesetz und ein Tarifvertragsgesetz

Unsere Sorge muß immer zuerst denen gelten, die aus Gründen, die sie selbst nicht zu verantworten haben, nicht aus eigener Kraft am Wohlstand teilhaben können.

Wir müssen diejenigen stützen, die zu den Schwachen der Gesellschaft gehören. Wir müssen sicherstellen, daß die Früchte der gemeinsamen Arbeit gerecht verteilt werden, und wir müssen dafür eintreten, daß der, der Lasten trägt, auch Entlastung bekommt. Gerade in einer Gesellschaft, in der das Spiel der freien Kräfte sich entfalten kann, ist es wichtig, daß die stärkste Kraft, also der Staat, sich zum Anwalt der Schwächeren macht. Dabei kann es nicht nur um die Zuweisung materieller Hilfen, beispielsweise an Behinderte, gehen, sondern es müssen die rechtlichen Rahmenbedingungen dafür geschaffen werden, daß nicht Almosen verteilt werden, sondern einklagbare Rechtsansprüche bestehen.

Ich möchte an dieser Stelle vom ungeborenen Leben sprechen. Wir alle wissen, daß die Frauen und Männer – und beide Partner stehen in der Verantwortung, darüber sind sich so manche Männer anscheinend gar nicht im klaren – an den Entscheidungen oft schwer tragen. Aber wir kennen auch die Mißstände, die eine Entscheidung gegen das Leben herbeiführen. Wir brauchen mehr Entscheidungen für das Leben. Wir brauchen wirtschaftliche und ideelle Hilfestellungen, die – insbesondere den Frauen – die Entscheidung *für* das Leben erleichtern und nahelegen.

Die soziale Unterstützung und Absicherung der Alleinerziehenden muß verstärkt werden. Und ich weise in diesem Zusammenhang darauf hin, daß Mütter *und* Väter in gleicher Weise zur elterlichen Sorge für ihre Kinder verpflichtet sind. Aber nicht nur Alleinerziehende, sondern auch viele Eheleute und feste Partner

464

stehen vor Problemen, weil die Familie bisher moralisch und finanziell nicht genügend gefördert worden ist.

Notwendig ist ein umfassendes Angebot an Kinderbetreuungseinrichtungen und eine Abstimmung von Arbeitszeiten und Familienzeiten, die der Familie und vor allem den Kindern zugute kommt. Deshalb brauchen wir flexiblere Arbeitszeiten, Arbeitszeitverkürzung und mehr Teilzeitarbeit. Wir wollen aber auch denen helfen, die sich eine Zeit lang ganz der Erziehung der Kinder, einem behinderten Kind oder der Betreuung der eigenen Eltern widmen. Wir werden diesen Männern und Frauen helfen, damit sie sich nach der Erziehungs- oder Pflegephase wieder im Berufsleben zurechtfinden. Ziel der Regierung ist, daß solche Phasen finanziell ausgeglichen und in die Anrechnung von Rentenzeiten einbezogen werden.

Die Lastenverteilung in dieser Gesellschaft, und das heißt auch in der Familie, ist oft ungleich. Wenn der Grundwert der Gleichheit konkret werden soll, dann reicht es nicht aus, daß so viele Frauen im Arbeitsleben stehen und daraus auch ein Mehr an Selbstbewußtsein ableiten, sondern dann müssen unsere Frauen auch die gleichen Aufstiegschancen, die gleiche Bezahlung, überhaupt gleichen Chancen in allen Berufen haben. Die Gleichstellung im Beruf darf nicht auf dem Rücken der Frauen selbst verwirklicht werden. Zur Gleichstellung der Frauen im Beruf und Gesellschaft werden wir auf allen gesellschaftlichen Ebenen, d. h. in den Kommunen, in den Ländern und beim Ministerrat, Beauftragte einsetzen, die darauf achten, daß die Gleichstellung auch im Alltag von Betrieben und Verwaltungen Wirklichkeit wird.

Wir brauchen soziale Sicherungssysteme, die die Bürger als Arbeitslose, Kranke und Alte vor materieller Not schützen. Wir brauchen aber nicht den *einen* Wohltäter, ganz gleich, ob er FDGB oder anders heißt. Die zentralistische Verwaltung der Sozialversicherung beim FDGB entspricht nicht den Erfordernissen eines demokratischen Sozialstaates. Eine Neuorganisation ist notwendig:

— Die Sozialversicherung muß aus dem FDGB und der Staatlichen Versicherung herausgelöst werden;
— Krankenversicherung, Rentenversicherung und Unfallversicherung sind künftig zu trennen;
— für alle Aufgaben der Krankenversicherung muß ein kassenartenneutraler Träger geschaffen werden.

Schließlich zahlen wir doch alle unsere Beiträge und haben damit auch einen Rechtsanspruch auf die Leistung. Es wird in Zukunft selbstverwaltete, voneinander getrennte Kranken-, Unfall-, Arbeitslosen- und Rentenversicherungen geben.

Meine Damen und Herren!

Der Krisenzustand in unserem Gesundheitswesen ist hinlänglich bekannt. Wir brauchen mehr Ärzte, mehr Krankenschwestern und Krankenpfleger. Wir brauchen eine medizinische Behinderten- und Altenhilfe und eine Neugestaltung der medizinischen Rehabilitation. Wir müssen die medizinische Ausstattung der Krankenhäuser verbessern und viele Krankenhäuser, viele Pflegeheime und Feierabendheime rekonstruieren. Dabei muß auch für die eindeutige Verbesserung ihrer sozialen und wirtschaftlich-technischen Infrastruktur gesorgt werden.

Das gewachsene System von Polikliniken und Einrichtungen des betrieblichen Gesundheitswesens ist sinnvollerweise zu erhalten sowie die Niederlassungsfreiheit für Fachärzte zu sichern.

Im Zusammenhang mit der Gesundheit kommt dem Sport eine besondere Bedeutung zu. Wir wollen weg von der einseitigen Förderung des Leistungssports und hin zu einer verstärkten Förderung des Breiten- und Behindertensports. Dazu muß die freie Wahl der sportlichen Betätigung möglich sein. Deshalb werden wir die Kommunen in Fragen der regionalen Entwicklung des Sports unterstützen. Das schließt aber eine besondere Förderung des Leistungssports nicht aus.

In Zusammenarbeit mit der Bundesrepublik Deutschland sollte darauf hingewirkt werden, daß zu den Olympischen Spielen 1992 in Barcelona eine gesamtdeutsche Mannschaft entsandt wird. Wir unterstützen von ganzem Herzen den Gedanken, innerhalb der nächsten zehn Jahre Olympische Spiele in Berlin, der zukünftigen Hauptstadt Deutschlands, abzuhalten. Dies wäre ein weithin sichtbares Zeichen ihrer neugewonnenen Funktion als Bindeglied zwischen den Völkern in Ost und West.

Ein katastrophales Erbe übernehmen wir von der SED-Herrschaft auch im Bildungswesen. Besonders in den letzten Jahren haben sich große Probleme und Fehler angestaut.

Es gilt, das bürokratisch-zentralistische System staatlicher Leitung zu beseitigen und zu einem ausgewogenen Verhältnis von staatlicher Verantwortung und gesellschaftlicher Initiative zu kommen. Die in den letzten Jahrzehnten zementierte Einheitlichkeit muß durch ein differenziertes und flexibles Bildungswesen ersetzt werden, das auch alternative Modelle nicht ausschließt. Die Regierung stellt sich das Ziel, durch strukturelle Veränderungen jene Freiräume zu schaffen, in denen sich ein verantwortliches Zusammenwirken aller in der Bildung Tätigen entfalten kann.

Die Kommandostruktur muß durch transparente Entscheidungsprozesse ersetzt werden. Für die allgemeinbildende Schule erfordert dies rechtlich geregelte Formen, in denen sich das Recht und die Aufgabe der Eltern bei der Erziehung ihrer Kinder, die fachliche und pädagogische Autorität einer kompetenten Lehrerschaft und die partnerschaftliche Hinführung der Kinder und Jugendlichen zu eigenverantwortlichem Handeln wechselseitig ergänzen. Dies bezieht sich auch auf das Sonderschulsystem, das zudem in vielen Bereichen besonderer Förderung und Fürsorge bedarf.

Im Vorfeld der Schule muß der Vorschulbereich durch die gemeinsame Anstrengung aller beteiligten staatlichen Stellen und gesellschaftlichen Kräfte in seinem Bestand gesichert und in seiner pädagogischen Bedeutung weiterentwickelt werden.

Die auf die allgemeinbildende Schule folgende Fach- und Berufsausbildung muß in Dauer, Niveau und Gestaltung viel stärker der realen Vielfalt beruflicher Anforderungen entsprechen.

Das Hochschulwesen bedarf eines Rahmenrechts, das jenen Grad an Gemeinsamkeit und Übereinstimmung sichert, der im Interesse von Forschung, Lehre und Studium liegt, zugleich aber den Universitäten und Hochschulen ein hohes Maß an gesellschaftlicher Eigenverantwortung garantiert. Die Leitungs- und Entscheidungsgremien müssen die legitimierte Teilhabe der verschiedenen Personengruppen, die an den Universitäten und Hochschulen tätig sind, ermöglichen. Dabei wird einerseits die besondere Verantwortung und Sachkompetenz des Lehrkörpers und andererseits das existentielle Interesse der Studenten an hochwertigen und verwendungsfähigen Kenntnissen und Fähigkeiten sorgfältig zu beachten sein.

Die Freiheit von Lehre und Forschung und der Wettstreit um Ideen und Qualität sind die bewegenden Momente akademischen Lebens.

Die Forschungs- und Technologiepolitik hat die folgenden Ziele:

− die Ressourcen zu schonen und die Umwelt zu erhalten,
− die Lebensbedingungen zu verbessern,
− die Wettbewerbsfähigkeit zu fördern und
− das menschliche Wissen zu vertiefen.

Für die Wissenschaften den rechtlichen Rahmen und die finanzielle Grundlage zu sichern, ist Aufgabe des Staates, wobei die För-

derung der Forschung auch ein Anliegen der Wirtschaft sein sollte. Grundsätzlich hat jedoch der Staat die Finanzierung der
Grundlagenforschung an staatlichen wissenschaftlichen Institutionen abzusichern.

Nicht zuletzt gilt den Lebensbedingungen der Schüler, Lehrlin-
ge und Studenten und ihren beruflichen Aussichten die Sorge der
Regierung.

Wir wollen eine offene Jugendarbeit als Ausdruck der pluralistischen Gesellschaft. Neu entstehenden Jugendorganisationen
müssen Möglichkeiten der Arbeit eingeräumt werden. Dabei ist
zu sichern, daß bisher bestehende staatliche Jugendeinrichtungen
auch weiterhin für die Jugendarbeit zur Verfügung stehen.

Auf dem Gebiet der Kultur werden wir eine Politik verfolgen,
die ein von jeglicher Reglementierung befreites, ungehindertes
kulturell-künstlerisches Schaffen gewährleistet und sich allen geistigen Schätzen unseres Volkes, Europas und der Welt öffnet.

Die Regierung betrachtet es als ihre Pflicht, Kultur und Kunst
zu schützen und zu fördern. Sie erkennt die Notwendigkeit der
Subventionierung von Kultur und Kunst an. Für die Unterstützung kultureller Aufgaben von überregionaler Bedeutung regen
wir einen zentralen Kulturfonds durch eine gesamtdeutsche Kul-
turstiftung an.

Die Regierung wird die Voraussetzungen zur Dezentralisierung und Föderalisierung von Kultur und Kulturpolitik schaffen
und den Aufbau der Kulturhoheit der Länder vorbereiten.

Die Regierung wird dafür Sorge tragen, Kultur- und Kunst-
schaffende in ein differenziertes Netz sozialer Maßnahmen einzu-
binden. Wir werden den urheberrechtlichen Schutz der Kunst-
werke garantieren, das Versicherungssystem für Kulturschaffende aufrechterhalten und auf eine kunstfreundliche Steuergesetzgebung hinwirken.

Wohl nirgends war in der Vergangenheit der Widerspruch zwischen Anspruch und Wirklichkeit so kraß wie in unserer Medien-
landschaft. Die neue Regierung erklärt: Presse, Rundfunk und
Fernsehen sind frei. Eine demokratische Ordnung setzt unabhängige Medien und den Wettbewerb der Meinungen voraus.

Die Abkehr von dem früheren Informations- und Meinungs-
monopol der SED und die Zuwendung zu einer pluralistischen
Medienstruktur dürfen jedoch weder dem Selbstlauf überlassen
noch der Gefahr neuerlicher Monopolbildungen ausgesetzt werden.

Mit der Einrichtung eines Ministeriums für Medienpolitik will
die Regierung helfen, unterschiedliche Bemühungen zusammen-
zuführen und den Weg in eine freie und vielfältige Medienland-

schaft zu bahnen. Die Ausarbeitung eines Mediengesetzes ist unter Berücksichtigung späterer Länderkompetenzen bald abzuschließen. Bis zu seiner Verabschiedung schlagen wir der Volkskammer vor, das Mandat des Medienkontrollrates zu erneuern.

Angesichts des Konkurrenzdrucks bundesdeutscher Printmedien scheint es geboten, schnellstmöglich kartellrechtliche Bestimmungen zu erlassen. Ebenso dringend ist eine Gebührenregelung für Rundfunk und Fernsehen.

Frau Präsidentin, verehrte Abgeordnete,

mir persönlich liegt die Rechtsstaatlichkeit besonders am Herzen. Das bisherige Rechtswesen diente im wesentlichen der Absicherung der bestehenden Machtstrukturen und sorgte dafür, daß jegliche oppositionelle Regung kriminalisiert und im Keim erstickt wurde. Mit welcher Unerbittlichkeit und Härte dabei vorgegangen wurde, das haben Tausende Bürger am eigenen Leibe erfahren.

Die Rehabilitierung von Bürgern, die aus politischen Gründen strafrechtlich verfolgt und arbeitsrechtlich benachteiligt wurden oder andere Nachteile zu Unrecht erlitten, wird ein wesentliches Anliegen neuer Rechtspolitik sein.

Die Regierung wird dafür Sorge tragen, daß das Justizwesen nach rechtsstaatlichen Grundsätzen umgestaltet und das Prinzip der Gewaltenteilung durchgesetzt wird.

Insbesondere halten wir folgende Maßnahmen für erforderlich:

1. Bildung eines Verfassungsgerichts,
2. schrittweise Schaffung gesonderter Verwaltungs-, Arbeits- und Sozialgerichte, zunächst im Rahmen ordentlicher Gerichtsbarkeit,
3. Umgestaltung der Vertragsgerichte in ordentliche Gerichte,
4. Eingliederung der Militärgerichte sowie der Militärstaatsanwaltschaften in das zivile Justizwesen,
5. Stärkung der Rechtsanwaltschaft.

Hinsichtlich der Gewährleistung des Personen- und Datenschutzes werden wir uns am entsprechenden Recht der Bundesrepublik orientieren. Dem Parlament unterbreiten wir den Vorschlag, einen Datenschutzbeauftragten einzusetzen.

In Zukunft wird es in unserem Land keine Geheimpolizei mehr geben. Eine Verfassungsschutzbehörde – auch dies ist eine Lehre der Vergangenheit – darf keine polizeilichen bzw. strafrechtlichen Befugnisse erhalten.

Die Angehörigen der Deutschen Volkspolizei müssen alles in ihren Kräften Stehende tun, gemeinsam mit den Bürgern ihren Dienst am Gemeinwohl, für die Freiheit und Würde der Bürger zu leisten. Loyalität zur Regierung, Gesetzestreue, Orientierung an den Grund- und Menschenrechten und bürgernahe Arbeitsweise sind Kernpunkte der demokratischen Erneuerung.

Die Volkspolizei ist eine zivile Ordnungskraft. Sie darf nur auf der Grundlage von Gesetzen zum Wohle des Gemeinwesens tätig werden. Sie unterliegt öffentlicher und parlamentarischer Kontrolle.

Die Angehörigen der Organe des Ministeriums für Innere Angelegenheiten, die ihren Dienst für die Öffentlichkeit vornehmlich in der Öffentlichkeit versehen, müssen durch ihr Auftreten und Einschreiten die demokratische Erneuerung und Rechtsstaatlichkeit glaubhaft verkörpern.

Mit Einführung der Länder wird die Polizeihoheit im wesentlichen bei den Ländern liegen. Das bietet für die Effizienz und Akzeptanz der Polizei neue, günstigere Bedingungen. Je enger die Polizei mit dem Gemeinwesen verbunden ist, desto besser kann sie ihre soziale Funktion mit wirklicher Bürgernähe im Interesse des Gemeinwohls wahrnehmen.

Demokratie bedarf neben der Rechtsstaatlichkeit einer weiteren Bedingung: Dezentralisierung der Macht. Bisher ging alle Macht von Berlin aus. In Berlin wurde entschieden. Ausgehend davon, daß nach der Wahl demokratisch legitimierter Volksvertretungen auf der Ebene der Kreise, Städte und Gemeinden am 6. Mai 1990 die Bezirkstage die einzigen Vertretungskörperschaften sein werden, die nicht aus freien, gleichen und geheimen Wahlen hervorgegangen sind und deren Zusammensetzung damit nicht der tatsächlichen politischen Kräftekonstellation im jeweiligen Territorium entspricht, sollte das Präsidium der Volkskammer den Bezirkstagen empfehlen, ihre Legislaturperiode nach den Kommunalwahlen zu beenden.

Im Interesse der Regierbarkeit des Landes werden wir darauf hinwirken, daß die Räte der Bezirke bis zur Länderbildung nur noch als Verwaltungsorgane, als Bindeglied im Sinne einer Auftragsverwaltung tätig bleiben.

Wir werden die Macht dezentralisieren. 1991 soll es wieder Länder geben. Die Wahlen dazu sollen im Spätherbst diesen Jahres stattfinden.

Die Länderstruktur ist eine Grundbedingung für die deutsche Einheit, eine Grundbedingung für Demokratie und eine Bedingung für eine erfolgreiche Umstrukturierung unserer Wirtschaft.

Wirtschafts- und Steuerreform müssen der Länderreform vorausgehen, denn neben historischen und kulturellen Gesichtspunkten ist die Eigenfinanzierung der Länder unter Beachtung des Finanzausgleichs ein Grundpfeiler des Föderalismus. Zur Herausbildung der kommunalen Selbstverwaltung werden gegenwärtig eine Kommunalverfassung und ein Länder-Einführungsgesetz erarbeitet.

Was in den Ländern vor sich geht, einschließlich der Wahl der Landeshauptstadt, bestimmt dann jedes Land selbst.

Wir haben in der DDR eine Vielzahl offener Gebietsfragen, die zum Teil vor der Länderbildung geregelt werden müssen. Die Menschen in den betroffenen Gebieten müssen gehört werden. Fast 2 000 Briefe mit geschichtlichen Abhandlungen und Unterschriftensammlungen ganzer Kreise sind zu berücksichtigen.

Ich komme zum letzten Schwerpunkt meiner Regierungserklärung.

Unsere Zukunft liegt in der Einheit Deutschlands in einem ungeteilten friedlichen Europa.

Wir sind in der Regierung für 16 Millionen Bürger verantwortlich, und das wird das Handeln dieser Regierung bestimmen. Alle Deutschen haben eine gemeinsame Geschichte, die am Ende des 2. Weltkrieges durch die Teilung Europas nur scheinbar unterbrochen wurde. Beide deutsche Regierungen sind sich einig darin, daß das Ziel der Verhandlungen nicht eine geschäftliche Partnerschaft sein kann, sondern eine wirkliche Gemeinschaft. Das wird den Geist der Verhandlungen bestimmen. Die Einigung muß aus dem Wunsch der Menschen und nicht aus den Interessen von Regierungen entstehen.

Deutschland liegt in der Mitte Europas, aber es darf sich nie wieder zum Machtzentrum Europas erheben wollen. Wir wollen nicht zwischen den Stühlen der Völker Europas sitzen, sondern ein Pfeiler sein für eine Brücke der Verständigung. Deutschland muß ein Faktor des Friedens sein. Die Vereinigung Deutschlands soll die Stabilität in Europa festigen und die Schaffung einer gesamteuropäischen Ordnung des Friedens, der Demokratie und der Zusammenarbeit fördern.

In die deutsche Einheit wollen wir unsere Erfahrungen der Bedeutung eines inneren Friedens in der Gesellschaft einbringen. Wir wissen, daß wir dafür zuerst mit unserer Geschichte ins Reine kommen müssen. Es darf nicht mehr den einen Teil geben, der an allem schuld war, und den anderen, der sich seine Unschuld vor der Geschichte angeblich bewahrt hat. Auch wir haben uns zu der gemeinsamen Verantwortung für die Verbrechen der nationalsozialistischen Diktatur bekannt.

Die Einheit Deutschlands soll die Gemeinschaft der Europäer stärken. Die wesentliche Voraussetzung dafür ist die Garantie der Grenzen in Europa. Dafür ist auch grundlegend, daß sich unsere Nachbarn ihrer Grenzen mit Deutschland sicher sind. Die völkerrechtlich verbindliche Anerkennung der polnischen Westgrenze, wie sie im Görlitzer Vertrag der DDR mit Polen und im Warschauer Vertrag der Bundesrepublik mit Polen beschrieben ist, ist unverzichtbar.

Mit Vollzug der Vereinigung der beiden deutschen Staaten soll die künftige deutsche Verfassung u. a. den Artikel 23 des Grundgesetzes nicht mehr enthalten. Deutschland hat keine Gebietsansprüche gegenüber anderen Staaten und wird sie auch in Zukunft nicht erheben.

Die Einigung ist möglich geworden im Zusammenhang mit der weltweiten Entspannung und dem Ende des Ost-West-Konfliktes. Die Teilung war Ausdruck dieses Konfliktes. Die Entspannung steht im Zeichen der Menschenrechte und der Abrüstung. In dieser Phase der Entspannungspolitik sind Verteidigungspolitik und Abrüstungspolitik untrennbar miteinander verbunden. Auch in diesem Punkt besinnen wir uns auf die Wurzeln der demokratischen Erneuerung in unserem Land. Ein wesentliches Fundament dieser Erneuerung ist die Friedensbewegung.

Es ist Aufgabe der Regierung der DDR, eine Politik zu verfolgen, die den Prozeß der Ablösung der Militärbündnisse mittels bündnisübergreifender Strukturen als Beginn eines gesamteuropäischen Sicherheitssystems fördert. Ein europäisches Sicherheitssystem mit immer weniger militärischen Funktionen ist dabei unser Verhandlungsziel. Die Erweiterung des Sicherheitsbegriffs auf die Bereiche der Wirtschaft, Umwelt, Kultur, Wissenschaft und Technologie halten wir für ein Gebot der Stunde.

Auf dem heutigen Gebiet der DDR wird sich für eine Übergangszeit neben den sowjetischen Streitkräften eine stark reduzierte und strikt defensiv ausgerichtete NVA befinden, deren Aufgabe der Schutz dieses Gebietes ist. Loyalität gegenüber der Warschauer Vertragsorganisation wird sich für uns unter anderem darin zeigen, daß wir die Sicherheitsinteressen der Sowjetunion und die der anderen Warschauer Vertragsstaaten in den Verhandlungen stets berücksichtigen.

Die Regierung der DDR strebt eine drastische Reduzierung aller deutschen Streitkräfte an. Die DDR verzichtet auf Herstellung, Weitergabe, Besitz und Stationierung von ABC-Waffen und strebt Entsprechendes im geeinten Deutschland an. Sie tritt außerdem ein für ein globales Verbot chemischer Waffen noch in diesem Jahr. Der nukleare Abrüstungsprozeß muß fortgesetzt werden.

Wir erhoffen uns noch in diesem Jahr einen positiven Abschluß der START-Verhandlungen über eine 50%ige Verringerung der strategischen Nuklearwaffen zwischen der Sowjetunion und den Vereinigten Staaten.

Mit einer Ordnung des Friedens und der Sicherheit in Europa können Voraussetzungen geschaffen werden für die Ablösung der Rechte der Alliierten des 2. Weltkrieges für Berlin und Deutschland als Ganzes. Die Regierung der DDR setzt sich dafür ein, daß diese Ablösung im Rahmen der ZWEI-PLUS-VIER-Gespräche erfolgt. Auch sie gehören in den Gesamtrahmen des KSZE-Prozesses zur Schaffung einer gesamteuropäischen Friedensordnung.

Die KSZE hat für uns eine besondere Bedeutung. Insbesondere tritt die Regierung der DDR dafür ein, daß eine KSZE-Sicherheitsagentur zur Verifikation der Abrüstungs- und Umstrukturierungsvereinbarung geschaffen wird. Sie ist auch für ein KSZE-Organ zur Streitschlichtung und für die Bildung eines ständigen gemeinsamen Rates der Außen- und Verteidigungsminister.

Die Regierung der DDR will beim Abrüstungsprozeß eine Vorreiterrolle einnehmen. Wir werden sofort Maßnahmen einleiten, um die Kriegswaffenproduktion und den Export von Waffen zunächst einzuschränken und in einem überschaubaren Zeitraum ganz einzustellen. Die Rüstungsexporte in Krisengebiete haben generell zu unterbleiben. Wir werden eine Umstrukturierung der Volksarmee und einen schrittweisen Abbau der militärischen Verpflichtungen der DDR einleiten. Die politische Zusammenarbeit im Rahmen des Warschauer Vertrages dagegen soll intensiviert werden. Dazu wird die Regierung in allernächster Zeit den Kontakt zu den Regierungen der Warschauer Vertragsstaaten aufnehmen.

Die DDR will ihre besondere Verbindung zu den Völkern Osteuropas auf wirtschaftlichem, politischem und kulturellem Gebiet entwickeln und vertiefen. Die Verbindungen zur EG werden dabei eine wichtige Rolle spielen. Die Regierung der DDR würde eine baldige stufenweise Erweiterung der EG begrüßen.

Die Schaffung der Einheit Deutschlands ist verbunden mit der Durchsetzung von Menschenrechten. Der neue Patriotismus soll daher Ausdruck dafür sein, daß wir für Grund- und Menschenrechte eintreten. Deshalb werden wir der europäischen Menschenrechtskonvention beitreten. Wir werden auch um die Teilnahme der DDR an den Beratungen des Europarates ersuchen.

Bis zur Vereinigung Deutschlands wird die DDR-Regierung über die Ausdehnung der EG auf die heutige DDR verhandeln. Dabei wird es unser Ziel sein, die Festlegung von Fristen bis zur vollen Übernahme der Vertragsverpflichtungen und -rechte zu erreichen. Dies ist besonders wichtig für unsere Landwirtschaft, für das Steuersystem und im Bereich der sozialen und ökologischen Normen.

Für die bestehenden Außenhandelsverpflichtungen der DDR, insbesondere mit der Sowjetunion, müssen Lösungen zur Garantie der Vertragstreue der DDR gefunden werden, die vor allem zu einer Stabilisierung und Stärkung der Verhältnisse in Mittel- und Osteuropa beitragen. Ich möchte dies hier noch einmal ausdrücklich betonen: Unsere Außenhandelsverpflichtungen mit der Sowjetunion werden strikt eingehalten und im Sinne der Vertragstreue in ein geeintes Deutschland einfließen.

Ein vereintes Europa muß Friedens- und Verständigungsprozesse in der Welt fördern. Ein geeignetes Mittel dafür sind die Beratungen im Rahmen der Europäischen Politischen Zusammenarbeit. Wir werden den Antrag stellen, an diesen Beratungen teilzunehmen.

Wir wollen zu einem Friedensprozeß im Nahen Osten beitragen, der das Selbstbestimmungsrecht aller dort lebenden Völker achtet.

Die Beendigung des Ost-West-Konfliktes macht sichtbare Fortschritte. Dies verpflichtet uns, dem Nord-Süd-Konflikt unsere volle Aufmerksamkeit zu widmen. Sicher haben wir Probleme, aber sie sind klein im Vergleich zu den Sorgen und Nöten der Menschen in den Entwicklungsländern. Wir fühlen uns solidarisch mit den Menschen in der Dritten Welt und hoffen auf ein partnerschaftliches Miteinander. Gerade nach den hinter uns liegenden Ereignissen ist es für uns von besonderer Bedeutung, die Botschaft von sozialer Gerechtigkeit und Demokratie auch in den Ländern zu unterstützen, mit denen wir schon bisher zusammengearbeitet haben. Daher haben für uns wirtschaftliche, medizinische und soziale Projekte Vorrang.

Die wirtschaftliche Zusammenarbeit der DDR wird sich überall auf der Welt in einer zunehmenden Kooperation mit ähnlichen Projekten und Stellen der Bundesrepublik Deutschland entwickeln. Parallel zum Vereinigungsprozeß der beiden Staaten in Deutschland wird es zu einer Verschmelzung des deutsch-deutschen Engagements in den Ländern der Dritten Welt kommen. Unser Ziel muß langfristig eine gerechte Weltwirtschaftsordnung sein, die allen Menschen eine wirtschaftliche Zukunft und eine soziale Perspektive gibt.

Meine Damen und Herren!

Das Programm dieser Regierung der demokratischen Mitte ist anspruchsvoll. Wir wissen, daß wir einen mühsamen Weg vor uns haben. Keine Regierung kann Wunder vollbringen, aber wir werden das Mögliche mit aller Kraft anstreben. Wenn wir das uns Mögliche erkennen und mit Nüchternheit und Umsicht Schritt für Schritt verwirklichen, dann können wir die Grundlagen für eine bessere Zukunft der Menschen in unserem Land legen. Wir bauen dabei auf die Unterstützung, den Mut und die Tatkraft aller Bürger.

Bildnachweis:
Abb. Seite 319, 321, 323: ADN
Abb. Seite 339: dpa

Anhang

Interview mit der Präsidentin der Volkskammer der DDR Frau Dr. Sabine Bergmann-Pohl

von Ewald Rose am 7.5.1990

Auf Grund der aktuellen verfassungsrechtlichen Situation sind Sie nicht „nur" Parlamentspräsidentin sondern gleichzeitig auch das amtierende Staatsoberhaupt der DDR.
Wenn in Ihrem Büro zwei Schreibtische für jede Funktion stünden, an welchem säßen Sie mehr?

Dr. Bergmann-Pohl: „Auf jeden Fall an dem Schreibtisch des Parlamentspräsidenten. Die Aufgaben, die vor dem Parlament stehen, sind einfach immens — wir haben sehr viel zu tun. Meine Aufgaben als Staatsoberhaupt beschränken sich überwiegend auf protokollarische Gebiete — die Repräsentation der noch existierenden DDR gegenüber dem Ausland. Meinen Empfang der Botschafter habe ich als sehr wichtig angesehen, denn der deutsche Einigungsprozeß darf und wird nicht losgelöst vom europäischen Prozeß aber auch von der Meinung der Weltöffentlichkeit vorsichgehen."

Wie würden Sie die Arbeit des Runden Tisches in der Phase vom 7. Dezember 1989 und dem 18. März 1990 beurteilen?

Dr. Bergmann-Pohl: „Der Runde Tisch hat für die Aufgaben und Ziele der Zukunft eine große Rolle gespielt. Er hat deutlich gemacht, was im Volk vorsichgeht. Er hat versucht, eine gewisse Kontrollfunktion auszuüben, die leider durch die Abgeordneten — die noch die alten waren — nicht wahrgenommen wurden. Es kam in unserem Land zu einer Art Rechtsunsicherheit und Ratlosigkeit — hier hat der Runde Tisch versucht, den Menschen die Gewißheit zu geben, daß ihre Sorgen, Ängste und Nöte auch ausdiskutiert werden. Wichtig war auch die Zerschlagung der Staatssicherheit, hier wurde durch den Runden Tisch ein Anfang gemacht. Er hat viele Dinge ins Rollen gebracht, die für die heutige Entwicklung unablässig waren."

Die alte Volkskammer hat in ihrer 40-jährigen Existenz nicht gerade zum Ruhme der DDR beigetraen. In der DDR selbst genoß sie auch keinen besonders guten Ruf. Hat man schon einmal darüber nachgedacht, den Namen der „Volkskammer" zu ändern?

Dr. Bergmann-Pohl: „Der Name der Kammer wird im Rahmen des Einigungsprozesses ohnehin wegfallen oder erneuert werden. Es wird für das gesamtdeutsche Parlament mit Sicherheit ein neuer Name gefunden werden. Wir sind in dem Zwiespalt, daß wir etwas Neues wollen, aber noch in dem Staat DDR sind — dem müssen wir noch Rechnung tragen. Ich finde es ganz korrekt, daß wir neue, demokratische Leute auf die alten Stühle setzen. Damit dokumentieren wir, daß wir etwas Neues wollen. Ich bin gefragt worden, ob ich, wenn ich mich im Haus der Parlamentarier auf den Stuhl und den Schreibtisch des Herrn Honnecker setze, ich mir da nicht komisch vorkäme oder Berührungsängste hätte. Ein Stuhl, ein Schreibtisch, ein Saal — das ist etwas Totes, das sind Sachgegenstände, die dadurch belebt werden, wie die Menschen in ihnen oder an ihnen arbeiten. Darum finde ich das Signal, in der alten Volkskammer zu tagen, ein wichtiges Zeichen. Daß man sieht, hier in einer ehemaligen Institution, in der nicht immer Entscheidungen für das Volk getroffen wurden, kann und muß anders gearbeitet werden. Wenn wir uns jetzt in andere Säle setzen würden, würden wir damit dokumentieren, daß wir mit der Vergangenheit nichts mehr zu tun haben wollen — aber wir müssen mit unserer Vergangenheit leben."

Wie gestaltet sich die Zusammenarbeit zwischen der Volkskammer und dem Bundestag — institutionell und persönlich?

Dr. Bergmann-Pohl: „Ich schätze Frau Süßmuth sehr — sie strahlt Ruhe aus und versucht überparteilich ihre Funktion auszuüben. Man ist zwar parteipolitisch gebunden, man muß aber als Parlamentspräsident überparteilich entscheiden. Sie ist eine erfahrene Frau in der Politik, und ich bin der Meinung, daß ich noch einiges von ihr lernen kann — unser Miteinander ist komplikationslos. Wir hatten natürlich Diskussionen, aber diese Diskussionen waren fruchtbar; es gab keinen politischen Meinungsstreit.

Vom Bundestag selbst haben wir eine sehr große Hilfe. Es findet ein Austausch auf Verwaltungsebene statt, weil es wichtig ist, daß die beiden Parlamente zusammenwachsen. Betreffs der Routine der parlamentarischen Arbeit können wir natürlich vom Bundestag lernen, diese Routine hat die neue Volkskammer, die inzwischen ständig arbeitet, natürlich noch nicht. Es hakt noch hier oder da — aber es läuft sich gut an.

Ich kann unseren Vorgängern den Vorwurf nicht ersparen, daß sie nichts dafür getan haben, daß dieses Parlament nahtlos arbeiten kann. Wir haben enorme Raumschwierigkeiten für die Abgeordneten — das ist alles schlecht vorbereitet worden. Vielleicht war es sogar von der alten SED auch ein bißchen das Ziel, die Arbeit des neuen Parlaments zu blockieren."

Früher tagte die Volkskammer zweimal jährlich. Mittlerweile jede Woche. Bedeutet dies, daß dieses Parlament auch professioneller wird?

Dr. Bergmann-Pohl: „Die Sitzungen werden so bleiben, denn wir haben ja sehr viel zu tun. Wir haben jetzt schon Schwierigkeiten, mit dem jetzigen Rhythmus die Arbeit zu bewältigen. Das bringt uns natürlich auch Erfahrung, und das empfinde ich als sehr gut."

Von den jetzt 400 Mitgliedern der Volkskammer gehörten nur 13 der vorherigen, der 9. Volkskammer an. Sehen Sie darin die Chance für einen radikalen Neubeginn oder eher einen Mangel an parlamentarischer Erfahrung, der sich in der täglichen Arbeit auswirkt?

Dr. Bergmann-Pohl: „Ich halte dies für eine Chance des Neuanfanges. Es ist wichtig, daß ein frischer Wind durch die Volkskammer weht. Der Mangel an parlamentarischer Erfahrung kann durch die Motivation der Abgeordneten wettgemacht werden. Die politische Motivation, für dieses Land etwas zu tun, ist so groß bei den Abgeordneten. Es sind gestandene Leute, die aus ihrem Berufsleben von heute auf morgen ausgestiegen sind, um das politische Schicksal dieses Landes zu bestimmen — und dies, so finde ich, wird viel zu wenig gewürdigt. Ich ziehe den Hut vor den Leuten, die teilweise ihre Betriebe, ihre Arbeitsstelle aufgegeben haben. Es ist für sie ja auch eine gewisse Unsicherheit für die Zukunft, denn es werden sicherlich nicht alle Abgeordneten in dem neuen Parlament Platz finden. Deshalb kann man es gar nicht hoch genug anrechnen, daß die Menschen so hoch motiviert sind."

Glauben Sie, daß die soziale Zusammensetzung der neuen, der 10. Volkskammer die sozialen Schichten der DDR repräsentieren?

Dr. Bergmann-Pohl: „Mit Sicherheit nicht. Die Abgeordneten sind die gewählten Repräsentanten ihrer Kreise und Bezirke. Das sind die Leute, in die das Vertrauen der Bürger unseres Landes gesetzt wurde — und dies muß man einfach akzeptieren."

Glauben Sie, daß die Bevölkerung dieser frei gewählten Volkskammer Skepsis, Mißtrauen, Vertrauen oder gar Ablehnung gegenüber empfindet?

Dr. Bergmann-Pohl: „Ich glaube, es ist bei den Bürgern alles von dem vorhanden, was Sie genannt haben. Die Schwierigkeit des neuen Parlaments liegt darin, daß alles so sehr schnell geht — es passieren hier viele Dinge, die dem Bürger kaum noch verständlich sind. Was unbedingt über die Parteien erfolgen muß, ist eine wirkliche Aufklärungsarbeit, damit der Bürger versteht, was hier passiert."

Was sollte die vordringlichste Aufgabe dieser neuen Volkskammer sein — die Vergangenheit bewältigen und dennoch für die Zukunft arbeiten; mit der Vergangenheit und den damit verbundenen Personen abrechnen?

Dr. Bergmann-Pohl: „Wichtig an unserer Arbeit ist, den deutschdeutschen Einigungsprozeß zu begleiten und mitzubestimmen. Daneben muß auch wieder Rechtsstaatlichkeit hergestellt werden. Die Aufarbeitung des alten Systems wird nicht innerhalb von Wochen oder Monaten möglich sein.

Ich muß immer an den Gottesdienst vor der Konstituierung der Volkskammer erinnern. Man hat uns gewarnt Täter zu Opfern werden zu lassen und Opfer zu Tätern. Meines Erachtens muß man auch hier nach internationalem Recht vorgehen — ‚Wer hat sich wirklich strafbar gemacht?‘ — ‚Wer ist einfach Opfer der Entwicklung geworden?‘ — Man sollte jetzt nicht über alle ehemaligen SED-Mitglieder den Stab brechen. Das wäre aus meinem menschlichen Verständnis nicht gut. Jeder, der motiviert ist, die neue Zukunft mitzugestalten, sollte sie mitgestalten. Er sollte auch seine Chance erhalten. Aber: Es sollte auch überprüft werden, in welchen Fällen sich Leute strafbar gemacht, ihre Macht mißbraucht haben. Dies ist jedoch nicht die Aufgabe des Parlamentes."

Halten Sie die Kontrollmechanismen des Parlamentes gegenüber der Regierung für ausreichend oder ist da noch einiges zu tun?

Dr. Bergmann-Pohl: „Da ist noch einiges zu tun und verbesserungsfähig."

Haben Sie den Eindruck, daß die Abgeordneten genügend in den Einigungsprozeß eingebunden und darüber informiert worden sind?

Dr. Bergmann-Pohl: „Die Abgeordneten sind eingebunden. Sie sind alle in Fachausschüssen tätig. Die Arbeit zum Einigungsprozeß läuft auch über diese Fachausschüsse — insofern denke ich schon, daß hier eine gute Zusammenarbeit gewährleistet ist."

Sind Sie der Meinung, daß über die bevorstehende Vereinigung nur die Regierungen und Parlamente oder vielleicht nicht auch die Bevölkerung entscheiden sollten?

Dr. Bergmann-Pohl: „Die zu verabschiedende Wirtschafts-, Währungs- und Sozialunion bedeutet noch nicht, daß die Vereinigung stattgefunden hat. Ich bin der Meinung, daß der Bürger natürlich ein Mitsprache-recht hat — inwieweit dies im Rahmen eines Volksentscheides sein soll-te, bin ich zur Zeit etwas ratlos. Ich bin nicht so ganz sicher, was der Bürger will. Ich möchte dies an einem Beispiel schildern: Ich war doch ziemlich erschrocken, daß die PDS bei den letzten Kommunalwahlen in Berlin einen so hohen Stimmenanteil hatte. Ich bin der Meinung, der Einigungsprozeß ist nicht aufzuhalten, und dies ist auch der Wille der Mehrheit der Bevölkerung. Dennoch hat man in den Kommunen die Leu-te bestätigt, die die alte Politik betrieben haben und sie sicherlich auch weiter betreiben werden. Es kann sein, daß hier eine große Diskrepanz zwischen der Basis und der Regierung vorhanden ist. Meines Erach-tens wird die entscheidende Politik an der Basis zu machen sein — nicht nur über die Regierung. Das, was in den Kommunen passiert, ist ganz wichtig — und hier befürchte ich, daß wir eine Flut von Eingaben be-kommen, weil alte Leute auf alten Stühlen sitzen und es an der Basis nicht weitergeht. Ich habe die Befürchtung, daß sich möglicherweise der Prozeß verselbständigt, indem der Bürger etwas anderes will, als die Leute, die in den Rathäusern sitzen. Es könnten dann Dinge passieren, die für unser Land nicht so ganz günstig sind."

Sie arbeiten zur Zeit an einer neuen Verfassung. Sind Sie der Mei-nung, daß die Entscheidung darüber nur das Parlament oder auch die Bevölkerung treffen sollte?

Dr. Bergmann-Pohl: „Wir werden den Verfassungsentwurf an den Ver-fassungsschutz weitergeben — er ist dem Parlament noch nicht vorge-legt worden. Ich muß ganz ehrlich sagen, daß ich die verfassungsrecht-lichen Fragen für die schwierigsten überhaupt halte. Hier streiten sich sogar die Verfassungsrechtler in der Bundesrepublik. Eine Verfassung muß beinhalten, was überhaupt in einem Staat machbar ist, um auch im Volk eine Ordnung zu wahren. Wenn ich ehrlich sein soll, würde ich mir nicht wünschen, daß über eine neue Verfassung in der jetzigen Zeit eine Volksabstimmung stattfinden würde. Ich bin der Meinung, unsere Bürger sind noch nicht reif, darüber zu befinden. Das kann vielleicht einmal zu einem späteren Zeitpunkt sein — zur Zeit aber nicht. Das würde uns alle überfordern."

Fühlen Sie sich als Repräsentantin dieses frei gewählten Parlamentes und damit auch das Parlament selbst bei den Entscheidungen über den Einigungsprozeß übergangen?

Dr. Bergmann-Pohl: „Ich hoffe nein! Ich würde schon mein Votum erheben, wenn ich das Gefühl hätte, daß ich nicht genug einbezogen werde. Ich vertraue jetzt erst einmal der Regierung, daß sie die Verhandlungen so führt, daß das Beste für uns alle — nicht nur für die Bürger der DDR, auch für die Bürger der Bundesrepublik — herauskommt. Viele unserer Bürger sehen nur sich selbst, als die Seite der DDR; wir müssen aber auch an die vielen Bürger in der Bundesrepublik denken, die ja auch Ängste haben. Das wurde — meines Erachtens nach — bisher zu wenig herausgehoben. Hier muß Verständnis auf beiden Seiten geschaffen werden."

Betrachten Sie diese Volkskammer als Übergangslösung und wenn ja, für wie lange?

Dr. Bergmann-Pohl: „Ich betrachte die Volkskammer nicht als Übergangslösung — das würde der Volkskammer nicht gerecht werden, vor allem nicht der verantwortungsvollen Arbeit. Sie wird eine kürzere Periode der Amtszeit haben. Den zeitlichen Ablauf des Einigungsprozesses möchte ich nicht mit einem Datum festmachen. Er sollte so schnell wie möglich aber auch so behutsam wie nötig vollzogen werden."

Sind Sie der Meinung, daß es reichen würde, wenn Berlin Hauptstadt wird und Bonn Regierungssitz bleibt. Oder sind Sie der Meinung, daß Berlin sowohl Hauptstadt als auch Regierungssitz werden sollte?

Dr. Bergmann-Pohl: „Daß Berlin Hauptstadt eines vereinigten Deutschlands werden soll — ich glaube, da sind wir wohl alle der gleichen Meinung. Es sollte auch der Sitz des gemeinsamen deutschen Präsidenten werden. Inwieweit die Regierungssitze hier und dort liegen, wird wohl auch von den Verwaltungsmöglichkeiten abhängen. Ich denke, diese Frage brauchen wir auch jetzt noch nicht anzusprechen, das wird sicherlich die Zukunft zeigen."

482